金融市场学

（第二版）

主 编 王千红
副主编 徐 强 李军峰

东南大学出版社
·南京·

图书在版编目(CIP)数据

金融市场学/王千红主编. —2版. —南京：东南大学出版社,2014.4
 ISBN 978-7-5641-2704-6

Ⅰ.①金… Ⅱ.①王… Ⅲ.①金融市场—经济理论—高等学校—教材 Ⅳ.①F830.9

中国版本图书馆CIP数据核字(2014)第016896号

出版发行：	东南大学出版社
社　　址：	南京市四牌楼2号　邮编：210096
出 版 人：	江建中
责任编辑：	刘庆楚
网　　址：	http://www.seupress.com
经　　销：	全国各地新华书店
排　　版：	南京星光测绘科技有限公司
印　　刷：	江苏凤凰扬州鑫华印刷有限公司
开　　本：	787mm×1092mm　1/16
印　　张：	18.50
字　　数：	462千字
版　　次：	2014年4月第2版
印　　次：	2014年4月第1次印刷
书　　号：	ISBN 978-7-5641-2704-6
定　　价：	38.00元

本社图书若有印装质量问题,请直接与营销部联系。电话:025-83791830

第二版 前言

上世纪70年代,由于各国逐步放松对外汇市场和资本市场的管制,国际金融资本规模迅速扩大,已远远超出国际贸易的规模,以外汇市场的急剧膨胀为例,如今全球每日外汇交易量达到1.8万多亿,是国际贸易量的100倍。进入21世纪,金融市场国际化特征日益显性化。许多国家选择了国内金融市场向世界开放,金融机构全球扩张所形成的国际网络,不仅使巨额资金在万里之外能够瞬间调动,而且促使世界主要金融市场国际资本价格以及统一国际规则的形成。随着金融市场向全球化深入发展,将会进一步在世界范围内优化资源配置,促进世界经济融合与增长,但随之带来的风险和挑战也会增大。

我们正是在金融市场国际化的背景下,本着追踪金融市场发展前沿问题的出发点,注重用通俗易懂的文字,总结和介绍发达国家金融市场的成熟交易技术和方式,尽可能地阐释金融市场的运行规律和机制,以宏观微观的双重视角向读者充分展示金融市场的理论性、业务性、操作性的特征。

本书注重了前沿性与适用性、理论性与实践性、全面性与简洁性的有机结合,并精心编写和设计了启示性的阅读资料和实证性的讨论题目,在更好地提示读者消化"是什么"的同时,较深入地思考"为什么",以引导读者能够运用所学理论、知识和方法分析解决金融市场的相关问题,达到金融学专业培养目标的要求,为日后进一步学习、理论研究和实际工作奠定扎实的基础。

本书的大纲由东华大学王千红提出,第一版由山西大学梁红岩和南京航空航天大学徐强参与了大纲的讨论。本书第一版在2005年出版后,在各类教学与培训的使用中反馈了很多好的建议,同时金融市场业务在国际和国内的迅速发展和不断创新,对我们提出了进一步修订教材的要求。在广泛听取意见和建议的前提下,我们对本教材的大纲做了大幅度的调整和修改,特别是针对我国金融国际化和金融交易创新的需求,补充扩展了更多微观市场交易技术方面的操作流程和定价机制的内容,进一步契合本教材创新实践的写作动机,突出了实践性和应用性的特点。

本教材修订本大纲由王千红提出,南京航空航天大学徐强和石家庄经济学院李军峰参与讨论。我们根据多年来从事金融市场学以及其他金融学主干课程教学的经验,同时听取了本书第一版使用中来自各个院校教师和学生的反馈意见和建议,结合我国金融市场的最新变化,对本书的章节重新进行了编排;同时,为了将作为金融学专业主干课程的金融市场学区别于投资学,我们提炼金融市场的规律和范畴,在金融市场学教材的整个编写中,时刻以各种金融工具的价格确定和市场选择,各种市场的行情分析和交易流程、业务运用为核心,注意运用主题内容、案例、补充读物以及课后思考与应用分析的互补性,将金融市场业务和交易技术向深度拓展。

全书共十五章。

第一章是金融市场概述。本章将金融市场的界定放在直接融资和间接融资的流程分析中,以突出理解金融市场在金融体系中的功能。它将引领读者走进金融市场这个大世界,了解完整的金融市场的结构、类型、管理以及金融市场全球化的发展现实。

第二章介绍了金融市场中的金融机构。在分析金融机构在金融市场上的特殊地位的基础上,着重介绍了商业银行、投资银行和中央银行在金融市场中的不同身份与地位。希望读者能够在比较不同机构的市场功能的前提下,更多地思考金融市场中的各种机构竞争与发展的辩证关系。

第三章介绍了金融市场的客体与交易工具——金融资产。本章阐述了金融资产的含义与特征,指出金融资产与其他资产,特别是无形资产的区别与联系,对金融资产与金融工具、金融负债和权益性工具的联系和不同作了介绍。而对金融资产的定价原则和方法以及对金融资产的风险与收益的分析,将为进一步把握金融市场交易技术提供准备。

第四章介绍了货币市场的特征、货币市场利率和货币市场工具三方面问题。首先在介绍货币市场含义的基础上分析西方货币市场和我国货币市场的特征;其次,简要介绍利率的含义和种类,分析影响利率的因素,着重讲述货币市场利率的种类;最后详细介绍货币市场工具。

第五章是资本市场。在给出了资本市场的结构和功能的基础上,本章主要介绍资本市场中的债券市场和股票市场,并对债券市场和股票市场的发行和流通市场加以介绍并阐述了这两个市场的功能作用及其交易方式。

第六章是外汇市场概述。在介绍外汇市场基本概念的基础上,重点分析外汇市场的产生和发展迅速的原因。学习当今外汇市场的特征、功能;把握外汇市场的交易结构与交易层次;为进入各种外汇即期、外汇远期以及外汇掉期业务的学习提供基础。

第七章是即期外汇市场。以介绍外汇银行的即期外汇交易为核心,在学习即期外汇市场上交易原理的基础上,重点分析了即期外汇交易的惯例与规则,并提示即期外汇交易的现实应用,以增强读者对于外汇交易工具的运用能力。

第八章是远期外汇市场。远期外汇交易之所以受到市场参与者的青睐以及远期外汇市场之所以快速发展,是因为远期外汇交易可以有效地规避汇率风险。本章首先介绍远期外汇交易的基本原理,通过大量的交易实例分析了远期汇率的报价及其确定机制;并特别介绍了远期外汇市场业务的独有特征与用途。

第九章是掉期交易。外汇掉期交易实质是披着外汇市场外衣的货币市场交易,是做市商的常规资金管理工具。本章在介绍外汇掉期交易的概念特征及类型的基础上,重点讨论了掉期率的计算,分析了掉期交易的成本,并运用案例分析介绍了掉期交易的操作,以帮助读者理解其市场功能。

第十章金融期货概述。本章首先介绍了金融期货的产生,引出金融期货交易的概念与特征,着重介绍了金融期货的市场管理结构和交易程序,最后分析了金融期货的功能与发展趋势。希望读者能够通过本章的学习把握金融期货的市场结构和交易规则的整体框架,以便于进一步分析货币期货、利率期货与股指期货交易。

第十一章货币期货市场。本章在详细介绍货币期货市场的要素构成、交易程序和市场操作规则的同时,对于货币期货的市场的基本规定、操作程序以及管理方式进行了分析。

第十二章利率期货与股指期货。提示性地介绍了利率期货与股指期货的报价特征和市场操作过程。通过介绍现实期货合约特征和应用方式,引导读者理解利率期货与股指期货交易决策的关键要素。

第十三章是金融期权。本章首先介绍了金融期权的定义、种类、特征,在读者掌握了基本的金融期权的市场特征后,进一步介绍了货币期权的定义、种类、交易操作和盈亏分布,并深入分析了影响与决定期权价格的因素、期权价格公式,并展示了当今市场发展中期权交易策略的多样化。

第十四章是金融互换。金融互换具有很大灵活性,通过互换可以创造出一系列的证券新品种,以满足投资者的需要。金融互换在全球金融市场和新型金融工具及策略的发展方面发挥着重要的作用。本章首先介绍了金融互换合约和互换交易的概念和特征,着重讨论了金融互换交易的操作过程,并进一步介绍了利率互换与货币互换。

第十五章也是本书的最后一章,特别介绍了国际金融市场。国际金融市场为金融活动提供了主要依托和运行机制。随着金融全球化的趋势愈演愈烈,对各经济主体而言,把握国际债券市场和国际信贷市场的交易机制与运行特点就越发显得重要。本章分别介绍了国际信贷市场和国际债券市场的业务活动和市场结构。理解国际债券和外国债券的区别,把握国际债券的发行机制,了解国际信贷市场的交易技术和风险管理机制,无论对于一国的公共决策还是私人决策都具有重要意义。

本书在部分章节参考了第一版编写者的书稿的基础上,大篇幅地重新编写。参加本修订本写作的人员及承担的任务具体为:第一章梁红岩(山西大学)、王千红(东华大学);第二章梁红岩(山西大学);第三章佘继鹏、徐强(南京航空航天大学);第四章乔适(东华大学);第五章徐强(南京航空航天大学);第六章李志伟(山西大学);第七章王千红(东华大学);第八章王千红(东华大学);第九章张万朋(华东师范大学);第十章王千红(东华大学);第十一章王千红(东华大学)、汤锦春(赣南师范学院);第十二章李军峰(石家庄经济学院);第十三章李军峰(石家庄经济学院);第十四章、第十五章张万朋(华东师范大学)。

本书最后由东华大学王千红统稿。东华大学刘晓君、乔适、王迎晓、樊新民承担了大量的校对和部分章节资料补充编写的工作。本书是对金融市场学体系构建的再尝试与再探索,唯愿读者能够开卷有益。

编写组
2014年2月

目 录

第一章 金融市场概述 ……………………………………………………… (1)
 第一节 金融市场的含义与功能 ………………………………………… (1)
 第二节 金融市场的要素构成 …………………………………………… (4)
 第三节 金融市场的类型 ………………………………………………… (8)
 第四节 金融市场的管理 ………………………………………………… (14)
 第五节 金融市场的全球化 ……………………………………………… (17)

第二章 金融市场中的金融机构 …………………………………………… (20)
 第一节 金融机构在金融市场上的特殊地位 …………………………… (20)
 第二节 金融市场中的商业银行 ………………………………………… (21)
 第三节 金融市场中的投资银行 ………………………………………… (25)
 第四节 金融市场中的中央银行 ………………………………………… (30)
 第五节 金融市场中的其他中介机构 …………………………………… (32)

第三章 金融资产 …………………………………………………………… (38)
 第一节 金融资产的含义与性质 ………………………………………… (38)
 第二节 金融资产的定价 ………………………………………………… (44)
 第三节 金融资产的风险与收益 ………………………………………… (48)

第四章 货币市场 …………………………………………………………… (57)
 第一节 货币市场特征 …………………………………………………… (57)
 第二节 货币市场价格决定方式 ………………………………………… (59)
 第三节 货币市场工具 …………………………………………………… (66)
 第四节 货币市场基金 …………………………………………………… (75)

第五章 资本市场 …………………………………………………………… (79)
 第一节 资本市场的结构与功能 ………………………………………… (79)
 第二节 债券市场 ………………………………………………………… (81)
 第三节 股票市场 ………………………………………………………… (89)

第六章 外汇市场概述 ……………………………………………………… (97)
 第一节 外汇市场的特征 ………………………………………………… (97)
 第二节 外汇市场的组织形态和交易结构 ……………………………… (103)
 第三节 外汇市场的交易基础 …………………………………………… (109)

第七章 即期外汇市场 ……………………………………………………… (116)
 第一节 即期外汇交易的基本原理 ……………………………………… (116)
 第二节 即期外汇交易的惯例与规则 …………………………………… (120)

第三节　即期外汇市场上的套汇 …………………………………… (124)

第八章　远期外汇市场
　　第一节　远期外汇交易的原理 ………………………………………… (131)
　　第二节　远期汇率 ……………………………………………………… (133)
　　第三节　远期交易的目的和应用 ……………………………………… (138)

第九章　掉期交易
　　第一节　掉期外汇交易的基本知识 …………………………………… (146)
　　第二节　掉期交易的市场成本 ………………………………………… (149)
　　第三节　掉期交易的市场运用 ………………………………………… (151)

第十章　金融期货概述
　　第一节　金融期货交易的概念及其产生条件 ………………………… (156)
　　第二节　金融期货市场结构 …………………………………………… (161)
　　第三节　金融期货的交易方式 ………………………………………… (167)
　　第四节　金融期货市场的功能及其发展趋势 ………………………… (170)

第十一章　货币期货市场
　　第一节　货币期货市场及其要素构成 ………………………………… (177)
　　第二节　货币期货交易程序 …………………………………………… (183)
　　第三节　货币期货的套期保值 ………………………………………… (186)

第十二章　利率期货与股指期货
　　第一节　利率期货 ……………………………………………………… (192)
　　第二节　股指期货 ……………………………………………………… (199)

第十三章　金融期权
　　第一节　金融期权概述 ………………………………………………… (209)
　　第二节　货币期权 ……………………………………………………… (214)
　　第三节　期权价格的决定 ……………………………………………… (217)
　　第四节　货币期权的操作 ……………………………………………… (225)
　　第五节　期权交易策略 ………………………………………………… (229)

第十四章　金融互换
　　第一节　金融互换概述 ………………………………………………… (236)
　　第二节　利率互换 ……………………………………………………… (244)
　　第三节　货币互换 ……………………………………………………… (253)

第十五章　国际金融市场
　　第一节　国际信贷市场 ………………………………………………… (258)
　　第二节　国际债券市场 ………………………………………………… (273)

能力训练部分参考答案 …………………………………………………… (283)
网络资源与阅读书目 ……………………………………………………… (285)

第一章 金融市场概述

【内容提要】本章首先讨论了金融市场的内涵和外延,在介绍直接融资和间接融资的流程中分析了金融市场的结构和功能,这部分内容是理解金融市场的出发点。其次,本章介绍了一个完整的金融市场所必须具备的基本要素,分析了金融市场多样化的分类及其内容,以期理解金融市场管理的原因及其层次性,重点掌握金融市场全球化的趋势。

【重点难点】本章重点是在金融市场运行流程中理解和掌握金融市场的功能。从复杂的金融市场构成中体会和把握金融市场管理的动因是本章的难点。

【基本概念】金融市场　直接融资　间接融资　金融机构　金融工具　货币市场　资本市场　自律性管理　金融市场全球化

第一节　金融市场的含义与功能

一、金融市场的含义

金融市场是指以金融资产为交易对象而形成的供求关系及其机制的总和。它包括三层含义:一是它是金融资产进行交易的一个有形和无形的场所;二是它反映了金融资产的供应者和需求者之间所形成的供求关系;三是它包含了金融资产交易过程中所产生的运行机制,主要是价格机制。

金融市场属于要素类市场,专门提供资本要素。在这个市场上进行资金融通,实现借贷资金的集中和分配,完成金融资源的配置过程,并最终帮助实现社会实物资源的合理配置。可见,金融市场与要素市场和产品市场之间存在着密切的联系。

金融市场应当包括所有的融资活动:包括银行以及非银行金融机构的借贷;包括企业通过发行债券、股票实现的融资;包括投资人通过购买债券、股票实现的投资;包括通过租赁、信托、保险等途径所进行的资金集中与分配;等等。在日常活动中,对金融市场狭义的理解则把金融市场限定在有价证券交易的范围,比如股票市场、证券市场等。

金融交易方式是随着商品经济的发展不断变化的。在商品经济不发达阶段,货币资金借贷主要通过民间口头协议的方式进行,大量范围小、数额少的小金融市场并存;而随着资本主义商品经济的发展,银行系统逐步发展起来,此时金融交易主要表现为:通过银行集中地进行着全社会主要部分的借贷活动;当商品经济进入高度发达时期,金融交易相当大的部分以证券交易的方式进行,表现为各类证券的发行和买卖活动。

现代的金融交易既有具体的交易场所,如在某一金融机构的建筑内进行;又有无形的交易场所,即通过现代通信设施建立起来的网络进行。特别是现代电子技术在金融领域内的广泛运用和大量无形市场的出现,使得许多人倾向于将金融市场理解为金融商品供求与交易活动的集合。

伴随着经济全球一体化趋势的发展,经济金融化的进程日益加剧,程度也不断加深。突出表现为:经济关系日益金融关系化,社会资产日益金融资产化,融资日益非中介化、证券化。在这种情况下,金融业的发展所带来的影响涉及了社会经济政治生活的各个层面。频繁发生的金融危机对正常的经济发展及政治生活的稳定产生了巨大的冲击。因此,只有深刻认识金融市场上各行为主体的行为规律及金融市场的运行机制,才能对当今世界上复杂的经济金融问题做出客观而具体的分析,以指导我们的经济发展。

二、金融市场的运作流程

金融市场的交易是在市场参与者之间进行的。为了概括描述金融市场的运作流程,需要对市场的参与者进行分类。依据参与者的交易特征,可以将他们分为最终投资者、最终筹资者和中介机构三类。最终投资者可以是任何拥有资金盈余的个人、企业和政府;最终筹资者的构成也可以这样划分;中介机构则是专门从事金融活动的金融机构,包括商业银行、保险公司、投资银行等。如果资金转移是在最终投资者和最终筹资者之间发生转移,这样的融资活动就是直接融资,例如通过发行股票、债券等有价证券实现的融资。如果资金转移是通过中介机构才能够实现在最终投资者和最终筹资者之间的转移,这样的融资活动就叫间接融资,例如通过银行存款贷款活动实现的融资。与这两种融资方式相对应的金融产品分别称之为直接融资工具和间接融资工具。金融市场上的资金在各市场参与者之间的转移过程可用图1-1简单描述。

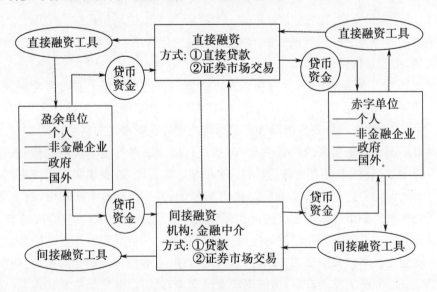

图1-1 金融市场的流程

专栏 1-1

金融体系中的直接融资与间接融资

金融体系的基本功能是筹集和分配资金。为了实现这个目标,金融体系发展出直接融资和间接融资两大方式。直接融资的主要形式是股票,资金的拥有者直接将钱投资到需要资金的企业。间接融资则由银行中介,资金供给者将钱存到银行,银行再把集中起来的资金贷放给资金需求者。

直接融资和间接融资各有优势,互相补充。从企业的角度来看,直接融资没有按期付息、还本的压力,即使经营失败,也不必负偿还责任,因此,风险较间接融资小,但投资者的风险就较高,为了说服资金拥有者购买本企业的股票,需要给投资者较高的回报,企业直接融资的成本较间接融资高。从资金供给者的角度来看,间接融资由于有中介银行的专业服务,储蓄集中、贷款分散,风险较直接融资小,但收益较直接融资低。

在现实经济中,金融体系是直接融资和间接融资的组合,最有效的金融结构取决于一个社会中的企业、产业的性质。如果一个经济中的企业以资金密集型的大企业和产业为主,其融资渠道以从大银行贷款和发行股票为主。如果一个经济中的企业以中小企业为主,则有效的融资方式应以中小银行贷款为主。这种金融格局的形成主要是由交易费用和信息成本决定的。中小企业需要的资金不多,而且分散在各地,大银行等大金融机构获取其经营和信用状况的成本很高,因此,中小企业难以得到大银行的资金支持。即使想用间接融资,也因为规模小,承担不起股票发行的费用,也不易取得公开发行上市的资格,因此中小企业一般不依赖间接融资。中小银行则因为资金规模小,无力经营大的贷款项目,只好以中小企业为主要服务对象。而且,中小银行与中小企业一样,分散在各地,对当地的中小企业资信和经营情况比较了解,信息费用不高,因而中小银行也较愿意为中小企业服务。大企业则因资金需求量大,和其相适应的资金供给方式是大银行贷款、股票及债券融资。

——林毅夫《中小银行事关金融体系发展》,国务院发展研究中心信息网2000年10月8日

三、金融市场的功能

金融市场通过组织金融资产、金融产品的交易,可以实现以下五个方面的功能:

第一,实现资金从盈余部门向短缺部门之间的调剂,完成资本配置。如果在良好的市场环境和价格信号引导下,这种转移有助于实现资本的最佳配置。

第二,实现风险分散和风险转移。通过金融资产的交易,对于某个局部来说,风险由于分散、转移到别处而在此处消失,而不是指从整体上消除了风险。这个功能的发挥程度取决于市场的效率。在一个效率低下的市场上,由于市场不能充分发挥分散和转移风

险的功能,最终可能导致风险的集聚和集中爆发,最典型的就是金融危机的爆发。

第三,确定价格。大多数金融资产的票面金额并不能代表其内在价值,例如股票所体现在每一股份上的内在价值与其票面标注的金额通常存在着极大的差异,只有通过金融市场交易中买卖双方相互作用的过程才能"发现"其内在价值,即必须以与该企业有关的金融资产由市场交易所形成的价格作为依据来估价,而不能简单地以会计报表上的账面数字作为依据来计算。金融市场的定价功能有助于市场资源配置功能的实现。

第四,实现金融资产的流动性。金融市场的存在可以帮助金融资产的持有者将资产转让或出售以获得流动性。如果没有金融市场,人们很可能因变现困难而不愿持有金融资产,企业就可能因为金融产品发行困难而无法筹集到足够的资金,进而影响正常的生产和经营。不同的金融产品市场的流动性是不同的,它取决于产品的期限和品质等多种因素。

第五,降低交易的搜寻成本和信息成本。搜寻成本是指为寻找合适的交易对方所产生的成本,信息成本是在评价金融资产价值的过程中所发生的成本。金融市场帮助降低搜寻成本和信息成本的功能主要是通过专业金融机构和咨询机构来发挥的,众多金融中介的存在以及他们之间的业务竞争,可以促使搜寻成本和信息成本不断降低。

金融市场的上述功能能否正常发挥,取决于金融市场本身的效率和质量,是金融市场发达与否的重要标志。而金融市场发达与否,则是一国经济和金融发达程度以及制度选择取向的重要标志。

第二节 金融市场的要素构成

作为一个完整的金融市场,必须具备交易主体、交易对象、交易价格和交易方式等四个基本要素,它们共同构成了金融市场的基本框架。

一、金融市场的交易主体

金融市场的交易主体从交易动机看主要有投资者(投机者)、筹资者、套期保值者、套利者、调控和监管者五大类。金融市场的投资者与实物产品市场的投资者是不同的,前者是指为了赚取差价收入或者股息、利息收入而购买各种金融工具的主体,它是金融市场的资金供给者;后者则是运用自有资金或筹集资金在产业市场上进行实物产品的开发、生产和销售以获取利润,它是金融市场上资金的使用者。广义的投资者还可根据交易动机和时间分为投资者和投机者两类。筹资者则是金融市场上资金的需求者;套期保值者是指利用金融市场转嫁自己所承担风险的主体;套利者则是指利用两个或多个市场的价格差异来获利的交易者,他们通常通过一组相互对应、买卖方向相反的交易,将价差变为利润。在学术界,有的套利交易被定义为不存在损失可能的交易,或至少交易组合中的一端能绝对获利的交易。简而言之,有一类套利交易是能以低成本获取无风险利润的交易操作。金融市场的调控和监管者是指对金融市场实施宏观调控和监管的中央银行和其他金融监管机构。这五类主体是由以下各类具体的主体构成的:

(一)政府部门

在各国的金融市场上,通常该国的中央政府和地方政府都是资金的需求者,他们主要通过发行财政部债券或地方政府债券来筹集资金,用于基础设施建设,弥补财政预算赤字等。政府部门在一定时间内也可能是资金的供应者,如税款集中收进还没有支出时。此外许多国家政府也是国际金融市场上的积极参与者,不论是发展中国家还是发达国家,政府部门都是金融市场上重要的经济行为主体之一。政府除了是金融市场上最大的资金需求者和交易的主体之外,还是重要的监督者和协调者,因而其在金融市场上的身份是双重的。政府对金融市场的监管虽然主要是授权给监管机构,如中央银行、财政部门,但也经常自己出面向金融市场施加压力;另一方面,还通过财政政策施加影响,尤其是国债管理和国债交易,就是在金融市场上同中央银行的货币政策的协调配合发生作用的。

(二) 工商企业

工商企业是现代市场经济运行的主体,是一国国民经济活动的中心,在各国的金融市场中都处于基础地位。不论哪一种企业,其生产经营过程都会发生资金余缺的情况,金融市场因此成为满足各类企业资金需求及投资的场所。不仅如此,作为现代企业形式的公司,还因其组成方式的特点同金融市场有着天然的紧密联系。在许多国家,工商企业既通过间接融资市场筹集短期资金从事经营,以提高企业财务杠杆比例和增加盈利;又通过直接融资市场发行股票或中长期债券等方式筹措资金用于扩大再生产和经营规模。特别是近年来,企业资本来源的多样性和投资主体的多元化,使企业成为金融市场上证券发行的主体,成为决定初级市场规模的主要因素。另外,工商企业也是金融市场上的资金供应者之一。有时,工商企业还是金融市场套期保值的主体。

(三) 居民个人

居民个人一般是金融市场上主要的资金供应者。个人为了积攒资金购买大件商品如住房、汽车等,或是留存资金以备急需如看病、养老等,都有将手中资金投资以使其保值增值的要求。因此个人通过在金融市场上合理购买各种有价证券来进行组合投资,既满足日常的流动性需求,又能获得资金的增值。个人有时也有资金需求,但数量一般很小,常常是用于耐用消费品的购买及住房消费等。在任何国家和地区,居民个人都是金融市场上最重要的资金供给者,是金融工具的主要认购者和投资者。

(四) 金融机构

从较广泛的意义上讲,在现代金融活动中金融机构是指从事金融服务业的有关金融中介机构,是金融体系的一部分,包括银行、证券公司、保险公司、信托投资公司和基金管理公司等。在金融市场上,金融机构的作用是极其特殊的。首先,它是金融市场上最重要的中介机构,是储蓄转化为投资的传递者和导向者。其次,金融机构还是金融市场上资金的供给者和需求者。在传统金融活动中,我们一般在讨论金融机构时,主要将其区分为存款性金融机构和非存款性金融机构。存款性金融机构是指通过吸收各种存款而获得可利用资金,并将之贷给需要资金的各经济主体及投资于证券等以获取收益的金融机构。它们是金融市场的重要中介,也是套期保值和套利的重要主体。存款性金融机构主要包括商业银行、储蓄机构和信用合作社等,它们既是资金的供应者,又是资金的需求者,几乎参与了金融市场的全部活动。非存款性金融机构不能像存款性金融机构那样吸收公众存款获得资金,而是通过发行证券或以契约性方式聚集社会闲散资金。主要有保险公司、养老基金、投资银行和投资基金等。此外,在我国金融市场上,三大政策性银行、金融信托机构及财务公司等,也归入金融机构之列,是金融市场的主体之一。

(五)中央银行

中央银行既是金融市场的行为主体,又是金融市场的调控和监管者。中央银行为了调节货币供应,维持该国货币的稳定性,通常通过调节存款准备金率、控制贴现率,以及公开市场行动等方式达成其政策意图。特别是,在金融危机发生时,一国的中央银行往往充当银行类机构急用借款者的最后支柱,试图隔绝外部效应或采取相应措施稳定金融市场。从中央银行参与金融市场的角度来看,首先,作为银行的银行,它充当最后贷款人的角色,从而成为金融市场资金的提供者;其次中央银行为了执行货币政策,调节货币供应量,通常采取在金融市场上买卖证券的做法,进行公开市场操作,以此影响金融市场的资金供求及其他经济主体的行为。此外,一些国家的中央银行还接受政府委托,代理政府债券的还本付息;接受外国中央银行的委托,在金融市场买卖证券,参与金融市场的活动。

二、金融市场的交易对象

金融市场的交易对象是指金融市场上的交易的各种客体或可交易的标的物,在广义上,包括各类可以交易的金融资产,在狭义上主要指金融工具。

金融资产有别于实物资产,它的价值取决于能够给其所有者带来的未来收益;或者说,持有金融资产意味着拥有对未来收益的要求权利。例如,金融资产中的债券代表着持有人对发行人索取固定收益的权利,股票代表着股东在公司给债权人固定数量的支付以后对收入剩余部分的要求权——剩余索取权。金融资产的种类很多,除债券、股票之外,还包括保险单、商业票据、存单和各种存款、现金等。金融资产价值的大小是由其能够给所有者带来未来收入的量和可能程度决定的。例如一种债券,息票利率较高并且按期支付利息和到期归还本金的保证程度较高,就会有较高的价值;一种股票,可以给投资人带来稳定的、高额的现金红利,也会有较高的价值。在金融资产的价值决定中,金融资产与实物资产,如厂房、设备、土地等之间存在着密切的关系。例如,能够产生较高现金收益的股票,往往归功于发行股票的企业用这笔资金购置了性能先进、运营成本低、能产生大量现金流的实物资产。但是,也有一些金融资产与实物资产之间的价值联系并不那么直接,如期货、股票指数期权等,这些金融资产的价值是依附于股票、债券的价值变化,具有"依附"、"衍生"的特征,因而被冠以"衍生金融产品"的称呼。金融资产具有两个重要的功能,一个是帮助实现资金和资源的重新分配,另一个是在资金重新分配过程中,帮助分散或转移风险。例如,一个从未借债的企业通过举债,可将企业所有者的一部分风险转移给债权人;一个可能面临因日元贬值而导致出口产品收入下降的企业,可以通过卖出日元期权的交易,将风险转移出去;等等。由于衍生的金融产品在转移风险方面往往比原生产品更有效率,所以从20世纪70年代起,在金融风险日趋加大的情况下,衍生金融产品的品种和市场规模取得了飞速的发展。

在核心金融市场上,金融交易主要通过各种信用工具实现。它是在信用活动中产生的能证明金融交易金额、期限和价格的书面文件,具有法律效力。市场上各种融资活动正是通过金融工具的买卖来完成的。金融交易作为一种有偿转让资金的活动,可以采用口头协定、账面信用和书面凭证等方式进行。前两种方式虽然简单,但由于协议条件没有正式凭证,不能可靠地确立债权债务关系,容易发生纠纷,并且无法在市场上流通转让,不能适应当今社会信用关系日益发展和复杂交错的情况。而书面凭证则具体载明支付或偿还条件等事宜,可凭此确立信用关系和流通转让,因而成为金融交易的必要工具。

金融工具一般包括债权债务凭证(债券、商业票据等)和所有权凭证(股票),是金融市场上买卖交易的对象。在这个意义上,金融资产和金融工具又具有共同的表现形式,所以在习惯上金融工具有时也被称为金融资产,但严格来讲,二者是有差别的。进一步讨论将在第三章《金融资产》中进行。

金融工具的基本特征表现为:(1)受偿还期的限制。偿还期是指债务人在必须还债前所经历的时间。从实际观点来看,偿还期应相对于目前时间来解释,即应是从持有金融工具之日起到该金融工具到期之日止所经历的时间。如某一种在2000年发行、2020年到期的公债,从发行日期来说,有20年的偿还期,但若某人于2009年购入,则对他来说,偿还期就只有11年。另外各种金融工具由于性质的不同而具有不同的偿还期。(2)金融工具具有一定的流动性或变现力,这是指金融工具在极短时间内变卖为现金而不致亏损的能力。现金本身就是流动性的体现,人们把对持有现金的偏好称为对货币的"流动偏好"或"灵活偏好"。大致而言,金融工具的流动性与偿还期成反比,而与债务人信用成正比。(3)金融工具还讲究本金的安全即风险性。风险主要包括爽约风险和市场风险两类。爽约风险是指债务人不履行合约,不按时还本付息的风险。市场风险即由于市场利率上升所导致金融工具市场价格下跌的风险。一般说来,风险性与偿还期成正比,与流动性及债务人的信誉和实力成反比。(4)金融工具必须具有一定的收益率。收益率是指持有金融工具所得收益与本金的比率。收益率分为名义收益率、即期收益率和平均收益率。名义收益率是金融工具的票面收益与本金的比率。即期收益率是年收益额与该金融工具当期市场价格的比率。平均收益率是将即期收益与资金损益共同考虑的收益率,它更能准确反映投资者的收益状况。

三、金融市场的交易价格

金融市场的交易价格也构成金融市场的基本要素。金融市场上的各种交易都是在一定的价格条件下实现的,但金融市场的交易价格不同于商品市场的商品交易价格。商品市场的交易价格反映交易对象的全部价值,如一件衣服交易价格为200元,一辆汽车交易价格为15万元等。由于金融市场上的交易对象是货币资金,交易所实现的只是货币资金使用权的转移,因此交易价格所反映的是在一定时期内转让货币资金使用权的报酬。由于本金不变,货币资金借贷时的交易价格通常表现为利率。例如以10%的利率出让100元货币资金的使用权1年,这10%或10便是这100元货币资金1年使用权的交易价格。但要注意的是,金融工具的价格通常表现为它的总值即本金加收益。如100元的1年期债券,年利率为10%,交易价格为110元;一张100元的股票,交易价格却可能是180元。因此,在金融市场上,货币资金借贷的交易价格和金融工具买卖的交易价格有多种不同的表现形式。

利率作为金融市场的交易价格,它的高低取决于社会平均利润率水平和资金供求关系,但反过来它又起着调节资金供求和引导资金流向的作用。正如价格是调节商品市场的主要杠杆一样,利率是金融市场上调节资金供求、引导资金合理流动的主要杠杆。这一作用的发挥建立在利率能够灵敏如实地反映资金供求状况的基础上。一个多种层次、梯形差别、灵活调节、富于弹性的利率体系,是金融市场正常运行的重要保证。

四、金融市场的交易方式

金融市场的交易方式主要有两种:

(一)交易所方式

一般是指有固定交易场所、有组织、有制度、集中进行交易的方式。在证券交易所内进行交易首先要开设账户,然后由投资人委托证券商买卖证券,证券商负责按投资者的要求进行操作。

(二)柜台交易方式

柜台市场又称店头市场或场外市场。一般是指在各金融机构的柜台上买卖双方进行面议的分散交易的方式。就柜台交易方式而言,针对不同交易工具,分为有形市场和无形市场。后者往往是既没有固定场所,也不进行直接接触。一般是通过现代化的电讯工具在各金融机构、证券商及投资者之间进行。它是一个无形的网络,金融资产及资金可以在其中迅速转移。在现实世界中,大部分的金融交易均是以这种方式进行的。

不同交易机制的市场,其价格形成过程和运作特征是有差别的,主要体现在市场组织、订单匹配原则、信息传递范围和价格确定方法和交易过程等方面,并导致不同交易机制的市场属性也会有差别。广义的交易机制就是市场的微观结构。狭义的交易机制特指市场的交易规则和保证规则实施的技术,以及规则和技术对定价机制的影响。

第三节 金融市场的类型

金融市场是一个大系统,包括许多具体的、相互独立但又紧密相关联的市场,可按不同的标准划分为不同的市场。(1)按金融交易的期限来划分,分为货币市场和资本市场。货币市场是交易期限在一年之内的短期金融交易市场,交易对象是各种短期金融工具如同业拆款、商业票据、短期债券、可转让存单等。资本市场是交易期限在一年以上的长期金融交易市场,其交易对象主要是比较长期性的证券如公债、股票、债券、抵押契约等。资本市场又可分为长期存贷市场和证券市场。(2)从金融交易的交割期限来看,金融市场可分为现货市场和期货市场。现货市场要求在成交后的1~3日内立即付款交割;而期货市场的交割是在成交日之后合约所规定的日期进行。期货市场交易的标的可以是证券、外汇、黄金和各种衍生金融工具。(3)以金融资产的发行和流通特征来看,可以分为发行市场、流通市场和第三市场等。(4)以地理、政治范围为标准,金融市场可分为地方性金融市场、全国性金融市场、区域性金融市场和国际性金融市场。此外,金融市场还可分为外汇、黄金和保险、信托等市场。它们共同构成金融大市场。这里重点介绍按金融市场交易对象划分的货币市场、资本市场、外汇市场、黄金市场和衍生工具市场。

一、货币市场

货币市场是短期融资市场,融资期限一般在一年之内。这是典型的以机构投资人为主的融资市场。货币市场一般没有确定的交易场所,交易一般通过计算机网络进行。货币市场可以按照金融产品的不同划分为许多子市场,如票据贴现市场、银行间拆借市场、短期债券市场、大额存单市场、回购市场等。

美国早期的货币市场概念狭义地专指对证券经纪商和交易商进行通知放款的市场,后来货币市场的概念又广义地包含了短期资金市场。现在,货币市场一般指短期的国库券、商业票据、银行承兑汇票、可转让定期存单、回购协议、联邦资金等短期信用工具买卖的市场。许多国家把银行短期贷款也归入到货币市场的业务范围。一般地说,资金借贷以 3 到 6 个月期最为普遍,国库券则以 6 到 9 个月期为多。由于该类市场信用工具随时可以在发达的二级市场上出售变现,具有很强的流动性和变现力,功能近似于货币,故归入货币市场,又由于该市场主要经营短期资金的借贷,所以也称为短期资金市场。

二、资本市场

资本市场是政府、企业、个人筹措长期资金的市场。包括长期借贷市场和长期证券市场。但在一般情况下,我们讨论的资本市场主要专注于证券市场,包括债券市场和股票市场。这是因为,在资本市场的两大部分中,证券市场在大多数国家是长期融资的最重要市场,同时融资证券化特别是长期融资证券化已成为金融市场发展的潮流,构成当今世界融资活动的主要特征。

资本市场与货币市场的主要区别是:(1)期限的差别。资本市场上交易的金融工具均为一年以上,最长可达数十年,有些甚至无期限,如股票。而货币市场上一般交易的是一年以内的金融工具,最短的只有几日甚至几小时。(2)作用不同。货币市场所融通的资金,大多是工商企业的短期周转资金;而在资本市场上所融通的资金,大多是用于企业的创建、更新、扩充设备和储存原料。政府在资本市场上筹集长期资金则主要用于兴办公共事业和保持财政平衡。(3)风险程度不同。货币市场的信用工具由于期限短,因此流动性高,价格不会发生剧烈变化,风险较小;资本市场的信用工具由于期限长,流动性较低,价格变动幅度较大,风险也较高。

初级市场和二级市场是针对资本市场功能特征划分的两个类型。初级市场是组织证券发行的市场,凡新公司成立发行股票,老公司增资补充发行股票,政府及工商企业发行债券等,构成了初级市场活动的主要内容,所以,初级市场也称为实现融资的市场。在发挥融资功能的同时,初级市场还发挥着价值发现和信息传递的功能,好的初级市场能够相对准确地确定金融资产的价值。二级市场则是对已经发行的证券进行交易的市场,所以也叫流通市场。二级市场最重要的功能是实现金融资产的流动性。当股东想转让股票或债券持有人想把未到期的债券提前变现时,均需在二级市场寻找买主;而希望将资金投资于股票或债券等长期金融工具的人想进行此类投资时,可以进入二级市场,从希望提前变现的投资者手中购买尚未到期的证券,实现投资。此外,在发达的市场经济国家还存在着第三市场和第四市场,它们实际上都是场外交易的一部分。第三市场是原来在交易所上市的证券移到场外进行交易形成的市场;第四市场则是投资者和证券的出卖者直接交易形成的市场。它们的形成主要是由于机构投资者之间由于交易金额很大,希望避开经纪人直接交易,以降低交易成本。

三、外汇市场

外汇市场是进行外汇交易的场所,亦即以不同种货币计值的两种票据之间的交换场所。狭义的外汇市场是指银行间的外汇交易,包括同一市场各银行间的交易、中央银行与外汇银行间以及各国中央银行之间的外汇交易活动,通常被称为批发外汇市场。广义的外汇市场是指由各国中央银行、外汇银行、外汇经纪人及客户组成的外汇买卖、经营活动的总和,包括上述的批发市场以及银行同企业、个人间外汇买卖的零售市场。外汇市场的业务主要包括即期外汇交易、远期外汇交易、外汇期货交易和在外汇领域的衍生工具交易,如期权交易、外汇掉期业务等。

外汇市场的组织形式大体有两类。一类是有固定交易场所的有形外汇市场,如法国的巴黎、德国的法兰克福、比利时的布鲁塞尔等市场。在这类市场上,外汇交易者均按规定时间到交易场所进行交易,但许多交易也可在商业银行之间进行。另一类是没有具体交易场所的无形外汇市场,外汇交易完全由交易者通过电话、电报、电传和计算机等通信工具进行。世界上大多数外汇市场,如伦敦、纽约、新加坡、香港等市场,都没有固定交易场所。即使在有固定交易场所的外汇市场中,许多交易也是通过各种通信工具进行的。因此,现代的国际外汇市场实际上已经成为交易人之间进行外汇交易的一个遍及全世界的电讯网络。

我国在1994年外汇管理体制改革以后,官方汇率和外汇调剂市场汇率并轨,实行以市场供求为基础的单一的、有管理的浮动汇率制度,建立了全国统一的银行间外汇市场。从市场结构来看,我国外汇市场有三个层次:第一个层次是客户与外汇银行之间的零售市场,又称银行结售汇市场。1996年7月1日前,为了保持对外商投资企业政策的连续性,保留了过去的外汇调剂中心的做法,专门为外商投资企业提供外汇调剂服务。外商投资企业买卖外汇的价格按当日中国人民银行公布的外汇牌价(中间价),加收0.15%的手续费,不实行价差的办法。可以说外汇调剂市场也是统一外汇市场的一个组成部分。1996年7月1日实行外商投资企业银行结售汇以后,外商投资企业结售汇既可到银行办理,也可到外汇调剂市场办理外汇买卖。到1998年12月1日,外汇调剂业务停办,外商投资企业结售汇均到外汇指定银行办理。第二个层次是银行之间买卖外汇的同业市场,又称银行间外汇市场、批发市场。外汇指定银行在办理结售汇业务的过程中,会出现买超或卖超的现象,这时,外汇指定银行就可以通过银行间外汇市场进行外汇交易,平衡其外汇头寸。第三个层次是外汇银行与中央银行之间的外汇交易。主要是央行可以适时以普通会员身份入市,进行市场干预,调节外汇供求,保持汇率相对稳定,是中国人民银行对外汇市场进行调控和管理的有效途径。凡在中国境内营业的金融机构,其之间的外汇交易,均应通过银行间外汇市场进行。近年来,我国外汇市场已从简单的头寸平补市场发展成为满足会员融通本外币资金、提高资金运用效率、降低汇率风险等需求的多功能市场,在支持人民币汇率稳定、传导央行货币政策、服务金融机构和监管部门等方面发挥了越来越重要的作用。

四、黄金市场

黄金市场是专门集中进行黄金买卖的交易中心或场所。黄金交易的参与者有世界各国的公司、银行和私人以及各国官方机构。目前,由于黄金仍然是国际储备工具之一,在国际结算中占据着重要地位,因此,黄金市场仍被看作金融市场的组成部分。国际上的黄金市场流通体系,实际上是一个多层次、多形态市场的结合。包括银行间无形的黄金市场、黄金现货交易市场、黄金期货交易有形市场及黄金零售市场等。由于黄金兼有一般商品和金融投资的功能,黄金市场拥有广泛的参与者。包括黄金的买方、卖方和黄金经纪人三部分。黄金的卖方有采金企业、藏有黄金待售的私人和集团、做金价看跌空头的投机者以及中央银行等;黄金买方有中央银行、为保值或投资的购买者、做金价看涨多头的投机者及以黄金作为工业原料的工商企业等;黄金市场上的交易活动,一般都通过黄金经纪人成交。

世界上最早的黄金市场于19世纪初在伦敦产生,是最古老的金融市场,现在,世界上已发展到40多个黄金市场,其中伦敦、纽约、苏黎世、芝加哥和香港的黄金市场被称为五大国际黄金市场。伦敦黄金市场是世界上最大的黄金市场。1804年,伦敦取代荷兰阿姆斯特丹成为世界黄金交易的中心。1919年伦敦金市正式成立,每天进行上午和下午的两次黄金定价。由五大金行定出当日的黄金市场价格,该价格一直影响纽约和香港的交易。市场黄金的供应者主要是南非。1982年以前,伦敦黄金市场主要经营黄金现货交易,1982年4月,伦敦期货黄金市场开业。苏黎世黄金市场是二战后发展起来的国际黄金市场。由于瑞士特殊的银行体系和辅助性的黄金交易服务体系,为黄金买卖提供了一个既自由又保密的环境,加上瑞士与南非也有优惠协议,获得了80%的南非金,加之前苏联的黄金也聚集于此,使得瑞士不仅是世界上新增黄金的最大中转站,也是世界上最大的私人黄金的存储中心。苏黎世黄金市场在国际黄金市场上的地位仅次于伦敦。纽约和芝加哥黄金市场是20世纪70年代中期发展起来的,主要原因是1977年后,美元贬值,黄金的套期保值和投资增值交易增加,使得黄金期货迅速发展起来。目前纽约商品交易所和芝加哥商品交易所是世界最大的黄金期货交易中心。两大交易所对黄金现货市场的金价影响很大。香港黄金市场已有90多年的历史。其形成是以香港金银贸易场的成立为标志。1974年,香港政府撤销了对黄金进出口的管制,此后香港金市发展极快。由于香港黄金市场在时差上刚好填补了纽约、芝加哥市场收市和伦敦开市前的空当,可以连贯亚、欧、美,形成完整的世界黄金市场,其优越的地理条件引起了欧洲金商的注意,伦敦五大金商、瑞士三大银行等纷纷来港设立分公司。他们将在伦敦交收的黄金买卖活动带到香港,逐渐形成了一个无形的当地"伦敦金市场",促使香港成为世界主要的黄金市场之一。

上海黄金交易所是经国务院批准,由中国人民银行组建,在国家工商行政管理局登记注册的,不以营利为目的,实行自律性管理的法人。上海黄金交易所遵循公开、公平、公正和诚实信用的原则组织黄金、白银、铂等贵金属交易。上海黄金交易所于2002年10月30日正式开业。交易所实行会员制组织形式,会员由在中华人民共和国境内注册登记,从事黄金业务的金融机构,从事黄金、白银、铂等贵金属及其制品的生产、冶炼、加工、批发、进出口贸易的企业法人,并具有良好资信的单位组成。现有会员162家,分散在全国26个省、市、自治区;交易所会员依其业务范围分为金融类会员、综合类会员和自营会员。金融类会员可进行自营和代理业务及批准的其他业务,综合类会员可进行自营和代理业务,自营会员可进行自营业务。目前会员单位中年产金量约占全国的80%;用金量占全国的90%;冶炼能力占全国的90%。标准黄金、铂金交易通过交易所的集中竞价方式进行,实行价格优先、时间优先撮合成交。非标准品种通过询价等方式进行,实行自主报价、协商成交。会员可自行选择通过现场或远程方式进行交易。

五、金融衍生工具市场

金融衍生工具是指一类其价值依赖于原生性金融工具的金融资产。原生的金融工具一般是指股票、债券、存单、货币等。金融衍生工具则是在这些原生性金融工具基础上创造出来的新型金融工具。金融衍生工具买卖的回报率是根据一些其他金融要素的表现情况衍生出来的。比如资产(商品,股票或债券)、利率、汇率或者各种指数(股票指数以及天气指数)等。这些要素的表现将会决定一个衍生工具的回报率和回报时间。衍生工具的主要类型有期货、期权、权证、互换等,这些期货、期权合约都能在市场上买卖。其他任何复杂的合约都是以此为基础演化而来的。

金融衍生工具的发展经过了一个由简到繁的演变过程。按照演变次序形成了三类金融衍生工具,即一般衍生工具、混合衍生工具和复杂衍生工具。一般衍生工具是指由传统金融工具衍生出来的比较单纯的衍生工具,如期货和简单互换等。一般衍生工具在20世纪80年代后期已经十分流行。由于激烈的市场竞争,这类金融工具的价格差异日益缩小,金融机构靠出售这种金融衍生工具所获得的利润有不断下降的趋势。混合衍生工具是指传统金融工具与一般衍生金融工具组合而成的,介于现货市场和金融衍生工具市场之间的产品。如可转换债券,在约定的期限内,在符合约定条件之下,其持有者有权将其转换(也可以不转换)为该发债公司普通股票的债券。作为债券,它与普通债券一样,而具有是否转换为股票的权利,则是期权交易的性质。复杂衍生工具是指以一般衍生工具为基础,经过改造或组合而形成的新工具,所以又称为"衍生工具的衍生物"。主要包括期货期权、互换期权、复合期权、特种期权等。

迅速发展的金融衍生工具,使规避形形色色的金融风险有了灵活方便、极具针对性且交易成本日趋降低的手段,对现代经济的发展起了有力的促进作用,但也同时促成了巨大的世界性投机活动。目前世界性的投机资本,其运作的主要手段就是衍生工具。在国际金融投机中,投机资本利用衍生工具冲击一国的金融市场并造成该国金融动荡和危机,进一步加剧了金融市场的风险。

专栏 1-2

我国货币市场与资本市场改革发展情况

在货币市场上,近年来同业拆借市场成员范围已扩大到存款类金融机构、部分非银行金融机构以及政策性银行等绝大部分金融机构。2000年,银行间同业拆借市场交易额为6 728亿元。2001—2003年,交易量分别达到8 082亿元、12 107亿元、2.4万亿元。2004年,由于物价持续上涨、投资快速增加,国家出台一系列的宏观调控政策,在这一背景下,拆借市场交易量大幅下降至1.46万亿元。截至2006年末,全国银行间同业拆借市场参与者达到703家,是市场建立之初的14倍;年交易量达到2.15万亿元,是市场建立初期的10倍多。2007年仅前11个月的同业拆借就累计成交88 831.9亿元,同比上年增长382.8%。银行间债券市场债券发行量增长迅速,2001年银行间债券市场发债总额达到4 748.53亿元,全年债券发行投标总额达12 114.7亿元。2002年,银行间债券市场发行总额6 537.86亿元,全年债券有效投标量为招标量的2.46倍,反映出银行间市场对债券仍有较大的需求。2003年,财政部、国家开发银行、中国进出口银行和中国国际信托投资公司等发债主体在银行间债券市场共发行47支本币债券和1支美元债券,发行总额7 975亿元(不含美元债券)。2004年,银行间债券市场累计发行债券25 860亿元,其中,国债4 413.9亿元、央行票据2 150亿元、政策性金融债券4 348亿元、商业银行次级债券748.8亿元。2007年,由于特别国债的发行,债券发行量较2006年同期大幅增加,同比增长62.56%,截至2007年11月,银行间债券市场累计发行债券26 942.04亿元。其中,财政部发行记账式国债13 526.3亿元;政策性银行、商业银行和财务公司发行金融债券10 157.6亿元;企业发行短期融资券3 174.1亿元;商业银行发行资产支持证券84.04亿元。截至11月底,债券市场托管量为11.48万亿元,其中银行间债券市场托管量为11.16万亿元,占债券市场托管量的97.2%。

此外,我国票据市场交易量增长很快,票据融资使用率逐渐上涨。截至2007年9月,企业累计签发商业汇票4.5万亿元,同比增长11.1%;累计贴现8万亿元,同比增长23.7%;期末商业汇票未到期金额2.6万亿元,同比增长16.5%;贴现余额1.6万亿元。2007年前三季度累计办理再贴现92.3亿元,同比增加65.4亿元;9月末再贴现余额56.1亿元,同比增加34.7亿元。

我国资本市场发展经历了30年的时间,但是走过了发达国家一百多年的路程,实现了跨越式发展。中国资本市场总体上呈平稳发展并不断提高的态势,各种债券市场、股票市场得到发展,建立了上海证券交易所、深圳证券交易所,截至2007年底,深沪两市共有股民账户总额1.38亿元,上市公司1 529家,上市证券1 990只,总市值达32.92万亿元,供募资7 438亿元。

——郭田勇、褚蓬瑜《我国金融体制改革与市场发展30年》,人民网,2008年09月10日

第四节 金融市场的管理

一、金融市场管理的含义和意义

金融市场管理是指国家(政府)金融管理当局和有关自律性组织(机构)对金融市场的各类参与者及他们的融资、交易活动所作的各种规定以及对市场运行的组织、协调和监督措施及方法。它包括两个层次,一个是国家或政府对各类金融市场上的各类参与机构和交易活动所进行的管理;另一层次是金融市场上各类机构及行业组织(如证券交易所、证券业协会等)进行的自律性管理。

由于金融市场的活动涉及面广,影响面宽,作用力大,对微观金融运行、宏观金融调控乃至整个国民经济运行都具有重大影响,因此,保证金融市场的稳健运行与正常运作具有重要的意义。金融市场的参与者主要是各类利益不同的经济主体,在市场交易中满足投融资需求、追逐收益最大化是他们的基本目标,在利益的驱使和激烈的市场竞争中,可能会出现欺诈、违约、操纵市场、哄抬价格、过度投机等不良行为,危害金融市场的安全和稳定。因此对金融市场进行有效的管理,规范市场行为,防范金融风险,形成合理的市场价格,保护广大投资者的权益,增强投资者的信心,保持货币流通的稳定和良好的金融秩序,提高金融市场效率,就显得十分必要。所以,自20世纪30年代以来,世界各国对金融市场的管理予以高度重视,并采取了各种有效的监管和调控措施。

二、金融市场管理的原则和内容

(一) 金融市场管理的原则

1. 公开、公正、公平的原则

由于金融市场管理的基本目标是稳定市场,维护秩序,保护投资者利益,这就要求在金融市场管理中必须坚持公开、公正、公平的基本原则。公开原则包括价格形成公开和市场信息公开两层含义,目的在于防止欺诈、接受监督、便于投资者分析选择。公正、公平原则主要是指诚实守信,禁止相关人员入市,防止内幕交易,在市场交易中实行价格优先、时间优先、客户委托优先等操作程序。

2. 制止背信的原则

主要是制止违约、不守信用。遵守信用是金融市场正常运行的前提,市场管理必须对违约行为予以严厉的惩处。

3. 禁止欺诈、操纵市场的原则

在信息公开的原则下,任何市场参与者散布虚假信息或隐瞒信息,都会形成欺诈,从而造成投资者的错误判断,引起市场供求或价格失常。而市场操纵者往往直接左右价格,牟取暴利,损害广大投资者的利益,扰乱市场的正常秩序。因此,金融市场管理应严厉禁止欺诈或操纵市场的行为发生。

4. 合理、适度竞争的原则

竞争是市场经济的基本规律，金融市场管理当局管理的重心应放在保护、维持、培育、创造一个公平、高效、适度、有序的竞争环境上。既要避免造成金融高度垄断、排斥竞争，从而丧失市场效率和活力，又要防止出现过度竞争、破坏性竞争，从而波及金融市场的安全和稳定。

（二）金融市场管理的内容

1. 对金融工具发行的管理

制定对发行金融工具审核的标准程序与审核内容，并对发行人的信誉、资产规模、资产结构、财务状况和发行人所公开的信息资料的充分性和真实性进行审核。

2. 对金融工具转让交易的管理

在场内交易中，主要对证券交易所的设立、章程、组织结构、征收费用和税收、财务状况等进行管理；确立上市证券的标准并进行审核，颁布各项交易法规以维护正常的交易程序和秩序，对不具备继续上市资格的证券终止其继续上市资格；对违法违规的交易者进行处罚。在场外交易中，主要依靠证券商的同业自律，结合立法管理对交易活动进行规范和约束。

3. 对证券商的管理

主要包括证券商从业资格的认定与核准，确定证券商的种类与业务范围、最低资本金要求，制定证券商的行为规范，对证券商的行为进行监督，对违法违规证券商进行惩处等。

三、金融市场管理机构

金融市场管理机构是指专门对金融市场行使管理职能的机构。世界各国的中央银行一般都承担着金融市场管理的重要职责，此外大多数国家还有专门的金融市场管理机构，有些国家设立的专业管理机构较为集中，一些国家设立的相对较细，实行多头管理。

就专业管理机构的隶属关系看，金融市场管理机构主要有三种类型：（1）隶属于国会的专业管理机构。如美国的证券管理委员会是依1934年美国证券交易法建立的，该委员会直接履行法律赋予的管理职责，向国会负责。（2）隶属于政府的专业机构。如日本的证券市场管理机构归大藏省领导，属于政府的一个职能部门。意大利、法国、荷兰、德国、加拿大、卢森堡、瑞士等基本上属于这一类型。（3）民间组织的专业管理机构。如英国证券投资委员会根据1986年《金融服务法》的规定，享有管理金融市场的权利和职责，但该委员会却是一个非政府性的管理机构。

中央银行和国家专设的管理机构对金融市场的管理属于外部管理，除此之外，大多数国家的自律性管理机构也在发挥着重要的作用。

金融市场的自律性管理机构主要是指证券交易所和金融系统内各类行业性协会组织。行业协会组织在金融市场管理中起着承上启下和自我协调的作用，主要职责是：（1）维护所属各会员的权益；（2）在货币信贷、资本市场事务及公共关系方面为政府有关当局提供建议和咨询；（3）改进业务经营，研究实施对策，协调各会员的行动；（4）组织金融同业人员的业务培训教育;(5)与其他有关经济团体加强联系,搞好协调;(6)与外国金融业协会进行联系。

中国的金融市场管理机构主要是以中国人民银行、中国证券业监督管理委员会、中国银行监督管理委员会、中国保险业监督管理委员会和国家外汇管理局为主体的"一行三会一局"的金融监管体系。此外,金融市场的自律性管理机构除了上海和深圳两家证券交易所之外,影响最大的是中国证券业协会,它是由经营证券业务的金融机构自愿组成的非政府性的管理机构。协会作为政府与证券经营机构之间的桥梁和纽带,可以加强证券机构间的联系、合作、协调及行业自我管理,促进证券市场规范、健康地发展。

四、金融市场管理手段

(一)经济手段

金融市场管理的经济手段主要体现为中央银行通过自己的政策措施影响金融市场的活动。中央银行在金融市场上具有双重身份,一方面中央银行为实施其货币政策,调节货币供应量,开展公开市场业务,买进或卖出有价证券,成为金融市场的一个重要参与者;另一方面,中央银行肩负着维护金融市场秩序的职责,可以通过自身的业务和管理手段调节和管理金融市场。公开市场业务、法定存款准备金率和再贴现政策,是中央银行调节宏观经济的重要经济手段,同时也是调节金融市场资金供求关系的重要措施。三大经济手段对金融市场的影响程度各不相同。再贴现政策对票据市场影响最大,公开市场业务对整个货币市场和资本市场以及黄金外汇市场都有较大影响;存款准备金则对金融市场的信用规模总量影响较大。从总体上看,由于中央银行在金融体系中属核心地位,当它运用各种经济手段干预金融市场时,其效果往往是十分明显的。

(二)法律手段

金融市场管理的法律手段主要体现在各种法规的制定和执行上。金融市场管理的基本法律有"银行法"、"公司法"、"票据法"、"证券法"等,这些法律与行政法规是金融市场管理当局实施管理监督的依据,用来调整金融市场各参与者的经济关系,保护投资者的合法权益,发挥金融市场对经济发展的积极作用,限制其消极影响并保证金融市场正常的运行。法律手段在金融市场管理中起着强制、规范、稳定的作用。各国经验表明,法律手段不但是金融市场管理的必要手段,而且是金融市场管理的基础建设。

(三)行政手段

金融市场管理的行政手段主要体现为金融方针、政策、原则、制度、指示、命令、计划等,它是由管理机关依靠行政组织,按照一定程序直接对金融市场加以监督和管理的。行政手段具有权威性、强制性和收效快的特点。20世纪30年代以来,许多国家的中央银行获得了法律授予的行政干预权力,即在某些情况下,中央银行有权对金融市场参与者及其投融资行为进行直接控制,但行政手段的利用要以法律为准绳。在市场经济条件下,行政手段应是辅助性的,主要应该使用经济手段和法律手段。

第五节　金融市场的全球化

金融市场的全球化已经成为当今世界的一种重要趋势。20世纪70年代末期以来，西方国家兴起的金融自由化浪潮，使各国政府纷纷放宽了对金融业的管制。随着外汇、信贷及利率等方面管制的放松，资本在国际间的流动日渐自由，国际利率开始趋同。目前，国际金融市场正在形成一个密切联系的整体市场，在全球各地的任何一个主要市场上都可以进行相同品种的金融交易，并且由于时差的原因，由伦敦、纽约、东京和新加坡等国际金融中心组成的市场可以实现24小时不间断的金融交易，世界上任何一个局部市场的波动都可能马上传递到全球的其他市场上。这就是金融市场的全球化，它意味着资金在国际间的自由流动，金融交易的币种和范围超越了国界。

一、金融市场全球化的内容

(一) 市场交易的全球化

金融市场的全球化，实际上意味着各个金融子市场交易的国际化。在资产证券化的趋势背景影响之下，传统的以国际银行为主的间接信贷市场已让位于直接的证券买卖和发行。而各国间资金的流动必然又涉及各国货币的交易及兑换，这就对外汇市场的全球化提出了要求。国际货币市场交易的全球化、国际资本市场交易的全球化和外汇市场交易的全球化逐步形成。

1. 从国际货币市场交易的全球化来看。国际货币市场主要指欧洲货币市场，它涉及银行间的拆借、定期存单的发行及交易，以及各国大银行进行的银团贷款活动等，此外还有20世纪80年代资产证券化所产生的票据发行便利和欧洲票据市场。西方主要发达国家及部分发展中国家的银行及其他一些大金融机构通过欧洲货币市场筹集或运用短期资金，参与国际金融市场的活动。一些跨国公司也通过国际货币市场发行短期商业票据来融通资金。目前，伦敦是最重要的国际货币市场中心，另外，巴黎、卢森堡、巴林、新加坡、香港等地在国际货币市场的交易中也占据重要地位。

2. 从国际资本市场交易的角度来看。为适应企业跨国经营和国内企业对外融资的要求，一些国家的政府和一些大企业纷纷进入国际资本市场融资。国际资本市场的融资主要是通过发行国际债券和到国际性的股票市场直接募资。国际债券市场一般分为两类：一是各发达国家国内金融市场发行的以本币计值的外汇债券，如美国的扬基债券、日本的武士债券都是这种类型。另一种是离岸债券市场，即欧洲债券市场发行的以多种货币计值的债券。它是以政府名义在国外发行的以本币计值的债券，但不受本国法规的约束，其发行地也不一定局限于欧洲。股票市场交易的国际化体现在两个方面：一是一些重要的股票市场纷纷向外国的公司开放，允许国外公司的股票到其他国家的交易所上市交易。像英国的伦敦、德国的法兰克福、美国的纽约等都是国外上市公司的上市可选地之一。股票市场交易国际化的另一个表现为一些国家既允许外国投资者参与本国股票市场上股票的买卖，如1986年10月27日被称为"大爆炸"的伦敦证券交易所的改革使国外的银行、非银行金融机构及证券商都可以直接进入英国股市进行交易,也允许本国投资者买卖在国外市场交易的股票。虽然目前资本市场的开放还有地区性及国别的差异,但由于一些主要发达国家在市场上所占的份额很大,这些国家市场的国际化对国际金融市场的影响是非常巨大的。

3. 从外汇市场的全球一体化角度来看。由于外汇市场涉及的是各国间的货币交易,因此,它的国际性非常明显。尤其是浮动汇率制实行以来,各国中央银行为了稳定汇率,在外汇市场上进行的外币买卖使外汇市场交易更加活跃。外汇市场上的新工具层出不穷,诸如互换、期权等创新日新月异。

(二)市场参与者的全球化

金融市场的全球化还表现为市场参与者的国际化。传统的以大银行和主权国政府为代表的金融活动主体正为越来越多样化的国际参与者所代替。大企业、投资银行、保险公司、投资基金甚至私人投资者也纷纷步入国际金融市场,参与国际投资组合,以分散投资风险,获取高收益。在这个过程中,银行和各种非银行金融机构纷纷向全球金融中心扩散,代理本国或国外的资金供求者的投资与筹资活动,或直接在金融市场上参与以盈利为目的的交易活动。特别值得一提的是,近几十年来各国金融机构之间并购重组浪潮风起云涌,以及各种各样的投资基金在全球金融市场上所取得的空前大发展,更是大大地促进了金融市场交易的全球化。

离岸金融市场的形成和发展,是促进金融市场国际化的重要因素。离岸金融市场与传统的国际金融市场所不同的地方是:(1)在市场所在国非居民之间进行借贷;(2)利率结构、存款准备金和借贷额度不受任何国家法令的约束。这种离岸市场的形成,发展了市场所在国国内的金融市场,同时也推动了金融市场真正国际化的发展。到目前为止,伦敦、纽约、东京构成了三足鼎立的国际金融中心,这三大中心可以 24 小时不停顿地调度资金,开展国际业务。

二、金融市场全球化的原因

金融市场发展超越国界的限制,与世界金融日益融合,逐渐趋向全球一体化。20 世纪 70 年代以来,金融市场国际化的趋势日益明显和加速。全球金融市场一体化的发展与国际经济之间的交往日益密切是分不开的。这种趋势正以前所未有的速度向前推进。产生这一趋势的原因主要有:

(1)金融管制放松所带来的影响。金融管制的放松,各国对金融机构跨国经营的限制减少、对外汇管制政策的放宽,大大地促进了国际资本的流动及金融市场的国际化。不仅发达国家在世界金融中心设立了大批的跨国银行,而且发展中国家也在境外设立了一批离岸金融中心和金融机构。

(2)现代电子通信技术的发展,为金融市场的全球化创造了便利的条件。现代计算机及自动化技术的发展,使国际金融交易中信息传递更及时、交易成本更低、手续更简便。这构成了现代金融市场全球化的技术基础。现代信息革命在国际金融领域的普及和发展,使得各国间的资金调拨业务可以通过电讯设备在瞬间完成,从而使各国的金融市场在时间和空间上联结成为一个统一的整体。

(3) 金融创新的影响。70年代以来的国际金融浪潮产生了许多新型的金融工具,它们有的本身就具有浓厚的国际性质,如利率互换、货币掉换等。此外,高新技术在金融领域的广泛运用,不断地为国际金融交易提供更方便、成本更低的交易手段。

(4) 国际金融市场上投资主体的变化推动了全球价格信号趋同化。国际金融市场的参与者已越来越多样化,特别是各种类型的投资基金的崛起大大地改变了投资结构及交易性质,产生了一批专为套利而参与买卖的机构投资者,它们为了获利,必然频频出没于全球各国的金融市场,寻找获利机会。任何一国的利率和汇率明显背离利率平价关系,都会导致社会游资在各不同国家之间的迅速流动,导致一国或数国外汇市场价格的大幅波动,从而使全球金融市场的价格信号趋向一致。这种频繁的交易更加促进了各国市场间的联系。

三、金融市场全球化的影响

金融市场全球化促进了国际资本的流动,有利于稀缺资源在国际范围内的合理配置,促进世界经济的共同增长。金融市场的全球化也为投资者在国际金融市场上寻找机会、合理配置资产持有结构、利用套期保值技术分散风险创造了条件。一个金融工具丰富的市场也给筹资者提供了更多的选择机会,有利于其获得低成本的资金。这些都是金融市场全球化的有利影响的一面。

金融市场全球化的不利影响首先表现在国际金融风险增大带来的问题上。由于全球金融市场的联系更加紧密,利率和汇率波动或局部的金融动荡一旦发生,会马上传递到全球各大金融中心,使金融风险的控制显得更为复杂。其次金融市场全球化大大增加了政府在执行货币政策与金融监管方面的难度。由于国际资本流动加快,一些政策变量的国际影响增强,政府在实施货币政策和进行宏观调控时往往更难估计其传导过程及影响。此外,涉及国际性的金融机构及国际资本的流动问题,往往不是一国政府所能左右,也使政府金融监管部门在金融监管及维护金融稳定上产生了一定的困难。

总体来看,金融市场的全球化是大势所趋。通过国际协议及共同监管,建立新型的国际金融体系,是摆在全球化面前必须解决的一项重要课题。

【能力训练】

一、简述题

1. 金融市场的构成要素。
2. 金融市场管理层次与方式。
3. 金融市场全球化的趋势。

二、思考与应用分析题

4. 结合专栏1-1,对比分析直接融资与间接融资的运作程序,说明金融市场的功能。
5. 结合专栏1-2,谈谈金融市场在金融体系中的作用。
6. 本国的企业为什么要利用国外市场或国际市场筹集资金?

第二章 金融市场中的金融机构

【内容提要】 金融机构是金融市场的主体。本章中介绍商业银行、投资银行、中央银行和各种非银行金融机构等最基本的金融机构。重点理解商业银行在金融市场中的特殊地位,领会投资银行在金融市场中的地位与作用,掌握中央银行对金融市场的监管路径。

【重点难点】 区别银行与非银行金融机构,对于混业经营下商业银行与投资银行的特征的清晰把握是本章的难点。理解商业银行的业务行为在不同国家市场上实现的工具及其方式是本章的重点。

【基本概念】 商业银行 存款货币银行 投资银行 中央银行 投资基金 金融租赁公司 信用合作社 消费信用机构 信托投资公司

第一节 金融机构在金融市场上的特殊地位

金融市场的交易是在市场参与者之间进行的。他们可以分为投资者、筹资者和中介机构三类。投资者和筹资者可以是个人、企业、政府和国外部门,中介机构则是专门从事金融活动的金融机构,包括商业银行、投资银行和保险公司等非银行金融机构。在现代金融市场中,无论是直接融资还是间接融资,都无法离开金融机构。没有金融机构发挥作用,就无法实现现代金融市场的绝大多数金融交易。最基本的金融机构包括商业银行、投资银行、中央银行和各种非银行金融机构。在中国形成了以中央银行(中国人民银行)为领导,国有商业银行为主体,政策性银行,保险、信托等非银行金融机构,外资金融机构并存和分工协作的金融机构体系。

金融机构在金融市场上的地位之所以特殊,是因为金融机构的存在使得资金从资金盈余者流向资金缺乏者的交易费用大大节省,从而提高了经济效率。试想,在一个没有金融机构的经济中,假定某企业有一个很好前景和十分可观的未来现金流的项目,但该企业目前缺乏项目前期投入所需的资金,这样它就需要在金融市场中寻找可以给它提供足够资金的资金盈余者以借贷资金。这就需要花费大量的寻找成本。而一个手头有大量闲散资金的资金盈余者,为了不损失持有资金的机会成本,也需要把资金借贷出去。这样,他也需要在金融市场中寻找对资金有需求的资金缺乏者。同样,在没有金融机构做中介的金融市场中,这种寻找也是要花费大量的成本的。而在存在金融机构的金融市场中,资金缺乏者和资金盈余者都不用漫无目的地在金融市场中寻找对方,以满足自己对资金的使用需求。资金盈余者可以把自己手头的闲散资金以储蓄的形式存放于金融机构中(这种储蓄形式如银行的存款、证券公司的证券、保险公司的保单,等等),并可以在未来得到一定数额的收益。而对资金有需求的资金缺乏者来说,可以直接到金融机构借入资金,以满足自己的需要。这样,就减少了双方相互寻找的交易费用,节约了资源,给经济发展注入了润滑剂,从而大大提高了经济效率。

这里,金融机构就扮演了双重身份的角色。对资金盈余者而言,它就是资金的需求方,而对资金缺乏者而言,它就是资金的供给方。当金融机构作为资金的需求方时,它向社会上的资金盈余者吸收了众多的闲散资金,并向之支付一定数额的利息作为占用资金的报偿。而其筹集资金的目的还是为了向市场供应资金。坐拥大量资金的金融机构在金融市场上就可以以资金供给者的身份向资金缺乏者按照一定的利息条件提供资金,以满足社会的生产生活的需要。所取的利息的一部分作为借入资金的报偿支付给资金盈余者,一部分作为自身的收益以弥补经营的成本。

此外,在发达的金融市场上,对金融市场的调节一般也是通过金融机构来实现的。如中央银行的货币政策,就是通过影响银行的资金头寸,来影响实际经济部门,以达到对经济的调控和对货币供应量的控制,最终实现货币政策的目标的。

总而言之,金融机构在金融市场中的特殊地位,使其在金融体系中起着关键作用。它既创造发行金融工具,也在市场上购买各种金融工具;既是金融市场的中介人,也是金融市场的投资者、货币政策的传递者和承受者,这都是其他任何部门所不能取代的。

第二节　金融市场中的商业银行

商业银行是唯一能够接受活期存款并具有存款派生能力的金融机构,是金融机构体系中的骨干力量,始终居于其他金融机构所不能代替的重要地位。他们以经营工商业存、放款为主要业务,并为顾客提供多种服务。其中,通过办理转账结算实现国民经济中绝大部分货币周转,同时起着创造存款货币的作用。所以,国际货币基金组织把商业银行统称为存款货币银行(Deposit Money Banks)。

一、商业银行的职能和作用

(一)充当信用中介

作为信用中介,商业银行一方面通过吸收存款的方式,动员和集中社会上一切闲置的货币和货币资本,另一方面以贷款方式把这些货币和货币资本投向社会经济各部门形成生产要素,把借贷双方巧妙地联系起来,成为借贷双方的中介人。这是商业银行最基本的、最能说明其经营活动特征的职能。这一职能使商业银行可以在全社会范围内实现闲置货币和货币资本的集中,并通过银行把这些闲置资本转化为现实的职能资本,使资本得到最充分有效的运用,使资本有选择地流向那些急需资本的部门,从而对经济的发展起到自发调节和资源配置的作用。

(二)充当支付中介

银行在办理与货币收付有关的业务时,执行支付中介职能,如根据企业的委托办理货币的收付与转账结算等,在这里,银行以社会的出纳员和账房的身份出现。银行的中介职能,不仅节约了社会流通费用,还加速了资本周转。

(三)创造信用流通工具

商业银行在经营各项业务的过程中成为银行券和存款货币这两种信用货币的创造者。随着商业银行的发展和中央银行的产生,商业银行发行银行券的权益被中央银行所取代,而在提供信贷和转账结算的服务中对存款货币的创造,则在经济生活中发挥着日益重要的作用。

(四)将社会各阶层的货币收入和积蓄转化为资本

个人货币收入是用来供个人消费的,积蓄是准备用作远期消费或不可预测的需要,它们都不是资本,金额也比较小。由于现代银行制度的发展,举办储蓄,并支付利息,小额的货币收入就可以转化为资本,从而扩大了社会资本的总量,加速经济的发展。

二、商业银行在金融市场中的活动

(一)票据市场中的商业银行

商业银行通过票据贴现而成为货币市场的主体。商业银行还以贴现票据向中央银行进行再贴现,一方面可以增强金融市场的流动性,一方面可以成为中央银行实施货币政策的传递者和联结体。对商业银行来说,票据市场的发展,不仅提高了银行的经营效益,还改善了银行的信贷结构和资产质量。

银行承兑汇票(Bankers Acceptances)是商业银行在票据市场上的主要交易工具之一。其主要作用是为国际贸易融资,为在国内储存或运输商品融资,为在国外储存或在国际间运输商品融资。在过去很长的时间里,银行承兑汇票一直是金融发达国家中央银行的操作工具之一。但是随着银行承兑汇票市场规模的扩大,金融机构可以通过市场方便地解决承兑汇票的流动性问题,所以,中央银行在公开市场中逐步减少了对银行承兑汇票的直接操作。

在美国,受联邦储备法案有关条款的限制,银行承兑汇票市场规模缩小。

在英国,票据市场以贴现行为中心,由商人银行(票据承兑行)、票据贴现行、商业银行、证券经纪商号和英格兰银行等金融机构组成。票据贴现行是英国银行系统中的一种特殊机构,主要扮演票据市场的组织者和融资桥梁的角色,通过各类银行及金融机构的即期贷款从事票据贴现和公债买卖,以促进短期资金的正常周转。它一方面接受客户的商业票据和经过承兑行所承兑的票据并办理贴现;另一方面是商业银行和英格兰银行间的纽带以及中央银行与商业银行之间的"缓冲器"。商人银行(票据承兑行)在票据市场经营票据承兑业务。主要为客户办理票据承兑,并以收取小额的手续费作为正常业务收入。票据一经承兑行承兑,就成为"银行票据",其贴现利息要比一般商业承兑汇票低。商业银行在贴现市场的活动主要是向贴现行提供"通知贷款",并从贴现行购入票据。英国的票据市场就成了英格兰银行向商业银行及投资者传递其货币政策意图的渠道,英国政府货币政策意图通过票据市场进而迅速准确传递到实际经济部门。

日本的票据贴现市场是金融机构之间进行票据贴现买卖的市场,是金融机构以贴现方式,通过买卖票据,相互融通中期资金的市场,是银行间同业拆借市场的延伸。该市场的参与者包括城市银行、地方银行、相互银行、信用金库、信托银行、农村系统金融机构、外资银行和证券公司。交易的工具是具备真实贸易背景的票据,包括本票和汇票。由日本特有的短资公司充当票据市场的中介机构。票据再贴现曾在日本货币框架中发挥过主导作用,特别在20世纪60—80年代期间,日本的金融市场尚欠发达,而企业却面临着资金极度短缺的状况,此时,中央银行的票据再贴现作为一项主要的货币政策工具,为日本经济高速发展提供了资金支持。但是由于市场环境的变化,20世纪90年代以来,在日本,不论是商业银行的票据贴现,还是中央银行的票据再贴现,均呈现逐步萎缩的趋势。其主要原因是金融市场的深化及其市场工具的逐步推出,使再贴现的地位和重要性相应逐步下降。

2000年11月9日,经中国人民银行批准,我国内地第一家专业化票据经营机构——中国工商银行票据营业部在上海正式开业。这个机构的成立,标志着中国商业银行票据业务进入了专业化、规模化和规范化经营的新阶段。

(二) 同业拆借市场中的商业银行

同业拆借市场是商业银行之间融通资金的重要渠道之一,是货币市场的重要组成部分。在一些国家同业拆借市场具有相当的规模,该市场形成的拆借利率充分反映了短期资金供求状况,因而通过该利率指标,可以把握利率水平,并能够对利率未来走势的判断提供参考,也有助于提高市场参与者理性定价和管理短期资金的能力。

银行同业拆借市场是指银行业同业之间短期资金的拆借市场。各银行在日常经营活动中会经常发生头寸不足或盈余的情况,银行同业间为了互相支持对方业务的正常开展,并使多余资金产生短期收益,就会自然产生银行同业之间的资金拆借交易。这种交易活动一般没有固定的场所,主要通过电讯手段成交。期限按日计算,有1日、2日、5日不等,一般不超过1个月,最长期限为120天,期限最短的甚至只有半日。拆借的利息叫"拆息",其利率由交易双方自定,通常高于银行的筹资成本。拆息变动频繁,灵敏地反映资金供求状况。同业拆借每笔交易的数额较大,以适应银行经营活动的需要。日拆一般无抵押品,单凭银行间的信誉。期限较长的拆借常以信用度较高的金融工具为抵押品。商业银行调剂临时性资金余缺和轧平账户头寸,一般都是通过拆借市场进行的。商业银行在拆借市场中的活动一般是通过其在中央银行的账户来实现的。如隔夜拆借,拆出者是有超额储备的商业银行,拆入者是法定准备金不足的商业银行,通过两家银行在中央银行的账户划拨来实现资金的拆借,次日归还时,也是通过中央银行账户来完成。

(三) 资本市场中的商业银行

商业银行能否在资本市场上从事经营性活动,在不同的国家有不同的规定。如我国的《商业银行法》第四十三条规定:"商业银行在中华人民共和国境内不得从事信托投资和证券经营业务,不得向非自用不动产投资或者向非银行金融机构和企业投资,但国家另有规定的除外。"在美国和日本,长期实行的是分业经营,银行不准涉足证券业务。而在上世纪末这种情况发生了改变。美日的商业银行均被允许办理部分证券业务,但美国商业银行不得持有企业股票,日本则可以,但数量上有所限制。欧洲国家,如德国、瑞士等国实行的是全能银行制度,商业银行可以从事任何的金融业务。而在 2005 年 2 月 20 日,《商业银行设立基金管理公司试点管理办法》的出台,也标志着我国商业银行向混业经营的方向迈出了一步。

三、中国商业银行改革与发展

1994 年成立 3 家政策性银行:国家开发银行、中国进出口银行和中国农业发展银行,将原有国有专业银行的政策性业务与商业性业务分离,使原有专业银行逐步转化为国有商业银行。1995 年颁布《商业银行法》,要求商业银行以"效益性、安全性、流动性"为经营原则,实行"四自"的经营机制——自主经营、自担风险、自负盈亏、自我约束。1997 年以来,国有独资商业银行加快改革步伐,逐步完善管理体制和经营机制,强化统一法人制度,撤并分支机构,精简人员。为更好地支持广大中小企业,促进银行业适度竞争,中国还陆续增设和重组了 10 家全国性股份制商业银行。在整顿规范的基础上,将 2 200 多家城市信用社组建成 109 家城市商业银行。农村信用社与农业银行脱钩,深化了农村信用社改革,组建了 3 家农村商业银行,3 万多家农村信用社及其县市联社已成为农村金融服务的主力军,支持农村经济发展所发挥的作用日益突出。

引进外资金融机构,促进了中国金融业的改革和发展。到 2001 年底,中国境内外资金融营业性机构 162 家,其中外资银行 6 家、合资银行 7 家、外资银行分行 131 家、财务公司 5 家、投资银行 1 家以及外资企业集团财务公司 1 家。外资金融机构总资产 451.8 亿美元。外资金融机构已成为中国金融体系的重要组成部分。

我国市场经济体制不断完善,金融改革不断深化,银行业与证券业、保险业的合作愈加密切。1999 年 8 月,中国人民银行颁布了《证券公司进入银行间同业拆借市场管理规定》和《基金管理公司进入银行间同业市场管理规定》。10 月,中国证监会和保监会一致同意准许保险基金进入股票市场。2000 年 2 月,中国人民银行与中国证监会联合发布了《证券公司股票质押贷款管理办法》。2001 年 6 月,中国人民银行发布实施了《商业银行中间业务暂行规定》,其中明确规定商业银行在经过中国人民银行的审批后,可以开办金融衍生业务、信息咨询、财务顾问、投资基金托管等银行业务。2003 年 12 月修改后颁布的《商业银行法》也有相关的规定,即国有商业银行可以经营经过国务院银行业监督管理机构批准的其他业务,为银行业参与混业经营留下了余地和空间。2004 年 9 月,中国建设银行获得了经营金融衍生品交易的特许经营权。2005 年 2 月 20 日,中国人民银行、银监会协同证监会联合公布并开始实施《商业银行设立基金管理公司试点管理办法》,按照该办法规定,我国的商业银行可以直接出资设立基金管理公司,这标志着银行将获得进军证券市场的批准权。在中国银行和中国建设银行相继上市的同时,中国银行业的混业经营也进入了迅速发展的时期,我国银行参与混业经营的途径也逐渐呈现出多样性的特点。

总之,我国已基本建立了以国有商业银行为主体的多层次的金融机构体系。截至 2007 年底,我国银行业金融机构共包括政策性银行 3 家、国有商业银行 5 家、股份制商业银行 12 家、城市商业银行 113 家、城市信用社 78 家、农村信用社 19 348 家、农村商业银行15家、农村合作银行101家、新型农村金融机构31家、金融资产管理公司4家、邮政储蓄银行1家、信托公司54家、企业集团财务公司70家、金融租赁公司6家、货币经纪公司1家、汽车金融公司7家以及外资法人金融机构21家,有22个国家和地区的72家外国银行在华设立了130家分行,另外有46个国家和地区的191家银行在我国25个城市开设了241家代表处。2007年12月末,金融机构本外币各项存款余额为40.11万亿元,人民币各项存款余额为38.94万亿元。近年一个明显的趋势是四大国有银行的市场份额总体逐年下降,但仍占主导地位,而股份制商业银行及城市商业银行市场占比逐年提升。农信社等其他金融机构在保持基本稳定的同时积极进行内部改制,村镇银行纷纷设立,大大繁荣了农村金融市场。金融机构通过改制上市,明确了产权归属,整合了内部法人治理结构,通过积极引进合格境外投资者,达到引资、引智、引技的目的,提升了综合实力,增强了市场竞争力。

第三节 金融市场中的投资银行

一、投资银行的基本概念

投资银行(Investment Bank)作为资本市场中最重要的媒介,是市场经济机制的组织者和有机组成部分,也是现代金融系统中的一个重要要素。投资银行在大多数欧洲国家被称为"商人银行"(Merchant Bank);在美国又叫做"华尔街金融公司"(Wall Street Firms),这是由于投资银行大多汇集于纽约华尔街这个世界金融中心;在日本被称为"证券公司"(Securities Company)。这正是"商人银行"、"投资银行"和"证券公司"三个名词的由来。虽然各国对投资银行的叫法并不一致,但其业务都源于政府或大企业、大公司筹集资金的需要和发展证券市场的客观要求。在不同经济环境和不同历史条件下投资银行有着明显差异。

投资银行有狭义的投资银行和广义的投资银行两种类型。狭义的投资银行是指按照本国的法律规定,专门从事证券买卖业务的银行,而其他商业银行则不许染指其间。广义的投资银行是指专门对工商企业办理长期投资、包销或代销新发行有价证券业务的专业银行。广义的投资银行的业务范围较广,它不但包括了狭义投资银行的业务,而且还开展其他业务。

二、投资银行在金融市场中的作用

证券交易市场分为一级市场和二级市场。在证券发行人将新上市的证券交付给初始投资者的过程中形成了一级市场,即发行市场。这一过程大体上要涉及发行者、承销人、投资者(认购人)、资信评级机构、证券发行与交易管理机构等方面的关系。在投资银行业与商业银行业分离的国家,投资银行是证券发行的最主要的承销人,它是在一级市场上帮助证券首次售出的金融中介机构。投资银行的上述中介地位决定了它与证券发行者及投资者的关系是:证券发行者通过投资银行来发行证券,投资者通过投资银行来进行证券买卖。

经过几百年的发展,目前投资银行已日显成熟。在发达资本市场国家,投资银行已从单一证券承销发展成为资本市场中最有效和最具影响力的高级形态金融中介机构,在现代金融市场中呼风唤雨,在国民经济中发挥着极为重要的作用。随着各国直接融资市场的发展,投资银行业已成为现代金融业的一支重要力量,其业务涉及证券发行、证券交易、企业兼并收购、资产管理、风险管理、直接投资、企业财务顾问等众多方面,并衍生出向投资者提供全方位服务的金融工程,因此投资银行家素有现代金融工程师的美称。概括起来,投资银行业业务范围主要包括:

(1) 证券一级市场业务。证券一级市场是投资银行最重要也是最主要的业务领域。投资银行承销(Underwriting of Securities)的证券范围非常广泛,不仅承销本国中央政府和地方政府发行的债券,而且承销各种企业发行的股票和债券,以及外国政府和企业证券。投资银行的一级市场业务主要包括三种。一是提供咨询,投资银行对证券发行者和投资者提供咨询服务。二是公开销售,公开销售证券的方式一般可分为代销、余额包销和全额包销三种。在代销情况下,投资银行按照规定的发行条件尽力推销,发行结束后未售出的证券退还给发行人,不承担发行风险。而在后两种情况下由于投资银行有义务购进未售出的证券,从而承担一定的发行风险,对此投资银行一般通过联合多家投资银行组成承销团(Syndicate),其中一家或数家投资银行为主承销或牵头行,每家分别承销总发行额中的一部分来分散发行风险。三是私募发行(Private Placement),在证券销售中,投资银行往往针对一些机构客户,如投资基金、养老基金和保险公司等定向销售证券,使发行过程得以顺利进行。

(2) 证券二级市场业务。投资银行在二级市场主要充当证券经纪商(Broker)和自营商(Dealer)角色。在发达的证券市场中,投资银行一般都有一定专业分工,只有少数几家证券公司兼营证券批发商和经纪商职责,大多数证券经营机构则根据其财务结构、业务水平,确定专业化的业务品种,证券批发业务和零售业务相对分开,同时投资银行还在货币市场中参与买卖银行承兑汇票、国库券、政府债券和大额定期存单等业务。证券自营银行是经营货币和授受信用的金融机构,它伴随商品货币经济的发展,从金属铸币的兑换、汇兑与保管业务演变而来。而除了为自身寻求投资利润以外,还起着市场制造者(Market-Maker)的作用。

(3) 企业兼并收购业务。二战以来,企业兼并收购日益成为投资银行的核心业务之一。企业兼并(Merger)是指两家或更多的独立企业合并组成一家企业,通常由一家优势企业吸收一家或更多的企业。企业兼并的方法包括用现金或有价证券购买其他企业的资产、股票或股份以及股权置换等。兼并形式有:一是横向兼并,双方企业为同一市场,市场产品相同;二是纵向兼并,被兼并企业成为兼并企业原材料供应者或产品消费者;三是扩大市场式兼并,被兼并企业为不同市场,但生产相同产品;四是互补式兼并,双方业务无关、行业不同,但存在某种互补性。企业收购(Acquisition)是指一家企业在证券市场上用现金、股票或债券购买另一家企业的股票或资产,以获得对该企业的控制权,该企业法人地位并不消失。企业收购可分为资产收购和股权收购两种形式,其中股权收购又包括参股式收购、控股式收购和全面收购等形式。在企业并购过程中,投资银行发挥了重要的金融中介作用。投资银行介入企业并购活动的主要途径有五种:一是帮助企业设计并购方案,二是设计反并购和防卫措施,三是确定合理的价格,四是安排融资,五是风险套利。

(4) 投资基金管理业务。投资基金是一种金融信托制度,将众多投资人的资金集中起来,由专业的基金经理来管理,基金经理依据组合投资原理将信托资产分散投资于各类金融工具,同时基金托管人通过基金资产账户保管并对基金经理行为进行监督,投资人按照出资比例分享收益并承担有限责任。目前,全球基金资产已超过10万亿美元,投资基金已成为风靡全球的新型大众投资方式。投资银行通过发起设立投资基金和从事基金管理业务,为中小投资者和各类机构投资者提供专业的理财服务,也为自身创造了大量收入来源。在发达国家的证券市场上,以投资基金为主的机构投资人已占据主导地位,很多大型投资银行都成立了专门的投资管理部门或资产管理公司,广泛参与了投资基金业务。由于全球基金业的迅猛崛起,大大拓宽了投资银行的业务领域,投资银行不仅直接作为基金管理人,而且还作为基金证券的承销人以及基金投资的经纪人,在投资基金业务中充当了多重角色。

(5) 项目融资业务。传统项目融资通过国际商业银行、银团、多边组织提供无追索权和有限追索权贷款。现在的项目融资有多种形式,如产品支付、融资租赁、BOT融资、项目债券融资和ABS融资(Asset-Backed Securitization)等。1991年11月美国Midland Cogeneration Venture发电项目率先发行了具有有限追索权的项目债券,从此项目融资就与投资银行紧密地联系在一起。据统计,1991年全球发行项目融资债券约19亿美元,1994年激增到114亿美元,其中电力项目债券占了77%。以项目债券融资为例:发行项目债券大致经历准备、推销和上市三个阶段。在准备阶段,投资银行要根据投资者需求帮助发行者设计债券发行方案,包括债券发行量、地点、货币、时间和方式,还要详细审阅有关购买、承包和担保协议等。在获得项目方委托之后,应立即着手起草项目上市备忘录(Offering Memorandum),协助发行方获得专门机构信用评级。在推销阶段,投资银行要做好推销组织工作,选择承销团、确定推销目标、举办路演(Road Show),并根据市场信息为债券定价。在上市阶段,投资银行向投资者发出购买核实单,将债券按投资者核实的认购指令发往票据交换机构,确保投资者在交割日履约付款,在扣除所有费用后将项目债券发行方应得收入转交发行方。债券正式上市当天,投资银行要向公众公开上市说明书,并随时入市对债券价格提供支持。

(6) 金融工程业务。金融工程(Financial Engineering)包括新型金融工具与金融手段设计、开发与实施,以及对金融问题进行创造性解决。投资银行从事金融工程业务开始于上世纪70年代的金融自由化。金融工程的范围也应该包括三个方面:一是新型金融工具设计与开发,如互换、期权、票据发行便利、远期利率协议、指数期货、备兑权证、证券存托凭证、零息债券、可转换债券、合成股票等;二是为降低交易成本的新型金融手段的开发,包括金融机构内部运作机制优化,金融市场套利机会发掘和利用以及交易系统创新等;三是创造性地为解决某些金融问题提供系统完备的解决方法,包括各类风险管理技术开发与应用、现金管理策略创新、公司融资结构创新、企业收购兼并方案设计以及实施资产证券化等。

(7) 其他业务。投资银行除了以上六大主营业务之外,还为企业和投资人提供其他多种形式的服务。一是参与直接投资,主要是指创业资本投资(Venture Capital),创业资本是指为建立专门从事某种新思想或新技术的小型公司而持有的一定份额的股权资本。投资银行通过创业资本活动,不仅向新企业注入启动资金,而且提供建立新企业、制定企业经营战略和组织管理所需的顾问方案和各种技能。创业资本的具体形式就是建立专门投资于高新技术行业和新型行业的创业投资资金。一般而言,创业资本投资风险较大,但其收益也很大,一旦抓住了机遇,资本便可以得到高速成长。二是为客户提供证券保管业务,并收取手续费。三是证券抵押业务,有的投资者急需现金,又舍不得卖出手中证券,投资者可以以证券作为抵押从投资银行融资。四是为企业和投资人提供信息咨询服务。投资银行在搜集和研究证券投资信息方面具有专业人才和信息网络等优势。投资银行的不同部门集中了各个方面的专家精英,他们可以为客户提供宏观经济形势分析与预测、市场行情调查、行业经济研究以及投资机会分析等多种信息咨询服务。

三、投资银行与商业银行的异同

商业银行与投资银行是现代金融市场中两类不同性质的重要金融机构。商业银行业务主要包括三个方面:一是资产业务,二是负债业务,三是派生的中间业务。负债业务以吸收存款和借入资金为主,这是商业银行的资金来源。资产业务以贷款、投资贴现、租赁业务为主,包括现金资产业务和其他资产业务,从而形成商业银行的资金运用。中间业务主要指以收取手续费或加强与社会各界联系从而提高自己声誉为目的的一些金融中介服务。安全性、营利性和流动性是商业银行的经营目标。但从本源上看,商业银行却与投资银行同出一源。

典型的商业银行和投资银行是在"融合—分离—融合"过程中逐渐形成的。1694年成立的英格兰银行和1782年成立的北美银行是典型商业银行产生的标志,以发行证券和票据承销为主要业务的英国商人银行直到19世纪前后才相对独立出现。美国投资银行业创始人内萨尼尔·普莱姆在18世纪90年代以股票经纪为主业,到了1826年正式成立专营证券包销的普莱姆·伍德·金公司。19世纪末20世纪初,世界证券市场迅猛发展,在经济利益驱动下投资银行大力开拓业务,因此发了大财。商业银行也不甘落后,利用自身雄厚的资金实力活跃于证券市场,与投资银行展开了激烈竞争,这时的商业银行与投资银行几乎没有业务界限。商业银行参与证券投资终于引起不良后果,短期资金运用于长期证券投资,当周期性经济波动带来周期性货币需求变化时,商业银行因无法收回资金以满足支付需要而产生了信用危机,最终导致全国性的经济衰退。1929年至1933年的世界性经济大危机之后,以美国为主的商业银行与投资银行被迫分道扬镳。商业银行以存放款为主要业务,投资银行以证券承销与证券经纪为主要业务,二者相互分离,真正意义上的商业银行和投资银行从此出现。

1933年以后,投资银行开始以其独特的业务特征与商业银行形成了鲜明对比:在证券市场中,投资银行通过包销证券获取差价和从中取得佣金;或者以低价买进新发行证券,又以高价卖出证券,获取差价收入;而商业银行主要从事存贷款业务。因此在一定意义上,投资银行就是证券推销商。二次大战以来特别是进入70年代以来,随着国际金融的自由化和金融业务的不断创新,投资银行不再是纯粹的证券推销商,证券一级市场和二级市场业务收入在其业务总收入中的比例已经大大降低。投资银行广泛参与了与企业融资活动有关的各种金融服务业务,如企业兼并收购、资产管理、项目融资以及为客户提供综合性风险管理服务的金融工程等。除了不做典型的存贷款业务和保险业务之外,投资银行几乎什么都做,成了货真价实的"金融百货公司"。

表2-1 商业银行与投资银行的异同比较

	商业银行	投资银行
机构性质	金融中介机构	金融中介机构
本源业务	存贷款业务	证券承销与交易
融资功能	间接融资	直接融资
活动领域	主要活动于货币市场	主要活动于资本市场
业务特征	表内业务和表外业务	无法用资产负债表反映
利润来源	存贷款利差	佣金
风险特征	一般情况下,存款人面临的风险较小,商业银行风险较大	一般情况下,投资人面临的风险较大,投资银行风险较小
经营方针	追求安全性、盈利性和流动性的统一,坚持稳健原则	在风险控制前提下,稳健与开拓并重
监管部门	主要是中央银行和银行监管部门	主要是证券监管当局

从证券推销商到为企业提供多元化金融服务的确是一个巨大历史飞跃,与此相适应,投资银行在国民经济和金融市场中的作用也越来越大。美国著名历史学家和金融专家罗伯特·索贝尔曾经说过:"投资银行业是华尔街的心脏,确实也是华尔街之所以存在的最重要原因。"18世纪90年代内萨尼尔·普莱姆创立的普莱姆·伍德·金公司,成功地为美国铁路建设筹集了大量资金。19世纪中叶投资银行家杰伊·库克通过广泛销售债券,为美国南北战争中北军的胜利奠定了坚实的经济基础。19世纪20世纪初,J.P.摩根多次领头在欧洲销售巨额美元债券,帮助政府渡过经济危机和金融难关。无数历史事实表明,投资银行作为资金供给者与资金需求者的中介,为投资者寻找投资机会,指明投资方向,降低投资风险,增强投资信心,保护投资热情,促进资产增值;为筹资者开辟筹资渠道,扩大资金来源,降低筹资成本,保证证券信用和金融稳定;为国家政府引导投资方向,减少资源闲置和浪费,促进产业结构合理化和经济高速发展。在现代社会中,如果没有投资银行帮助筹资者筹集资金,帮助投资者开辟新的投资途径,没有投资银行为企业提供各种新的金融服务,很难令人相信一个国家的国民经济能够快速、持续和稳定发展。

投资银行之所以称为"银行",除了本身是金融体系的重要组成部分外,还在于历史上与商业银行业务融合给人们造成的认识习惯。美国1929年经济大危机之后证券推销商不再办理存贷款业务,但人们仍然习惯称其为"银行"。不过,"投资银行"只是金融领域中的理论说法,现实生活中的投资银行并不称作"投资银行",而是叫做"××证券公司"或"××公司"。世界著名投资银行有美林公司(Merrill Lynch)、高盛公司(Goldman Sachs)、摩根斯坦利公司(Morgan Stanley)、所罗门兄弟公司(Solomon Brother)、华宝(S. G. Warburg)、罗斯柴尔德(Rothschild)等。大部分投资银行只经营其中一项或几项业务,只有少数投资银行从事全部业务。正如商业银行是存贷款银行,但还包括其他业务一样,投资银行除了做证券推销商以外,也还充当多种金融中介角色。

第四节 金融市场中的中央银行

在一国的银行体系中,处于领导与核心地位的是中央银行。它在目标、业务、职能等方面与商业银行有着根本的区别,现在世界上绝大多数国家都实行或准备实行中央银行体制。

一、中央银行的起源

中央银行的形成有两种不同的途径:一种是由其他机构逐步演变为中央银行,英格兰银行就是最好的例证。英格兰银行起初是一家商业银行,随着时间的推移,它逐步获得一些附加的权力和责任,逐渐变为中央银行。在这个演变进程中,它从何时由商业银行转为中央银行是难以确定的。与英格兰银行相比,许多国家的中央银行并不是演变而成的,而是像美国联邦储备系统那样在成立之时就是中央银行。事实上这样的中央银行一开始就为政府所拥有,尽管它们可能像联邦储备那样有着私人股东。当一家银行充当中央银行,即根据公众的利益而不是股东的利益决定其行动时,即使它的所有主要官员形式上是由股东们推选,它仍然执行政府机构职能。

二、中央银行的职能

(一)政策职能

不管中央银行的组织形式如何,它们都是政府的一个管理部门,是国家的最高金融机构。中央银行的领导人由政府任命,为了避免政府对银行业务过多干预,保持货币政策相对稳定,其领导成员的任期通常比政府任期要长或与政府任期错开。中央银行不以营利为目的,它的目标是实现政府的经济政策,例如促进经济增长和维持物价稳定等。因此,中央银行不再像商业银行一样仅仅提供银行服务,实现政府的经济政策是它们的主要职能。

(二)管理监督职能

对在国内经营的所有银行及其他金融机构,中央银行有监督指导的责任和权力。中央政府有权经常检查各金融机构的业务和账册,向其发布政策性的通告与训令,以令其遵守法制。如发生金融或银行危机时,中央银行也有责任全力支持资金周转不灵的银行与非银行金融机构,以保证金融体系的安全。

(三) 银行职能

中央银行作为一家银行,它与一般的政府部门不同,服务对象不是工商企业和公众,而是政府和一般银行。

(1) 发行的银行。目前,几乎所有国家的纸币都由中央银行发行,发行纸币已成为各国中央银行的特权。但在有些国家,例如美国、日本、联邦德国等,硬币或辅币由财政部发行。

(2) 政府的银行。它表现在以下几项业务中。① 中央银行为财政部开户,代理国库。政府的财政收入都存入中央银行,其财政支出要通过中央银行拨付。它还管理国家的黄金、外汇储备。② 中央银行是政府证券的代理机构,代理政府发行债券和还本付息事宜。③ 直接对政府贷款。④ 代表政府参加国际或地区性金融组织。

(3) 银行的银行。中央银行的服务对象除了政府以外,还有商业银行、专业银行和其他金融机构,因此又称其为银行的银行。这主要表现在:① 为会员银行或其他银行开户,吸收它们的存款,最大的存款来源是各银行交存的准备金。② 通过贷款、贴现和公开市场业务,为各银行提供资金支持。它是银行的最后贷款者。③ 由于各银行都在中央银行开立账户,银行之间发生交易时,中央银行也为它们办理结算。

随着经济的发展,金融事业日益重要,金融机构如雨后春笋般涌现,金融工具层出不穷,金融政策在宏观经济调节中首当其冲,在这样的局面下,中央银行所担负的管理金融机构和金融交易,控制货币发行、调节市场利率,进而推动经济顺利发展的责任加重了,相比之下,代理国库的重要性则相对下降。

三、中央银行对金融市场的宏观调控

进入 20 世纪 90 年代以后,随着金融机构多元化的发展,国家银行贷款规模控制覆盖的范围逐步缩小,货币供应渠道发生变化,国家银行贷款规模对货币供应量的贡献率下降。中央银行通过控制贷款规模来直接控制货币的传统做法遇到了严峻的挑战,中国的货币政策逐步向间接调控转变。从 1994 年开始,中国人民银行逐步缩小了信贷规模的控制范围,同年 4 月正式启动外汇公开市场操作,又于 1996 年 4 月正式启动人民币公开市场业务。1996 年,正式把货币供应量作为货币政策中介目标,并按月对社会公布货币供应量目标。1997 年 3 月开始,中国人民银行总行向国有商业银行总行开办再贴现业务,这意味着中央银行开始把再贴现作为基础货币投入的主要渠道,并把再贴现率作为重要的工具来使用。从 1998 年 1 月 1 日开始,取消了信贷规模管理方式,开始实行资产负债比例管理;同年,中央银行对存款准备金制度进行了改革,合并了存款准备金和备付金,下调了存款准备金比率;同年 5 月份,恢复了公开市场操作。由此,以取消贷款规模限额控制和扩大公开市场业务操作为主要标志,中国货币政策调控基本实现了由直接调控向间接调控的转变。几年来的实践表明,中央银行利用利率政策、公开市场操作等货币政策工具,调控货币供应量、稳定人民币币值,取得了成功,积累了经验。中央银行对

金融形势的监控和对金融机构、金融市场的监管也已经形成了一套较为完善的程序和办法。

利率市场化改革处于稳步推进中,央行将金融机构进一步推向市场。目前,中国已经放开了银行间利率、贷款回购利率、再贴现利率及国债发行利率和政策性金融债券利率。与此同时,放宽了商业银行贷款利率的浮动幅度。从2004年1月1日起扩大金融机构贷款利率浮动区间。在人民银行制定的贷款基准利率基础上,商业银行、城市信用社贷款利率的浮动区间上限扩大到贷款基准利率的1.7倍,农村信用社贷款利率的浮动区间上限扩大到贷款基准利率的2倍,金融机构贷款利率的浮动区间下限保持为贷款基准利率的0.9倍不变。以一年期贷款为例,现行基准利率为5.31%,扩大贷款利率浮动区间后,商业银行、城市信用社可在4.78%至9.03%的区间内,按市场原则自主确定贷款利率。不再根据企业所有制性质、规模大小分别确定贷款利率浮动区间。

扩大金融机构贷款利率浮动区间,将有利于营造公平竞争的市场环境和落实好加入世界贸易组织的承诺,有利于支持中小企业发展和扩大就业,有利于推进金融机构改革,有利于抑制民间高利贷、维护正常的金融市场秩序。扩大贷款利率浮动区间,也有利于改变目前直接融资和间接融资不平衡的状况,进一步推动资本市场的发展。在扩大贷款利率浮动区间的同时,适度降低金融机构在人民银行的超额准备金存款利率,有利于货币市场和资本市场的平稳运行,发挥宏观经济政策协调配合的综合效应。

随着中国银行业监督管理委员会的成立,作为中央银行的中国人民银行的一部分职能也随之转移出去。根据2003年12月27日第十届全国人民代表大会常务委员会第六次会议《关于修改〈中华人民共和国中国人民银行法〉的决定》修正后的《人民银行法》第二条,"中国人民银行是中华人民共和国的中央银行。中国人民银行在国务院领导下,制定和执行货币政策,防范和化解金融风险,维护金融稳定",对人民银行的职能重新作了界定;并就人民银行对金融市场的职责作了以下规定:监督管理银行间同业拆借市场和银行间债券市场;实施外汇管理,监督管理银行间外汇市场;监督管理黄金市场。人民银行通过要求银行业金融机构按照规定的比例交存存款准备金,确定中央银行基准利率,为在中国人民银行开立账户的银行业金融机构办理再贴现,向商业银行提供贷款,在公开市场上买卖国债、其他政府债券和金融债券及外汇,及国务院确定的其他货币政策工具来实现对金融市场的管理与监督。此外,中国人民银行根据执行货币政策的需要,可以决定对商业银行贷款的数额、期限、利率和方式,但贷款的期限不得超过一年。

第五节　金融市场中的其他中介机构

其他金融机构也称为非银行金融机构。从现代金融发展观点来看,非银行金融机构在整个金融机构体系中是非常重要的组成部分,它的发展状况是衡量一国金融体系是否成熟的重要标志之一。能否与银行性金融机构构成一个平衡而有竞争性的金融体系,使其在经济发展中更有活力,是非银行金融机构发展中的重要内容。

非银行金融机构与银行的区别在于不以吸收存款作为其主要资金来源,而是以某种特殊方式吸收资金,并以某种特殊方式运用其资金,且从中获取利润。这类金融机构包括:保险公司、信用合作社、消费信用机构、财务公司、信托公司、租赁公司和金融资产管理公司等。

一、其他金融机构的主要形式

(一)保险公司

保险公司是一种专门经营保险业务的非银行金融机构。其资金来源是从投保人(要求保险的客户)那里收取保险费,集中起来建立保险基金,一旦有某一投保人发生意外,保险公司将在契约(保险合同)规定的责任范围内担负损失的补偿责任。保险公司收入的保险费,除支付赔偿款和业务开支外,剩余的款项形成一笔巨大资金以备巨额赔款的支付需要,这笔款项在未用作赔偿之前,可以进行投资。这笔资金比银行存款还稳定,运用起来更可靠,因而往往被运用到有价证券的投资方面。如投资于公司债券和股票、市政债券、政府公债,以及发放不动产抵押贷款、保单贷款等。西方各国按照保险种类分别建有形式多样的保险公司,如财产保险公司、人寿保险公司、火灾及意外伤害保险公司、信贷保险公司、存款保险公司,等等。其中以人寿保险公司的规模为最大、发展最快,已经成为西方国家重要的金融机构。

保险业务的种类,因划分标准不同,分类也不一样。按照保险标的不同可分为人身保险(包括死亡保险、生存保险、年金保险、养老保险等)、财产保险、责任保险和信用保险等;按保险人是否承担全部责任可分为保险和再保险;按保险经营的性质可分为政策性保险和商业性保险;按保险实施方式可分为自愿保险和强制保险。

(二)信用合作社

信用合作社是吸收城市手工业者和农民的存款,并办理放款业务的一种信用组织,通常分为城市信用社和农村信用社两种。前者是城市小工商业者的组合,后者是农村经济单位的信用组合。信用合作社一般规模都不大,资金来源于合作社成员缴纳的股金和吸收存款,贷款主要用于解决其成员的资金需要。起初是直接为小商品生产者服务的,主要发放短期生产贷款和消费贷款,现在,一些资金充裕的信用合作社已开始为解决生产设备更新、改进技术等提供中长期贷款,并逐步采取了以不动产或有价证券为抵押的贷款方式。信用合作社在一些国家相当普遍,如,日本的农村信用社(被称为农民信用组合)是农村的唯一信用机构,入社者占全国农户的90%左右,其资金除向农民社员贷款外,还用于购买政府债券或转存到其他信用机构。

(三)消费信用机构

消费信用机构是为了刺激生产、促进消费而建立的一种信用组织。这种机构主要有两种:各种消费信用公司和典当业。它是在第二次世界大战后,随着消费信用的扩大而相应发展起来的。消费信用公司的资金来源主要是向商业银行借款,其运用则是以分期付款方式贷款给商业部门,也可以对一般居民发放这种贷款。典当业实际是一种带有一定程度高利贷性质的金融组织。其资金来源也是向大银行的借款,资金运用则是以物品为抵押的放款,其放款对象多是贫困的居民,放款的特点是利息高、期限短、条件较为苛刻。

（四）信托投资公司

信托投资公司是专门办理信托业务和信托投资业务的金融机构。其信托业务以接受他人委托，代为管理、经营和处理经济事务，代人理财为主要内容，如信托存、贷款，养老金信托，公益事业信托等。信托投资则主要是以自有资金和组织的信托存款、发行证券筹集的资金，直接向企业或项目投资。信托投资公司也办理委托、代理、咨询等业务。

2002年5月，中国人民银行公布了《信托投资公司管理办法》。目前信托投资公司可以经营的本外币业务主要有：(1) 资金信托业务；(2) 动产、不动产及其他财产的信托业务；(3) 投资基金业务；(4) 企业资产的重组、购并及项目融资、公司理财、财务顾问等中介业务；(5) 国债、政策性银行债券、企业债券等债券的承销业务；(6) 代理财产的管理、运用和处分；(7) 代保管业务；(8) 信用证、资信调查及经济咨询业务；(9) 以自有财产为他人提供担保；等等。

（五）金融租赁公司

金融租赁公司是通过融物的形式起融通资金作用的金融机构。金融租赁公司在一定时期内以收取租金为条件将某项物资财产交付承租人使用，实际上等于为承租人筹措了该项物资财产的购货款，差别只在于所有权不属于承租人。租赁公司的业务范围很广，涉及各个领域，从单机设备到成套设备，从生产资料到消费品、工商业设施、办公用品等无所不包。金融租赁公司的业务主要有：(1) 用于生产以及科、教、文、卫、旅游、交通等方面的动产和不动产的租赁、转租赁、回租租赁业务；(2) 前述租赁业务所涉及的标的物的购买业务；(3) 出租物和抵偿租金产品的处理业务；(4) 向金融机构借款及其他融资业务；(5) 吸收特定项目下的流动资金贷款业务；(6) 外汇及其他业务。

我国的金融租赁业起始于20世纪80年代初期，大都是由银行、其他金融机构以及一些行业主管部门合资创建。但总的来说，经营活动没有得到发展。根据对金融业分业经营、分业管理的原则，也要求租赁公司与其所属的银行等机构脱钩，实行独立经营。目前，全国经过重新登记的金融租赁公司共有15家。

（六）财务公司

财务公司是由一些大的企业集团或机构组建并主要从事集团内部各企业的筹资和融通资金，促进其技术改造和技术进步，而不能像其他金融机构一样到社会上去开拓生存空间。财务公司的业务有：存款、贷款、结算、票据贴现、融资性租赁、投资、委托以及代理发行有价证券。

财务公司在业务上受中国人民银行领导、管理、监督与稽核，在行政上则隶属于各企业集团，是实行自主经营、自负盈亏的独立企业法人。截至2000年底，我国的财务公司总数为69家，资产总规模达2584亿元，约占金融机构总资产的1.4%。

（七）金融资产管理公司

1999年3月至10月，我国先后建立了四家由国家投资的特定政策性金融资产管理公司——华融、长城、东方、信达，分别收购、管理和处置从工、农、中、建四家国有独资商业银行剥离出来的不良资产，目的是为了改善四家国有独资商业银行的资产负债状况，化解潜在的金融风险,通过建立资产回收责任制和专业化经营,实现不良贷款价值回收最大化,以最大限度保全资产、减少损失。同时对符合条件的企业实行债权转股权,支持国有大中型亏损企业摆脱困境,建立规范的法人治理结构。

金融资产管理公司可以从事下列业务活动:(1)追偿债务;(2)对所收购的不良贷款形成的资产进行租赁或者以其他形式转让、重组;(3)债权转股权,并对企业阶段性持股;(4)资产管理范围内的公司之推荐及债券、股票承销;(5)发行金融债券、向金融机构借款;(6)财务及法律咨询,资产及项目评估;(7)中国人民银行、中国证监会批准的其他业务活动。

二、其他金融机构的发展趋势

非银行金融机构在中国的发展,中国金融经济改革取得的显著成绩之一。特别是在1990年到2000年间,非银行金融机构得到了非常快速的发展,证券公司、信托投资公司、企业集团财务公司、金融租赁公司、证券投资基金公司和保险公司已经达到400家。资产总额从1990年的1 477亿,发展到2000年底的18 000亿左右,增长了10倍多,远远超过我们国家商业银行资产发展的速度。其中,证券公司和证券基金管理公司,资产已经由1990年前的1 224亿,发展到2000年底的6 000多亿,财务公司的资产也由1990年前的102亿,发展到2000年底的2 533亿,保险公司的资产由1990年前的30亿元,发展到2000年底的3 374亿元,保费收入达到了1 600亿元,信托投资公司也是发展速度很快,由1990年前的1 200多亿元,发展到了2000年年底的2 500多亿元。

市场经济机制初步形成。因为金融机构的改善,有效地促进了储蓄向投资的转化,促进了资金要素的合理配制,从而提升了经济运行质量,对经济发展发挥了重要的影响。没有金融机构的改革与深化,没有非银行金融机构的大发展,没有金融商品的不断创新,不可能有我国市场经济运行机制的初步形成,也不可能对我国经济发展产生重要的影响。

经过十几年发展,面对我国目前分业经营、分业监管的监管框架,如何进一步发展我们国家的非银行金融机构,如何进一步提升我们国家的市场融资结构以及它的运行质量,应该认真解决好以下三个问题:

第一,非银行金融机构要进一步加强和商业银行的合作。非银行金融机构业务迅猛发展,又面临着网点少,缺乏结算系统,以及其他相对大的商业银行的一些优势,急需借助大商业银行的资源以及力量,加强双方的合作基础,这也是提高我国金融市场融资结构的推动力。目前中国工商银行、中国银行、中国建设银行等一些银行,已经纷纷开拓与保险公司、证券公司多种业务的合作,这既是面临入世给我国银行和非银行机构带来的挑战,也是目前我国金融机构全面提高竞争能力的必然选择。非银行金融机构应该在坚持分业经营的原则下,勇于创新,加快与商业银行合作的速度,丰富合作的内容。

第二,要加大资本事业,提倡投资格局的多元化。在市场融资格局深化的背景下,在各类非银行金融机构还实行严格审批制的制度下,非银行审批制度有创立空间,非银行金融机构仍然是市场的稀缺资源,加快自身的管理,尽快地壮大资本的实力,面对入世后激烈的竞争和严格的监管而言,目前是一个极好的机会。要极力促使资金入股,引导民间资金特别是私有资金投资非银行金融机构。通过一定的领导措施,抓紧培育具有较强的资本实力、具有现代管理机制的大机构,迎接入世后金融业的严峻挑战。

第三,加强对金融控股集团的制度建设。目前在国内,产业基本控股银行和非银行金融机构、信托投资公司控股证券公司、保险公司控股信托投资公司,等等,可以成立相应的控股公司。由于我们国家对金融控股集团还没有明确的金融限制,市场活动中介等各种法人主体看好金融的稀缺资源,正在悄悄朝着现代金融控股集团运筹帷幄。由于我国对现代金融控股集团没有明确的制度,也没有对其有基本的投资和协调的监管,有些企业借款投资金融机构,或者通过借款投资一个金融机构后,又间接投资另外一个金融机构,以及重复投资、重复计算等现象严重,这隐藏着一定的金融风险。因此,在非银行金融机构面临大发展机遇的同时,为了保证企业稳健经营、稳健发展,有关金融部门应该加紧对金融控股集团管理制度的建设,这个时机已经充分成熟。在我国目前的分业经营、分业监管的框架下,非银行金融机构要创新,对金融机构控股集团的研究,不失为是一个很好的选择。

专栏 2-1

票据市场信用的价值比票据融资额度更宝贵

发展票据市场的出发点和基本目标,是要为企业融资创造一个优良的环境,使绝大多数企业直接从市场中得到低成本、高时效、多方位的融资便利。在票据市场实践中,许多企业深切地感觉到票据融资的成本,低于银行借款成本、低于债券成本、低于发行股票的成本,更大大低于民间借贷成本。据调查,有些大企业全年节约的融资成本达几千万元甚至过亿元。全国由于三角债的牵累,每年形成的损失有 3 000 亿元之巨。可见,发展和完善票据市场的社会价值是无可估量的。

在票据市场发展过程中,企业关心的是自己的票据到银行能不能贴现,银行关心的是办理贴现票据有没有可靠的承兑和担保,管理决策部门担心的是票据市场搞大了会不会出现大规模的挤兑风险,等等。因此,票据市场出现了孤岛效应。一是票据类型孤岛:敢于接收的票据,只有银行承兑汇票,商业承兑汇票大多排除在外。第二个是企业类型孤岛:银行愿意为资金势力雄厚的大企业提供票据贴现,中小企业就受到冷落。第三个是地域孤岛:经济发达地区票据融资比较活跃,欠发达地区就无所表现。其实票据市场,并不是大企业的专利,也不是对发达地区的优惠政策,更不是由银行承兑汇票来唱独角戏。

现实是:没有银行承兑的汇票,中小企业签发的商业票据,欠发达地区的票据,能不能提高信用度?如何提高信用度?从商业银行办理贴现的风险管理来说,有没有办法识别和预防风险?如果只是因为信用差,就拒绝开办这项业务,不见得是上策。理由是:存在的信用重于信用的存在。前者指在企业群体中,必定有少数企业十分珍重自己的企业信用,这些企业就是培养信用环境的种子队,要使这些种子队在票据融资中得到真实的利益,成为社会信用中的典范,然后逐渐扩大,使这种籽队的信用逐步扩张与升华,成为全社会的信用价值观,形成为公共规则。后者认为,现在几乎不存在任何信用,处处是骗子,认为目前无信用可言,显然是过于悲观的估计。现时整体信用状况不佳,只能说明建立现代信用制度是长期的任务,也是发展票据市场的长期价值所在。从融资来说,银行办理10 000亿元的贷款业务与办理10 000亿元的票据贴现,于企业和银行在融资总量上并无区别,但对培育信用环境来说,后者的价值就大大高于前者。因为前者,只是原来的制度框架和管理理念之下的简单融资方式的重复,后者则孕育着新的融资理念和市场行为标准更新。从金融业发展的意义上说,发展票据市场导致的体制改革意义也远大于扩大融资规模的意义。从企业成长来说,树立企业良好信用形象的价值,可能几倍于融进几笔资金所包含的价值。

——秦池江《我国票据市场融资为何明显升温?》,《上海证券报》,2003年6月20日

【能力训练】

一、简答题

1. 如何理解商业银行和投资银行的传统定位?说明它们在现代金融市场的发展中的功能与地位。

2. 中央银行的职能是什么?如何看待中央银行在现代金融市场中的作用?

二、思考与应用分析题

3. 结合专栏2-1,讨论如何理解票据市场的孤岛效应,并思考商业银行对票据市场发展的贡献何在。

4. 结合当前金融市场中金融机构的发展状况,谈谈如何进一步提升我们国家的市场融资结构及其运行质量。

第三章 金融资产

【内容提要】 金融市场是指以金融资产为交易对象而形成的供求关系及其机制的总和。所以,认识金融市场中的金融资产对认识金融市场本身具有重要意义。本章第一节阐述了金融资产的含义与特征,指出金融资产与其他资产,特别是无形资产的区别,对金融资产与金融工具、金融负债和权益性工具的联系和不同作了介绍。第二节对金融资产的定价原则和方法作了介绍。第三节则对金融资产的风险与收益进行了分析。

【重点难点】 本章要特别注意金融资产与金融工具的联系和差别,它对学习金融市场是有意义的。对金融工具,特别是衍生金融工具的理解,是学好本章的难点之一。本章重点要掌握金融资产在金融市场中的不同表现形式。

【基本概念】 金融资产　金融工具　金融风险　系统性风险　非系统性风险　到期收益率　当期收益率　持有期收益率　标准离差率　无差异曲线

第一节 金融资产的含义与性质

一、金融资产的含义

要定义"金融资产",首先要定义"资产"。在经济学、法学和会计学中,对资产的概念有着不同的认识。一般地说,资产具有如下含义:第一,资产是一种经济资源,它能为企业、个人或政府部门的经济活动提供物质基础或贡献力量,即为持有者获得未来收益;第二,资产必须是持有者能实际拥有或者控制的,它是针对持有者而言的,不能为持有者控制的经济资源不构成其资产;第三,资产是能以货币计量的;第四,资产有有形的,也有无形的。作为金融市场学意义上的金融资产,我们认为应该从会计学意义上进行资产的定义。国际会计学会对资产的定义是:"一项资产所体现的未来经济利益是直接或间接带给企业现金或现金等价物的潜能。这种潜能可以是企业经营能力中的部分生产能力,也可以采用可转换为现金或现金等价物的形式,或减少现金流出的能力,诸如以良好的加工程序降低生产成本。"美国财务会计准则认为:"资产,是某一特定主体由于过去的交易或事项获得或控制的可预期的未来经济利益。"在这里,资产可以被看成是可以预期的经济利益,这种经济利益是靠过去的交易或事项获得的。显然,资产的获得与资产的市场交易相关。

金融资产属于无形资产,它是无形资产的一部分,其区别于其他无形资产的主要标志是金融资产与金融负债和权益性工具的对应性。根据国际会计准则委员会的解释,金融资产形成与金融工具有关。在现代金融学中，金融工具（也叫金融商品）是一个重要的概念。金融工具是指形成一个企业金融资产，同时形成另一个企业金融负债或权益性工具的合同和契约。显然，金融资产产生的同时应该有金融负债或权益性工具的同步产生。例如：对于银行存款来说，存款人是金融资产拥有者，银行是金融负债承担者；对于公司股权来说，持股人是金融资产拥有者，发行股票的公司是金融负债承担者。也有一些金融资产是没有传统意义上相对应金融负债的，例如货币黄金和国际基金组织特别提款权，但它们仍然是金融资产。在这个层面上，金融资产就可以包括：(1) 现金；(2) 从另一个企业收取现金或另一金融资产的合同权利；(3) 在潜在有利的条件下与另一个企业交换金融工具的合同权利；(4) 另一个企业的权益性工具。而对应的，金融负债则包括：(1) 向另一个企业交付现金或另一金融资产的合同义务；(2) 在潜在不利的条件下与另一个企业交换金融工具的合同义务。权益性工具包括：普通股股票、可转换优先股股票以及企业发行的认股权证和认股权。认股权证和认股权所承担的仅是发行本公司的股票，持有认股权、认股权证行使其权利时并不导致企业现金的流出。因此，它们都不是公司的负债。它们所代表的仅是权益性工具的持有者对企业净资产所享有的权益。金融资产是建立在债权债务关系基础上的，它的形成离不开金融市场。

专栏 3-1

货币是否是金融资产

在现代理论家中，最早是美国 G. 格利和 S. 肖在 1960 年发表的《金融理论中的货币》中力图解决货币是不是一种资产的问题。他们把货币划分为内生货币与外生货币两种。内生货币对整个私人而言不能算作一种资产，或者不能作为私人部门净值总额的一部分。而外生货币可以作为一种资产。格利和肖的内生货币与外生货币是什么含义呢？假设把经济分成三个部分：私人部门（企业与个人）、银行部门和公共部门。私人部门可同时在银行有存款和获得贷款，私人存款对银行来说是负债，银行贷款对银行部门来说是一种资产，但它却是私人部门的负债。私人部门银行存款一部分被其贷款所抵消。私人部门银行存款的这一部分就是内生货币。内生货币是指由私人部门持有的，对其净值没有贡献的项目，它不是资产。

针对格利和肖的内生货币不是一种资产的观点，佩塞克和萨文在 1967 年的《货币、财富与经济理论》，以及约翰逊在 1969 年的《货币理论中的内生货币、外生货币、收入、财富与福利》中提出了不同的看法。他们认为，所有的货币都是净资产，区别内生货币与外生货币是无用的。所有货币都是资产。他们解释为，资产是一种存量，它的价值可以作为所得到的未来收入流价值的资本化来衡量。货币作为一种资产是它以劳务的形式所带来的收入价值的资本化。货币提供劳务的特点是作为交换的媒介。由此得出结论，对于货币的所有者来说，货币是一种资产，因为它提供了一种收益流，即产生了作为交换媒介的劳务。对货币的发行者而言，货币之所以不是一种负债是因为它不会给发行者带来负收益。

> 张志平《金融市场实务与理论研究》一书中认为,货币是一种资产,但不是金融资产。因为经济活动中,货币为其持有人提供的是服务量,人们利用它来衡量商品的价值、购买资产的收入流量、贮藏价值和支付债务,当货币能够带来货币收入流量的时候,它本身已在不知不觉中转换了资产形态,从提供服务流量的货币资产转化为提供货币收入流量的金融资产。另外,货币并不具有金融资产应具有的对有形资产所创造的一部分收入流量的索取权。

金融资产的产生、转让通常与金融机构有关,当然也有一小部分是通过私人间的借贷形成的。由金融机构设计与开发的金融资产称为金融产品。由于金融产品是由金融机构设计与开发,因而具有较高的信用和较大的规模以及标准性,适合面向社会大规模地发行。

从上面叙述,我们已经知道金融资产与金融工具具有非常大的相关性,它们之间的具体关系可以进一步阐述如下:

首先,金融工具是金融交易的具体方式或渠道,金融资产、金融负债或权益性工具则是金融交易形成的结果。既然是交易,就跟市场的发育有关,所以金融工具的创新是市场发育的标志,而金融市场发育,就会有更多种类的金融资产,就会有更多的套利机会。

其次,绝大部分金融工具是反映债权人和债务人之间债权债务关系的一种标准化的合约证明文件,其使用的结果是能形成明确价值的金融资产的。现代金融学讨论的是以金融市场为核心的金融学,金融市场是指以金融资产为交易对象而形成的供求关系及其机制的总和。所以,我们所说的金融资产大多数都是可以在金融市场上进行交易的,这些交易的发生依赖于金融工具。其实,对持有人而言,金融工具就是金融资产。从这个意义上,我们没有必要区分金融工具和金融资产,而将它们混用。

第三,并不是所有的金融工具都形成金融资产。有些在金融市场上交易的工具,例如金融期货合约和期权合约,只是代表在未来时刻购买和发售金融资产的权利,是金融资产交易方式的证明,不构成金融资产。也有一部分金融工具依赖于未来的不确定性事件,例如信贷额度、贷款承诺和信用证等金融担保和承诺,这类金融工具并不形成实际的金融资产。

但是,我们要特别指出的是,金融期货和期权等金融工具,之所以没有纳入金融资产,那是因为传统资产的较确定性收益的特征,这些衍生金融工具只能在资产负债表外进行反映,但这些衍生金融工具在金融市场交易中的特殊作用已经越来越受到重视,它们对企业收益的影响也越来越大,所以20世纪90年代以来,对衍生金融工具的会计计量已经受到国际社会的重视,出台了一系列相关法规。从资产本意和金融市场作用出发,本书将衍生金融工具纳入金融资产范畴讨论。

第四,并非所有金融资产都能充当金融工具。金融资产中的存款、贷款等对存款者和银行来说是重要的金融资产,但它们属于协议交易,并不在公开市场上交易,因而不是金融工具。

二、金融资产的类型

金融资产可以划分为基础性金融资产与衍生性金融资产两大类。基础性金融资产主要包括债务性资产和权益性资产。债务性资产代表其发行者在某一特定时期中要按约定条件支付一定的回报给持有人的承诺,如债券、存款单等;权益性资产则要求发行者在支付债务性资产后,按照收益对权益性资产的所有者进行支付,其中最典型的就是普通股。衍生性金融资产主要包括远期、期货、期权和互换等。

金融资产的类型主要有:

(一) 货币黄金和特别提款权

货币黄金即货币当局和受其有效控制的其他机构拥有的作为金融资产和外汇储备而持有的黄金。货币黄金可以作为国际收支的支付,是一个国家国际储备的组成部分。除货币黄金之外不具有货币性特征的黄金,如工业用、科研用、装饰用等黄金属于非金融资产。

特别提款权是国际货币基金组织创造的分配给其成员国用来补充现有官方储备的国际储备资产。获得特别提款权分配的基金组织成员国拥有无条件从基金组织的其他成员国获得外汇或其他储备资产的权利。

(二) 通货和存款

通货包括中央银行或政府发行的具有固定名义价值的票据和铸币,通常是以纸币和硬币的形式用于流通。通货实际上就是发行者的一种负债。中央银行持有的尚未发行或已经退出流通的纸币和硬币,不是金融资产,也不应作为通货。

存款指所有对银行、存款性公司、政府单位和其他机构单位的有存款凭证的债权。

(三) 贷款

贷款是金融资产的一种,贷款是债权人将资金直接贷给债务人产生的凭证,这些凭证往往是不可流通的文件。我国贷款往往是指金融机构将资金直接贷给债务人的凭证。

(四) 股票和其他股权

股票是投资者向公司提供资本的权益合同,是公司的所有权凭证。股票本身没有价值,但它作为股本所有权的证书,代表着取得一定收入的权利,从而具有价值,可以作为商品转让。除了股票,还有一些其他股权形式,如股份、参与证书等。

(五) 非股票证券

非股票证券是用来证明有关单位有义务通过现金、金融工具等具有经济价值的项目进行结算的凭证,如国库券、公司债券、商业票据等。

(六) 保险技术准备金

保险技术准备金是一种金融资产,保险技术准备金包括住户对人寿保险和养老基金的净股权以及保险费预付款和未决索赔赔偿金。这里的养老基金指的是商业保险,不包括非商业保险的社会保障基金,因为社会保障基金属于政府部门,不属于金融部门。

(七) 外汇

外汇是指外国货币及其用外币表示的用于国际结算的支付手段。一般而言,外汇的概念中包括两个方面的内容：一是指外国货币，如美元、日元、欧元等。这些外币不仅可用于国际支付，还是一种用外币表示的金融资产，并可随时兑换成其他国家的货币。二是指以外币表示的外国信用工具和有价证券，如商业汇票、银行汇票以及在外国银行的存款等。

（八）金融衍生产品

金融衍生产品，是指其价值依赖于基本标的资产价格的金融工具，如远期、期货、期权、互换等。金融衍生产品市场的历史虽然相对较短，但却因其在融资、投资、套期保值和套利行为中的巨大作用而获得了飞速的发展。

（九）其他应收/应付账款

各种机构单位常发生应收/应付账款的交易，从而形成了一些有商业信用、预付款和延期收付的项目组成的金融资产。

三、金融资产的性质

首先来分析一下金融资产与实物资产在金融活动中的联系与区别：金融资产可以在金融活动中产生或者消失，例如：一家企业发行债券，那么债券持有人就拥有了一笔金融资产，同时给企业带来了相应的金融负债，而随着债券的到期，企业对债券所有人进行清偿，这笔金融资产与金融负债就同时消失了。而实物资产则不同了，实物资产不会随着交易而产生或者消失，它只会在使用与事故中损耗或报废。需要指出的是：金融资产与实物资产之间也存在着密切的联系。一般而言，金融资产的运动不是独立的，它是实物资产运动的反映，而且金融资产的运动有时也会推动实物资产的运动。金融资产与实物资产在金融活动中的联系与区别，以及金融资产的其他特征使金融资产具有两个主要的经济功能：第一是促进资金从资金盈余方向资金需求方流动，以投资于有形资产；第二是通过资金的流动，使与实物资产产生的现金流有关的难以规避的风险在资金供求双方重新分布。

金融资产具有以下主要性质：

（一）货币性

很多金融资产可以用来作为交换的媒介或交易结算的工具，它们非常接近货币，即具有货币性，例如：在美国，包括定期存款和储蓄存款以及政府发行的国库债券。金融资产是价值的储藏形式，它不像实物资产那样提供持续的服务流，而是因为承诺未来偿付而被人们接受；金融资产不会磨损，它们的物理状况与形式并不决定其市场价值，这些都使金融资产具有货币性。

（二）可分性和计量单位

可分性是指一种金融资产可被转化或交换成货币的最小单位。最小单位越小，则金融资产越具有可分性。可分性是投资需要的，因为需要时，可以将部分金融资产无障碍地售出。

（三）可逆性

可逆性也称为返回成本，是指投资于一项金融资产然后退回投资并换回现金的成本。成本越低表示可逆性越好。

（四）可转换性

金融资产的可转换性在于可以将一种金融资产转换为另一种金融资产。这种转换可以发生在同种资产之间，如一种债券转换为另一种债券；这种转换也可以在不同种类的资产中进行，如可转换债券是可以转换为股权的债券，优先股可以转换成普通股等。

（五）现金流

投资者通过持有金融资产实现的收益无疑是来自金融资产支付给其所有者的一系列现金流，例如股票的红利和债券的利息支付和本金偿还等。在分析金融资产的收益和定价时我们还会分析金融资产带来的现金流。

（六）期限性

期限性是指金融资产一般规定了偿还期，也就是规定债务人必须全部归还本金之前所经历的时间。金融资产的到期期限就是指要做出最终偿还的日期之前的时间，或到所有者有权要求清偿的期间。

（七）流动性

金融资产的流动性是指持有人在必要时迅速将金融资产转变为现金而不致遭受损失的能力。可见流动性不仅依赖于金融资产本身，而且依赖于想买和想卖的人数。金融资产的流动性包括变现的时间性长短和变现成本两个方面。变现时间越短，损失越小，表明该资产的流动性越强；反之，变现时间越长，损失越大，其流动性就越低。

（八）收益可测性

收益性是指持有金融资产所能够带来的一定收益。金融资产的收益性，指投资于特定金融资产可产生收益的大小，产生收益的时间及方式等。在具体计算金融资产的收益时，存在多种不同的计量方法和概念，常用的主要有名义收益率、当期收益率、到期收益率等。

（九）风险性

金融资产的风险性，指购买金融资产的本金遭受损失的可能性，风险主要来源于信用风险和市场风险。信用风险是指债务人不履行合约，不按期归还本金给债权人造成的风险。市场风险是指金融资产的市场价格下跌所带来的风险，某些金融资产如债券、股票，它们的市场价格时时刻刻都在发生变化。

（十）税赋性

税赋性是金融资产的一个重要特征。一般而言，政府发行的债券都有免缴所得税的税收待遇，特别是地方政府债券往往是免税的，免税相当于为引导投资者支持地方政府为筑路、教育等公共项目融资的补贴。在许多国家，养老基金也免收所得税。而政府对其他的金融资产带来的收入就有一些征税管理，比如一般公司债券带来的收入就要征收所得税。

（十一）复合性

某些金融资产是复合的，它们最终是由两个或两个以上的简单资产组合而成。譬如"可转换债券"，投资者购买了这种债券，实际上就有了普通债券和在规定的期限、规定的价格方式获得相应股票两种权利,因此其价格也是两种的复合。

(十二)币种

有部分金融资产在发行时采用多种货币标识,譬如用人民币发行企业债券,但用美元支付其利息,用欧元偿还本金等。这是为了满足投资者减少外汇风险的需要。

第二节 金融资产的定价

一、金融资产的定价原则

定价是指以货币形式分别衡量各种形态价值的数量状况或水平,存在着用什么价格进行计量的问题。

金融资产的定价原则:金融资产的真实或者正确价值(价格)应等于其持有者在持有期间内预期获得的所有现金流的现值。我们可以用收益现值法进行计算。收益现值法是通过将资产所创造的未来预期收益贴现来确定资产价值的方法。这种方法所确定的价值是资产的内在价值。一般而言,金融资产的内在价值可以用以下公式表示:

$$P_0 = \frac{CF_1}{1+i} + \frac{CF_2}{(1+i)^2} + \frac{CF_3}{(1+i)^3} + \cdots + \frac{CF_n}{(1+i)^n} = \sum_{t=1}^{n} \frac{CF_t}{(1+i)^t}$$

式中:P_0——金融资产的内在价值;

CF_t——在 t 时期现金流量($t=1,2,\cdots,n$);

n——金融资产的到期日;

i——适当的贴现率。

资产的内在价值是一个现值概念,是资产所带来的未来现金流量或收益的现在价值。由未来价值转化为现在价值,需要选择恰当的贴现率。适当的贴现率 y 是指市场或者投资者一致要求的资产收益率,可以近似简单地表示为:

$$i = RR + IP + DP + MP + LP + EP$$

式中:RR——真实利率,即不消费而带给使用者的收益;

IP——通胀溢价,这是对由于预期货币购买力下降造成的补偿;

DP——违约风险溢价,这是对一笔贷款或债券难以偿付,或其他金融资产的本金损失的补偿;

MP——到期日溢价,这是对货币进行长期贷出的补偿;

LP——流动性溢价,这是对投资者投资的金融资产不能随时以适当的市场价格变现的回报;

EP——汇率风险溢价,这是对投资者以外汇计价的金融资产的汇率风险的回报。

显然,金融资产价格与贴现率负相关,贴现率上升,金融资产价格下降;贴现率下降,金融资产价格上升。贴现的原因在于考虑到投资风险以及机会成本。

首先,当风险提高时,投资者要求得到的收益也就越高。其次,资本是有多种用途的,但用于某一用途就不能再用于其他用途,使用资本就会有机会成本。资本的机会成本是指由于采用某一投资方案而放弃另一投资方案所损失的潜在利益。资本的机会成本需要由所选方案的利益来补偿,这种补偿也是由贴现来完成的。贴现的实质是扣除按一定贴现率所计算的资本机会成本,只有扣除了机会成本后还有超额报酬,项目才具有投资价值。换言之,贴现率就是投资者的期望报酬(收益)率,贴现率的选取直接影响着资产的内在价值,期望报酬率越高,越不容易得到超额报酬,资产的内在价值就越小。

在各种计算贴现率的常见方法中,到期收益率是最重要的一种。所谓到期收益率,是指来自于某种金融资产的现金流的现值总和与其今天的价值相等时的利率水平,它可以从金融资产的内在价值计算公式中求出:

$$P_0 = \frac{CF_1}{1+i} + \frac{CF_2}{(1+i)^2} + \frac{CF_3}{(1+i)^3} + \cdots + \frac{CF_n}{(1+i)^n} = \sum_{t=1}^{n} \frac{CF_t}{(1+i)^t}$$

式中:P_0——金融资产的当前市价;

CF_t——在第 t 期的现金流;

n——时期数;

i——到期收益率。

只有 i 一个未知数,所以我们可以计算得出。由于到期收益率的概念中隐含着严格的经济含义,因此经济学家往往把到期收益率看成是衡量利率水平的精确指标。

但是到期收益率也有缺陷:到期收益率概念有一个重要假定,就是所有现金流可以按计算出来的到期收益率进行再投资。这种假设必须同时满足两个条件:投资未提前结束,而且投资期内的所有现金流能够按到期收益率进行再投资。在实际投资活动中,投资者往往会考虑到再投资风险或提前结束投资。所以对金融资产的定价的一个更普遍的公式是:

$$P_0 = \frac{CF_1}{1+r_1} + \frac{CF_2}{(1+r_2)^2} + \frac{CF_3}{(1+r_3)^3} + \cdots + \frac{CF_n}{(1+r_n)^n} = \sum_{t=1}^{n} \frac{CF_t}{(1+r_t)^t}$$

这里 r_t 是每一个期间适当的贴现率。

下面我们以附息债券价格为代表阐述金融资产的定价。

按照金融资产的定价原则,附息债券价格即附息债券的所有现金流的现值总和。由于附息债券涉及了多次支付额,因此附息债券的现值相当于所有息票利息的现值总和再加上最终支付的债券面值的现值。对于任何一笔附息债券,如果 i 代表附息债券的到期收益率,C 代表每期支付的息票利息,F 代表债券的面值,n 代表债券的期限,那么我们可以得到债券的价格 P_0 的计算公式为:

$$P_0 = \frac{C}{1+i} + \frac{C}{(1+i)^2} + \frac{C}{(1+i)^3} + \cdots + \frac{C}{(1+i)^n} + \frac{F}{(1+i)^n}$$

根据上式,如果一笔附息债券 C、F、n 是事先已知的,那么,显然债券价格 C、F、n 与到期收益率 i 之间存在一定的关系。例如,对于一笔面额为 1 000 元、息票率为 10%、期限为 10 年的附息债券,当附息债券的到期收益率分别为 13.81%、11.75%、10.00%、

8.48%和7.13%时,我们可以计算得出债券价格分别为800元、900元、1 000元、1 100元、1 200元,如图3-1所示。

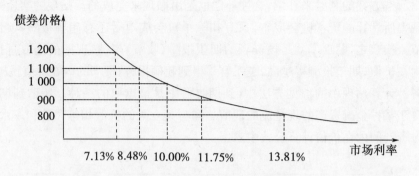

图3-1 债券价格与市场利率的关系

在这个例子里我们可以发现以下三点:

(1) 当到期收益率等于息票率时,附息债券的购买价格与面值相等;

(2) 当到期收益率大于息票率时,附息债券的价格低于面值;而当到期收益率低于息票率时,则附息债券的价格高于面值;

(3) 附息债券的价格与到期收益率负相关。如果到期收益率下降,债券价格上升;反之,如果到期收益率上升,债券价格下降。结合计算公式可以得出对此的解释是:较高的利率水平意味着债券未来的附息支付和最终支付在折成现值时价值较少,因此债券价格必定较低。

二、金融资产价格的决定

金融资产的市场价格的决定与商品市场一样,也是由金融资产的需求和供给决定的。下面我们以债券为代表,说明金融资产的市场价格的决定。根据一般的供求分析,当债券价格下降时,债券需求量增加而且债券供给量会减少;当债券价格上升时,债券需求量将减少而且债券供给量会增加。

在图3-2中,债券需求曲线向下倾斜,表示债券需求量随着债券价格的上升而减少;债券供给曲线向上倾斜,表示债券供给量随着债券价格的上升而增加。债券市场最终在需求曲线和供给曲线的交点实现均衡,E点为均衡点,P_0为均衡价格,Q_0为均衡债券数量。

如果债券价格偏高,即$P_1 > P_0$的情形,此时A点的债券需求量为Q_1,而B点的债券供给量为Q_2,在这一价格水平上,$Q_2 > Q_1$,即存在债券的超额供给,投

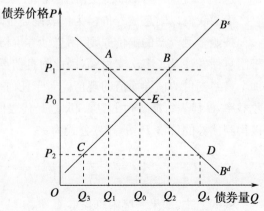

图3-2 债券价格与债券市场均衡

资者希望抛售的债券量多于愿意购买的债券量,因此债券价格将会下跌。相反,如果债券价格偏低,即 $P_2 < P_0$ 的情形,此时 C 点的债券供给量为 Q_3,而 D 点的债券需求量为 Q_4,在这一价格水平上,$Q_4 > Q_3$,即存在债券的超额需求,投资者愿意购买的债券量多于希望抛售的债券量,因此债券价格将会上升。所以无论在何种情形下,随着债券价格从 P_1(或 P_2)趋向 P_0,债券的超额供给(或超额需求)将会逐步减少,直至债券价格回到均衡水平 P_0,最终债券供给量与债券需求量相等,债券市场实现均衡。

由于我们已经知道债券价格与按照到期收益率衡量的利率水平负相关,因此,我们可以建立债券需求量和债券供给量与利率水平之间的关系,进而描述出债券市场的供求曲线及其均衡。在图 3-3 中,债券需求曲线向上倾斜,表明债券需求量随着利率水平的上升(价格水平的下降)而增加;债券供给曲线向下倾斜,表明债券供给量随着利率水平的上升(价格水平的下降)而减少;债券市场在需求曲线和供给曲线的交点实现均衡,E 点为均衡点,r_0 为均衡利率,Q_0 为均衡债券数量。

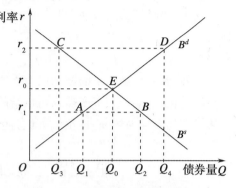

图 3-3 利率与债券市场均衡

如果利率低于均衡利率,即 $r_1 < r_0$($P_1 > P_0$)的情形,此时 A 点的债券需求量为 Q_1,而 B 点的债券供给量为 Q_2,在这一利率水平上,$Q_2 > Q_1$,即存在债券的超额供给,投资者希望抛售的债券数量多于愿意购买的债券数量,因此债券价格将会下跌而利率则会上升。相反,如果利率高于均衡利率,即 $r_2 > r_0$($P_2 < P_0$)的情形,此时 C 点的债券供给量为 Q_3,而 D 点的债券需求量为 Q_4,在这一价格水平上,$Q_4 > Q_3$,即存在债券的超额需求,投资者愿意购买的债券数量多于希望抛售的债券数量,因此债券价格将会上升而利率则会下降。无论在哪种情形下,随着利率水平从 r_1(或 r_2)趋向 r_0,债券的超额供给(或超额需求)将会逐步减少,直至利率回到均衡水平 r_0,债券供给量与债券需求量相等,债券市场实现均衡。

三、影响金融资产价格变动的因素

影响金融资产价格变动的因素主要有:市场利率水平、发行者的经营状况以及国家经济政策等。

(一)利率水平

一般而言,债务工具的利息收益相当稳定,但是当市场利率下降时,债务工具的内在价值将上升导致对债务工具的需求的增加,在供给没有增加的情况下,债务工具的价格将会上升。反之,当市场利率上升时,债务工具的内在价值将下降导致对债务工具的需求的减少,在供给没有增加的情况下,债务工具的价格将会下降。

对于权益工具而言,当市场利率上升时,投资者则会认为投资债务工具比投资权益工具更有利,权益工具的需求将减少,在权益工具供给没有减少的情况下,将导致权益工具的价格下降。反之,当市场利率下降时,投资者则会认为投资权益工具比投资债务工具更有利,权益工具的需求将增加,在权益工具的供给没有增加的情况下,将导致权益工具的价格上升。

(二)发行者的经营状况

在经济景气时期,如果发行者的经营状况良好,盈利增加,投资风险减少,往往导致对金融资产的需求增加,在金融资产的供给没有增加的情况下,金融资产的价格将会上升。反之,在经济萧条时期,如果发行者的经营状况出现问题,盈利减少,投资风险增加,往往导致对金融资产的需求减少,在金融资产的供给没有减少的情况下,金融资产的价格将会下降。

此外,商品价格水平的波动以及国家经济政策的变化也会引起金融资产发行者盈利水平的变化,引起金融资产需求与供给的变化,导致金融资产价格的变化。另外,各种非经济因素如政治局势、心理预期等也会引起金融资产价格的波动。

第三节 金融资产的风险与收益

风险性与收益性是金融资产的两个重要特征。显然,金融市场蕴含着金融风险,金融风险是金融市场的基本属性。金融市场的风险机制是指金融风险通过影响金融市场的参与者的利益而约束其行为的过程。

一、金融资产的风险及种类

风险是事项未来结果的不确定性。金融风险是指金融变量的各种可能值偏离其期望值的可能性和幅度。从金融风险的定义可以看出,可能值可能低于也可能高于期望值,所以风险绝不等于是亏损,风险中既包含对投资者不利的一面,也包含着有利的一面。也就是说,风险大的金融资产,其最终实际收益率并不见得就比风险小的金融资产低,而往往是风险大的金融资产未来收益也大,所以也有人认为收益与风险是相当的。

金融资产的风险的种类很多,按其来源可分为货币风险、利率风险、流动性风险、信用风险和市场风险;按能否分散可分为系统性风险和非系统性风险。

(一)按风险来源分类

1. 利率风险,指源于市场利率水平的变动而对金融资产的价值带来的风险。一般来说,利率的上升会导致证券价格的下降,利率的下降会导致证券价格的上升。在利率变动幅度相同的情况下,长期金融资产受到的影响将大于短期金融资产。

2. 货币风险,又称为汇率风险,是指由于汇率变动而带来的风险。汇率风险又可细分为交易风险和折算风险。交易风险指因汇率的变动影响日常交易的收入;折算风险指因汇率的变动影响资产负债表中资产的价值和负债的成本。货币风险和利率风险也通称为价格风险。

3. 流动性风险,即市场转换风险。当需要将金融资产转换为现金时可能难以迅速完成,即使可以迅速转换为现金也会面临产生较大损失的可能性,这就是流动性风险。

4. 信用风险,指金融资产发行者因倒闭破产等原因不能偿还债务或不能履行合约而使投资者遭受损失的风险,也称违约风险。

5. 市场风险,指由于金融市场行情变动而引起投资实际收益率偏离预期收益率的可能性。

(二)按是否能分散分类

1. 系统性风险,是指对整个金融市场的各类金融资产都会产生影响的风险。这些影响整个金融市场的风险因素包括经济周期、国家宏观经济形势的变动、财政政策和货币政策的调整、资金供求关系的变化等。对于投资者而言,系统性风险影响所有金融变量的可能值,通过分散投资是不能相互抵消或者削弱的,因此又称为不可分散风险。也就是说,即使一个投资者持有一个充分分散化的组合也要承受这一部分风险。

2. 非系统性风险,是一种与特定公司、企业或行业特有的风险,它与经济、政治和其他影响所有金融变量的因素无关。例如:公司的经营管理、财务状况、市场销售、技术创新等。这种风险主要影响某种金融资产(证券),投资者通过分散投资,可能会降低非系统性风险;而且,如果分散是充分有效的,这种风险是能够被消除的,因此非系统性风险又称可分散风险。由于非系统性风险可以通过有效的金融资产(证券)组合来消除,所以当一个投资者拥有一个足够有效的证券组合,且这个证券组合中证券的数量足够多时,他所面临的就只有系统性风险了。

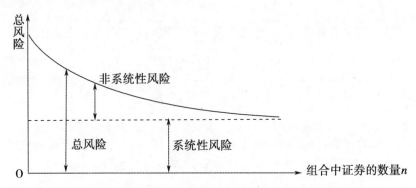

图 3-4 证券的数量和组合系统性风险和非系统性风险之间的关系

二、金融资产的收益及其收益率

金融资产的收益就是指对未来现金流的要求权。金融资产的现金流就是投资金融资产的所预期每个时期得到的收入,由于未来的现金流是可预测的,因此金融资产的收益也具有可预测性。金融资产的收益率指标主要有:

(一)当期收益率

当期收益率是一种贷款或债券收益率的普遍的衡量标准。当期收益率等于投资者当时投资所获得的收益(年利息)与其投资支出(市场价格)的比率,当期收益率不需要预测可能的卖价,没有充分考虑到资本增值或资本损失因素,它只是到期收益率的近似值。

$$当期收益率 = \frac{年利息}{市场价格}$$

例如：一张面值为1 000元的附息债券，目前市场价格为1 100元，年息票利息为100元，则其当期收益率为：

$$\frac{100}{1\,100} = 0.090\,9 \text{ 或 } 9.09\%$$

（二）到期收益率

到期收益率就是指来自于某种金融工具的收入的现值总和与它今天的价值相等的利率。由于到期收益率隐含着严格的经济含义，因此经济学中往往把到期收益率作为衡量利率水平最精确的指标。

1. 简易贷款的到期收益率

简易贷款就是贷款人向借款人按双方约定的利率提供一笔一定期限的资金，借款人在贷款到期日一次性向贷款人偿还本金和利息。

例如，一笔金额为100元的一年期贷款，一年后的偿付额为100元本金外加10元利息。显然，这笔贷款今天的价值为100元，其终值110元的现值计算如下：

$$PV = \frac{100+10}{1+r}$$

根据到期收益率的概念，让这笔贷款未来偿付额的现值等于其今天的价值：

$$100 = \frac{100+10}{1+r}$$

$$r = \frac{100+10}{100} - 1 = 0.1 = 10\%$$

从上面的计算过程可以看出，对于简易贷款而言，利率水平等于到期收益率。如果以 L 代表贷款额，I 代表利息支付额，n 代表贷款期限，i 代表到期收益率，那么，

$$L = \frac{L+I}{(1+i)^n}$$

2. 年金的到期收益率

年金是指在一段固定时期内有规律地收入（或支付）固定金额的现金流。如养老金、租赁费、抵押贷款等。以固定利率的抵押贷款为例，在到期日贷款被完全清偿以前，借款人每期必须向银行支付相同金额，直至到期日贷款被完全偿付为止，因此贷款偿付额的现值相当于所有支付金额的现值之和。

例如，一笔面额为1 000元的抵押贷款，期限为25年，要求每年支付126元。那么，我们可以按照下面的公式计算这笔贷款的现值，并使之与贷款今天的价值（1 000元）相等，从而计算出这笔贷款的到期收益率。

$$PV = \frac{126}{1+i} + \frac{126}{(1+i)^2} + \frac{126}{(1+i)^3} + \cdots + \frac{126}{(1+i)^{25}} = 1\,000$$

经过计算或查表，我们可以知道这笔贷款的到期收益率为12%。

把上述计算过程推广到一般情形，对于年金，如果 P_0 代表年金的当前市价，C 代表每期的现金流，n 代表期间数，i 代表到期收益率，那么我们可以得到下列计算公式：

$$P_0 = \frac{C}{1+i} + \frac{C}{(1+i)^2} + \frac{C}{(1+i)^3} + \cdots + \frac{C}{(1+i)^n}$$

3. 附息债券的到期收益率

附息债券到期收益率的计算方法与年金大致相同：使来自于一笔附息债券的所有现金流的现值总和等于该笔附息债券今天的价值。由于附息债券也涉及了不止一次的支付额，因此，附息债券的现值相当于所有息票利息的现值总和再加上最终支付的债券面值的现值。

对于一笔附息债券，如果 P_0 代表债券的价格，C 代表每期支付的息票利息，F 代表债券的面值，n 代表债券的期限，i 代表附息债券的到期收益率。那么我们可以得到附息债券到期收益率的计算公式：

$$P_0 = \frac{C}{1+i} + \frac{C}{(1+i)^2} + \frac{C}{(1+i)^3} + \cdots + \frac{C}{(1+i)^n} + \frac{F}{(1+i)^n}$$

在上述公式中，附息债券的价格、每期支付的息票利息、债券的期限与面值都是已知的，把有关数据代入其中，即可得出到期收益率的数值。

4. 贴现债券的到期收益率

对于贴现债券而言，到期收益率的计算与简易贷款大致相同。例如，一张面额为1 000元的一年期国库券，其发行价格为900元，一年后按照1 000元的现值偿付。那么，让这张债券的面值的现值等于其今天的价值，即可计算出该债券的到期收益率：

$$900 = \frac{1\,000}{1+i}$$

$$i = \frac{1\,000 - 900}{900} = 0.111 = 11.1\%$$

把上述计算过程推广到一般情形，对于任何一年期贴现债券来讲，如果 F 代表债券面值，P_0 代表债券的购买价格。那么，债券到期收益率的计算公式如下：

$$i = \frac{F - P_0}{P_0}$$

从这个公式也可以看出，贴现债券的到期收益率与债券价格负相关。

（三）持有期收益率

对于中长期债券，往往会出现这种情况，投资者只持有债券一段时间，然后在债券到期日之前卖出，于是就出现这个投资者的持有期收益率问题。

持有期收益率就是使一种债券的市场价格等于从该债券的购买日到卖出日的全部利息支付额的现值总和再加上卖出价格的现值的利率。假定债券的购买价格为 P_b，每期支付的利息为 c，债券的卖出价格为 P_m，持有期收益率为 i，债券持有期限为 n，那么，债券价格与债券本身承诺的到期收益率之间存在下列关系式：

$$P_b = \frac{c}{(1+i)} + \frac{c}{(1+i)^2} + \cdots + \frac{c}{(1+i)^n} + \frac{P_m}{(1+i)^n}$$

三、金融资产收益和风险的衡量

金融风险是指金融变量的各种可能值偏离其期望值的可能性和幅度。所以衡量金融资产的风险，也要衡量金融资产的收益。

（一）单个金融资产的风险

由于金融资产的收益通常不能事先确知，投资者只能估计各种可能发生的结果及每一种结果发生的可能性，因而单个金融资产的收益率通常用期望值来表示：

$$\bar{R} = \sum_{i=1}^{n} R_i P_i$$

式中：$\bar{R}$——预期收益率；

R_i——第 i 种可能的收益率；

P_i——收益率 R_i 发生的概率；

n——可能性的数目。

预期收益率描述了以概率为权数的平均收益率。实际发生的收益率与预期收益率的偏差越大，投资于该金融资产的风险也就越大，因此对金融资产的风险，通常用方差或标准差来表示，标准差 σ 可用公式表示成：

$$\sigma = \sqrt{\sum_{i=1}^{n}(R_i - \bar{R})^2 (P_i)}$$

标准差越小，说明各种可能的收益率分布的越集中，各种可能的收益率与预期收益率平均差别程度就小，获得预期收益率的可能性就越大，风险就越小；反之，标准差越大，获得预期收益率的可能性就越小，风险就越大。对于两个预期收益率相同的金融资产投资项目，标准差越大，风险越大；标准差越小，风险越小。

例如：有 A、B 两种金融资产，两种金融资产的预期收益率及其概率分布情况如表3-1所示，试计算两个金融资产的预期收益率。

表 3-1　A、B 两种金融资产预期收益率的概率分布

预期情况	该种情况出现的概率		预期收益率	
	资产 A	资产 B	资产 A	资产 B
好	0.20	0.30	15%	20%
一般	0.60	0.40	10%	15%
差	0.20	0.30	0	-10%

根据公式分别计算资产 A 和资产 B 的期望收益率概率分别为：

资产 A 的期望收益率概率=0.2×0.15+0.6×0.1+0.2×0=9%

资产 B 的期望收益率概率=0.3×0.2+0.4×0.15+0.3×(−0.1)=9%

从计算结果可以看出,两个金融资产的期望收益率概率都是9%。

分别计算上例中 A、B 两个金融资产收益率概率的方差和标准差:

资产 A 的方差=$0.2×(0.15−0.09)^2+0.6×(0.10−0.09)^2+0.2×(0−0.09)^2$
$=0.0024$

资产 A 的标准差=$\sqrt{0.0024}=0.049$

资产 B 的方差=$0.3×(0.20−0.09)^2+0.4×(0.15−0.09)^2$
$+0.3×(−0.1−0.09)^2=0.0159$

资产 B 的标准差=0.126

以上计算结果表明,金融资产 B 的风险要高于金融资产 A 的风险。

在此例中金融资产 A 和金融资产 B 的期望收益率是相等的,可以直接根据标准差来比较两个金融资产的风险水平。但是标准差的局限性在于它是一个绝对数,只适用于相同期望值金融资产风险程度的比较。如果比较金融资产的期望收益率不同,则一定要计算标准离差率才能进行比较。对于两个预期收益率不同的金融资产,其风险大小就要用标准离差率来衡量,标准离差率是某随机变量标准差相对该随机变量期望值的比率。其计算公式为:

$$标准离差率=\frac{标准差}{期望收益率}$$

(二)两个金融资产组合的收益和风险

如果投资者不是将所有资金投资于单个金融资产上,而是投资于两个金融资产的组合,假设某投资者将其资金分别投资于金融资产 A 和 B,其投资比重分别为 X_A 和 X_B,显然 $X_A+X_B=1$,那么资产组合的预期收益率 $\bar{R}_P$ 等于这两个金融资产预期收益 $\bar{R}_A$ 和 $\bar{R}_B$ 以投资比重为权数的加权平均数,用公式表示:

$$\bar{R}_P = X_A \bar{R}_A + X_B \bar{R}_B$$

由于两个金融资产的风险具有相互抵消的可能性,所以它们组合的风险就不能简单的等于单个金融资产的风险以投资比重为权数的加权平均数。它们组合的风险用其收益率的方差 σ_P^2 表示,其公式应为:

$$\sigma_P^2 = X_A^2 \sigma_A^2 + X_B^2 \sigma_B^2 + 2X_A X_B \sigma_{AB}$$

式中 σ_{AB} 为金融资产 A 和 B 实际收益率和预期收益率离差之积的期望值,在统计学中称为协方差,协方差可以用来衡量两种金融资产之间的互动性。正的协方差表明两个变量朝同一方向变动,负的协方差表明两个变量朝相反方向变动。两种金融资产收益率的协方差衡量这两种金融资产一起变动的程度。表示两种金融资产变动之间的互动关系，除了协方差外，还可以用相关系数 ρ_{AB} 表示，两者的关系为：

$$\rho_{AB} = \sigma_{AB}/\sigma_A\sigma_B$$

因此 σ_P^2 也可以表示为：

$$\sigma_P^2 = X_A^2\sigma_A^2 + X_B^2\sigma_B^2 + 2X_AX_B\rho_{AB}\sigma_A\sigma_B$$

相关系数的一个重要特征为其取值范围介于 -1 与 $+1$ 之间，即 $-1 \leqslant \rho_{AB} \leqslant +1$。

当 ρ_{AB} 取值为 0 时，表示完全不相关；当 $0 < \rho_{AB} < 1$ 时，表示正相关；当 $-1 < \rho_{AB} < 0$ 时，表示负相关；当取值为 -1 时，表示金融资产 A、B 收益变动完全负相关；当取值为 $+1$ 时，表示金融资产 A、B 完全正相关。

（三）N 个金融资产组合收益和风险的衡量

从上面的分析可知，金融资产组合的预期收益率就是组成该组合的各种金融资产的预期收益率的加权平均数，权数是投资于各种金融资产的资金占总投资额的比例，用公式表示：

$$\overline{R} = \sum_{i=1}^{n} X_i \overline{R}_i$$

式中：X_i——投资于 i 金融资产的资金占总投资额的比例或权数；

$\overline{R}_i$——金融资产 i 的预期收益率；

n——金融资产组合中不同金融资产的总数。

N 个金融资产组合的风险（用标准差表示）的计算也不能简单地把组合中每个金融资产的标准差进行加权平均而得到，其计算公式为：

$$\sigma_\rho = \sqrt{\sum_{i=1}^{n}\sum_{j=1}^{n} X_i X_j \sigma_{ij}}$$

式中：n——资产组合中不同金融资产的总数目；

X_i 和 X_j——金融资产 i 和金融资产 j 投资资金占总投资额的比例；

σ_{ij}——金融资产 i 和金融资产 j 可能收益率的协方差。

四、金融资产的风险与收益的选择与权衡

风险与收益的选择原则是：风险程度越高，投资者要求得到的收益也越高。风险意味着危险和机遇，一方面冒风险可能蒙受损失，产生不利后果；另一方面可能会取得成功，获得风险收益。所谓风险收益，是指投资者冒风险投资而获得超过时间价值的额外收益。投资者进行风险投资所要求的得到的期望收益率应是无风险收益率（相当于时间价值）与风险收益率之和：

期望收益率＝无风险收益率＋风险收益率

投资者是厌恶风险的，他们要求高风险的投资要有高收益率来补偿；对于投资收益率低的项目，投资者自然会要求其投资风险程度也很低；在基本无风险的投资项目中，所

得到的收益率也就只能是一种社会平均收益率,相当于货币的时间价值。因此对风险的厌恶直接导致了在确定金融资产的内在价值时贴现率的提高。在预期收益相同的情况下,风险厌恶者会选择预期收益相同而风险较小的金融资产。当金融资产的收益增加时,也要衡量金融资产所增加的风险是否过大,投资者认为风险与收益是应当均衡的。

对于任何一项金融资产的投资而言,风险和收益都是一双孪生兄弟,那么风险和收益在投资者的投资决策中到底起什么作用呢?投资者的目标是投资效用最大化,投资效用函数表达了投资者对可了解的风险和期望收益率的偏好。效用函数可以用无差异曲线的图形形式表达出来,我们可以从引入"无差异曲线"的概念说起。

一条无差异曲线代表给投资者带来同样满足程度的预期收益率和风险的所有组合。由于风险给投资者带来的负效用,而收益带给投资者的是正效用,因此为了使投资者的满足程度相同,高风险的投资必须有高的预期收益率。可见,无差异曲线的斜率是正的,如图 3-5 所示。

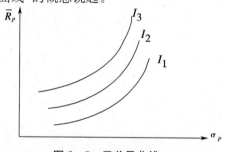

图 3-5 无差异曲线

无差异曲线的斜率表示风险和收益之间的替代率,斜率越大,表明让投资者多冒同样的风险,必须给他提供的收益补偿也应越高,说明该投资者越厌恶风险。反之,斜率越小,表明该投资者厌恶风险程度较低。

无差异曲线是下凸的。这意味着,投资者多冒一定量的风险,必须给予他的补偿——预期收益率也就越来越高。无差异曲线的这一特点是由预期收益率边际效用递减规律决定的。

同一投资者有无限多条无差异曲线。这意味着对于任何一个风险——收益组合,投资者对其的偏好程度都能与其他组合相比。由于投资者对收益的不满足性和对风险的厌恶,因此在无差异曲线图中越靠左上方的无差异曲线代表的满足程度越高。投资者的目标就是尽量选择位于左上角的组合。

【能力训练】

一、选择题

1. 请指出下列资产中哪些是金融资产。

住房贷款;国家国债;开放式基金;某公司的普通股;专利技术;2克重的戒指;一张大龙邮票;一张汇票;10元人民币;10美元;一张期货合约;某外国公司的已经兑付完成的债券;在银行的1 000元存款。

二、思考题

2. 金融资产与实物资产的联系与区别。
3. 金融资产与金融工具的联系与区别。
4. 金融资产具有多种特性,每个特性都以什么样的方式影响金融资产的价格?
5. 为什么说金融资产的价格是它预期的现金流按适当的贴现率折现的现值?

6. 同一投资者在同一时间、同一地点的任何两条无差异曲线能够相交吗？为什么？

三、计算分析题

7. 某股票年初每股市场价值是25元，年底的市场价值是30元，年终分红3元，则股票的收益率是多少？

8. 一张五年期国债，年初发行，年底付息，每年支付一次利息，票面金额100元，票面利率5%，甲投资者于发行后第5年年初以101元买入该债券，一直持有到期，试计算其到期收益率。

9. 股票x和股票y的预期收益和分布概率如表所示，假定投资者有10 000美元的资产组合，其中9 000美元投资于x，1 000美元投资于y。请计算投资者资产组合的收益率和风险。

名称	市 场 情 况		
	熊市	正常	牛市
概率	0.2	0.5	0.3
x股票	−20	18	50
y股票	−15	20	10

10. 你正在考虑用手头的现金购买一种金融资产，你看中了某封闭式基金和某股票，假设封闭式基金过去的三年每年能够分红3%，而股票在过去的三年分红状况分别是10%、2%和−3%，你该如何选择，为什么？

第四章 货币市场

【内容提要】 本章主要讨论货币市场的特征、货币市场利率和货币市场工具三方面问题。首先,在介绍货币市场含义的基础上分析西方货币市场和我国货币市场的特征;其次,简要介绍利率的含义和种类,分析影响利率的因素,着重讲述货币市场利率的种类;最后详细介绍现行的各种货币市场工具。

【重点难点】 理解货币市场特征,把握货币市场价格决定的基础和依据,这是本章的重点和难点。在各个子市场工具中重点把握各个工具的交易方式和交易价格的决定。

【基本概念】 货币市场 货币市场利率 同业拆借 商业票据 回购协议 银行承兑汇票 大额可转让定期存单 国库券 银行短期贷款 货币市场基金

第一节 货币市场特征

货币市场又称短期资金市场,是一年期以内的短期金融工具交易所形成的供求关系及其运行机制的总和。货币市场的活动主要是为了保持资金的流动性,以便随时可以获得现实的货币。货币市场交易主体和交易对象十分广泛,市场交易的活跃程度和市场参与者的多样化程度很高,市场弹性好,在应付突发事件或大额成交后的价格迅速调整能力强。由于市场进入障碍小,市场容量大,信息流动迅速,交易成本低廉,吸引了众多投资者和筹资者。

一、西方货币市场的特征

(一) 风险较小

由于货币市场工具期限短,最短的只有一天,最长的不超过一年,多数的期限为3~6月,变现能力强,使得其面临利率风险、通货膨胀风险和汇兑风险时,可以快速撤离市场;又由于一国的法律和规章在短期内也不会频繁变动,也会使其免受政治风险。

(二) 参与者以机构为主

货币市场的交易额极大,周转速度快,一般投资者难以参与,主要是机构和专业人员。机构参与者包括商业银行、中央银行、政府、非银行金融机构、非金融企业。货币市场专业人员包括经纪人、交易商、承销商等。这个市场上并不存在固定的借方或贷方,同一机构经常同时操作于市场的两方。商业银行参与资金市场的绝大部分交易活动,是货币市场主要的资金供求者,参与形式主要是短期借贷和买卖短期债券;中央银行参与货币市场的目的是为了实施货币政策,调节货币供应量,参与形式主要是买卖短期国债;政府参与货币市场的目的是筹集资金,弥补财政赤字,其发行的国库券是货币市场交易量较大的信用工具。非银行金融机构是通过持有多种金融工具进行最佳的投资组合。非金融企业参与货币市场是为了调整流动性资产比重,取得短期投资收益。专业人员参与交易是为了获取佣金和差价收入。

(三)以无形市场交易为主

货币市场既有有形市场,也有无形市场。但由于货币市场的参与者主要是机构,客户数量较少,每笔交易规模大,交易对手之间有一定的了解,交易频繁,使得交易者们可以借助于现代通信手段如电话、电传或计算机网络进行交易,这就逐步形成一个庞大的无形市场,如短期国库券交易、票据交易、可转让大额存单交易、同业拆借等都是通过无形市场进行的。在这个市场上,大多数交易仅需几秒钟,最多几分钟可以完成,交易迅速。

(四)实施货币政策的重要场所

发达、完善的货币市场为中央银行提供了灵活调控基础货币的操作平台,有效传导中央银行货币政策,达到最终的政策目标。中央银行可以在市场上通过买卖债券吞吐基础货币,增加或减少商业银行的超额储备,达到调控货币供应的目的,也可以通过贴现率的变动影响长期利率和货币总量。此外,它还为财政筹措短期资金和借新还旧带来了极大的便利。从发达国家情况看,货币市场日益成为各国中央银行干预的中心,国债市场尤其短期国债市场是中央银行进行公开市场操作的重要场所。

二、我国货币市场的特征

我国的货币市场始于1984年同业拆借市场的建立。经过20年的建设与完善,我国统一的货币市场格局已初步形成。1998年以来,我国货币市场进入了规范和迅速发展的时期,货币市场交易、运行具有以下几个明显的特点。

(一)货币市场交易主体多元化,交易量持续增长

货币市场交易主体不仅有商业银行、证券公司、保险公司,还有证券投资基金、外资银行、财务公司等,机构数量不断增加,同时交易也日趋活跃,短期资金融通的速度明显加快。1997年,我国货币市场交易量是资本市场交易量的50%,2001年达到了157%,而2002年则超过了343%。

在同业拆借市场上,国有商业银行和其他商业银行是主要的资金净供给者,其他金融机构、证券公司、基金以及外资金融机构为资金净需求方。这是由于我国实行分业经营,商业银行在资金市场依然处于垄断地位,全社会储蓄资金大都集中于商业银行。商业银行体系资金相对宽松,除贷款外,还有剩余头寸可以融出。而债券回购市场则有所不同,商业银行在回购市场上融入资金,在拆借市场上融出资金。

(二)交易的期限向超短期转变

1999年以前,银行间同业拆借市场的期限时间较长,大部分集中在20天至3个月之间,而到2000年,7天以内的短期拆借成了主导,占市场拆借总量的70%强,在2001年超过了80%。1998年以前,回购市场的交易大部分在21天以上,1998年以来,7天内的短

期回购交易比重上升,2000年达到67%。

(三)货币市场的规模小,子市场发展不均衡

目前我国货币市场中的同业拆借市场、银行间债券市场、外汇市场相对完善,而票据市场等相对滞后,市场发展不平衡。其中同业拆借市场的发展速度与银行间债券回购市场的发展速度有明显的差距,同业拆借市场交易与债券回购交易的比例由1997年的32.2%下降到2002年的约9.6%。1997到2002年,货币市场交易量增长了8.1倍,其中债券回购增长了9.8倍,而同业拆借只增长了2.9倍,2001年、2002年债券回购交易已经占到中国货币市场交易总额的约90%。

(四)货币市场工具品种少

目前在货币市场上采用的交易工具只有拆借、回购和商业承兑汇票,成熟的货币市场经常使用的可转让大额定期存单、商业票据、证券化的资产工具在我国还没有产生或普及。我国回购协议的市场交易的标的物主要是国债,辅之以金融债券,而西方发达国家回购交易的标的物包括国债、商业票据、银行承兑汇票、大额可转让存单、抵押担保证券等。所以,应大力开发我国货币市场工具,以促进货币市场的发展。

第二节 货币市场价格决定方式

购买金融资产要求获得收益,而发售金融资产筹措资金也需付出相应的代价。金融资产的价格主要取决于未来它所能获得的收入的多少:预期未来收入越高,价格越高;获得收益的风险越低,价格也越高。一般说来,货币市场有价证券的价值变动与短期利率的变动成反比。这是因为货币市场工具作为一种短期工具,其价格波动远小于长期工具,短期持有直至到期可能的损失或利润都很小。可见,利息率的讨论对说明货币市场工具价格的决定有着重要的意义。

利率是一个重要的经济变量,利率水平的高低影响人们的消费与投资,影响企业的融资成本和投资,也是中央银行用来控制和调整货币供给量的一个重要政策工具。货币市场利率是包含多种利率品种在内的利率体系,从利率形成的机制看,货币市场利率对社会资金供求关系有着灵敏性和高效性,是反映市场资金状况、衡量金融产品收益率的重要指标。货币市场利率的变化受中央银行的再贴现利率影响很大,中央银行再贴现利率是中央银行贴现商业银行的未到期票据所收取的利息率,是资金市场的基准利率,其水平高低主要取决于中央银行的货币政策意图和金融宏观调控政策,是考察一个国家利率水平的主要标志。

自20世纪90年代初以来,美英等西方国家相继放弃货币主义[①],再度以利率作为货币政策的监测指标。从近年来西方各国货币当局货币政策操作过程来看,也就是各中央

[①] 货币主义是1960年代形成的一个经济学流派,领袖人物为米尔顿·弗里德曼。货币主义的核心命题是货币在经济活动中最为重要,主张货币发行增长率要保持一个不变的速度,除此不要对经济活动有任何干预。

银行对短期利率——主要是货币市场拆借利率的监测和调控,在西方发达国家利率体系中,体现货币当局政策意图的官方利率,均为货币市场利率。西方七国中,除英、法两国外,目前均使用贴现率作为最主要的官方利率。此外,在实际操作中还非常重视对资金拆借市场拆借利率的调控。但是,贴现率的变动对金融市场影响较大,不适宜频繁运用;而资金市场拆借利率通常是利率体系中最基础的利率,它直接影响各商业银行的存款准备金头寸,作用也较为猛烈。因此,各国中央银行都从资金市场中选择某些利率作为基准利率,为其规定波动范围,通过公开市场操作适应或调整该利率。

一、利率的含义

利率是利息率的简称,是指一定时期内利息额同本金额的比率。而在金融市场上,存在着种类繁多的债务工具,它们的计息方式往往并不相同,这就在客观上要求有一个统一的衡量利息率高低的指标。用来表示金融工具利率的到期收益率便由此产生。到期收益率是衡量利率水平的最精确的指标,它指能使某金融工具未来现金流的现值与今天价值相等的利率水平。货币市场工具现金流出现的周期是1年,到期收益率就是年收益率,如果现金流出现的周期是半年,那么到期收益率就是半年收益率,一般要把不同周期的利率换算成年利率,通常是简单地按不同周期长度的比例进行换算。年利率是按年计算的利率,通常用%表示,月利率是按月计算的利率,通常用‰表示,日利率是按天计算的利率,通常用‰表示。三者的换算公式是:

$$年利率 = 12 \times 月利率 = 360 \times 日利率$$

例如,一笔金额为100元的六个月期限的贷款,到期后的偿付额为100元外加5元利息。这笔贷款的今天的价值为100元,其终值105元的现值若等于今天的价值,则到期收益率 r 为:

$$100 + 100 \times r \times 180/360 = 105$$
$$r = 10\%$$

又如,一张金额为100元的一年期国库券,其发行价格为95元,一年后按照100元的价值偿付,则该贴现债券的到期收益率 r 为:

$$95 \times (1 + r) = 100$$
$$r \approx 5.26\%$$

单利和复利是两种不同的计息方式。所谓单利是指不管金融资产期限的长短,只按原有本金计息,所生利息不再加入本金计算下期利息。而相对的,复利则是把各期利息收入作为下一期投资本金来共同地、连续地计算利息的一种利率。

同样的利率,按照单利和复利计算所得的利息往往会有较大的出入。

例如,以100元为本金,年利率同为5%,每季度结息一次,那么1年后所得的利息分别是:

$$单利:100 \times \frac{5\%}{4} \times 4 = 5$$

$$复利：100\times\left(1+\frac{5\%}{4}\right)^4-100\approx 5.09$$

则若以 r 表示利率，n 表示计息期数，P 表示本金，则期末利息额 I 为：

$$单利：I=Pnr$$
$$复利：I=P(1+r)^n-P$$

二、利率的分类

按照不同的标准，可以将利率划分为不同的种类。

（一）市场利率与官定利率

市场利率是随市场上货币资金的供求关系而变动的利率，通过竞争而形成。发达国家的利率大多是市场利率。市场利率分完全不受限制的利率和有上下限约束的利率，随着金融自由化的发展，对市场利率变化的限制也在不断减少。

官定利率是由政府或中央银行确定的利率，在利率体系中发挥指导性作用，是国家实现宏观调控的一个政策手段。我国的利率属于官定利率，利率由中国人民银行统一指定并管理。各银行可在国家统一规定的利率基础上，在规定的幅度内上下浮动利率。

（二）固定利率与浮动利率

固定利率是指在整个借贷期间内数值不发生变化的利率。它便于借贷双方计算成本与收益。

浮动利率是指在借贷期间可以根据市场变化进行调整的利率。它的调整要依据权威的短期利率，调整期一般为半年。浮动利率可以降低市场变化的风险。

（三）名义利率与实际利率

名义利率是指不考虑物价上涨对利息收入的影响的利率。实际利率是指扣除通货膨胀因素后的真实利息率。

实际利率有两种计算方法，一种是较为简单但不精确的计算方法，其公式为：

$$实际利率＝名义利率－通货膨胀率$$

另一种方法比较精确，它考虑到了在通货膨胀时期，本金和利息都会受到影响，计算公式是：

$$实际利率＝(名义利率－通货膨胀率)/(1+通货膨胀率)$$

（四）初级市场利率与二级市场利率

初级市场利率是指债券发行时的收益率或利率，是衡量债券收益的基础，也是计算债券发行价格的依据。

二级市场利率是指债券流通转让时的收益率，它真实反映了市场中金融资产的损益状况。二级市场利率收益率高，会使债券需求增加，从而使发行利率降低；反之，会使发行利率上升。

三、终值和现值

由于利率的存在,货币会随着时间的推移而发生增值,这就是货币的时间价值。可见,等量的货币在两个不同的时点具有不同的价值,终值与现值的概念便由此产生。终值(Future Value)是指当前金融资产按某一特定利率换算所确定的其在未来某一时刻的价值,通常用 FV 来表示。而对应的,现值(Present Value)是指未来的金融资产按某一特定利率换算所确定的其在当前的价值,一般用 PV 表示。

例如,年利率为5%,现存入100元钱,则以单利计算1年后可以取出105元,2年后则可取出110元。这多出来的5元就是第二年存期中本金时间价值的体现。

例如,当前利率为5%,若希望1年后能够取出100元,假设到期前不支付利息,那么现在最少要存入多少钱呢?我们不难得到如下等式:

$$PV(1+5\%) = 100$$
$$PV \approx 95.24$$

这里的利率又可以被称为贴现率。以 r 表示贴现率,n 表示计息期数,则有:

$$单利:PV = \frac{FV}{(1+nr)}$$

$$复利:PV = \frac{FV}{(1+r)^n}$$

如果收入是一系列的现金流,那么这一现金流的现值就可以通过将每笔现金的现值加总得到。例如现金流每年末发生一次,共有 n 年,则有:

$$复利:PV = \frac{A_1}{1+r} + \frac{A_2}{(1+r)^2} + \cdots + \frac{A_n}{(1+r)^n}$$

其中,A_i 表示第 i 年年末的现金流量,$i = 1, 2, \cdots, n$。特别的,如果有 $A_1 = A_2 = \cdots = A_n$,则这种现金流被称为年金。

四、决定利率水平的因素

决定利率水平的因素很多,归纳起来主要有以下几方面。

(一) 社会平均利润率

利息来自于利润,借款企业利润高,就有能力支付高利息,银行就可以按较高的利率收取利息。一般来说,利息率随平均利润率的提高而提高。利息率的最高界限不能超过平均利润率,否则,企业无利可图,就不会借入资金,利息率到底占平均利润率多少比重,则要考虑其他因素。

(二) 借贷资金供求状况

利率是资金的价格,利率的高低很大程度受资金供求状况的影响。市场上借贷资金供应紧张,利率就会上升,反之,就会下降。当社会对资金需求量增加时,意味着投资者的投资报酬率有上升的趋势,利率就会提高。当然,利率的波动也会影响资金的供求量。

（三）通货膨胀预期

通货膨胀会使货币贬值，投资者的实际报酬率下降。当预期通货膨胀率上升时，银行的实际存款利率会下降，银行存款不仅正常利息额的实际价值会减少，且本金也在贬值，资金供给者为避免损失，就将减少货币供给量。资金需求者为获得必需的资金，就必须在原有的利率水平基础上再加上通货膨胀率作为补偿，因此在有通货膨胀的条件下，利率水平有上升的趋势。

（四）中央银行的货币政策

利率是一个经济杠杆，中央银行会通过公开市场业务、再贷款、再贴现和存款准备金等政策工具影响货币市场资金供求及利率水平，以此进行宏观经济调控。政府为防止经济过热，可由中央银行实行紧缩的货币政策，减少货币供给量，利率水平就会提高；反之，为刺激经济发展，中央银行就会增加货币供给量，利率降低。

（五）商业周期

利率的波动有很强的周期性，在商业周期的扩张时期，社会对资金的需求迅速上升，通货膨胀压力加大，再加上中央银行可能会采取某些限制措施以抵消经济增长可能产生的通货膨胀，最终导致利率水平提高。在经济衰退期，利率就会下降。

（六）借款期限和风险

利息率随借贷期限的长短不同而不同。期限越长，利率越高。资金需求者占用的资金时间越长，资金供给者所承担的风险和机会成本就越大，就应该向资金获得者收取高利息进行补偿。在期限相同的情况下，不同的资金需求者的信用状况不同，获得资金后不能按时归还本金和利息的可能性就不一样，这也直接影响到资金的利率水平。信用好、违约风险小的资金需求者支付的利率水平就低。

此外，银行成本、国际利率水平、汇率等都会不同程度地影响利率水平。

五、货币市场利率的具体种类

（一）同业拆借利率

同业拆借利率是银行及金融机构之间的短期资金借贷利率，由供求双方协商议定，是市场化程度最高的利率，最具有代表性，其他短期借贷利率一般按照同业拆借利率进行浮动。同业拆借的资金按日计息，利息额占拆借本金的比例为"拆息率"。拆息率每天甚至每时每刻都有变化，灵敏地反映着货币市场资金的供求状况。一般来说，短期拆放（1个月以内）的利率比再贴现率约低0.5厘，3个月拆放利率与再贴现率持平，3个月以上的比再贴现率高约0.5厘，再结合资金市场供求等因素不断进行调整。

在国际货币市场上，有代表性的同业拆借利率有三种，即伦敦银行同业拆借利率、新加坡银行同业拆借利率和香港银行同业拆借利率。伦敦同业拆借利率是伦敦金融市场上银行间相互拆借英镑、欧洲美元及其他欧洲货币时的利率，由报价银行在每个营业日的上午11时对外报出，分为存款利率和贷款利率两种报价。资金拆借的期限为1、3、6个月和1年等几个档次。自20世纪60年代初，该利率即成为伦敦金融市场借贷活动中的基本利率。目前，伦敦银行同业拆借利率已成为国际金融市场上的一种关键利率，一些浮动利率的融资工具在发行时,也以该利率作为浮动的依据和参照物。而新加坡银行同业拆借利率和香港银行同业拆借利率的生成和作用范围是两地的亚洲货币市场,其报价方法与拆借期限与伦敦银行同业拆借利率并无差别,但它们在国际金融市场上的地位和作用,则要差得多。

（二）票据贴现利率

票据贴现利率是预扣的利息与票面金额的比率。由于票据贴现是预先扣除利息,考虑到贴现利息的时间价值,贴现利率的水平应比期限相同的贷款利率低一些,再考虑贴现期限、票据信用级别、短期资金供求关系及中央银行再贴现水平确定具体的贴现利率。3个月期的国库券是最好的票据,贴现率约比再贴现利率低0.5厘,离到期日越近,贴现率越接近再贴现利率。银行票据贴现率比再贴现利率略低,商业票据贴现率一般比再贴现利率要高,有时会高出0.5厘。贴现利率主要是贴现双方参照有关利率自由商定或由金融工会加以规定。

（三）回购协议利率

回购协议的利率水平取决于多种因素：一是用于回购的证券级别。证券的信用度越高,流动性越强,回购利率就越低,否则,利率就会高一些。二是回购期限的长短。一般来说,期限越长,由于不确定因素越多,因而利率也应高一些。但这并不是一定的,实际上利率是可以随时调整的。三是交割的条件。如果采用实物交割的方式,回购利率就会较低,如果采用其他交割方式,则利率就会相对高一些。最后是货币市场其他子市场的利率水平。回购协议的利率水平不可能脱离货币市场其他子市场的利率水平而单独决定,否则该市场将失去其吸引力。它一般是参照同业拆借市场利率而确定的。由于回购协议实际上是一种用较高信用的证券特别是政府证券作抵押的贷款方式,风险相对较小,因而利率也较低。

（四）大额可转让定期存单利率

大额可转让定期存单利率有固定的,也有浮动的,浮动利率的确定要考虑存单期限、其他金融工具的利率水平、市场利率的变动预期、发行者自身的资信度及金融当局的限制性的规定等。可转让存单的利率要高于同期的国库券收益,主要原因是可转让存单的信用风险高于国库券且没有免税优惠,流动性也不如国库券。在大额可转让定期存单中,初级市场上国内存单的利率一般由市场供求关系决定,也有由发行者和存款者协商决定的。利息的计算通常按距离到期日的实际天数计算,一年按360天计。在固定利率条件下,期限在一年以内的国内存单的利息在到期时偿还。期限超过一年的,每半年支付一次利息。如果是浮动利率,则利率每一个月或每三个月调整一次,主要参照对象是同期的二级市场利率水平。欧洲存单的利率高于美国国内存单,一般高0.2%～0.3%。

（五）商业银行存贷款利率

商业银行利率又称市场利率,是商业银行等金融机构吸收存款和发放贷款时所使用的利率。一方面,能反映货币市场上的资金供求状况,另一方面对资金的融通起导向作用,在利率体系中发挥基础性作用。为避免各金融机构在吸收存款中出现恶性竞争,几乎所有市场经济国家都对银行存款利率进行限制,而对贷款利率一般限制较少。

专栏 4-1

我国的同业拆借市场的发展

1985年我国实行了"统一计划、划分资金、实贷实存、相互融通"的新的信贷资金管理体制,允许专业银行间相互拆借资金,发挥资金横向调剂作用。到1987年底,除个别地区外,全国主要城市和地区都开放和建立了无形或有形的同业拆借市场。1990年3月,中国人民银行总行下发了《同业拆借试行管理办法》,对拆借市场参与主体和拆借资金期限、用途、利率等做了较为严格的规定,使拆借市场更加规范。1996年6月1日,中国人民银行放开了对同业拆借资金利率的上限管制,拆借利率根据市场资金供求情况由拆借双方决定,中央银行不做任何干预。单个交易品种的日加权平均利率形成"全国银行间拆借市场利率"。我国自1996年1月开通全国银行同业拆借系统后,货币市场利率放开的进度比较快,货币市场利率主要有银行同业拆借利率、债券回购利率、票据市场转贴现利率、国债与政策性金融债的发行利率和二级市场利率等,主要的货币市场工具特别是同业拆借和国债回购,对利率的形成起到了有效的作用。今后还应扩充市场主体,参与货币市场的金融机构越多,形成的货币市场利率就越能反映市场资金供求状况,越能贴近市场的真实价格。还应在合适的时机将我国的基准利率由目前的再贷款利率转变为同业拆借利率,因为同业拆借利率能代表金融市场批发资金的成本。

——郭田勇、褚蓬瑜《我国金融体制改革与市场发展30年》,人民网,
2008年09月10日

专栏 4-2

中国货币市场网上发布的回购定盘利率编制方案

银行间回购定盘利率是以银行间市场每天上午9:00—11:00间的回购交易利率为基础,同时借鉴国际经验编制而成的利率基准参考指标,每天上午11:00起对外发布。回购定盘利率的编制方法如下:

1. 以隔夜回购(R001)、七天回购(R007)、14天回购(R014)交易在每个交易日上午9:00—11:00之间(包括9:00和11:00)的全部成交利率为计算基础。

2. 分别对隔夜回购、七天回购利率、14天回购进行紧排序,所谓紧排序是指回购利率数值相同的排序序号相同。记排序之后的最大序号为N,则$[N/2]$(取整)位置上的那个利率即为当日的定盘利率,也就是该序列的中位数。

3. 隔夜回购定盘利率、七天回购定盘利率、14天回购定盘利率分别以FR001、FR007、FR014进行标识。回购定盘利率的发布时间为每个交易日上午11:00起。

4. 异常情况处理。

（1）对一段时期内没有交易的情况，要视该段时期的长度区别对待。如果长度小于等于5个交易日，则把最近一个定盘利率作为当日的定盘利率；否则，由同业拆借中心向一定数量的市场成员进行询价，进行一定处理后，询价的算术平均值为当日的定盘利率。

（2）对当日市场出现利率调整等重大事件，要视利率调整的时刻来决定当日的定盘利率。如果利率调整发生在上午11:00以前，则按照正常的流程进行处理；否则，选取上午11:00至当日收盘之间的交易数据作为基础数据取中位数。回购定盘利率与银行间市场七天回购移动平均利率（原来的基准利率参考指标，2004年10月份发布）的主要差别在于回购定盘利率属于盘中利率，七天回购移动平均利率属于盘后利率。此外，算法也不一样，回购定盘利率采用中位数算法，而七天回购移动平均利率采用加权平均算法。

——中国货币网

第三节 货币市场工具

货币市场工具指固有期限不超过1年的金融工具。固有期限是指金融工具从发行日起至到期日的时间间隔。由于货币市场工具期限短、变现能力强，流动性高，因此，短期金融工具又称为准货币。西方国家货币市场工具主要有同业拆借、商业票据、回购协议、银行承兑汇票、大额可转让定期存单、国库券、银行短期贷款等。

一、同业拆借

银行的日常业务活动会影响其在中央银行的准备金账户的余额，该余额不可能总与法定准备金的余额相同。由于各银行资金余缺情况不同，通过相互借贷在中央银行存款账户上的准备金余额，可以调剂准备金头寸。同业拆借指金融机构（除中央银行外）同业之间为弥补短期资金的不足、票据清算的差额以及解决临时性的资金不足而进行的短期资金借贷。同业拆借市场交易量大，能敏感地反映资金供求关系和货币政策意图，影响货币市场利率，是货币市场的重要交易工具。

（一）同业拆借的种类

同业拆借分头寸拆借和同业借贷，头寸拆借是金融同业之间为了轧平头寸、补足存款准备金或减少超额准备金而进行的短期资金融通。一般为"日拆"，又称"隔夜放款"，最长不超过7天。同业借贷是金融机构之间因为临时性或季节性的资金余缺而相互融通调剂资金，借贷资金的数额较大，期限相对较长，从数天到一年不等。但是各国中央银行对于同业借贷一般都会有相应的合规性要求。例如，《中华人民共和国商业银行法》第四十六条规定，同业拆借，应当遵守中国人民银行的规定。禁止利用拆入资金发放固定资产贷款或者用于投资。拆出资金限于交足存款准备金、留足备付金和归还中国人民银行到期贷款之后的闲置资金。

（二）主要参与者

1. 商业银行。它既是主要的资金供应者，又是主要的资金需求者。由于同业拆借期限较短，风险较小，许多银行尤其是市场份额有限、风险承受力脆弱的中小银行，都利用同业拆借用以及时调整资产负债结构，提高资产质量，降低经营风险，增加利息收入。

2. 非银行金融机构。如证券商、互助储蓄银行、储蓄贷款协会等参与同业拆借市场的资金拆借，大多以贷款人身份出现在该市场上，但也有需要资金的时候，如证券商的短期拆入。

3. 市场中介人。市场中介人指为资金拆入者和资金拆出者之间媒介交易以赚取手续费的经纪商。同业拆借市场的中介人可以分为两类，一是专门从事市场中介业务的专业经纪商，如日本的短资公司就属这种类型；另一类是既充当经纪商，本身也参与该市场交易的兼营经纪商，大多由商业银行承担。

（三）交易方式

银行同业拆借市场的交易有间接拆借和直接交易两种。间接拆借是指资金拆借双方将意向和信息传递到中介机构，由中介机构根据市场价格、双方指令媒介交易。间接拆借是最主要的交易方式，其特点是拆借效率高、交易公正、安全。充当中介机构的主要是某些规模较大的商业银行或者专门的拆借经纪公司。直接交易则是指不通过经纪机构，由拆借资金买卖双方通过电话或其他电讯设备直接联系，洽谈成交。其特点是交易成本低。这种交易在同业拆借市场上较为少见。

同业拆借市场资金借贷手续简单快捷，借贷双方可以通过电话直接联系，或与市场中介人联系，在借贷双方就贷款条件达成协议后，贷款方可直接或通过代理行经中央银行的电子资金转账系统将资金转入借款方的资金账户上，数秒钟即可完成划账清算程序。当贷款归还时，可用同样的方式划转本金和利息，有时利息的支付也可通过向贷款行开出支票进行支付。

二、回购协议

指证券出售者在货币市场上出售证券以融通资金时，同时与对方签订协议，约定在未来某一时间按协议的价格购回原证券。实际上，资金需求者通过出售证券获得资金可以看作是以证券为抵押品从短期资金市场借入一笔资金，资金借出者获得了一笔短期内有权支配的债券，但这笔债券到时候要按约定的价格如数交回。回购协议的期限从一日至数月不等，通常只有几个营业日，若贷款或证券购回的时间为一天，则称为隔夜回购，如果时间长于一天，则称为期限回购。证券以政府债券和政府机构债券为主，证券收益归原持有人所有。

（一）主要参与者

1. 大银行和政府证券交易商。它们是回购协议市场的主要资金需求者，是回购协议的主要出售者。银行利用回购协议市场作为其资金来源之一。它持有大量的政府证券和政府代理机构证券，这些都是回购协议项下的正宗抵押品。同时，银行利用回购协议所取得的资金不属于存款负债,不用缴纳存款准备金。政府证券交易商也利用回购协议市场为其持有的政府证券或其他证券筹措资金。

2. 非银行金融机构、地方政府、存款机构、外国银行及外国政府。它们资金雄厚,是资金供给方,其中资金实力较强的非银行金融机构和地方政府占统治地位。

3. 中央银行。它既是需求方也是供给方,通过回购交易可以实施公开市场操作,是执行货币政策的重要手段。

(二)交易方式

回购协议的交易以电讯方式进行,大多数交易在资金供应方和资金获得者之间直接进行,但也有少数交易通过市场专营商进行。这些专营商大多为政府证券交易商,它们同获得资金的一方签订回购协议,并同供应资金的另一方签订逆回购协议(Reverse Repurchase Agreement)。逆回购协议是从资金供应者的角度出发相对于回购协议而言的。回购协议中,卖出证券取得资金的一方同意按约定期限以约定价格购回所卖出证券。在逆回购协议中,买入证券的一方同意按约定期限以约定价格出售其所买入证券。回购协议中证券的交付一般不采用实物交付的方式,特别是在期限较短的回购协议中。但为了防范资金需求者在回购协议期间将证券卖出或与第三方做回购所带来的风险,一般要求资金需求方将抵押证券交到贷款人的清算银行的保管账户中,或在借款人专用的证券保管账户中以备随时查询,当然也有不做这样规定的。

回购协议交易价格计算公式:

$$应付利息 = 本金 \times 回购利率 \times 回购协议的期限 \div 360$$
$$回购价格 = 本金 + 应付利息$$

三、商业票据

商业票据是指出票人以贴现方式发行的承诺在指定日期按票面金额向持票人付现的一种无抵押担保的票据。由于商业票据没有担保,仅以信用作保证,因此能够发行商业票据的一般都是规模巨大、信誉卓著的大公司。

(一)发行面额及期限

在美国商业票据市场上,少数商业票据的发行面额只有 25 000 美元或 50 000 美元,但大多数商业票据的发行面额都在 100 000 美元以上。二级市场商业票据的最低交易规模为 100 000 美元。据统计,商业票据市场上每个发行者平均拥有 1.2 亿美元的未到期的商业票据,一些最大的单个发行者拥有的未到期的商业票据达数十亿美元之多。商业票据的期限较短,美国商业票据的期限一般不超过 270 天,而欧洲商业票据的时间则长一些。市场上未到期的商业票据平均期限在 30 天以内,大多数商业票据的期限在 20 至 40 天之间。

(二)主要参与者

1. 发行者。包括金融性和非金融性公司。金融性公司主要有三种:附属性公司、与银行有关的公司及独立的金融公司。第一种公司一般是附属于某些大的制造公司,如通用汽车承兑公司;第二种是银行持股公司的下属子公司;其他则为独立的金融公司。非金融性公司发行商业票据的频次较金融公司少,发行所得主要解决企业的短期资金需求及季节性开支,如应付工资及交纳税收等。

2. 投资者。在美国,商业票据的投资者包括中央银行、非金融性企业、投资公司、政府部门、私人抚恤基金、基金组织及个人。另外,储蓄贷款协会及互助储蓄银行也获准以其资金的20%投资于商业票据。投资者可以从三个方面购买商业票据:从交易商手中购买;从发行者那里购买;购买投资商业票据的基金份额。

(三)商业票据的交易方式

商业票据的销售一是发行者通过自己的销售力量直接出售;二是通过商业票据交易商间接销售。究竟采取何种方式,主要取决于发行者使用这两种方式的成本高低。美国商业票据的发行既可直接也可通过交易商发行,欧洲商业票据的发行一般是直接发行;非金融性公司主要通过商业票据间接交易商销售,因为它们的短期信用需求通常具有季节性及临时性,建立永久性的商业票据销售队伍不合算。但有一些规模非常大的公司则通过自己的下属金融公司直接销售,未到期的商业票据一般在数亿美元以上,其中大多数为大金融公司和银行持股公司所持有。尽管在投资者急需资金时,商业票据的交易商和直接发行者可在到期之前兑现,但美国商业票据的二级市场并不活跃,一方面是因为商业票据的期限非常之短,购买者一般都计划持有到期;另一方面是由于不同经济单位发行的商业票据在期限、面额和利率等方面差异较大,其交易难以活跃。

四、银行承兑汇票

在商品交易活动中,销货方为了向购货方索取货款而签发的汇票,经付款人在票面上承诺到期付款的"承兑"字样并签章后,就成为承兑汇票。由购货人承兑的汇票称商业承兑汇票,由银行承兑的汇票为银行承兑汇票。

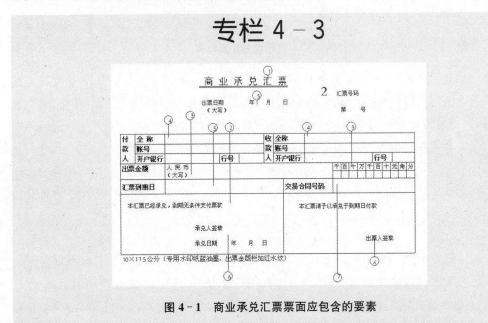

专栏 4-3

图 4-1 商业承兑汇票票面应包含的要素

如图 4-1 所示，合格的商业汇票票面内容要素应包括：
① 票面注明"商业承兑汇票"或"银行承兑汇票"的字样；
② 到期无条件支付的委托；
③ 确定的金额，汇票金额大写用文字表示，小写用阿拉伯数字填写，两者要做到完全一致；
④ 收、付款人的名称、账号及其开户银行名称和行号；
⑤ 出票日及到期日；
⑥ 出票人、承兑人签章；
⑦ 注明交易合同号码，便于存查。

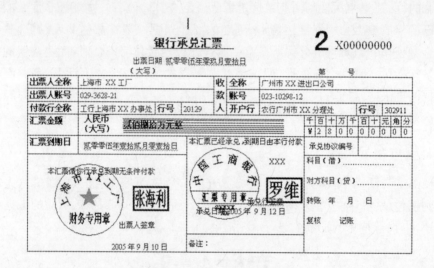

图 4-2 银行承兑汇票样本

银行承兑汇票是为方便商业交易活动而创造出的一种工具，在对外贸易中运用较多。由于有实力雄厚的银行承诺承担付款责任，银行是第一责任人，出票人则是第二责任人，销售商无需花费财力和时间去调查购货商的信用状况，因此必须交纳一定的手续费。承兑汇票未到期前可以拿到金融市场上出售。

银行承兑汇票最常见的期限有 30 天、60 天和 90 天等几种。另外，也有期限为 180 天和 270 天的。交易规模一般为 10 万美元和 50 万美元。银行承兑汇票的违约风险较小，但有利率风险。

（一）参与者

主要是创造承兑汇票的承兑银行、市场交易商及投资者。银行承兑汇票可以由银行利用自己的渠道直接销售给投资者，也可以利用货币市场交易商销售给投资者。

（二）银行承兑汇票的优点

1. 有利于借款者筹资。一些规模小、信誉低的企业没有能力通过发行商业票据筹资，但可以运用银行承兑票据来解决资金上的困难。使用银行承兑汇票的企业实际上就是借款者,它的筹资成本有向银行支付的手续费和向银行贴现票据时支付的贴息。若从银行贷款,除支付一定的利息外,借款者还必须在银行保持超过其正常周转资金余额的补偿性最低存款额,这部分存款没有利息,构成企业的非利息成本。相比之下,运用银行承兑汇票的成本比使用传统银行贷款的成本要低。

2. 增加银行经营效益。银行通过创造银行承兑汇票,不必动用自己的资金,即可赚取手续费。当然,有时银行也用自己的资金贴进承兑汇票。但由于银行承兑汇票拥有大的二级市场,很容易变现,因此银行承兑汇票不仅不影响其流动性,而且提供了传统的银行贷款所无法提供的多样化的投资组合。银行法规定出售合格的银行承兑汇票所取得的资金不要求缴纳准备金,这样,在银行资金短期时期,银行会通过大量出售银行承兑汇票,引导资金从非银行部门流向银行部门。

3. 投资价值大。投资于银行承兑汇票的收益同投资于其他货币市场信用工具相比相差不大。银行承兑汇票的承兑银行对汇票持有者承担不可撤销的第一手责任,汇票的背书人或出票人承担第二责任,即如果银行到期拒绝付款,汇票持有人还可向汇票的背书人或出票人索款,使得投资于银行承兑汇票的安全性非常高。又由于银行承兑汇票具有公开的贴现市场,可以随时转售,因而具有高度的流动性。

五、大额可转让定期存单

20世纪60年代美国商业银行受Q条例的存款利率上限的限制,不能支付较高的市场利率,以企业为主要客户的银行存款急剧下降。为了阻止存款外流,美国花旗银行设计了大额可转让存单(Negotiable Certificates of Deposits,简称CDs),以这种短期的有收益票据来吸引企业的短期资金。这是一种银行定期存款凭证,由银行以大面值金额发行,存单在期满前可由持有者在二级市场上自由转让出去,转让价格受利率、期限和本金的影响,一般地,转让时的市场利率与存单原定利率相比越高,转让价格就越低。

(一) 特点

发行人通常是实力雄厚的大银行,因为这些机构信誉较高,可以相对降低筹资成本,且发行规模大,容易在二级市场流通。发行面额标准化且数额较大,在美国,可转让大额存单的面额多为10万美元、50万美元、100万美元,在香港,最小面额为10万港元。不记名,不能提前支取,但可在二级市场流通转让。可转让定期存单利率比同期限的定期存款利率高,既有固定的,也有浮动的。偿还期限短,最短的期限为14天,最长期限大多数都在一年以内,一般偿还期限为3~6个月。

(二) 大额可转让定期存单的种类

按照发行者的不同,大额存单可以分为以下四类。

1. 国内存单。由美国国内银行发行,存单上注明存款的金额、到期日、利率及利息期限。向机构发行的面额为10万美元以上,二级市场最低交易单位为100万美元。国内存单的期限由银行和客户协商确定,常常根据客户的流动性要求灵活安排,期限一般为30天到12个月,也有超过12个月的。流通中未到期的国内存单的平均期限为三个月左右。国内存单以记名方式或无记名方式发行,大多数以无记名方式发行。

2. 欧洲美元存单。由美国境外银行(外国银行和美国银行在外的分支机构)发行的以美元为面值的一种可转让定期存单。最早出现于 1966 年,当时银行为规避美国银行 Q 条例对国内货币市场筹资的限制,便在欧洲美元市场筹资用于国内放款,美国大银行过去曾是欧洲存单的主要发行者,1982 年以来,日本银行逐渐成为欧洲存单的主要发行者。欧洲美元存单市场的中心在伦敦,但欧洲美元存单的发行范围并不仅限于欧洲。

3. 扬基存单。由于美国历史上也叫做扬基(Yankee)国,在美国的外国银行分支机构发行的可转让定期存单也称扬基存单。其发行者主要是西欧和日本等地的著名国际性银行的在美分支机构。扬基存单期限一般较短,大多在三个月以内。扬基存单不受美联储条例的限制,无法定准备金要求,使其同国内存单在竞争上具有成本优势。发行银行持有美国执照,增加了投资者对扬基存单的安全感。

4. 储蓄机构存单。这是出现较晚的一种存单,它是由一些非银行金融机构(储蓄贷款协会、互助储蓄银行、信用合作社)发行的一种可转让定期存单。其中,储蓄贷款协会是主要的发行者。储蓄机构存单或因法律上的规定,或因实际操作困难而不能流通转让,因此其二级市场规模很小。

(三)大额可转让定期存单的投资者

1. 大企业是存单的最大买主。对于企业来说,在保证资金流动性和安全性的情况下,其现金管理目标就是寻求剩余资金的收益的最大化。企业剩余资金一般用途有两种:一种用于应付各种固定的预付支出,如纳税、分红及发放工资等;一种用于意想不到的应急。企业可将剩余资金投资于存单,并将存单的到期日与各种固定的预期支出的支付日期联系起来,到期以存单的本息支付。至于一些意外的资金需要,则可在企业急需资金时在二级市场上出售存单来获取资金。

2. 金融机构也是存单的积极投资者,货币市场基金在存单的投资上占据着很大的份额。其次是商业银行和银行信托部门。银行可以购买其他银行发行的存单,但不能购买自己发行的存单。此外,政府机构、外国政府、外国中央银行及个人也是存单的投资者。

存单市场在很大程度上是通过存单交易商维持的。存单交易商的功能主要有两个:一是以自己的头寸买进存单后再零售给投资者;二是支持存单的二级市场——为存单的不断买卖创造市场。在美国,存单交易商的数量一度超过 30 家,但今天只有很少的交易商为存单做市。因此,存单的流动性大为降低。

(四)大额可转让定期存单的优点

大额可转让定期存单,对许多投资者来说,既有定期存款的较高利息收入特征,又同时有活期存款的可随时获得兑现的优点,是追求稳定收益的投资者的一种较好选择。

对银行来说,发行存单可以增加资金来源,而且,由于这部分资金可视为定期存款,它们能用于中期放款。发行存单的意义不仅在于增加银行存款,更主要是由发行存单会使银行在调整资产的流动性及实施资产负债管理上具有更灵活的手段。

(五)大额可转让定期存单的价格确定

由于在实践中,期限小于 1 年的大多数证券都是按单利计算,我们在此也仅考虑单利情况。现以一个例子来说明大额可转让定期存单的价格是如何确定的。

例如,花旗银行于2009年1月1日发行了面值为$100 000的大额可转让定期存单,以年利率8%来计息,到期日为2010年1月1日。2009年10月1日,有金融机构对该存单进行了交割,交割时市场上三个月存款利率为7%,试问当时的交割价格应为多少?

解答：首先,到期日可得到的本息和,即该存单的终值为：

$$FV = 100\,000 \times \left(1 + 8\% \times \frac{365}{360}\right) \approx 108\,111.11$$

交割时距到期日还有92天,则此时该存单的现值应为：

$$PV \times \left(1 + 7\% \times \frac{92}{360}\right) = 108\,111.11$$

$$PV \approx 106\,211.11$$

则,交割价格应等于交割日该存单的现值$106 211.11。

可见,该类资产的交割价格应为：

$$P = \frac{FV}{1 + r \times \dfrac{d}{360}}$$

其中,r表示交割日市场利率,d表示交割日距到期日的天数。

六、国库券

国库券是政府部门以债务人身份承担到期偿付本息责任的期限在一年以内的债务凭证。在我国,习惯将政府财政部门发行的政府债券都称为国库券,但在国外,期限在一年以上的政府中长期债券称为公债,一年以内的证券则称为国库券。

（一）国库券的发行

政府发行短期债券,一是满足政府部门短期资金周转的需要。二是防范利率波动风险,预期长期利率水平下降时,政府发行长期公债将会承担不应承担的高利率成本。若预期长期利率有上升趋势时,则公债市场价格将下跌,影响政府公债的销售。当利率波动频繁时,最好的办法就是先按短期利率发行国库券,等长期利率稳定后再发行中长期公债。政府短期债券发行的第三个目的是为中央银行的公开市场业务提供可操作的工具。政府短期债券是中央银行进行公开市场操作的理想品种,是连接财政政策与货币政策的契合点。目前,由于政府短期证券的发行数额增长很快,其在货币政策调控上的意义,有时超过了平衡财政收支的目的。

国库券的发行大多通过拍卖方式进行,投资者可以两种方式来投标：(1)竞争性方式,竞标者在规定的发行规模的约束下,分别报出认购国库券的数量和价格,所有竞标根据价格从高到低(或收益率从低到高)排队;(2)非竞争性方式,由投资者报出认购数量,以中标最高价和最低价的平均数购买。竞标结束时,发行者首先将非竞争性投标数量从拍卖总额中扣除,剩余数额分配给竞争性投标者。发行者从申报价最高(或从收益率最低)的竞争性投标开始依次接受,直至售完。当最后中标标位上的投标额大于剩余招标额时,该标位中标额按等比分配原则确定。

竞争性招标又可以分为单一价格(即"荷兰式")招标方式或多种价格(即"美国式")招标方式。按单一价格招标时,所有中标者都按最低中标价格(或最高收益率)获得国库券。按多种价格招标时,中标者按各自申报价格(收益率)获得国库券。在多种价格投标方式中,竞争性投标者竞价过高要冒认购价过高的风险,竞价过低又要冒认购不到的风险,从而可以约束投标者合理报价。而在单一价格招标方式中,所有中标者均按最低中标价格(或最高中标收益率)中标,各投标者就有可能抬高报价,从而抬高最后中标价。而非竞争性投标者多为个人及其他小投资者,他们不会因报价太低而冒丧失购买机会的风险,也不会因报价太高而冒高成本认购的风险。非竞争性投标方式认购的国库券数额较少。在美国每个投标者最多只能申购100万美元,非竞争性申购量通常占总发行量的10%~25%。

(二) 政府短期债券的市场特征

国库券无违约风险,流动性强,能在交易成本较低及价格风险较低的情况下迅速变现,银行利用国库券可以很容易地与企业及地方政府等部门进行回购协议交易。国库券的面额从1万美元到100万美元不等,在交易所交易时以100万美元为一个单位,100万美元以下的在店头市场交易。在美国,国库券的发行因期限不同而不同,3个月和6个月的国库券每周发行一次,9个月和一年的国库券于每月的第三周发行,每周一发行,周四交割。由于国库券收入免缴个人所得税,净收益较高,对投资者的吸引力大。

(三) 国库券收益计算

国库券以贴现方式发行,即以低于票面金额的价格发行,到期时按票面金额偿还,投资者的收益是证券的购买价与证券面额之间的差额。国库券的收益率一般以银行贴现收益率(Bank Discount Yield)表示,其计算方法为:

$$Y_{BD} = \frac{10\,000 - P}{10\,000} \times \frac{360}{t} \times 100\%$$

式中:P——国库券价格;

t——距到期日的天数。

实际上,用银行贴现收益率计算出来的收益率低估了投资国库券的真实收益。这是因为真实年收益率是指所有资金按实际投资期所赚的收益再投资的话,原有的投入资金在一年内的增长率,这就考虑了复利因素。其计算方法为:

$$Y_e = \left\{ \left[1 + \left(\frac{10\,000 - P}{p}\right)\right]^{365/t} - 1 \right\} \times 100\%$$

式中:Y_e——真实的年收益率。

由于在实践中期限小于1年的大多数证券的收益率都是按单利计算的,因此《华尔街日报》在国库券行情表的最后一栏中所用的收益率既不是银行贴现收益率,也不是真实年收益率,而是债券等价收益率(Bond Equivalent Yield)。其计算方法为:

$$Y_{BE} = \frac{10\,000 - P}{P} \times \frac{365}{t} \times 100\%$$

债券等价收益率低于真实年收益率,但高于银行贴现收益率。

例如,一张面额 10 000 美元、售价 9 818 美元、到期期限 182 天(半年期)的国库券,其收益率为:

银行贴现收益率:$Y_{BD} = \frac{10\,000 - 9\,818}{10\,000} \times \frac{360}{182} \times 100\% = 3.6\%$

真实收益率:$Y_e = \left\{\left[1 + \left(\frac{10\,000 - 9\,818}{9\,818}\right)\right]^2 - 1\right\} \times 100\% \approx 3.7\%$

债券等价收益率:$Y_{BE} = \frac{10\,000 - 9\,818}{9\,818} \times \frac{365}{182} \times 100\% \approx 3.7\%$

七、银行短期贷款

指银行发放的期限在一年以内的贷款,主要是流动资金贷款。风险虽低于长期借贷,但也存在,国际惯例将贷款按风险程度分为 5 类,即正常、关注、次级、怀疑、损失 5 类,银行要分类管理,并提取相应的保证金。

短期贷款的种类主要有:

(一)通知放款

这是一种没有固定期限、可随时通知借款人清偿的放款。通常是银行对证券经纪人和自营商以其所持有的证券为抵押品的贷款,期限很短,多为 1 天,一般按日计息,银行可随时收回,有的国家规定银行在必要时可以电话通知借款人归还贷款,故称通知放款。

(二)透支

银行允许客户在其支票存款用完后,按约定的金额额度随时开出支票向银行借用款项,并随时归还。由于透支没有固定的偿还期限,所以是一种特殊的活期放款。

(三)信用放款

一般都是贷给企业作为营运资金用来购买短期内可以变成现款的流动资产,也称营运资金贷款。这些企业具有足够的资本和净值,有稳定的收益,信用良好,有发展前途。银行发放贷款主要依据借款企业的财务报表。

(四)抵押放款

银行要求借款人提供一定的抵押品作为保证的放款。因抵押品的不同,贷款名称也不同,如,存货贷款,即以企业所持有的存货或商品的一部分或全部作为担保品的短期贷款,客账,即以应收账款为担保的短期贷款;证券贷款,即以企业持有的有价证券为担保品的贷款。

第四节 货币市场基金

一般来说,货币市场的收益水平通常比银行存款利息收入高 1%~2%。但是各国对于货币市场都有最小投资额的门槛限制,通常是 1 万美元甚至更多。因此,货币市场的投资人主要为机构。而货币市场基金就为普通的个人投资者提供了间接进入货币市场的机会,使得他们可以分享货币市场的便捷和收益。

一、货币市场基金的产生

货币市场基金产生于20世纪70年代的美国。当时,美国对存款利率进行严格的管制,其中最为著名的"Q条例"规定商业银行的存款利率不得超过5.25%~5.5%。而70~80年代,美国经济正处于调整期,经济长期低迷,通货膨胀严重。到1980年,通胀率高达13.5%,形成滞胀。在这种情况下市场利率不断攀升,而在"Q条例"的限制下存款利率人为固定化,导致商业银行存款利率与市场利率差距越来越大,存款的吸引力消失殆尽。货币市场基金正是在这种情况下应运而生。1971年,美国华尔街两位证券商鲁斯·本特和亨利·布朗为规避管制,将储户的小额存款集中起来投入于大额定期存单市场,并将较高的收益分配给投资者,这就是货币市场基金的前身。

此后,货币市场基金的总资产迅速膨胀:从1977年的不足40亿美元迅速扩张到1982年的2 300多亿。现在,虽然美国早已取消了对银行存款利率的管制,经济也摆脱了滞胀困境,但货币市场基金仍然保持着强劲的发展势头。到2004,年其总资产已高达1.8万亿美元,占美国共同市场基金整体资产的25%。

货币市场基金(Money Market Funds,MMF)是一种投资于固定收益产品的开放式基金,以货币市场工具为投资对象,如商业票据、银行承兑汇票、大额可转让存单。根据中国证监会、中国人民银行2004年颁布的《货币市场基金管理暂行规定》,其投资范围包括:1. 现金;2. 一年以内(含一年)的银行定期存款、大额存单;3. 剩余期限在397天以内(含397天)的债券;4. 期限在一年以内(含一年)的债券回购;5. 期限在一年以内(含一年)的中央银行票据;6. 中国证监会、中国人民银行认可的其他具有良好流动性的货币市场工具。

二、货币市场基金的特征

货币市场基金作为共同基金的一种,在发起和组织形式上与一般基金没有很大的差异,其独特的优势在于:

(一)低风险

由于投资对象主要是一些期限较短、流动性较高的货币市场工具,并且不断地进行滚动投资,基金投资组合的剩余期限严格控制在180天以内,有效规避了利率风险。并且投资对象本身多为一年以内的国债、金融债、央行票据等几乎不存在信用风险的证券品种。因此货币市场基金的收益总是能迅速跟上利率的最新变化,能够获得超过同一时期定期储蓄存款的收益率,投资组合承担的利率风险极低,在通货膨胀和短期利率上升的环境中表现优于债券基金和股票基金。另外,货币市场基金持有的金融工具的发行人以及货币市场的参与者都是信用等级极高的金融机构或政府部门,所以信用风险和商业风险较低。由于货币市场工具的到期日通常较短,因此,货币市场基金在各类基金中风险是最低的,其价格往往只受市场利率的影响。

(二)高流动性

货币市场是一个流动性高的市场,再加上投资者可以不受限制随时根据需要转让基金份额,同时由于货币市场基金投资对象主要是流动性强的高品质短期债券或银行票据,基金的资产较易转换成现金而几乎不会遭受损失。因此,基金的赎回非常容易,其交易也非常活跃。普通投资者可以将货币市场基金的投资作为暂时流动性储备来对待与使用,或者将其作为投资股票与中长期债券中的一个低风险避风港。因而货币市场基金的流动性可以和活期存款媲美。

(三) 投资成本低

货币市场基金的交易一般免收手续费,认购费、申购费、赎回费均为0。且其管理费用也较低,一般每年的管理费用为基金资产净值的0.25%~1%,而传统的基金年管理费率通常为1%~2.5%。目前国内货币市场基金的管理费率为0.33%,低于任何其他类型基金。当股票或债券市场行情发生变化,投资者想改变投资方向时,可自由转向其他基金,而只需交纳很低的费用,大大节约了投资成本

(四) 便捷性

从操作上来讲,投资货币市场基金最容易操作,过程也最为简单,是所有共同基金中最稳健和最基本的投资工具,操作类似于银行的活期储蓄存款,因此十分方便。

此外,货币市场基金的单位资产净值是固定不变的,通常每个基金份额是1元。其收益按日结算,每日均有利息收入,并按复利计算。

货币市场基金具有比银行存款更高的收益,比资本市场基金更低的风险,因而深受风险厌恶型投资者的欢迎。但货币市场基金并非没有风险:由于货币市场基金单位的资产净值是固定不变的,衡量其表现好坏的标准是收益率,而其收益率通常只受市场利率影响主要取决于短期市场利率水平,因而存在着利率风险。一般来说,货币市场基金的盈利空间和市场利率的高低成正比。

三、我国的货币市场基金

我国基金法规定货币市场基金的投资标的为(1) 现金;(2) 1年以内(含1年)的银行定期存款、大额存单;(3) 剩余期限在397天以内(含397天)的债券;(4) 期限在1年以内(含1年)的债券回购;(5) 期限在1年以内(含1年)的中央银行票据;(6) 剩余期限在397天以内(含397天)的资产支持证券。

2003年12月10日,由华安、博时和招商三家基金公司分别发起管理的首批三只货币市场型基金获准设立标志着货币市场基金在我国的诞生。由于最初对这一金融创新没有法律上的规范,业界对商业银行可否开办基金公司也无定论,因而我国最初的货币市场基金主要由基金公司设立。虽然我国货币市场基金起步晚,总规模小,但其发展势头迅猛:截至2005年底,我国货币市场基金总数达30支,管理的资产净值规模为1 867.9亿元,占整个基金业资产总量的近半数。同年,金融监管当局允许商业银行设立基金管理公司,交通、工商、建设三家银行成为首批直接投资设立基金管理公司的试点银行。2006年,交银货币、工银货币、建信货币三支基金先后发行,意味着我国商业银行正式参与基金交易。

货币市场基金作为一种投资工具,一般而言,存在着利率风险和赎回风险。在国外,

当发生货币基金投资亏损面临巨额赎回风险时往往由基金公司承担风险,因而投资货币市场基金具有较高的安全性。在我国虽未出现这种情况,但潜在风险的发生是不可避免的,而我国正是缺少保护散户投资者的相关法令。目前,我国货币市场投资工具单一,大量基金追逐着较少的产品,长此以往基金公司的违规经营问题难以避免。货币市场基金要求每天进行资产价值的评估和清算,以便投资者作出准确的投资决策。而我国货币市场的资金清算主要通过中国人民银行的电子联行系统进行,较低的效率无法满足货币市场发展需求。

【能力训练】

一、简答题

1. 货币市场的含义是什么?试比较分析西方货币市场和我国货币市场的特征。
2. 货币市场利率的种类主要有哪些?各自的利率水平是怎么确定的。
3. 回购协议的交易过程。
4. 试比较商业票据与银行承兑票据的区别
5. 试述大额可转让定期存单的特点和优点。

二、计算分析题

*6. 已知投资 500 元在 2 年后能得到 62 元的利息,那么以相同的复利利率投资 1 000 元,则 5 年后能获得多少利息?

*7. 一项投资每年年末可获得 1 200 元收入,持续 3 年,若年利率为 4%,那么该项投资带来的现金流现值是多少?

三、思考与应用分析题

8. 查阅相关资料,了解我国银行间同业拆借市场运作机制、市场构成和中国人民银行对该业务相关的管理规定。
9. 作为一种金融工具,货币市场基金对我国货币市场的发展和完善有什么影响作用,如何为货币市场基金的发展创造良好的条件。

第五章 资本市场

【内容提要】本章主要介绍资本市场中的债券市场和股票市场,并对债券和股票的发行和流通市场加以介绍,阐述了这两个市场的功能作用及其交易方式。

【重点难点】学习的重点在于债券和股票的发行和交易方式,其中债券和股票的期货和期权交易方式是本章理解的难点所在。

【基本概念】资本市场 债券发行 公募发行 私募发行 代销方式 余额包销 全额包销 债券流通市场 柜台市场 回购协议交易

第一节 资本市场的结构与功能

资本市场又称长期金融市场,是进行长期资金融通的市场,与社会化大生产联系非常密切,可以较高程度地满足政府和企业对长期资本的大量需求。资本市场又可分为债券市场和股票市场。股票市场是股票发行与交易的市场,是企业直接融资的重要形式。债券市场是指债券发行与交易的市场,是金融市场的一个组成部分。

一、资本市场的概念

资本市场又称长期金融市场,是进行长期资金融通的市场,资金借贷期为一年以上。资本市场交易的金融工具的期限短则数年,长则数十年。资本市场与社会化大生产联系非常密切,可以较高程度地满足政府和企业对长期资本的大量需求。资本市场的主要金融工具为长期债券和股票,其显著的特点为融通资金期限长、风险较大。全面地看,资本市场包括两个部分:一是银行中长期存贷款市场;另一是有价证券市场。但是,一般可将资本市场视同或曰侧重在证券市场,原因有二:(1)在世界各主要国家长期资本市场的两大部分中,证券市场最为重要;(2)从世界金融市场发展的趋向看,融资证券化特别是长期融资证券化已成为一种潮流,构成了当今融资活动的主要特征。

所谓证券市场是指按照市场法则从事法律认可的有价证券的发行、转让活动所形成的市场。它是债券市场和股票市场的总称。

二、资本市场的特点

在资本市场上融通资金的工具主要是种类繁多的债券和股票,它们与货币市场工具相比有着不同的特点。

1. 长期性。在资本市场上使用的工具,如股票,一般来说是长期的、永久的、不归还的,债券则从一年到几十年期限不等,在安全、流动方面不如货币市场工具。这与它们融通资金的性质和特征有关:资本市场融通中长期资金,用以添置设备、扩建厂房、增强资本实力,垫付在这些领域的资金在再生产过程中周转时间长、速度慢。

2. 在收益、风险、流动以及纳税方面具有很大差异。资本市场工具是由信用级别不相同的经济主体发出的,时间长短不一,使用目的不同,发行条件有别,等等,因此它们不像货币市场工具那样在收益、风险、流动方面较为一致,而是在不同规格型号的工具之间具有很大差异。

3. 利率差异性。由上述原因决定,资本市场工具的"价格"很不同质,差别大,即使是同一经济主体发出的融资工具,在不同的经济环境下,"价格"变化很大。

4. 销售数量大,市场分散。资本市场工具融通资金扩充资本实力,通常都是数量很大的,多是机构投资者承购,居民个人承购量小而且分散。资本市场工具的发行和流通可集中在某些投资性金融机构、证券交易所,也可分散在各银行金融机构柜台交易。

三、资本市场的功能

如果说货币市场对于短期资金融通、促进再生产正常循环和周转起了积极作用的话,那么资本市场则主要在向政府和公司提供长期债务和股票融资促进资本的形成,增强长期投资的流动性,促进社会扩大再生产方面起了积极作用。

资本市场方便了企业和政府部门筹资长期资金,促进社会闲散资金的集中和向生产资金转化。资本市场竞争使资金流向、结构、资金要素配置和使用效益更加优化。同时,对于融资者来说,可以获得较大数量的资本扩大再生产;对于投资者来说,可以在多种投资项目中选择,以达到收益、安全、流动的最佳组合。

资本市场的功能在于促进资本的社会化和公众化。自从股份公司出现以后,便开始了资本社会化和公众化的进程。过去由单个投资者或少数几个投资者出资办企业的情况发生了变化,众多的投资者可以成为公司的股东。这使得单个或少数几个投资者创办的公司无力开办的业务(如兴建铁路)成为可能。而在出现了资本市场后,由于公司的股份证券化了,每股的股本单位划小了(例如,每股1元),而证券又可以在资本市场流通,这就使得资本的社会化和公众化极大地发展起来,公众可以和有能力通过证券市场参与投资,购买公司的股票,成为公司的股东。这样,资本市场极大地拓宽了公司的融资渠道,从而大大地加快了社会生产力的发展,同时也使得社会的结构发生根本变化,越来越多的人成为有产者,中产阶层逐渐成为社会的中坚、最大的社会群体,反过来这又会促进市场的扩大和投资的增加。资本市场把各方面沉淀的货币转化为资本。货币本身不是资本,只有将货币投入生产经营它才成为资本。在没有资本市场前,人们多余的货币大多或者存放在手中,或者存入银行,由银行贷给企业用于生产经营,人们直接将货币作为资本用于生产经营的很少。有了资本市场,这些货币就有了畅通的渠道,方便地转化为资本。资本市场成为货币转化为资本的重要场所。这种转化扩大了上市公司的资本,使其能吸纳更多的生产要素,并组合成新的生产力,从而创造更多的价值。在资本市场上,股份的证券化大大便利了资本的流动,从而大大地便利了在市场竞争的作用下通过股价的波动和资源的流动、公司间的收购兼并和优胜劣汰,使资源的配置得以优化。

第二节 债券市场

一、债券市场的概述

(一)债券的特征

1. 收益性。收益性是指债券具有给投资带来一定收益的特征。在现实的经济活动中,债券的收益性表现为两个方面:一是债券持有人在持有期间内从债券发行人那里所获得的一定的、高于银行同期存款利息的利息收入;二是投资者在证券市场上买卖债券的价差收益。总的说来,债券的收益相对稳定,一般情况下,债券的收益高于银行同期存款利息收入,低于股票投资收益。从债券自身状况来看,不同类型的债券其收益不同。一般情况下,流动性高的债券收益低;流动性差、风险性大的债券收益率高。

2. 安全性。安全性是指债券的持有人所获得的收益相对固定,能够按期收回本金,并且不随发行者经营状况的变化而变化。首先,由于债券要经过一套严格的资信审查程序,以及相关部门担保并经有关管理机关批准后才能发行,在一定程度上降低了债券的风险;其次,债券利率是事先确定的,一般不受市场利率变化的影响,投资者的收益是固定的;再次,债券的收益不随发行者经营状况的变动而变动,具有较高的稳定性;最后,债券明确规定了偿还期限,债券持有者可按期收回本金。正是以上四个方面原因,使得债券与股票相比具有较高的安全性。

3. 流动性。流动性是指债券持有者可根据自己的需要在证券市场上卖出债券收回本金的特征。决定或影响债券流动性的主要因素有:发行人的信誉、债券的利率与期限、债券市场的发达程度等。

4. 偿还性。偿还性是指债券发行人在约定的期限向债权人偿还本金和利息的特性。当国家、地方政府、金融机构和企业等主体发行了债券后,就要承担相应的义务,在约定的期限按约定的条件向债权人偿还本金和利息。因此,债权人不能无限期地占用债权的资金,一旦债务人偿还了债权人的全部本息后,两者之间的资金借贷关系便宣告结束。

(二)债券市场的主体结构

按债券的发行主体和债券的性质,债券市场可划分为政府债券市场、企业债券市场和金融债券市场;按其交易方式,债券市场又可划分为发行市场(或一级市场)和转让市场(或二级市场);按筹资的币种,债券市场也可划分为本币债券市场和外币债券市场;按利率形态,债券市场还可划分为固定利率的债券市场和浮动利率的债券市场;按流动性,债券市场还可以划分为可转让的债券市场和不可转让的债券市场。

(三)债券市场的功能

1. 成为政府、企业、金融机构及公共团体筹集稳定性资金的重要渠道

政府、企业、金融机构及公共团体筹集资金主要通过两条渠道,一条是通过银行存贷

款的间接融资渠道,另一条是通过市场的直接融通,包括发行债券或股票。从银行取得贷款融通,要受到贷款期限、贷款额度及贷款条件的限制,特别是贷款期限的制约。直接向社会公众发行债券,在筹集资金的数额、期限、利率等方面所受到的限制要相对小一些,从而可以成为政府、企业、金融机构及公共团体筹集资金的重要方式和渠道。

2. 为投资者提供了一种新的具有流动性与盈利性的金融商品或金融资产

债券(特别是政府债券)作为一种投资对象或金融资产,与银行储蓄存款相比,一个最显著的特点是:更能实现盈利性与流动性的统一。作为一种长期性投资,认购或持有债券,可以获得较多的利息收益,同时,如果在债券到期前急需现金,也可将持有的债券转让出售以变现,从而既可以取得较高的投资收益,同时又具有流动性。债券市场为广大投资者提供了一个新的投资场所、新的投资对象或工具、新的金融资产,同时也为投资提供了一种新的投资选择,这对投资者改善金融资产结构,更充分、更有效、更灵活地运用资金,提供了必要的条件。

3. 为中央银行间接调节市场利率和货币供应量,提供了市场机制

在西方市场经济国家,中央银行主要通过买卖政府债券,即公开市场操作来调节金融体系的银根,调节市场利率,调节货币供应量。政府债券成为中央银行进行公开市场操作的主要对象,从而债券市场就成为中央银行实施货币政策的主要机制。

4. 为政府干预经济、实现宏观经济目的提供了重要的机制

在西方国家,政府对经济的干预调节,除了调节税收总量和结构以及支出总量和结构外,20世纪30年代以来,特别是纷纷奉行凯恩斯理论和政策以来,扩大财政赤字,向社会大量发行政府公债,已成为政府干预经济、调节经济、刺激经济、管理经济的重要手段。通过向社会发行政府债券,可以为弥补财政赤字,进行大量基础性投资筹集资金;而通过扩大政府开支,增加公共基础设施投资,可以增加社会有效需求,增加社会就业,刺激经济增长,从而实现促进充分就业和经济增长的目标。

二、债券的发行市场

债券发行市场是指发行人以发行债券方式募集资金的市场,又称为一级市场或初级市场。债券发行市场是金融市场的一个重要组成部分,是债券交易市场的基础。债券发行市场在现代经济生活中发挥着独特的作用。一方面,通过利用债券发行市场,政府部门、金融机构和一些工商企业能够筹集长期的、稳定性的资金进行基础设施建设和扩大再生产。另一方面,债券发行市场为筹资者和投资者提供了资金融通的场所,有利于实现资金盈利性和流动性的统一。

(一)债券的发行方式

1. 按债券认购对象的不同,债券发行可分为公募发行和私募发行

公募发行是指公开向社会非特定投资者发行债券的方式。公募发行的主要优点有:

① 充分体现公开、公平、公正原则。

② 有利于发行者提高社会知名度和自身信用水平,扩大融资渠道,获得有利筹资条件。

③ 发行范围广泛,投资主体多元化,筹资潜力大。

④ 公募发行债券一般可上市流通,有利于提高债券的流动性和投资者的投资积极性。

公募发行债券的局限性主要表现为:必须经过条件严格的审查批准程序并向证券主管机关申报备案;发行周期长;必须向债券承销商、信用评级机构、审计部门和公证部门等支付大量的费用,导致发行成本较高。

私募发行是指面向少数特定投资者发行债券的方式。私募发行债券一般具有发行手续简便、发行周期短和发行成本低等优点。私募发行债券往往在扩大筹资规模、提高债券流动性和发行人信用程度等方面受到限制。

2. 按有无中介机构参与,债券发行可以分为直接发行和间接发行

直接发行是指债券发行人直接向投资者出售债券而不需要中介机构进行承销的发行方式。直接发行的优点是节约发行费用、降低发行成本。一般适用于小规模债券发行。

间接发行是指发行人委托中介机构进行承购推销债券的发行方式。间接发行方式的优点是发行人承担的风险小、融资范围广、融资规模大。

3. 按有无担保品可将债券发行分为信用发行和担保发行

信用发行是指发行人不提供任何担保品而仅凭自身的信用状况进行债券发行的方式。政府债券、金融债券和信誉卓著、经济实力强、经济效益好的企业一般采用信用发行方式。担保发行是指发行人以一定的资产为担保,以确保其到期还本付息进行债券发行的方式。担保品可以是不动产、动产或有价证券等。

4. 按债券定价方式不同可将债券发行分为平价发行、溢价发行和折价发行

平价发行的债券发行价格与债券面额相同。溢价发行的债券发行价格高于债券面额。折价发行的债券发行价格低于债券面额。

目前我国大部分债券采用公募发行、间接发行、平价发行方式。

(二) 债券的承销方式

采用间接发行时,发行人要通过中介机构承销所要发行的债券。从事债券承销的中介机构称为承销商,主要有投资银行、证券公司、商业银行和其他金融机构等。承销商承销债券的方式有三种,即代销方式、余额包销方式和全额包销方式。

1. 代销方式

代销方式是指债券发行人委托承销商代为向投资者推销债券。这种发行方式要求承销商在发行期内按合同约定的条件销售债券,但到发行截止日期,未能售出的债券可全部退还给发行人。可见,代销方式发行过程中,承销商不承担风险,而发行人则要承担较高的发行风险。因此,只有信用程度高、普通被市场看好的债券才采用这种发行方式。

2. 余额包销

余额包销是指承销商按约定的发行条件,在约定期限内向社会投资者推销债券,到销售截止日期,未售出债券的余额部分应由承销商全部认购并在约定的时间内向发行人支付全部款项的发行方式。采用余额包销方式时,承销商只承担部分风险,发行人可以

按计划筹得全部资金,因此,余额包销方式在债券发行过程中采用的较多。

3. 全额包销

全额包销是指由承销商先将发行人将要发行的债券全部买下来,并立即向发行人支付全部债券款项,然后面向社会投资者发售的债券承销方式。采用全额包销方式发行销售商要承担较大的风险。一般情况下,在大规模债券发行过程中,往往要由若干承销商组成一个承销团进行债券的销售。

发行人选用哪一种方式发行债券主要考虑债券市场当前现状、债券发行费用和债券发行速度等因素。具体情况如表5-1:

表5-1 债券承销方式对比分析表

	代销方式	余额包销	全额包销
债券市场情况	好	中	差
债券发行费用	低	中	高
债券发行速度	慢	中	快

从表5-1中可以看出:代销方式一般在债券市场好的情况下使用,且发行费用低,但发行速度慢。全额包销方式发行速度快、发行费用高,可以在债券市场状况较差时使用;余额包销方式居于二者之间。

4. 债券发行利率及发行价格的确定

债券发行利率即是指债券的票面利息与债券面值的比值,一般以年利率表示。发行人在确定债券发行利率时主要考虑的因素有:债券的信用等级、当前市场状况、债券期限、偿还本息保障程度、债券利息支付方式和金融管理当局的有关规定等。

(1) 债券的发行利率

债券的发行利率,一般指债券的票面利率,也就是指债券票面所载明的利率。一般来说,债券的发行利率是债券发行人根据债券本身的性质、期限、信用等级、利息支付方式及对市场供求的分析等因素来确定的,而不是主观盲目确定的。总的来说,确定债券的发行利率,主要依据以下几个方面的因素:

① 债券的期限。一般来讲,债券的期限越长,发行利率就越高;反之,期限越短,发行利率就越低。这是因为,期限越长,潜在的风险越大,包括信用风险、利率风险、通货膨胀风险等,投资者承担的风险越大,就需要有较高的利率予以回报。但在个别情况下,债券期限与利率水平也会成反比。

② 债券的信用等级。债券信用等级的高低,在一定程度上反映债券发行人到期支付本息的能力。债券信用等级越高,投资人承担的风险就越小;反之,债券信用等级越低,投资人承担的风险就越高。因此,债券发行人可根据债券信用等级来确定债券的发行利率水平,如果等级高,就可相应降低债券的利率;反之,就要相应提高债券的利率。如果市场上无公开和权威性的评级机构及评价制度,发行人就可根据自己的知名度和信誉程度、有无担保或抵押条款及当前市场利率水平,来具体确定所发行债券的利率水平。

③ 有无可靠的抵押或担保。抵押或担保是对债券还本付息的一种保障,是对债券投

资风险的一种防范,是对投资者信心的一种保护。在其他情况一定的条件下,有抵押或担保,投资的风险就小一些,债券的利率就可低一些;如果没有抵押或担保,投资的风险就要大一些,债券的利率就要高一些。

④ 当前市场银根的松紧、市场利率水平及变动趋势,同类证券及其他金融工具的利率水平等。如果当前市场银根很紧,市场利率可能会逐步升高,银行存款、贷款利率及其他债券的利率水平比较高,因此,债券发行人就应考虑确定较高的债券发行利率;如果是在相反的情况下,债券发行人就可确定较低的债券发行利率。

⑤ 债券利率的支付方式。实行单利、复利和贴现等不同的利息支付方式,对投资人的实际收益和发行人的筹资成本,有着不同的影响。一般来讲,单利计息的债券,其票面利率应高于复利计息和贴现计息债券的票面利率。这几种计息方式会在有关章节中予以介绍。

⑥ 金融管理当局对利率的管理结构。例如,有些国家直接规定债券利率水平或最高上限,有些国家规定债券的浮动幅度,有些国家则规定债券利率要与受到管制的存款挂钩,有些国家对债券利率不加任何管制,使其完全决定于债券发行人信誉、债券期限、市场条件及投资者选择。

这里必须说明的是,债券的发行利率或票面利率并不是投资债券的收益率。如果投资者以债券票面价格购进,而且持有到债券到期日,其票面利率等于实际收益率;如果投资者以低于票面的价格购进债券,且持有到债券到期日,其实际收益率要高于债券票面利率;而如果是高于票面价格购进债券,实际收益率就要低于债券票面利率。

(2) 债券发行价格的确定

债券发行价格往往要受到债券票面利率和市场利率的直接影响,因此,债券发行价格就表现为与债券面额相同、高于债券面额或低于债券面额等情况。当市场利率水平和债券票面利率水平比较接近时,一般会以债券面额作为发行价格;当债券的票面利率远高于市场利率水平时,债券的发行价格就要高于面额,差额部分又称溢价;当债券的票面利率远低于市场利率水平时,债券的发行价格就要低于面额,差额部分又称为折价。债券发行的溢价与折价的数额要通过多种债券的价格分析方法来确定。

1992年11月19日,中国宝安集团股份有限公司在国内证券市场公开发行了我国第一次转券(宝安转券发行5亿张,面值为1元,每年付息一次,年债息率为3%),为我国证券市场的金融工具创新进行了有意义的尝试。然而由于宝安公司业绩滑坡,股价不断下跌,而使宝安转券虽发行成功但转股失败。宝安转券之所以因失去转换功能而导致失败,主要就是因为宝安公司在发行可转换债券之后,其业绩一路滑坡从而使宝安股票价格由30多元一直跌至几元钱,而当时发行宝安转券所确定的转换比例为25:1,按宝安转券面值计算相当于投资者需要用25元钱去买一股宝安股票,虽然后来宝安公司股票经过送配,使宝安转券的转换比例有所下降,但是谁也不愿意用相当于20元左右的价格去换一股只值几元钱的宝安股票。在这种情况下,宝安转券的投资者只能被迫地将宝安转券作为公司债券长期持有,到期还本付息。而宝安公司在宝安转券三年期满之后,不仅要归还5亿元的本金,而且还要归还最后一年3%的债息,这样就给宝安公司带来了极大的还本付息的压力,严重地影响了该公司后来的发展。从宝安转券的经验教训中,我们应当深刻地认识到,企业发行可转换债券的目的不仅仅是为了筹资解决企业资金不足的问题,更重要的是通过转券筹资后,要切实地将宝贵的资金用于企业发展,使企业效益真正提高。只有如此,公司的股票才能在企业业绩不断成长的基础上而不断地增值,从而使投资者愿意将转券转换为公司的股票,减轻公司到期还本付息的压力。

总之,上市公司可转券在我国必然有很大的发展空间,我们必须要避免转券发行工作上的短期行为,只有注重上市公司业绩的不断提高,我国的转券发行、上市与流通才能产生实质性的飞跃。

三、债券的流通市场

债券流通市场是指买卖已发行债券的市场,又称二级市场、次级市场、债券交易市场等。债券流通市场是进行债券交易的场所。债券流通市场的主要作用表现在:使短期资金转化为长期建设资金,形成合理的债券价格,使买卖双方利益得到保证,调节资金供求关系,引导资金流向,促进债券发行市场的发展等。

(一)债券流通市场的类型

债券流通市场主要有两种类型,即证券交易所交易和柜台交易市场。

1. 证券交易所交易

证券交易所是具有严格管理规则、高度专业化和有组织地进行证券交易的场所。在债券流通市场中,证券交易所交易占核心地位。证券交易所能够为债券交易提供固定场所和人员、设施,并对债券交易进行严格的管理。证券交易所交易具有集中性、公平性、公开性、组织性等特征。只有经过主管部门批准的债券才能进入证券交易所进行交易,又称上市。各证券交易所对债券的上市交易都规定了一定的标准。一般情况下,国债不经审核部门审核就可以直接上市。金融债券和公司债券必须达到一定的条件并经过证券交易所批准后才能上市。对于已上市的债券,若不能达到上市条件,证券交易所有权停止其上市交易。

债券在证券交易所交易是采取公开竞价方式进行的。公开竞价对于债券买卖方来说都是一种双向竞价,即存在买方之间的竞争、卖方之间的竞争和买卖双方之间的竞争。双向竞价过程中,买方申报价格不断提高,卖方申报价格不断降低,直至买卖双方申报价格一致,即宣告成交。

在证券交易所进行的债券交易要按"时间优先"和"价格优先"原则进行,即以价格较高的买入申报优先于价格较低的买入申报成交;以较低价格的卖出申报优先于价格较高的卖出申报成交。在同等申报条件下,按委托指令发出的时间先后顺序成交。

2. 柜台交易市场

柜台交易是指在证券市场之外进行的债券交易。由于债券在证券交易所挂牌上市交易必须要达到相应的条件,要经过严格的审核程序,而有些债券根本无法达到交易所的所有规定。为了提高这类债券的流动性,就形成了债券场外交易市场。在西方国家的债券市场上,大部分公司债券都是通过场外交易市场进行的。

场外交易市场方式灵活,交易网点多,覆盖面广,交易成本低,能够满足不同类型、不

同层次投资者的需求。与证券交易所交易相比,债券的场外交易主要有以下几方面特点:

(1) 场外交易的对象是未上市的债券。

(2) 场外交易市场是一个分散的市场,交易场所不固定。交易者可以通过面谈、电话、电传和计算机网络等方式进行交易。

(3) 通过协商达成成交价格。

(二) 债券交易的方式

债券交易的方式主要有现货交易、期货交易、期权交易和回购协议交易等。

1. 现货交易

现货交易是指在达成成交协议后立即交割或在较短的期限内交割的交易方式。所谓交割是指买卖双方一手交钱一手交券,钱券两清的行为,又称为交收。在债券的实际交易过程中,由于种种原因,现货交易中的交割又分为当日交割、次日交割和特约日交割等。当日交割是指债券买卖双方在债券交易达成后,于成交当日进行债券和款项的收付,完成交收的行为。次日交割是指债券买卖双方在交易达成后,于下一个营业日进行债券和价款的收付,完成交收的行为。特约日交割是指债券买卖双方在债券交易达成后,按证券交易所的规定,由双方根据具体情况商定,在成交日起15天以内的某一特定契约日进行交收的行为。

2. 期货交易

期货交易是指债券交易双方在成交后按照合约规定的条件在未来某一确定日期进行交割的方式。期货交易是以期货合约为对象的一种交易方式。债券期货合约是由期货交易所设计,经国家监督机构审批上市,规定交易双方在将来某一确定的时间和地点交收一定数量债券的标准化合约。期货交易主要有以下几个方面的特点:

(1) 期货合约是标准化的。除价格外,期货合约其他条款都是事先由期货交易所规定好的,标准化的。

(2) 集中化交易。期货交易只能集中在期货交易所内进行。

(3) 具有对冲交易机制。所谓对冲是指卖出或买进已买进或卖出的合约。即在债券期货交易中,大多数交易者并不是通过合约到期时进行实物交收来履行合约,而是通过与前期交易方向相反的交易来结清履约责任。

(4) 杠杆效应。债券期货交易有保证金制,即交易者在进行债券交易时只需要缴纳少量的保证金。债券期货的保证金一般为交易合约价值的3%左右。期货交易具有以少量保证金就可以进行较大价值期货合约交易的特点,一般被形象地称为杠杆效应。

(5) 实施每日交易结算制度。期货交易在每一个交易日结束后,都要对交易者当天的盈亏状况进行结算。如果某一交易者某一交易日亏损严重,交易所将要求其在下一日开盘前追加保证金或采取强行平仓措施。

3. 期权交易

期权,又称选择权,指在未来某一特定时间或时期内买进或卖出一定数量的相关资产的权利。为了获得这一权利,期权合约的买方必须向卖方支付一定数量的费用,即期权费,又称为保险费。债券期权交易的有效期限内可以行使期权也可以放弃期权,因此,承担的风险是有限的,而获利潜力可能是无限的。

4. 回购协议交易

回购协议交易是指以债券回购协议为交易对象进行的交易。回购协议是指债券卖方在出售债券进行融资的同时,与债券买方签订协议,承诺在约定的时间,按约定的价格重新买回该债券的一种交易行为。这种有附加条件的债券交易实质上是一种以债券为抵押品的融资行为。从卖方角度看,回购交易是卖出现货买进期货的交易行为。从买方角度看,回购交易是买进现货卖出期货的交易行为,这种交易又称为逆回购交易。回购协议的期限有长有短,最短的1天,又称为隔夜回购交易;最长的可达1年。回购协议的利率由协议双方根据回购期限、货币市场行情以及回购债券的信用等级等因素来议定,与债券票面利率无直接的关系。债券回购的主体为中央银行、商业银行、企业、非银行金融机构和地方政府部门等。

我国证券回购交易市场自1993年开始设立,主要有三种形式,即资本市场中的回购市场、货币市场中的回购市场、场外国债回购市场等。其中不同的市场其国债回购品种也不同。如深交所目前的国债回购交易品种有3天、4天、7天、14天、28天、63天、91天、182天和273天等回购品种,上交所目前回购交易品种为3天、7天、14天、28天、91天、182天等回购品种。在实际交易过程中,上交所规定进行委托买卖的数量必须是100手(1手为1 000元面值的国债)即10万元面额及其整数倍为交易单位;深交所则规定回购交易单位必须是1手(面额1 000元)及其整数倍为交易单位。

我国债券回购市场发展的最初几年里,只能采用质押式回购模式。在封闭式回购下,如果回购交易到期后资金融入方无法按期还本付息,则资金融出方可以通过出售质押债券得到补偿。但是,在封闭式回购交易到期之前,资金融出方仅拥有该债券的质权,无权随意处置被质押的债券,被质押债券处于冻结状态,不能流通和再次融资。1998年以来,我国回购交易量的急剧扩张,占用了大量的现券资源,减少了可供交易的债券量。虽然近两年来我国债券发行市场得到了长足发展,但也远远赶不上回购交易成倍增长对现券的需要。

另外,在封闭式回购下(包括现券交易也是如此),单一的现货交易使得做多成为交易者的唯一选择,市场参与者只能在市场行情看涨中获得盈利,却没有办法在利率下跌走势的正确预期中获得相应的风险回报。这样,在市场利率逐步走低、现券价格不断上升的过程中,现券交易量不断放大,流动性随之得到改善。但是一旦价格走势出现逆转,由于缺乏做空机制,所有持券的参与者都将遭受损失。此时交易量就会立刻下降,导致市场流动性不足。

相对于封闭式回购而言,开放式回购似乎可以较好地克服这些问题。开放式回购的开放性主要体现在以下方面:在交易期内,交易双方对资金和债券均拥有完全的处置权,可以按照自己的需要自由处置,这样,逆回购方在回购期间就可以根据市场行情的变化获取赢利机会,在预期债券市场价格会下跌时,逆回购方就可以在回购期间将债券卖出,然后在回购到期前以较低的价格回购相应的债券,偿还给正回购方,并同时得到正回购方偿还的资金。

运用再回购循环卖空操作,可以实现投融资额度的杠杆放大效应,获得数倍放大的回购收益和博取较高的国债价差收益。

逆回购方初期通过回购交易融出资金,融入债券,然后通过卖空操作将融入的质押券卖出,获取现金;之后继续进行回购交易融入债券,又将新的质押券卖出,获取现金后继续进行回购交易,如此循环操作下去。这样的循环操作会数倍放大初始回购中质押券的交易数量和金额,从而发挥出循环卖空交易的杠杆作用来。通过这种操作,投资者就可以通过开放式回购进性循环的卖空交易,实现用较少的初始资金进行放大数倍的投资。

例如,假设投资者拥有初始资金 100 万元,想利用开放式回购交易的杠杆放大作用进行债券投资,则他就可以在回购市场融出 100 万元现金,融入 100 万元债券,然后以再回购方式对债券进行卖空操作,卖出后所得现金又重复初始的操作,如此循环交易,从而实现杠杆方式投资。

第三节 股票市场

一、股票市场的结构与功能

股票市场主要由股票发行市场与股票流通市场构成。而按其交易媒介和交易方式,股票市场又可分为有形市场和无形市场;按其交易的地理及空间范围,股票市场也可分为地方性市场、区域性市场、全国性市场及国际性市场;而按其货币及参加者的限制,股票市场还可以分为本币股票市场与外币股票市场,如我国的 A 股市场与 B 股市场。

以上是从不同角度看股票市场结构,但一般认为股票市场的主体结构,主要是股票的发行市场和股票的流通市场。发行市场是基础,是前提,没有发行市场,也就不会有流通市场,自然也就不会有股票市场。但股票流通市场也绝不是无足轻重、可有可无的,它对发行市场有着重要的促进和推动作用。流动市场可以使股票投资具有流动性,可以使长期投资短期化,可以实现高风险性、流动性与高赢利性的协调平衡,从而更有吸引力。从这种意义上讲,没有发达的股票流通市场,股票市场也就难以得到较快的发展。

股票市场特别是股票的发行市场,有着以下几方面的功能,这些功能也反映出了股票市场形成的主要原因。

第一,发行股票,可以使股份公司获得创立的初始资本。也可以说,股票市场是股份公司得以形成的必要条件;股份公司与股票市场是一种相互依存、相互制约、相互促进的关系。没有股份公司设立,当然也就不会有股票市场,但没有股票发行或股票市场,股份公司也难以生存和发展。股份公司是股票产生的母体,股票市场则是股份公司的"助产婆"。股份公司要设立,要有一笔原始资本,可以供公司长期运用,包括购买房屋、设备等基本设施。这种原始资本不能靠贷款、举债形成,而必须由发起人及股东认购股份来形成。股东认购的股票,是证明股东具有资本所有权及收益权的凭证,是一种资本所有权的凭证,而不是债务凭证。发行股票筹集资本,不需要还本的支付固定利息。因此说,股票及股票市场是股份公司聚集资本的主要途径。许多国家都明确规定,采取募集方式设立的股份公司,发起人可以认购一部分公司股份,剩余部分可向社会非特定投资者公开发行股票来募集。

第二,发行股票,可以使股份公司不断扩充资本,增加固定资产投资,扩大生产经营规模。股份公司设立投入运营后,短期性、临时性和周转性流动资本,可通过银行贷款解决,但要扩大生产经营规模,就必须增加固定资本投入,增加设备投资,购买新的机器设备和扩建厂房以及增加原材料等。这些长期资金需求,不可能全部通过贷款和发债来筹集,而需要采用扩股或增发募股的方式来筹集。

第三,发行股票募集资金,可以使股份公司减轻债务还本付息的压力,降低资金成本和经营成本,从而可以改善公司财务状况,增加利润积累,提高竞争力。如果公司贷款、发债过多,债务过重,还本付息压力过大,就会影响公司的资信,延缓公司的利润积累,增加公司经营的困难,最后会削弱公司的竞争力,甚至会资不抵债,出现债务支付危机,面临破产倒闭的危险。

第四,发行股票,可以为投资者提供一种新的、高风险与高收益并存的投资工具,增加一种新的金融资产。这对改善投资者金融资产结构,将消费基金转化为长期储蓄、长期储蓄转化为长期投资,具有十分重要的作用。

第五,股票市场,特别是股票流通价格的变化,可以综合反映股票发行公司的经营状况及国民经济运行情况,成为企业经营状况的"晴雨表"。同时,股票市场也会对发行企业形成一种外在的约束和压力,促使企业不断改善经营管理,努力开拓市场,提高资金的使用效益。

二、股票发行市场

(一)股票发行的目的

股份有限公司发行股票的目的主要有以下四个方面:

第一,筹集资本设立公司。公司在设立时,通常以发行股票来筹集资本,为公司设立创造条件,并以此开展经营活动。通过发行股票来筹集的资本属于权益性资本,它是公司实力的主要标志,也是公司经营活动的基础。

第二,追加资本扩大经营。公司在设立后,要增加自有资本,扩大公司的规模,往往通过增资发行股票来达到目的,这就是所谓的有偿增资发行股票的主要形式。

第三,通过公积金转增股本。公司将经营中积累的资本公积和盈余公积转为资本,增加股份规模,并向公司原股东派送股票,这属于无偿增资发行股票。

第四,派送股票股利。公司在年度分红派息时,如果不是派送现金股利,而是将现金转为资本,就需要发行等值的股份,也就是派送红股。

此外,公司还可以出于改善资本结构、提高自有资本率、股份分割或合并以及公司分立或合并的目的而发行股票。

(二)股票的发行条件

我国股票发行分初次发行和增资发行两种,其发行条件有很大区别。

1. 初次发行的条件

所谓初次发行就是以募集方式设立股份有限公司时公开募集股份或已设立公司首次公开发行股票。发行人初次发行股票应具备以下条件：(1) 生产经营活动符合国家产业政策；(2) 发行的普通股限于一种，且同股同权；(3) 发行人认购的股份不得少于公司拟发行股本总额的 35%；(4) 发行前一年净资产在总资产所占的比例不低于 30%，无形资产(不含土地使用权)占其所折股本数不得高于 20%；(5) 公司股本总额不少于 5 000 万元；(6) 向社会公众发行的部分不少于公司拟发行股本总额的 25%，拟发行股本超过 4 亿元的，可酌情降低向社会公众发行的比例，但最低不得少于拟发行股本总额的 15%；(7) 发起人三年内没有重大违法行为；(8) 近三年连续盈利。

2. 增发新股的条件

所谓增发新股就是经过首次股票发行后，根据资金需要再次向社会公众公开发行股票。增发新股必须具备以下条件：(1) 前一次公开发行的股份已募足，且募集资金的使用与其分别股说明书所述用途相符，资金使用良好；(2) 距前一次公开发行股票时间在一年以上；(3) 公司在最近三年内连续盈利，并可向股东支付；(4) 公司在最近三年内财务会计无虚假记载；(5) 公司预期利润可达到同期银行存款利率。

（三）股票的发行方式

我国股票发行方式在实践中经历了一个不断探索的过程，在 1991 年和 1992 年曾经采用过限量发售认购方式，1993 年开始采用无限量发售认购证及储蓄存款挂钩等方式，此后又采用过比例配售、上网竞价、上网定价等方式。在此基础上，从 2000 年开始，又在不断探索新的发行方式，如"网上定价与网下战略投资者配售发行"、"投资者股票市值配号抽签发行"等。目前主要采用上网定价发行和上网竞价发行两种方式。

（四）股票发行价格

我国股票发行价格由股票发行人与承销机构协商确定。确定发行价格要考虑公司经营业绩、公司发展潜力、股票发行规模、公司行业特征、股票市场状态等因素，使之既有利于发行人筹集资金，又能被投资者所接受。我国目前股票发行价格确定主要采用市盈率法和竞价法两种方法。

1. 市盈率法

市盈率法又称本益法，是股票市场价格与盈利的比例，即市盈率＝股票市价/每股收益。通过市盈率法确定股票发行价格，应根据盈利预测计算出发行人的每股收益，然后可根据二级市场的平均市盈率、发行人同类行业公司过票的市盈率、发行人的经营状况及其成长性等因素拟定发行市盈率，最后依据发行市盈率与每股收益决定行价。即

$$发行价格＝每股收益×发行市盈率$$

2. 竞价法

竞价法就是发行人和承销商确定一个竞价区间，申购人在股票认购日通过证券交易所网络，在竞价区间内按限购比例或数量进行申购委托，在申购结束后，由交易所的交易系统将所有有效申购按"价格优先、同价位时间优先"的原则，将申购人的委托由高价位向低价位排队，并由高价位到低价位累计有效申购数量，当累计数量恰好达到或超过

发行数量的价格，就是本次股票的发行价格。

（五）股票的发行程序

我国股票发行主要包括股票发行准备、股票发行申请、股票发行核准、股票发行承销等几个阶段。

1. 股票发行准备

发行人聘任中介机构，将企业改组成股票有限公司，对企业的资产和财务进行评估和审计，制定资产重组方案，起草制作股票发行文件，对拟发行公司进行辅导等。

2. 股票发行申请

依据行政隶属关系，地方企业向所在地省级政府、中央企业向中央企业主管部门申请，由地方政府或中央企业主管部门进行初审；初审被批准的企业，向证券管理部门正式提出发行股票申请；由证券管理部门受理并进行预选资格审定。

3. 主管部门核准

被选中的公司向直属证券部门呈报公司总体情况，经审核同意后转报中国证监会核定发行额度后，公司准备正式申报材料；直属证券管理部门收到申报材料后，对申报材料是否完整、有效、准备、合法等进行审查，审核通过后转报中国证监会审核；中国证监会收到复审申请后，提交证监会股票发行审核委员会下设的工作组对公司进行审核，并出具审核意见。

4. 股票的发行承销

股票发行人在获得中国证监会批准后，签订股票承销协议由证券经营机构承销股票；发行人在中国证监会指定的报刊上披露招股说明书，并报中国证监会备案；向社会募集股份，社会公众认购股票；股票认购人认购股票后，应当向股票发行人指定的机构足额交纳股款。

三、股票的流通市场

1. 股票市场的形成与功能

由于股票是没有偿还期限的永久性证券，股票一经投资入股，就不能从公司再抽回股金，因此，股东若想收回投资或不满意现有权益而想转移投资，唯一的出路就是把股票转让给别人，由此就形成了股票流通市场的供应者。而有的人根据对市场行情的预测或其他需要，愿意购进已经发行的股票，由此而形成了股票流通市场的需求者。股票在他们之间不断地被买进和卖出由此形成了股票的流通市场。股票的流通使股票具有较好的流动性和变现能力，加上股票自身特有的权益，使股票不仅成为股份公司的主要筹资工具，而且成为投资者理想的金融资产之一。股票流通市场包含了股票流通的一切活动。股票流通市场的存在和发展为股票发行者创造了有利的筹资环境，投资者可以根据自己的投资计划和市场变动情况买卖股票。解除了投资者的股票不能随时变现的后顾之忧，也就促使投资者踊跃认购所发行的股票，从而有利于公司筹措长期资金。从整个社会看，则是将短期闲散资金转变为长期生产资金。而对于投资者来说，通过股票流通市场可以使长期投资短期化，在股票和现金之间随时转换，增强了股票的流动性和安全性。股票流通市场上的价格是反映经济动向的"晴雨表",它能灵敏地反映出资金供求、市场供求、行业前景和政治经济形势的变化,是进行经济预测和分析的重要指标。对于企业来说,股份的转移和股票行市的涨落是其经营状况的指示器,还能为企业及时提供大量信息,有助于它们的经营决策和改善经营管理。可见,股票流通市场具有重要的作用。

2. 股票流通市场的组织方式

股票流通市场的组织方式可以分为两种:场内交易和场外交易。

(1) 场内交易

场内交易是指通过证券所进行的股票买卖活动。证券交易所是设有固定场地、备有各种服务设施(如行情板、电视屏幕、电子计算机、电话、电传等),配备了必要的管理和服务人员,集中进行股票和其他证券买卖的场所。在这个场所内进行的股票交易就称为场内交易。目前在世界各国,大部分股票的流通转让交易都是在证券交易所内进行的,因此,证券交易所是股票流通市场的核心,场内交易是股票流通的主要组织方式。

(2) 场外交易

凡在证券交易所以外进行股票买卖流通的组织方式统称为场外交易。场外交易有各种形式,不同形式的交易又有不同的市场名称,同一形式在不同国家还有不同的称呼。常见的有非正式市场、自由市场、店头市场或柜台市场、第三市场、第四市场等。

其所以采用场外交易的组织形式,是因为股票在交易所内挂牌上市,必须遵守一系列严格而复杂的规定,以保障投资者的权益。这样,有的股票发行以后,因达不到在证券交易所内上市的要求,只能在场外交易。有的股票即使上市了,也会因各种原因在证券交易所以外成交。随着金融市场管制的放松和金融自由化的推进以及现代化科技的不断进步,场外交易也日益活跃起来,其交易量和交易方式日渐增多,成为股票流通市场的重要组成部分。

3. 股票流通市场的参与者

与股票发行市场相比,股票流通市场的参与者较为复杂。在场内交易与场外交易的不同组织方式中,参与者也有所不同。

场内交易的直接参与者必须是交易所的会员。他们可以是股票经纪人或专业经纪人,也可以是证券商。而真正的股票买卖双方一般不能进入交易所进行直接交易,只能委托证券商或经纪人代为买卖。从这个意义上说,他们不直接参与交易,但他们毕竟是股票的买主与卖主,没有他们的买卖意愿和行为,交易所内的股票流通转让就化为乌有。因此从这个意义上说,股票的买卖双方又是场内交易的实际参与者。

场外交易的参与者主要有三类:(1) 证券商,他们是专门从事有价证券发行和买卖的商号,各国有不同的名称,如美国称为投资银行或投资公司,日本称为证券公司,英国称为商人银行等。证券商一般都有自己的营业点,也在证券交易所占有席位。它们不仅活跃在发行市场,也成为发行者和认购者的中介机构。参与场院外交易的证券商主要是零股交易商(即专门处理不足一个成交单位的股票买卖的证券商)。(2) 股票的出售者,即出于各种原因把所持有的股票转让出去的人。(3) 股票购入者,即愿意买入他人持有的股票的人。

4. 股票流通市场的交易方式

进行股票买卖的方式和形式称为交易方式。它是股票流通交易的基本要素。现代股票市场上的买卖交易方式种类繁多,从不同的角度可以分为以下三类：

(1) 买卖双方决定价格的方式不同,分为议价买卖和竞价买卖

议价买卖就是买方和卖方一对一地面谈,通过讨价还价达成买卖交易。它是场外交易中常用的方式,一般在股票上不了市、交易量少、需要保密或为了节省佣金等情况下采用。竞价买卖是指双方都是由若干组成的群体,双方公开进行双向竞争的交易,即交易不仅在买卖双方之间有出价和要价的竞争,而且在买者群体和卖者群体内部也存在着激烈的竞争,最后在买方出价最高者和卖方要价者最低之间成交。在这种双方竞争中,买方可以自由地选择卖方,卖方也可以自由地选择买方,使交易比较公平,产生的价格也比较合理。竞价买卖是证券交易所中买卖股票的主要方式。

(2) 按达成交易的方式不同,分为直接交易和间接交易

直接交易是买卖双方直接洽谈,股票也由买卖双方自行清算交割,在整个交易过程中不通过任何中介的交易方式。间接交易是买卖双方不直接见面或联系,而是委托中介人进行股票买卖的交易方式。证券交易所中的经纪人制度,就是典型的间接交易。

(3) 按交割期限不同,分为现货交易和期货交易

现货交易是指股票买卖成交后,马上办理交割清算手续,钱货两清。期货交易则是股票成交后按合同中规定的价格、数量,过若干时间再进行交割清算的交易方式。

(4) 其他

按交易者的不同需要,近年来还出现了只需缴纳少量保证金就可以从事大宗股票买卖的信用交易(亦称垫头交易);买卖股票交易权利的期权交易;以股票价格指数为对象的股票指数期货交易等。

这几年,中国资本市场出现了不少问题：如上市公司赢利能力持续下降;市盈率持续走高;企业融资多,派现少;等等。于是各种各样的"药方"被开了出来。比如加强中介机构管理,加强上市公司治理,成立处理呆坏账的资产管理公司等。"药方"不少,"药"也下了不少,然而中国资本市场的状况并未根本好转。这就向中国的资本市场和政府提出了新挑战,我们必须重新反思审视现有资本市场进行融资和投资的目的、手段和机制,这样开出的"药方"才能既治标又治本。中国资本市场要想健康、有效发展,必须大力发展能促进公司治理结构完善和公司治理效率提高的私募股权投融资市场;通过私募股权投融资机制和手段,合理地配置企业剩余索取权和控制权,以形成科学的自我约束机制和相互制衡机制。同时为了促进私募股权投融资市场的发展,重新定位中国的股票市场,要把中国股票市场首先定位为战略投资者、产业年金、私募股权投资者和企业的企业家及管理层变现他们的投资收益的渠道。其次才能是优质企业后续融资的渠道。

中国没有经过私募股权投融资市场的大发展以形成大批公司治理结构完善和公司治理效率良好的企业,没有注意资本市场四大子系统之间的协调发展,致使股票市场畸形发展,从而埋下了许多苦果。因此中国资本市场要加快发展私募股权投融资市场。

【能力训练】

一、判断题

*1. 债券偿还期限是指债券从发行之日起至偿清本金之日止的时间。（　）

*2. 一般当借贷市场利率下跌时，债券的市场价格便上涨；当借贷市场利率上升时，债券的市场价格则下跌。（　）

*3. 金融债券的发行主体是银行或非银行金融机构。（　）

二、选择题

*4. 债券的特征主要是（　　）。
A. 偿还性　　　　　　　　　B. 流动性
C. 安全性　　　　　　　　　D. 收益性
E. 风险性

*5. 影响债券利率的因素主要有（　　）。
A. 借贷资金市场的利率水平
B. 债券票面的价值
C. 债券期限的长短
D. 筹资者的资信
E. 债券的风险水平

三、计算分析题

6. 某贴现债券面值1 000元，期限为180天，距到期日120天，以9%的折扣在二级市场出售，买价950元，则卖出价和持有期收益率是多少？

7. 假设发行某种股票的某家公司每年向持有该股票的股东发放固定的股利为每股3元，贴现率为8%，现在每股的市场价格为36元，试问此时是否值得投资于该股票？

8. 交易商为筹集隔夜资金，将200万元的国库券卖给顾客，售出价为1 999 600元，约定第二天再购回，购回价为200万元，则应支付顾客多少利息？

四、简答题

9. 资本市场的作用。

10. 债券市场的功能。

11. 债券承销方式。

12. 债券的交易方式。

13. 试述债券发行利率及发行价格的确定。

14. 股票市场的结构和功能。

15. 股票流通市场的交易方式。

五、思考与应用分析题

16. 货币供应量和利率变化对股票交易的影响。

17. 如果你是一个偏好风险的投资者，并且有一大笔闲置资金，有以下几种行业可供你选择，请问：你会选择哪一种，为什么？

(1) 以基因工程为技术基础的行业；

(2) 食品业和公共事业；

(3) 钢铁业和纺织业。

如果你是一个风险厌恶者呢？

18. 为什么股票市场素有"经济晴雨表"之称？这个"晴雨表"有失灵的时候吗？在使用这个"晴雨表"的时候我们应该注意什么问题？

19. 一般来说，人们都是厌恶通货膨胀的，但是适度的通货膨胀对证券市场是有利的。从总体上说，通货膨胀对证券市场的影响是很复杂的，请对这个问题加以具体分析。

20. 如果中国人民银行决定通过公开市场业务出售其持有的大量短期国债，请问：

(1) 你对股票市场的价格作何预期？

(2) 你对国债市场以及整个债券市场的价格变动作何预期？

21. 结合本章的学习，请你分析稳定和发展我国资本市场的对策取向。

第六章 外汇市场概述

【内容提要】本章中我们在介绍外汇市场基本概念的基础上,重点分析外汇市场产生和发展的原因。学习当今外汇市场的特征、功能;把握外汇市场的交易结构与交易层次;并理解相关的基础知识。

【重点难点】理解外汇市场交易的运行机制和方式,熟悉外汇市场的报价方式。难点在于掌握外汇市场的基本交易价格报价的依据和现实运作多样化的方式。

【基本概念】外汇 汇率 外汇交易 广场宣言 卢浮宫协定 即期外汇市场 远期外汇市场 SWIFT CHIPS 直接标价法 间接标价法

外汇市场是金融市场的重要组成部分,由于它的存在,资金在国际间的调拨划转才得以进行,国际间的债权债务才得以清偿,国际资本才得以流动,跨国界的资金借贷融通才得以实现。20世纪70年代以来,随着交易手段的现代化以及国际资本流动的巨大发展,外汇市场的交易迅速增长。今天,外汇市场每天的交易额已达1.5万亿美元,其规模已远远超过股票、期货等其他金融商品市场,已成为当今全球最大的单一金融市场和投机市场。

第一节 外汇市场的特征

一、外汇市场的产生及其涵义

(一) 外汇市场的产生

外汇市场最早可以追溯到金本位时期,随着国际货币制度的演进而不断发展,尤其是在布雷顿森林体系下发展迅速。外汇市场发展的前提条件是汇率的自由浮动,在古典金本位制及固定汇率制度下,外汇市场处于基本没有或者规模很小的地位,由于浮动汇率体系的出现,外汇市场便以日新月异的速度迅速发展。到了20世纪八九十年代由于金融管理自由化、金融创新及信息网络技术进步等因素的推动,金融市场全球化的进程进一步加快,而作为国际金融市场规模最大的组成部分——外汇市场,其发展速度更是惊人的。据有关金融机构统计,1989年全球外汇日平均交易额超过5 000亿美元,仅9年之后的1998年,全球外汇日平均交易额就达到1.7万亿美元,是世界贸易日平均交易额的约80倍,其规模也远远超过黄金、股票等其他国际金融市场,已成为当今全球最大的单一金融市场和投机市场。此外外汇市场还在交易工具种类上不断出现创新,外币掉期、外币期货期权、货币互换等已经成为重要的避险金融工具。国际经济交易不仅产生了外汇本身,同时形成了对外汇的供应和需求,从事国际经济交易与投资的经济主体由于进行贸易与投资、套期保值以及投机的需要进而产生了对外汇的供求。外汇的供求导致不同国家的货币兑换,即外汇交易,而专门进行外汇交易的场所则称为外汇市场(Foreign Exchange Market)。外汇市场是国际金融市场中一个最活跃、最敏感的部分,由于它的存在,国际间的债权债务才得以清偿,跨国的资金融通才得以实现,货币资本在不同国家间的调拨转移才得以进行,同时交易主体还需要通过外汇市场交易消除一些不稳定的因素,防范金融风险。因此,经济金融全球化进一步加深了外汇市场与国际经济活动的密切联系,并使外汇市场发挥越来越大的作用。

(二) 外汇市场涵义及其相关概念

1. 外汇市场的涵义

所谓外汇市场,是指由各国中央银行、外汇银行、外汇经纪人和客户组成的买卖外汇的交易系统。外汇市场不像商品市场和其他的金融市场那样,一定要设有具体的交易场所,它主要是指外汇供求双方在特定的地区内,通过现代化的电讯设备及计算机网络系统来从事外汇买卖的交易活动。外汇交易市场,也称为"Forex"或"FX"市场,是世界上最大的金融市场,平均每天超过1兆美元的资金在当中周转——相当于美国所有证券市场交易总和的30倍。

在外汇市场中,我们个人是最小的交易者和参与者,是随行就市的仆从者。在外国成熟的市场中,做外汇买卖的还包括中间商、经纪公司、中央银行国际性的公司和一些基金机构。中间商是指主要的商业银行。一般市场上以它们的报价为货币之间的汇率,外汇市场的其他参与者通常向这些商业银行来询问所能提供的汇率。现在,外汇市场的其他参与者通过著名的信息服务商——如路透,在国内比较著名的是世华,它们通过图形数据来收集不同的中间商的报价,再通过网络、广播、电视、电子活动板等向全球发布财经信息,使得全球的交易者能够在最快的时间内获得信息。充当中间商的商业银行通常愿意承担汇率风险并经常从事投机交易。那些报价的交易员是做市商(Market-Maker)。

经纪公司自己不能直接报出自己的汇率,他们将中间商的报价传递给其他的市场参与者,经纪公司只有在确定的商业承诺之后才会公开询价方。经纪公司完成的交易占外汇市场40%的总交易量。

中央银行是一个主权国家或多个国家的货币联盟(如欧元区)的货币当局,负责制定本国或本地区的货币政策,发行货币,调整利率,维持外汇储备。干预外汇市场也是其经常使用的货币政策。我们讲实际操作时再详细介绍各国央行对外汇市场的干预。

国际性的公司通常是一些在国际上很有名的跨国公司,其子公司遍布世界各地。参与外汇市场是它们国际贸易的组成部分。有些公司还有自己的外汇交易室,专门从事外汇交易。它们的实力富可敌国。它们参与投机和交易,也愿意承担外汇风险。基金机构,它们是市场上真正的投机者,它们手中的资金就是我们俗称的"热钱"。这些机构投资者在市场上呼风唤雨,经常攻击他国的货币,最著名的是索罗斯和他的量子基金。想必大家都有所耳闻,在此就不多说了。

2. 相关的基本概念

(1) 外汇

所谓外汇就是外国货币或以外国货币表示的能用于国际结算的支付手段。我国1996年颁布的《外汇管理条例》第三条对外汇的具体内容作出如下规定:外汇是指:① 外国货币,包括纸币、铸币;② 外币支付凭证,包括票据、银行的付款凭证、邮政储蓄凭证等;③ 外币有价证券,包括政府债券、公司债券、股票等;④ 特别提款权、欧洲货币单位;⑤ 其他外币计值的资产。从定义中我们可以看出外汇具有以下几个特点:① 外汇必须以外国货币来表示;② 在国外必须能得到偿付;③ 必须是可以自由兑换的货币。

(2) 汇率及标价方式。

汇率,又称汇价,指一国货币以另一国货币表示的价格,或者说是两国货币间的比价。在外汇市场上,汇率是以五位数字来显示的,如:欧元 EUR 0.970 5;日元 JPY 119.95;英镑 GBP 1.523 7;瑞郎 CHF 1.500 3;汇率的最小变化单位为一点,即最后一位数的一个数字变化,如:欧元 EUR 0.000 1;日元 JPY 0.01;英镑 GBP 0.000 1;瑞郎 CHF 0.000 1。按国际惯例,通常用三个英文字母来表示货币的名称,前两个字母代表货币所属国家和地区,第三个字母表示货币单位。外汇交易中常见的如英镑为GBP,人民币为CNY,日元JPY,瑞士法郎为CHF,意大利里拉为ITL,加拿大元为CAD,港币HKD。常见的货币英文缩写见表6-1。影响汇率变动的因素很多,如货币的供求变化、国际收支的变化、利率的高低、经济增长前景、市场的预期以及中央银行的干预等因素都影响汇率的波动。

表6-1 常见货币英文简写

货币名称	英文简写	货币名称	英文简写
人民币	RMB	意大利里拉	ITL
美元	USD	卢森堡法郎	LUF
日元	JPY	荷兰盾	NLG
欧元	EUR	葡萄牙埃斯库多	PTE
英镑	GBP	西班牙比塞塔	ESP
瑞士法郎	CHF	印尼盾	IDR
加拿大元	CAD	马来西亚林吉特	MYR
菲律宾比索	PHP	澳大利亚元	AUD
俄罗斯卢布	RUB	港币	HKD
新加坡元	SGD	奥地利先令	ATS
韩国元	KRW	芬兰马克	FIM
泰国铢	THB	比利时法郎	BEF
爱尔兰镑	IEP	新西兰元	NZD

资料来源:中国货币网

汇率的标价方式分为两种：直接标价法和间接标价法。直接标价法，又叫应付标价法，是以一定单位(1、100、1 000、10 000)的外国货币为标准来计算应付出多少单位本国货币。包括中国在内的世界上绝大多数国家目前都采用直接标价法。在直接标价法下，若一定单位的外币折合的本币数额多于前期，则说明外币币值上升或本币币值下跌，叫做外汇汇率上升；反之，如果要用比原来较少的本币即能兑换到同一数额的外币，这说明外币币值下跌或本币币值上升，叫做外汇汇率下跌，即外币的价值与汇率的涨跌成正比。间接标价法又称应收标价法。它是以一定单位(如1个单位)的本国货币为标准，来计算应收若干单位的外国货币。在国际外汇市场上，欧元、英镑、澳元等均为间接标价法。如欧元0.970 5即1欧元兑0.970 5美元。在间接标价法中，本国货币的数额保持不变，外国货币的数额随着本国货币币值的对比变化而变动。如果一定数额的本币能兑换的外币数额比前期少，这表明外币币值上升，本币币值下降，即外汇汇率上升；反之，如果一定数额的本币能兑换的外币数额比前期多，则说明外币币值下降、本币币值上升，即外汇汇率下跌，即外币的价值和汇率的升跌成反比。

二、外汇市场的特点

20世纪70年代以来，随着国际货币制度的改革以及现代科学技术的发展，当代国际外汇市场更加迅猛的发展，新的交易工具和交易方式不断涌现，外汇市场呈现出了新的特点，从下一节对世界主要外汇市场的介绍也可以看出，当今外汇市场主要特点是：

（一）外汇市场是无形市场

现在的外汇市场不像股票市场、期货市场，它没有固定的交易场地供交易双方集中进行外汇买卖，而是由专线电话、卫星通信电脑网络把分处不同银行的交易室，以及分布全球的外汇交易中心联结在一起形成的交易系统。如路透社的交易系统(Reuters Dealing System)。外汇交易系统的参加者不需要具备会员资格，但必须获得同行业的信任和认可，交易活动没有统一的开市和收市时间，外汇经纪商、商业银行的外汇交易员等都按行业认同的方式通过电子网络进行询价、报价，并直接达成交易。当然，由于历史的原因，少数国家的外汇市场仍然保留在规定的营业时间里集中在固定交易场所进行外汇买卖的习惯做法。如巴黎外汇市场和布鲁塞尔外汇市场等。然而，世界上最大的三个外汇市场，以及不同金融中心之间的外汇交易都是在电子网络系统中进行的，所以，国际外汇市场是一个无形的市场。也基于上述原因，把外汇市场理解为专门进行外汇买卖的电子交易系统会比"交易场所"更合适，这种没统一场地的外汇交易市场也被称之为"有市无场"。

（二）全球一体化的市场

国际外汇市场是一个无形的市场，由电脑、电话等通信工具将全世界的交易者连在一起。同时它又是一个24小时不停运转的市场。由于时差的关系，除了星期六、日及一些全球性的节假日外，这个市场都在不停地运转。从北京时间早晨5点起，新西兰、澳大利亚汇市开市，然后新加坡、香港、东京等相继开市；下午3点起，欧洲的巴黎、法兰克福、伦敦等也相继加入；至晚上8点，北美的纽约、温哥华也开市运转，直到第二天凌晨4点北美收市,外汇市场就是这样周而复始地不停运转着。这种连续作业,为投资者提供了没有时间和空间障碍的理想投资场所,投资者可以寻找最佳时机进行交易。比如,投资者若在上午纽约市场上买进日元,晚间香港市场开市后日元上扬,投资者在香港市场卖出,不管投资者本人在哪里,他都可以参与任何市场、任何时间的买卖。因此,外汇市场可以说是一个没有时间和空间障碍的市场。

外汇市场是最早实现电子化交易网络的市场,先进的信息网络系统使全球的外汇市场连成一个整体,一方面加快了市场信息的传递,使全球各角落的交易对手几乎可以同时获得即时市场行情和各种信息;另一方面,信息网络使交易能迅速达成,巨额资金在各外汇市场间转移十分快捷,降低了交易成本。因此,当不同市场上某两国货币汇率出现较大差异时,套汇交易迅速发生,不同市场上的供求状况及时得到调整,价格差异很快消除,交易价格趋向一致,这使得外汇市场的透明度比较高。随着一天50倍大于纽约股票交易量的外汇交易,在外汇交易市场总有经纪/庄家愿意买卖外汇,这种市场的透明度,特别是那些主要外币,会确定市价的稳定。交易者总会新开或结清一个头寸在一个公开的市场价格。

(三)外汇交易从整体上看是零和游戏

股票市场上,某种股票或者整个股市上升或者下降,那么,某种股票的价值或者整个股票市场的股票价值也会上升或下降,例如日本新日铁的股票价格从800日元下跌到400日元,这样新日铁全部股票的价值也随之减少了一半。然而,在外汇市场上,汇价的波动所表示的价值量的变化和股票价值量的变化完全不一样,这是由于汇率是指两国货币的交换比率,汇率的变化也就是一种货币价值的减少与另一种货币价值的增加。比如在22年前,1美元兑换360日元,目前,1美元兑换120日元,这说明日元币值上升,而美元币值下降,从总的价值量来说,变来变去,不会增加价值,也不会减少价值。因此,有人形容外汇交易是"零和游戏",更确切地说是财富的转移。近年来,投入外汇市场的资金越来越多,汇价波幅日益扩大,促使财富转移的规模也愈来愈大,速度也愈来愈快,以全球外汇每天1.5万亿美元的交易额来计算,上升或下跌1%,就是1 500亿的资金要换新的主人。尽管外汇汇价变化很大,但是,任何一种货币都不会变为废纸,即使某种货币不断下跌,然而,它总会代表一定的价值,除非宣布废除该种货币。

(四)汇率剧烈波动的市场

1973年布雷顿森林体系彻底瓦解,西方国家普遍开始实行浮动汇率制。此后,外汇市场的动荡不安就成为一种经常现象,尤其是进入20世纪80年代以来,由于世界经济发展不平衡加剧以及国际资本流动进一步趋向自由化,世界外汇市场上各国货币汇率更加涨落不定,动荡剧烈,尤其是美元与日元的汇率更是大起大落。1985年9月,1美元兑换220日元,而1986年5月,1美元只能兑换160日元,在8个月里,日元升值了27%。之后,外汇市场的波幅就更大了,1992年9月8日,1英镑兑换2.010 0美元,11月10日,1英镑兑换1.508 0美元,在短短的两个月里,英镑兑美元的汇价就下跌了5 000多点,贬值25%。不仅如此,目前,外汇市场上每天的汇率波幅也不断加大,一日涨跌2%至3%

已是司空见惯。毫无疑问,外汇市场如此动荡不稳,必然会给各国的对外经济贸易活动带来极大的风险。正因为外汇市场波动频繁且波幅巨大,给投资者创造了更多的机会,吸引了越来越多的投资者加入这一行列。对于汇率的过度波动,国家或国际上多个国家为了实现既定的经济目标要进行干预或联合干预。

20 世纪 80 年代以来由于全球外汇市场的一体化发展,一国外汇市场汇率的变化往往波及全球,这样仅靠一国中央银行干预外汇市场显得势单力薄。因此,在目前浮动汇率制下,中央银行干预外汇市场的一个重要特征是多国"联合干预"。例如,1985 年 9 月,西方五国(英、美、日、法、德)财长在纽约的广场饭店讨论美元币值问题,发表了将采取联合干预外汇市场使美元从过于高估的水平上降下来的广场宣言(Plaza Announcement)。第二天美元就开始贬值一直持续到 1987 年。到了 1986 年底各国认为美元贬值已经足够了,在 1987 年 2 月在法国卢浮宫又召开会议,达成卢浮宫协定(Louvre accord),各国承诺使美元稳定在当前水平。由此可见,联合干预今后仍将是中央银行干预外汇市场的重要特征。

(五)外汇市场交易货币相对集中

在外汇市场上交易的对象是各国的货币,但并非所有国家的货币都可以进行交易,而且在可以交易的货币中,有许多货币的交易额也是微不足道的。目前在国际外汇市场上,绝大部分交易集中于美元、英镑、欧元、日元、加拿大元和瑞士法郎等货币之间进行。这是因为国际贸易和国际借贷活动大多采用上述货币进行。2001 年,美元占每日全球外汇交易量的 45.2%,而 1992 年为 41%。欧元次之,占有 18.8%的市场份额。事实上,2001 年,美元对欧元是交易最多的货币对,占全球交易量的近三分之一。日元是第三大货币,占全球交易量的 11.4%,而英镑位列第四,交易量占 6.6%。从理论上讲,一笔外汇交易可以在上述任何两种货币之间或其他任何两种货币之间直接进行。但在外汇市场,绝大多数交易都是以美元为基础的外汇交易,美元/日元、美元/欧元、美元/英镑等,即使银行的真正目的是以某种非美元货币换取另一种非美元货币,也往往是以美元为中介进行套汇交易而实现这种兑换。如某家银行想出售新西兰元换取加拿大元,按外汇市场的习惯做法,该银行会首先用新西兰元换取美元,然后再用美元购买加拿大元。虽然在 20 世纪 80 年代后期出现了一种新型的不以美元为中介的、非美元之间的外汇交易,如英镑/欧元、加拿大元/日元。但是,在今后较长的一段时期里,国际外汇市场上主要以美元为基础的外汇交易结构不会改变,这是以美元为中心的国际货币体系在外汇市场上的反映。

(六)金融创新层出不穷的市场

1973 年国际货币体系进入浮动汇率制以后汇率频繁波动,外汇风险增大,各种防范汇率风险的金融创新不断应运而生,如货币互换及其与利率互换相结合的混合互换、货币期货交易、货币期权交易等,并且这些外汇交易与资本市场交易日益结合,使金融创新更加深入,从而使外汇市场交易更加丰富多彩。

第二节 外汇市场的组织形态和交易结构

一、外汇市场的组织形态

1. 按照外汇交易参与者的不同,外汇市场可以具体分为狭义的外汇市场和广义的外汇市场。狭义的外汇市场,又叫外汇批发市场(Wholesale Market),它是特指银行同业之间的外汇交易市场(Interbank Market),包括外汇银行之间、外汇银行与中央银行之间以及各国中央银行之间的外汇交易。通常每笔交易金额较大,使该市场的交易量占外汇市场总量的90%以上。因此,外汇汇率实际上在银行同业市场中形成,并成为零售业务汇率的基础。广义的外汇市场,除了上述狭义外汇市场之外,还包括银行同一般客户之间的外汇交易。

2. 按外汇交易场所的形式划分可以分为大陆型市场(Mainland System)和英美型市场(Anglo-American system)。大陆型市场是指在固定交易场所进行外汇买卖的外汇市场。交易场所一般设在证券交易所内,从事外汇交易业务的各方代表在营业日的规定时间内,集中到此进行外汇交易,这种外汇交易也就是交易所交易。目前,巴黎外汇市场、法兰克福外汇市场、比利时的布鲁塞尔等一些欧洲大陆国家的外汇市场属于这一类型。由于其交易方式和交易目的都很有限,主要用于调整即期的外汇头寸,决定对顾客交易的公定汇率,因此不是外汇市场主要形式。英美型市场即无形市场,是指外汇交易没有固定的、具体的交易场所,交易双方通过电话、电报、电传和计算机终端等现代化通信设施进行交易的外汇市场,这样的交易叫做场外直接交易(OTC)。抽象的外汇市场形式普遍流行于英国、美国、瑞士、远东等国家和地区,如伦敦和纽约的外汇市场。然而,由于伦敦和纽约是世界上两个最大的外汇市场,所以人们一般都将典型的外汇市场理解为一种抽象市场。

3. 按外汇交易资金交割时间划分即期外汇市场(Spot Market)和远期外汇市场(Forward Market)。前者是指交易双方在达成交易后的两个营业日内完成资金的交割。即期外汇交易是最基本的、传统的外汇交易方式,银行间的交易一直以此方式为主。在远期外汇市场上,交易双方通过签订远期交易合约达成交易,实际的资金交割在合约指定的将来时间进行。远期外汇市场的主要参加者是套利保值者、套期保值者以及投机者。

4. 按外汇交易受管制的程度划分官方市场(Official Market)和自由市场(Free Market)。前者指在实行外汇管制的情况下,按照政府的外汇管制法令和条例运作,管理较严的外汇市场。在实行外汇管制的国家除官方市场外,往往还存在自由市场,也就是所谓的黑市。一些实行外汇管制的国家无法取消黑市交易,有时只好默认自由市场的存在。在不实行外汇管制的国家,一般只有一种外汇市场,即自由市场。

二、全球主要外汇市场简介

现在的外汇市场可以叫做全球外汇市场,因为全球时差把世界各地外汇市场的营业时间相互连接,可以不间断地进行交易。这样就形成了一个统一的大市场。虽然国际汇市是一个不分昼夜24小时连续作业的市场,一个市场的汇率波动可以迅速波及到其他市场,但每一个市场又都有其自身的不同特点。

伦敦是历史最悠久的国际金融中心,几乎所有的国际性大银行都在伦敦开设了分支机构。由于地理上的优势,伦敦在交易时间上与亚洲和北美市场相关连接并有部分重叠,方便不同地域的投资者进行交易。19世纪以来,由于伦敦在国际金融和贸易方面所处的中心地位,英镑作为国际结算中的主要结算工具,促成了伦敦外汇交易市场的形成。伦敦市场的外汇交易量居世界首位,占全球交易量的1/3以上,交易品种十分丰富,其中交易规模最大的为英镑兑美元的交易,它是欧洲美元交易的中心,其次是英镑兑欧元、瑞郎和日元等,其汇率走势对全球汇市有着重要的影响。其交易时间约为北京时间18:00至次日2:00。

纽约外汇市场是重要的国际外汇市场之一,其日交易量仅次于伦敦。目前全球90%以上的美元收付通过纽约的"银行间清算系统"(Clearing House Interbank Payment System,CHIPS)进行,因此纽约外汇市场有着其他外汇市场所无法取代的美元清算和划拨功能。美元是世界最主要的储备和清算货币,纽约作为美元的清算中心,虽然在交易量上比不上伦敦市场,但在汇率的波动和影响方面比伦敦市场有过之而无不及。这一方面是由于美国的经济数据对全球金融市场有着举足轻重的影响,而这些数据往往是在纽约交易时间公布;另一方面,美国股票、债券市场规模庞大,其走势影响着国际资金的流向;美国金融制度宽松有利于金融创新,以上因素大大地活跃了纽约外汇市场。除美元外,各主要货币的交易币种依次为欧元、英镑、瑞郎、加元、日元等。其交易时间约为北京时间20:00至次日4:00。

欧洲大陆的外汇交易市场。欧洲大陆的外汇交易市场由瑞士苏黎世市场、巴黎市场、法兰克福市场和一些欧元区成员国的小规模的市场组成。主要是德国的法兰克福市场,随着欧洲一体化的进程,法兰克福成为欧洲中央银行的所在地,其国际金融中心地位得到加强。交易时间为北京时间16:00—24:00。在交易中比东京市场活跃,汇价的变动也很大。

东京外汇市场是世界上第三大外汇市场。东京外汇市场的交易品种较为单一,主要集中在日元兑美元和日元兑欧元。日本作为出口大国其进出口贸易的收付较为集中,因此具有易受干扰的特点。在交易中,一般行情比较平淡,但有时由于日本出口商的投机,使日元在汇市上出现大幅的波动。例:2002年10月23日星期三美元/日元在东京市场受到打压,迅速从1美元=125.26日元下跌到1美元=124.00日元水平。交易时间约为北京时间的8:00—16:00。

瑞士苏黎世外汇市场是世界上第四大外汇市场。由于瑞士银行业非常发达,瑞士法郎又是世界上最稳定的货币之一,使苏黎世外汇市场具有得天独厚的优势。值得注意的是,苏黎世外汇市场没有外汇经纪人。交易时间为北京时间16:00—24:00。

新加坡外汇市场。新加坡元1972年与英镑脱钩,1973年与美元脱钩,实行自由浮动。20世纪90年代后,新加坡的金融自由化进程进一步加快,外汇市场全面开放。新加坡地理位置特殊,其每日交易的前市与悉尼、东京、香港重叠,后市与欧洲市场衔接,三地外汇市场的相互影响能在其交易中有所体现。因此新加坡外汇市场的影响力日益增强。

近年来,该市场的外汇日平均交易额超过香港,在亚洲仅次于东京。交易时间为北京时间09：00—17：00。

香港外汇市场也是亚洲外汇市场最重要的组成部分之一。1972年底香港撤销了外汇管制后,其外汇市场开始迅速发展。20世纪80年代前,香港外汇市场的交易额一直位居亚洲第一,但20世纪80年代后,东京和新加坡先后超过香港。目前,香港外汇市场主要交易货币是美元、日元和欧元。香港市场的参与者主要是商业银行和财务公司。香港市场中港币实行联系汇率制,主要交易的品种有美电交易。索罗斯在攻击香港时,就在美电交易中搏斗了好几个回合。（美电是行业术语,指美元/港币）还有美元兑其他的货币交易。交易时间为北京时间9：00—17：00。

此外我们也应该知道大洋洲的两个市场：惠灵顿外汇市场和悉尼外汇市场。惠灵顿外汇市场是全球每天最早开市的市场,交易时间北京时间4：00—13：00。两个小时之后,悉尼外汇市场开市,收市也晚两个小时,主要交易本国货币和美元的交易,澳元是美元集团的货币。

我国的外汇市场。1994年的4月18日,中国外汇交易中心在上海正式成立。它是在央行的领导下的独立核算、非营利的事业法人。交易中心实行会员制,会员包括中资银行、外资银行、其他的非银行性机构,外资银行只能代理,不能自营外汇买卖。在1994年我国进行了外汇体制改革,外汇市场在各个方面已经接近外国的外汇市场,但是人民币不能自由兑换。目前我国外汇市场已建立了外汇市场电子交易系统,为银行间外汇市场提供交易、清算和信息服务,成功实现了人民币汇率并轨,奠定了以市场供求为基础的、单一的、有管理的浮动汇率制的基础,保证了外汇管理体制改革措施的顺利平稳实施。交易中心分别于1996年1月和1997年6月建立了全国银行间同业拆借市场和债券市场。此外还推出了"中国货币网"信息系统和"中国票据网"票据报价和查询系统。从2004年10月26日起加入了SWIFT系统,提高了我国外汇市场的国际化水平。我国外汇市场的发展目标是在推进人民币完全可兑换进程中,逐步成为地区乃至全球的人民币相关产品的交易主平台和定价中心。

三、外汇交易和清算系统

（一）全球主要的外汇交易系统

目前,全世界运用最广泛的外汇交易工具有路透社终端和得励财经终端。这是英国的路透新闻通讯社和德国的德励财经资讯有限公司,利用其散布于世界各地和各金融中心的新闻记者,广泛采集有关政治、经济、金融、贸易、商品、证券等各种信息,并通过电话、电传、信息终端机等先进的通信工具,为广大的外汇交易者提供最快捷、最有效的服务。

1. 路透社终端

路透交易系统（Reuter Dealing System）是一高速电脑系统,主要包括控制器、键盘、荧光屏和打印机等,其操作十分简便。用户通过邮电部门将自己的终端机与路透交易机连接上后,交易员只需启动机器,通过键盘输入自己的终端密码,即可用键盘与对方银行联系。全世界参加路透交易系统的银行达数千家,每家银行都有一个指定的英文代号,例如中国银行总行的代号为 BCDD。交易员若想与某个银行进行交易,在键盘上输入乙方银行的代号,叫通后即可询问交易价格,并可与其还价。双方的交易过程全部显示在终端机的荧屏上,交易完毕后即可通过打印机打印出来。这种由路透终端输出的打印文件,是双方交易的唯一文字记录,因而也是最重要的交易合同和依据。

路透终端提供的服务主要包括:

(1) 即时信息

遍布全球的路透社记者将即时的政治、财经、商品等各种信息汇集到路透社编辑中心,然后再输送到各地的路透终端上。用户只需在自己的键盘上敲出预定的代号,即可在屏幕上阅读信息。路透终端的信息内容十分丰富,共有 7 000 多个版面,如外汇交易常用的"各国国内利率版面"、"国际利率版面"、"外汇市场汇率版面"、"各国经济版面"、"商业动态和商品行情版面"、"国际政治新闻版面"、"国际金融版面"等。

(2) 即时汇率行情

路透终端的即时汇率版面,为交易员显示即时世界各大银行外汇买卖的参考价。该价格由参加路透社报价系统的银行通过终端输入,而后由电脑自动选择有价值的报价显示在荧幕上。用户只需按下 ASAP(as soon as possible)代号,荧幕上即可显示这些最新的汇价。值得注意的是,这些汇价只能作为参考价,不是市场交易的实际汇价。

(3) 市场趋势分析

路透系统中有许多高级的经济学家、银行家、金融专家和分析专家,他们负责每天撰写汇市评论和走势分析,然后输入路透电脑中心。用户可以利用键盘调出所需的内容,以作参考。

(4) 技术图表分析

路透社为客户提供图表终端机,利用图表终端机可以绘制出各种技术图表,以帮助用户进行技术分析。

(5) 做外汇买卖

通过路透交易机,交易员就可以和系统内的任何一家银行进行外汇交易。路透交易机以电话线连接,交易员交易时先输入自己终端的密码,再呼叫对方银行;接通后向对方询价,一旦合适即按动键盘达成交易;在此之后,再在打印机上自动打出交易"合约"。

2. 德励财经终端

德励财经资讯系统(Telerate System)隶属于美国道·琼斯公司。道琼斯德励(Dow Jones/Telerate)、东京外汇(Tokyo Forex)和日本 KDD 公司等 1969 年在东京创办了 MINEX 电子经纪系统,后于 1995 年 12 月被 EBS 收购兼并。EBS 是 1993 年 9 月 14 家实力雄厚的商业银行在伦敦共同组建的电子经纪服务系统。该系统以即时同步方式,提供全球最新的经济和金融信息。德励财经终端资讯来自于全世界各大交易中心,数千家外汇银行、经纪商、证券公司、研究机构等。

德励财经资讯系统的服务主要包括:

(1) 货币汇价和经济新闻:提供汇率、利率、黄金、证券和期货等的即时同步报价;提供美联社的全球性新闻服务。

(2) 市场评论和图表走势:提供 1 900 家银行及其他专门金融研究机构的市场分析。

专栏6-1

电子交易兴起与外汇交易方式变革

20世纪90年代以来,随着欧元的出现、银行业兼并活动的加剧、电子经纪业的兴起以及公司部门的合并,国际外汇市场经历了深刻的结构性变动。在这些结构性变动中,电子交易的兴起改变了外汇市场参与者的行为方式,引发了外汇交易机制和外汇交易技术的变革,给外汇市场造成了一定冲击。外汇市场电子交易的发展主要体现在电子交易平台、在线交易以及电子清算体系三个方面,相互关联,密不可分。

外汇市场电子交易平台的发展

电子交易平台(Electronic Trading Platform)既可指简单的指令传输装置,也可以是完整的交易执行设施。20世纪80年代早期,路透社发起并建立了电子屏幕交易服务系统,外汇交易商可以通过电脑终端得到大量交易信息,该系统于1989年被路透交易2000-1(Dealing 2000-1)所取代。这些早期电子交易系统可以沟通两个外汇交易商之间的信息,但无法实现复杂的撮合功能。直到1992年,路透交易2000-2(Dealing 2000-2)系统投入使用,上述局面才得以改观。由于外汇市场具有分散化场外交易性质,通过电子经纪服务体系进行交易的全球外汇交易量确切份额很难精确测定。国际清算银行一份调查报告认为外汇市场交易商间交易中,通过电子交易平台进行的交易一直呈迅速攀升态势,1992年通过电子交易的市场份额占交易商间交易量总额不到5%,而2001年已上升至60%,报告声称这些数据仍可能低估了电子经纪的重要性。

外汇市场在线交易的兴起

随着电子平台的建立,外汇市场在线交易也开始发展起来。第一家以网络为基础的多银行外汇交易接口——Currenex于2000年4月开始运营,揭开了在线交易的新篇章。此后,各类多银行外汇交易接口纷纷崭露头角。与路透等以银行间市场为目标的电子交易系统相比,这些新的、以网络为基础的电子交易系统为外汇买卖双方提供了更广阔的电子交易场所,外汇在线交易越来越普及。同时,由于这一市场效率更高,且成本更低,银行和其他"卖方"市场参与者也在不断劝说客户转向在线市场。

持续联系清算(CLS)系统的兴起

外汇市场巨大的交易量给每个参与者带来巨大的系统风险。外汇交易的每一个步骤都暗藏风险,这些潜在风险对市场冲击是深远的。在与监管者就这些风险控制问题进行博弈的过程中,为获得主动权,1994年,一组被称为20巨头(G20)的大外汇银行集团创建了CLS清算计划,并于1997年正式成立CLS银行。CLS的建立改进了全球银行业的稳定性,提高了外汇市场深度并降低了国际贸易和投资的成本。

——中国货币网

（二）外汇交易清算系统

除了上述两种主要的交易系统外，外汇市场上还有为外汇交易服务的各种清算系统，其中主要的有美国的银行间清算所交付系统（CHIPS）和环球国际金融交易协会（SWIFT）。

1. 环球国际金融交易协会（SWIFT）

由于银行通信网日益不适应国际支付快速增长的需要，1973年建立"环球国际金融交易协会"（Society for Worldwide Interbank Financial Telecommunication，简称SWIFT），总部设在布鲁塞尔。这是一家比利时的非营利性合作团体，该组织从1977年5月开始承办拨转外汇存贷的业务。SWIFT的电讯从一国传到另一国是通过设在布鲁塞尔、阿姆斯特丹和美国弗吉尼亚州库尔佩珀的三个互相联系的操作中心进行的，这三个操作中心又通过国际信息网络与大多数会员国的地区信息处理机相联系，每个会员国的银行就可以利用国内现有的通信设施把电讯先发送到地区分支机构，该系统的优点是在交易到期日之前，可以收到现汇交易的确认信息。目前全球大多数国家大多数银行已使用SWIFT系统。SWIFT的使用，给银行的结算提供了安全、可靠、快捷、标准化、自动化的通信业务，从而大大提高了银行的结算速度。

2. 美国的银行清算支付系统（CHIPS）

美国的银行清算支付系统（Clearing House Interbank Payment System，简称CHIPS）由纽约清算所协会经营。是全球最大的私营支付清算系统之一，主要进行美元国的外汇交易和欧洲美元的交易清算。它是最重要的国际清算机构。CHIPS于1970年建立，最初它仅为国际支付服务，进入该系统的成员只限于纽约清算所协会的银行。现在外国银行的分支机构也可进入该系统，并从1979年11月开始很多业务与SWIFT相连接。目前全球大约90%的美元清算都是通过CHIPS来完成的。

四、外汇市场交易的结构

按照外汇交易的途径来划分，外汇市场可分为银行外汇市场和交易所外汇市场。

（一）银行外汇市场的结构

银行外汇市场是指通过银行买卖外汇的整个领域。根据银行外汇交易的不同对象，可将银行外汇市场的结构划分为三个层次：即银行与顾客之间、银行同业之间、银行与中央银行之间的交易。在这些交易中，外汇经纪人往往起着中介作用。

1. 银行与顾客之间的外汇交易

顾客出于各种各样的动机，需要向外汇银行买卖外汇。银行在与顾客的外汇交易中，一方面从顾客手中买入外汇，另一方面又将外汇卖给顾客。实际上是在外汇的最终供给者和最终使用者之间起中介作用，赚取外汇的买卖差价。

2. 银行同业间的外汇交易

银行在每个营业日，根据顾客的需要与其进行外汇交易的结果，难免产生各种外汇头寸的多头（Long Position）或空头（Short Position），统称敞口头寸（Open Position）。多头表示银行该种外汇的购入额大于出售额，空头则表示银行该种外汇的出售额多于购入额。当银行各种外汇头寸处于不平衡时,银行便承担了外汇风险。若银行要回避外汇风险,就需通过银行同业间的交易,"轧平"外汇头寸,即将多头抛出,空头补进,使其所承诺的某种货币的出售数量与所承诺的同种货币的购进数量相平衡。此外,银行还出于投机、套利、套期保值等目的从事同业的外汇交易。因此,银行同业间的外汇交易构成了绝大部分的外汇交易,占外汇市场交易总额的90%以上。

银行同业市场是外汇市场供求流量的汇集点,因此它决定着外汇汇率的高低。在外汇市场上,有些实力雄厚的大银行处于"市场创造者"(Market Maker)的地位,由于其雄厚的实力和巨额的经营,因此其报价对市场汇价的形成有很大的影响。

3. 银行与中央银行之间的外汇交易

中央银行为了使外汇市场上自发形成的供求关系所决定的汇率能相对地稳定在某一期望的水平上,可通过其与外汇银行之间的交易对外汇市场进行干预。如果某种外币兑换本币的汇率低于期望值,中央银行就会向外汇银行购入该种外币,增加市场对该外币需求量,促使银行调高其汇率;反之,如果中央银行认为该外币的汇率偏高,就向银行出售该种外汇的储备,促使其汇率下降。

(二) 交易所外汇市场的结构

交易所外汇市场是一种有组织的场内交易市场,它有具体的交易场所,一般是在证券交易所的建筑物内或在交易大厅的一角设立外汇交易所,各个成员公司的代表在一定时间聚合在此地从事外汇交易。在外汇交易所进行的外汇交易主要有两种,即外汇期货交易和外汇期权交易。在交易所外汇市场上,外汇买卖双方通过交易所成员公司在交易所进行喊价交易(open outcry),并配合声音与手势进行交易,且成交后通过清算公司进行清算。一般来说,交易所由那些买下或者租赁席位(seat)或有交易资格的会员组成。一个席位允许一个会员在交易大厅的某一个区域进行交易,这就是在交易所的交易台(又称 pits 或 rings)内交易。不同的交易区专属于不同的期货与期权合约。交易员只能于交易所内交易,不可直接与外界成交。交易员与外界的中间人为经纪商。交易所有标准的交易时间,但是若使用电子交易系统,如伦敦国际金融期货与期权交易所(LIFFE)使用的 Automated Pit Trading(简称 APT)就可延长交易所的营业时间。有些交易所很小,只有几个席位;有些交易所的规模就相当大,像芝加哥商品交易所(CME)有两层楼,占地7万平方英尺,在交易繁忙的时段甚至有数千个交易员。公开喊价交易是相当嘈杂且有趣的,交易所内不同工作性质者穿着不同颜色的服装。虽然会出现混乱的情况,不过其组织架构相当完善,能很有效率地运作。

第三节 外汇市场的交易基础

一、外汇交易的价格

汇率是外汇市场交易的核心变量,从长期来看决定汇率的根本因素是一国经济的实力,在现代纸币本位的条件下,汇率决定于两种货币所代表的购买力之比,两种货币的购买力也称为购买力平价。影响汇率长期变动的因素是比较多的,如国际收支的差额、通货膨胀率差异、利率的差异、政府的干预、人们对未来的预期以及一国的宏观经济状况等等。从短期来看决定外汇交易的价格是参与外汇交易的造市者公开进行的瓦尔拉斯式拍卖的机制。外汇造市者公布交易价格,并根据需求的状况不断调整交易价格最终形成均衡价格。影响短期汇率波动的因素也很多,如重大的新闻事件、整个市场的情绪、市场交易者对未来汇率变动的预期。外汇市场的交易价格形成有自己的特点,一般交易者同时公布两个价格即买入价和卖出价,由于造市者的存在,从而使得最终的外汇交易指令得以迅速进行。由于许多的造市者同时宣布买卖的汇率,某一特定银行的特定交易员很难及时了解所有其他交易员当时的报价,外汇市场通常存在价格差异,所以同时交易可能以不同的汇率成交。

对于造市者来说,只关心从自身角度来说的均衡,但是交易员的问题是,在任何时刻,他发现他买入和卖出的次数及数量是不同的。他在某种货币买卖中获得了多余头寸或短缺头寸并承担汇率变动带来的风险。如果他想避免这种风险,则必须通过不断调整买价和卖价以适应其卖出和买入的相对频率。买卖差价在这里成为了一个被调整的变量。同时造市者从买卖差价中获取对其风险进行补偿的利润。据估计全世界有200家造市银行,其大部分交易采取直接交易的方式,现在越来越多采用电子直接交易系统,如路透系统。在全球所有外汇交易的85%是在造市者之间运行的(国际清算银行,1990),缘于商业需要的外汇交易不到15%。造市者的行为对短期汇率的波动有着直接的影响。

我国从1994年推行结售汇制度。各个外汇指定银行在对客户进行结、售汇后,将形成外汇敞口头寸。商业银行便以此在中国外汇交易中心进行买卖外汇以轧平头寸。外汇交易中心对会员的报价按照价格优先、时间优先的原则撮合成交,形成人民币汇率价格。如果市场有头寸无法轧平,央行便买入或卖出相应外汇,成为最终也是最大的造市商。目前我国正积极探索美元做市场制度,确定几家特定的银行承担造市者的功能。

二、外汇交易的基本规则

在外汇交易中,存在一些约定俗成的、大家共同遵守的习惯和做法,最后逐渐被外汇交易员们认定为规则,在外汇交易中使用。这里列举交易中几种主要的规则:

规则一,外汇交易中的报价。此报价是外汇交易中双方兑换货币成交的价格。通常,银行在报价时对每一种货币应同时报出买入价(Bid Price)和卖出价(Offer Price),即所谓双价制。另外,报出的汇价通常由两部分构成:大数(Big Figure)和小数(Small Figure)。大多数的汇价,其小数点后第二位以前的数据值为大数,以后的数据值为小数,如欧元兑美元汇价:USD/EUR为1.7538/42,其中1.75为大数,38/42为小数。仅有少数几个汇价,其整数部分为大数,小数部分为小数,如日元兑美元汇价:USD/JPY为120.35/45,其中120为大数,35/45为小数。一般在一个交易日内,外汇市场上汇率波动不大,外汇交易员为了节省时间,尽力求简,只报汇率的最后两位数,能让熟悉行情的对方明了就可以了。如前述欧元兑美元汇率只报出38/42,至于前面大数可省略不报。另外,外汇交易员的报价必须以美元为中心,即几乎全部的外汇交易均采用以某种货币对美元的买进或卖出的形式进行,除非有特殊说明。

规则二,使用统一的标价方法。汇率的标价方法有直接标价法、间接标价法之分。为使交易迅速顺利地进行,交易各方使用统一的标价方法,即除英镑、澳大利亚元、新西兰元和欧洲货币单位采用间接标价法以外,其他交易货币一律采用直接标价法。

规则三,交易额通常以 100 万美元为单位进行买卖。如交易中 One Dollar 表示 100 万美元,Five Dollars 表示 500 万美元,如果交易额低于 100 万美元,应预先说明是小额的,然后再报出具体金额。

规则四,交易双方必须恪守信用,共同遵守"一言为定"的原则和"我的话就是合同"的惯例,交易一经成交不得反悔、变更或要求注销。

规则五,交易术语规范化。迅速变化着的汇率要求交易双方以最短的时间达成一项交易。因此,交易员们为节省时间常使用简语或行话,如买入可用 Bid,Buy,Pay,Taking,Mine,卖出可用 Offer,Sell,Giving,Yours 等,我卖给你 500 万美元可用 Five Yours。常见的外汇术语见表 6-2。

表 6-2 常见的外汇交易术语

Bid 买入	Position 头寸
Buying Rate/Selling Rate 买价/卖价	Dealing Rate 交易价
Delivery Date 交割日 起息日 结算日	Square 平仓
Ask Price 卖方开价	Bear Market 熊市
Asked Price 卖方报价	Bull Market 牛市
Ceiling Rate 最高价	Roll Over 展期
Closing Rate 收盘价	Confirmation 确认书
Discount & Premium 贴水/升水	Normal 正常金额
Offer (Sell,Give) 卖出	Go North 上升
Mine & Yours 买进/卖出	Go South 下降

资料来源:刘玉操《国际金融实务》,东北财经大学出版社,2001

三、外汇交易的方式

1. 场外交易(OTC,over the counter)。直接运用银行同业系统,交易员直接利用电话或其他交易系统如 2000-1 路透交易系统进行交易。2000-1 路透交易系统是为交易商提供直接交易服务。交易"对话"是在屏幕上显示出来的,对于详细资料都有记载,而且可以查询。这个系统也可以自动打印出交易单,以便后台为交易双方结算交割。

2. 电子交易系统。电子经纪系统又被称为"电子交易撮合系统",也就是直接电子经纪交易,交易员通过自动配对系统,也就是电子经纪人进行交易。自动配对系统提供匿名交易,当交易员在市场中寻找最有利的价格,特别是他们不很在乎他们交易的对方到底是谁时,就采用这种交易方式。很明显,在成交前,双方对对方的信誉度等方面感到很满意。自动交易系统的交易规则与具有固定场所的交易一样。如 1992 年 4 月,路透(Reuters)为了补充其外汇相关业务而推出了自己的电子经纪系统——Dealing 2000-2 System。1993 年 9 月,14 家实力雄厚的商业银行在伦敦共同组建了电子经纪服务系统

(Electronic Broking Service,简称EBS),一方面是为了打破路透在此领域的垄断,另一方面也起到了防范过度依赖某一系统所导致的风险的作用。与此同时,道琼斯德励(Dow Jones/Telerate)、东京外汇(Tokyo Forex)和日本KDD公司等在东京创办了MINEX电子经纪系统,后于1995年12月被EBS收购兼并。

3. 交易所交易。外汇交易也可以通过交易所进行交易,如伦敦国际金融期货交易所(London International Financial Futures and Options Exchange,简称LIFFE)或是芝加哥商品交易所(Chicago Mercantile Exchange,简称CME)等。交易所内使用公开喊价方式(open outcry),并配合声音与手势进行交易。不过,大多数交易所已经以电子交易系统取代公开喊价,或是采取两者并行的方式。通过喊价经纪人进行交易一般需要以下几个步骤:(1)喊价经纪人通过安装在银行交易室的扬声器播出一种期限工具的价格。(2)交易室里的交易员通过电话接力传递他们的买卖指令。(3)一旦经纪人对买卖双方配对成功,就视为成交,成交价格通知所有银行。(4)经纪人要向成交的双方反馈,以核实成交量,这样双方都能相互检验对方的信誉度。(5)一旦双方都承认对方的信用良好,而且接受这个交易量,就可以成交,这样就形成了即期价格。

外汇交易的种类随着外汇市场的发展也不断扩大,大体上外汇交易的种类主要包括即期交易、远期交易、期权交易、期货交易、互换交易和掉期交易。更详细的情况及各种外汇交易的原理与具体实例,将在后面章节中为大家作详细的介绍。

专栏6-2

中国外汇交易中心市场交易规则(暂行)

第一章 总则

第一条 为维护银行间外汇交易市场的正常秩序,保障交易各方的合法权益,特制定本规则。

第二条 本规则所称银行间外汇交易市场(以下简称交易市场)指中国外汇交易中心(以下简称本中心)为会员之间进行外汇交易所提供的交易和清算系统。

第三条 按本规则办理的外汇交易限于人民币与外汇之间的即期买卖。

第四条 交易市场坚持公开、公平、公正原则,按照价格优先、时间优先的成交方式取分别报价、撮合成交、集中清算的运行方法。

第五条 会员的交易行为除遵照有关法规的规定外,依本规则办理。

第二章 会员管理

第六条 本规则所称会员指经本中心核定,准许其在交易系统内从事外汇交易的金融机构。

第七条 经中国人民银行批准设立、国家外汇管理局准许经营外汇业务的金融机构及其分支机构,均可向本中心提出会员资格申请,经本中心审核批准后,可成为本中心会员。

中央银行作为本中心会员参加市场交易。

本中心会员应按规定缴纳席位费。

第八条　会员根据《中国外汇交易中心章程》中的有关规定享有权利和承担义务。

第九条　会员分为自营会员和代理会员两类。自营会员均可兼营代理业务，代理会员只能从事代理业务，不得从事自营业务。

第十条　自营业务指会员为其自身外汇业务的正常进行而从事的外汇交易。

代理业务指会员为企业提供经纪服务而从事的外汇交易。代理会员应按本中心的有关要求办理申报手续。

第十一条　会员应指派经本中心认可的交易员代表其从事交易活动，并对其在交易市场内的交易行为负责。会员指派或更换的交易员应经本中心培训并获由本中心颁发的交易员证书。交易员应对其交易代码保密承担全部责任。

第三章　交易市场

第十二条　交易市场每周一至周五开市，国内法定节假日不开市。涉及交易币种的国家或地区节假日时，则该交易币种只进行交易，交割日顺延至下一营业日。

第十三条　本中心认为确有必要，可变更开市或闭市时间，并报交易市场主管机关备案。

第十四条　如遇不可抗力或其他偶发事故，本中心可以宣布全部或部分暂停交易。上述因素消除后，本中心应立即恢复交易。

第十五条　当交易市场发生异常情况时，按照《中国外汇交易中心市场运行应急方案》处理。

第十六条　本中心交易方式有：

1. 现场交易：交易员进入本中心固定的交易场所进行交易。
2. 远程交易：经本中心批准，交易员在会员自行选定的场所进行交易。

第十七条　交易员应该遵守交易市场的有关规定，自觉维护市场秩序。对违反规定的交易员，依其情节不同，本中心有权给予口头警告、书面通报、直至取消其交易员资格的处分。

第四章　报价成交

第十八条　交易市场实行分别报价、撮合成交的竞价交易方式。

第十九条　交易员报价后，由计算机系统按照价格优先、时间优先的原则对外汇买入报价和卖出报价的顺序进行组合，然后按照最低卖出价和最高买入价的顺序撮合成交。

第五章　清算交割

第二十条　当买入报价和卖出报价相同时，报价即为成交价；当买入报价高于卖出报价时，成交价为买入报价与卖出报价的算术平均数。

当买卖双方报价数额相等时，买卖双方所报数额全部成交；当买卖双方报价数额不等时，成交数额为所报数额较少者，未成交部分可保留、变更或撤销。

第二十一条 报价尚未成交前,交易员有权对其原报价进行变更或撤销。
交易员变更报价后,其原报价的时间顺序自动撤销,依变更后报价时间排列。

第二十二条 交易员应在规定的交易时间和价格浮动范围内进行报价。

第二十三条 交易市场的外汇价格采用直接标价法,即每一单位外币等于若干元人民币,人民币以后保留四位小数。

第二十四条 交易市场实行价格公开,公布当日交易开盘价、收盘价、最高成交价、最低成交价、最新成交价等必要的市场信息。开盘价为当日第一笔成交价。

第二十五条 交易市场实行本外币集中清算的办法,会员进行的外汇交易通过本中心统一清算。

第二十六条 用于清算的外汇和人民币资金应在规定的时间内办理交割入账。

第二十七条 会员间的外汇资金清算通过本中心在境外开立的外汇账户办理,人民币资金清算通过在中国人民银行开立的人民币账户办理。

第二十八条 会员在办理清算手续的同时,应按规定的比例缴纳手续费。

第二十九条 凡清算资金迟延到账的,本中心有权提出警告、通报、直至暂停交易。同时要求清算资金到账并缴足罚息。

第三十条 交易市场实行清算基金制度。会员应根据本中心规定缴纳清算基金。

第三十一条 清算基金由本中心实行专项管理,用于资金清算发生差额时的垫付和出现风险时的支付。

清算基金在会员资格终止后按其原缴纳币种予以退还。

第六章 附则

第三十二条 本规则的解释权及修订权属于中国外汇交易中心。

第三十三条 本规则自下发之日起暂行。

【能力训练】

一、选择题

*1. 对于经营外汇实务的银行来说,贱买贵卖是其经营原则,买卖之间的差额一般为1‰~5‰,是银行经营经营外汇实务的利润。那么下列哪些因素使得买卖差价的幅度越小(   )。
  A. 外汇市场越稳定　　　　　　　B. 交易额越小
  C. 越不常用的货币　　　　　　　D. 外汇市场位置相对于货币发行国越远

*2. 被公认为是全球一天外汇交易开始的外汇市场是(   )。
  A. 纽约　　　B. 东京　　　C. 惠灵顿　　　D. 伦敦

*3. 下列不属于外汇市场的参与者是(   )。
  A. 中国银行　　　　　　　　　　B. 索罗斯基金
  C. 国家外汇管理局　　　　　　　D. 无涉外业务的国内公司

*4. 下列属于外汇零售市场的有( )。
A. 雅戈尔公司向中国银行购买美元用于进口西服面料
B. 陈鹏到堪萨斯大学留学,向中国银行购买 20 000 美元的外汇
C. 海尔公司到美国投资设立彩电生产线,向花旗银行购买 5 000 万美元外汇
D. 中国银行上海分行由于美元头寸太多,出售 1 亿美元给花旗银行上海分行

二、简述题

5. 什么是外汇市场?简述外汇市场及其参与者各起什么作用。

6. 当今外汇市场的特点是什么?简述外汇交易的结构。

7. 简述外汇汇市场的组织形态。

8. 简述外汇交易的一般规则。外汇交易的主要方式有哪些?

三、计算分析题

*9. 某外贸公司出口商品取得外汇收入 USD580 000,按外汇管理规定要将外汇收入结售给银行。当日外汇牌价为:USD1＝RMB6.231 0～6.232 0。如果你是该公司业务员应换回多少人民币?

四、思考与应用分析题

10. 根据专栏 6.1 的资料,讨论电子交易的兴起对外汇交易和结算的影响及其发展趋势。

11. 收集关于我国外汇市场的资料,了解其发展的历程,并讨论在当前的环境下我国外汇市场发展中存在的问题及其发展趋势。

12. 讨论决定和影响外汇市场交易价格的因素有哪些。信息技术的发展及其在外汇交易中的应用对外汇市场交易价格有何影响?

第七章　即期外汇市场

【内容提要】即期外汇交易在国际外汇市场上是最重要、最基础的外汇交易方式。本章第一节介绍了即期外汇交易市场运作原理。第二节用实例说明即期外汇市场上的交易惯例、规则，交易报价及其盈亏分析方式。第三节讨论了即期外汇市场上的套汇行为。

【重点难点】本章重点在于理解即期外汇交易的程序、惯例和规则。而对于即期外汇交易日与交割日的差异，以及即期汇率多样把握和定价依据的理解则是本章学习的难点。

【基本概念】即期外汇交易　电汇汇率　信汇汇率　票汇汇率　套算汇率　空头　多头　套汇　直接套汇　间接套汇

第一节　即期外汇交易的基本原理

一、即期外汇交易的概念

（一）即期外汇交易的定义

即期外汇交易（Spot Transactions），又称现汇交易，它是指外汇的交易双方按照买卖外汇的当日汇率成交，并在两个营业日内办理交割的外汇交易。即期外汇交易由当时市场上外汇供求的状况来决定，是所有外汇交易的基础。在国际外汇市场上，外汇交易双方一旦达成买卖协议，交易价格就已确定。外汇交易与其他商品交易不同，并不能当时就进行资金的收付。外汇交易涉及的金额较大，而汇率又在不停地波动，所以，在所有的外汇交易市场上，都有其固定的标准交割日，以免于出现分歧和经济纠纷。大多数即期外汇交易是在成交后的第二个营业日进行交割。

此外这里需要对即期外汇交易的定义做几点说明：

1. 成交日，也称为交易日，是指外汇买卖双方对外汇价格达成一致的那一日。

2. 交割日，交割是指达成交易后双方履行资金划拨、实际收付相应货币金额的行为。交割的这一天称之为交割日或结算日、有效起息日。

3. 营业日，即外汇市场的工作日。根据国际金融市场惯例，若即期外汇交易涉及两个国家时，这个"营业日"一般是在这两个国家都营业的日期。另外，假如即期外汇交易是在周末成交的，其交割日一般也应顺延。并遵循一项外汇交易的双方必须在同一时间进行交割，以免任何一方因交割的不同时而蒙受损失的价值抵偿原则。即，如果成交日是星期五，按标准交割日交割，那交割日就是下星期二。

(二) 即期外汇交易的形式

在外汇市场上,外汇交易的参与者有非银行类顾客和外汇银行,一般来说,非银行类顾客和外汇银行之间的外汇买卖(零售业务)大都在当天成交并交割。而银行同业间(批发业务)的即期外汇交易则因其交割日的不同可以分为三种类型:

1. 标准交割日的即期外汇交易(Value Spot)

即期外汇交易双方的资金起息日为交易后的第二个工作日的外汇买卖。而且这个起息日必须为交易货币的两个国家的工作日,在即期外汇交易结算中遵循"价值补偿"原则。

2. 明天起息的即期外汇交易(Value Tomorrow)

即期外汇交易双方的资金在交易后第一个工作日交割的外汇买卖,也称为隔日交割。

3. 当天起息的即期外汇交易(Value Today)

即期外汇交易双方的资金在交易的当天交割的外汇买卖,称为当日交割,或现金交割。目前国内银行对私人开办的个人实盘买卖即属于此类。

在国际外汇市场上,即期交易的交易日定于第二个工作日的主要目的是因为全球外汇市场 24 小时运作与时差的问题。一般而言,在国际外汇市场上,进行外汇交易时,除非特别指定日期,否则一概视为即期交易。目前在全球两大电子即时外汇汇率报价的路透集团系统与桥讯中所显示的外汇汇率报价就是即期汇率(spot rate)。如果买卖双方的交割日不是标准的即期交割日,则必须反映两种货币的利率差而调整汇率。因此,某一特定交割日的汇率将不同于标准的交割日的即期汇率。

二、即期外汇交易的结算方式

即期外汇交易一般发生在客户与外汇银行之间,或者发生在外汇银行之间。客户与外汇银行之间的即期外汇交易方式分为:汇出汇款、汇入汇款、出口收汇和进口收汇以及外汇投资。

1. 汇出汇款。进行国际贸易的进口商在向国外购买商品后一般要用外汇进行支付,若有外汇,则可直接向银行卖出外汇;如果没有,那么就要支付本币以兑换成外币,再委托银行汇付给国外的收款人。银行在接受了委托之后联系并请求收款人的往来银行从本行的外币结算账户中借记相当金额的外币支付给收款人。汇出汇款实际上是客户向外汇银行买入外汇,外汇银行向客户卖出外汇的一种即期外汇交易。

2. 汇入汇款。是指收款人收到国外寄来的以外币支付的款项后,通过结汇卖给银行,得到本币款项。这实际上是客户向外汇银行卖出外汇,外汇银行向客户买入外汇的一种即期外汇交易。

以上两种方式是最简单而又最基本的即期外汇交易方式,可用于诸如对外贸易结算、对外资本投资、外汇投机等。

3. 出口收汇。出口收汇一般是以信用证的方式结算的。是指出口商将出口货物装船后,开具以外币计价的汇票,并在汇票下面附上有关单证,请银行议付,以便收回本币出口款项。银行将汇票等单据寄给开证行,按照汇票即期支付的条件,接受以外币支付的款项,并让支付行将应付款项计入外币结算账户。此过程中,实际上是客户向议付行卖出了一笔外汇,议付行做了一笔买入外汇的即期交易。

4. 进口付汇。进口付汇也是以信用证方式结算的。它是指为进口商开具信用证的开证银行按照出口商开具的具有全部单证的即期汇票条件,将外币计价的进口贷款通过外币结算账户垫付给出口商后,接着向进口商提示按照即期支付条件支付本币。进口商以本币向银行支付了进口贷款后,进口结算就算结束。在此过程中,实际上是进口商作为客户向开证行买入了一笔即期外汇,开证行做了一笔卖出外汇的即期外汇交易。

以上是客户与外汇银行之间的即期外汇结算方式。但即便是客户与外汇银行之间的交易最终还是通过外汇银行间实现的。而外汇银行的结算方式一般有电汇、信汇、票汇等方式。信汇和票汇的使用较少,目前大部分的即期交易结算是采用电汇的方式。电汇之所以受到普遍使用,是因为其时间短、效率高,资金在一两天内即可到账。在电汇方式下,交易双方通过电话达成交易,然后通过电传(目前大多数银行采用的是 SWIFT 电讯系统)予以确认。

三、对汇率表的认识

国内外的经济类报刊和网站上都有专门报告金融信息的版面,其中汇率表是我们最常见的报表之一。表 7-1 和表 7-2 分别是中国银行网站和英国金融时报网站上有关汇率的信息。

表 7-1 中国银行外汇牌价 2013/02/17 100 外币=人民币

货币名称	现汇买入价	现钞买入价	现汇卖出价	现钞卖出价
英镑	963.86	934.1	971.6	971.6
港币	80.26	79.61	80.56	80.56
美元	622.35	617.36	624.85	624.85
瑞士法郎	674.09	653.28	679.5	679.5
新加坡元	501.98	486.49	506.02	506.02
瑞典克朗	98.24	95.21	99.03	99.03
丹麦克朗	111.26	107.82	112.15	112.15
挪威克朗	112.02	108.56	112.92	112.92
日元	6.645 1	6.440 1	6.691 8	6.691 8
加拿大元	617.19	598.13	622.14	622.14
澳大利亚元	640.02	620.26	645.16	645.16
欧元	829.73	804.12	836.4	836.4
澳门元	78	75.38	78.3	80.81
菲律宾比索	15.29	14.82	15.42	15.89
泰国铢	20.82	20.18	20.99	21.63

资料来源:中国银行网站

表7-1是中国银行网站2013年2月17日公布的中国银行作为报价行在直接标价法下,人民币对各种外币的即期汇价。如表中所示,第一列标注的是交易货币的品种。中国银行买卖的外汇品种有美元、瑞士法郎、新加坡元、日元、欧元、港币、英镑等几种外汇。第二列是外汇的现汇买入价,即中国银行作为报价行,向其他经营外汇的银行或客户手中买入外汇时的价格。第三列所示现钞买入价,因为一般国家都规定,外国货币禁止在本国流通、购买商品和劳务,因此就产生了买卖外币现钞的兑换率。由于现钞不能生息,且只有在其发行国才能作为流通手段购买商品和劳务,因而外币在发行国以外的国家被持有就会存在机会成本。为此,银行在将外汇现钞收兑后,要耗费运输费和保险费将外币运送至发行国。所以,现钞的买入价要比现汇买入价低,即第三列汇价低于第二列汇价。而外币现钞的卖出价则与现汇的卖出价相同。第四列、第五列所示的分别是现汇和现钞的卖出价,即报价行向外汇购买者卖出外汇的汇价。外汇银行以"贱买贵卖"的原则,低价买进某种外汇再高价卖出,其差价即为外汇银行经营外汇业务所得的利润。

表7-2 英国金融时报汇率表(2005-3-27)

Currencies					
Country	Currency	$ US	£Stg	£Euro	¥Yen(×100)
Cambodia	(Riel)	3 845.00	7 190.53	4 985.81	3 615.93
Cameroon	(CFAFr)	505.880	946.060	655.957	475.746
Canada	(Canadian $)	1.216 60	2.275 10	1.577 40	1.144 10
Canary ls	(Euro)	0.771 19	1.442 20	1.000 00	0.725 30
Cp. Verde	(CV Escudo)	85.300 0	159.519	110.609	80.218 2
Cayman ls	(CI $)	0.824 80	1.542 50	1.069 55	0.775 70
Cent. Afr. Rep	(CFAFr)	505.880	946.060	655.957	475.746
Chad	(CFAFr)	505.880	946.060	655.957	475.746
Chile	(Chilean Peso)	588.350	1 100.27	762.884	553.298
China	(Renminbi)	8.276 50	15.477 9	10.731 7	7.783 40
Colombia	(Col Peso)	2 385.50	4 461.12	3 093.16	2 243.38
Comoros	(Fr)	379.414	709.543	491.968	356.810
Congo	(CFAFr)	505.880	946.060	655.957	475.746
Congo (DemRep)	(Congo Fr)	502.500	939.728	651.568	472.563
Costa Rica	(Coton)	467.950	875.113	606.767	440.072
Cote d'ivore	(CFAFr)	505.880	946.060	655.957	475.746
Croatia	(Kuna)	5.740 90	10.736 2	7.444 00	5.398 90
Cuba	(Cuban Peso)(o)	1.000 00	1.870 10	1.296 65	0.940 40

续表

Country	Currencies Currency	$ US	£Stg	£Euro	¥Yen(×100)
Cyprus	(Cyprus £)	0.450 40	0.842 40	0.584 10	0.423 60
Czech Rep.	(Koruna)	23.207 9	43.401 0	30.092 5	21.825 2
Denmark	(Danish Krone)	5.745 10	10.743 9	7.449 35	5.402 80
Djibouti Rep	(Djib Fr)	171.800	321.283	222.773	161.565
Dominica	(E Carib $)	2.700 00	5.049 20	3.501 00	2.539 10
Dominican Rep	(D Peso)	26.750 0	50.025 1	34.685 4	25.156 3

资料来源：英国金融时报网站

表 7-2 是英国金融时报网站当日公布的在间接标价法下，各种外汇的汇价。该汇价是中间价。在表格内可以看到，表内第二列是货币名称，第一列是货币发行国。第三、四、五、六列显示的分别是在间接标价法下单位美元、英镑、欧元和日元兑外币的汇价。

第二节 即期外汇交易的惯例与规则

一、即期外汇交易的交易惯例

（一）交易实例

首先来看一个交易的例子：

A：Hi, BANK OF CHINA SHANGHAI, calling for spot JPY for USD please.

B：Moment please, 124.20/30.

A：Taking USD 10.

B：Ok. Done, I Sell USD 10 million against JPY at 124.30 value JULY 20, JPY please to ABC BANK Tokyo for A/C No. 783645.

A：Ok. All agree USD to XYZ BANK N.Y. for our A/C 674284 CHIPS UID 09458, thanks.

（二）即期外汇交易程序

从上面的例子可以看出外汇的交易程序包括以下步骤：

第1，询价：询价内容一般包括交易的货币种类、成交日和交易金额。

第2，报价：当询价者向报价银行发出询价要求后，银行就需向询价者报出其所需交易货币的价格。一般报价只报汇率的后两位数，并同时报出买价和卖价。

第3，成交：询价者首先表示交易的金额，然后由报价银行承诺。

第4，证实：交易双方相互就交易的内容，即买卖的货币种类、汇率、金额、交割日以及资金结算做出证实。

（三）即期外汇交易的报价要考虑的因素

报价是即期外汇交易的关键环节。外汇银行在报价时要根据本行的账户头寸、经营

意图以及市场条件,在盈利和竞争之间掌握技巧。通常外汇银行在报价时须考虑以下几个因素:

1. 报价行的头寸情况。

报价行在接到询价后要考虑资金账户中这种货币的头寸以及金额的大小和成本价格水平。如果报价行对该货币持有大量多头,那么报价时可能会偏低报价;反之,报价行则提高报价以引致询价者抛售。

2. 询价者的交易意图。

一般而言,询价者在报价行报出价格之前是不会告诉对方自己是要买还是卖,而报价银行必须同时报出买价和卖价。这样,外汇银行就需要试探和估计询价方的买卖意图,以使自己报价时处于有利位置。如果估计对方想要购买货币,那么就会略抬高汇价;反之,则压低价格。但这完全凭借其市场经验和对询价方的交易习惯的了解而言,不一定与实际相吻合。

3. 各种货币的风险特征和超短期的走势。

每种货币因其在国际贸易和投资中充当的角色不同而有着各自的特点和在超短期的走势,这一超短期可能是 30 分钟、10 分钟、或者 10 秒钟,因此只有对该种货币的风险特性和在超短期的走势有充分的了解和准确的预测,才能报出合适的价格。

4. 收益率和市场竞争力。

一般外汇银行在报出价格后就希望询价方按照其所报价格来进行交易。然而为了增加竞争力,需要缩小买卖差价,即相对的要对利润做出让步。因此在报价时必须对自身的收益率和市场竞争力二者兼而顾之。

5. 市场的预期心理。

如果市场预期心理明显,那么货币的走势就容易向预期价位波动。因此,外汇银行必须了解市场的心理以调节所持头寸,使自己处于有利的位置。

(四) 即期汇率的报价方法

在国际外汇市场上,即期汇率通常采用以美元为中心的报价方法,即以某个货币对美元的买入或卖出的形式同时报出对基准货币的买入价和卖出价。

按照即期外汇市场的报价惯例,通常用五位数字来表示买卖汇价。如:

$$USD1 = HKD7.799\ 2/02$$
$$USD1 = JPY105.68/73$$
$$GBP1 = USD1.893\ 9/43$$

斜线左边的数字是基准货币的银行买入价,右边的数字是基准货币的银行卖出价。买和卖都是从报价银行的角度说的。因为外汇市场上有 95% 以上的业务是发生在外汇银行之间的,因而外汇银行有绝对的可以影响汇率的能力,外汇银行在外汇市场上充当了造市商的角色。所以,根据"贱买贵卖"的原则,对于即期汇率的报价,斜线左边的数字是肯定小于斜线右边的数字的,即买入价低于卖出价。

表示汇率的基本单位称之为基点,简称点。一般而言,一个点是万分之一个单位,即小数点后第四位。这是外汇报价中汇率变动的最小单位。但像类似于日元这样的少数额度较大的货币,其基点有所不同,一个点是小数点后第二位,百分之一个单位。因为这样的货币的汇率的变动主要集中在小数点的后两位上。

按照交易惯例,银行间报价时一般只需要报出两个基点即可。因为外汇汇率的变动一天中一般不会超出后两位,而交易的双方对外汇汇率前边的数字一般都是很清楚的,所以不用报全价。当然,当外汇市场受到突发事件的冲击,汇价在一天之内暴涨暴跌,则另当别论了。如上所示,在卖价中只报出了后两位数字,如,GBP1 = USD1.893 9/43 的 43 是指 1.894 3,而 USD1 = HKD7.799 2/02 的 02 意即 7.800 2,卖价终是要大于买价的。如前,对于像日元这样的少数额度较大的货币,其一个基点代表着百分之一个单位,即小数点的后两位,因此,对于美元与日元的汇价 USD1=JPY105.68/73 的 73 就是指 105.73 了。

二、即期外汇交易价格的计算原理

即期外汇交易中使用的价格就是即期汇率。由于外汇银行之间的付款方式不同,资金占用的时间也不同,所以相应采用的汇率就不同。一般有电汇汇率、信汇汇率和票汇汇率三种。

电汇是最快的结算方式,其对应的资金占用时间相隔一般不超过两天。所以,对应的电汇汇率是最高的,且也是外汇市场的基准汇率。信汇和票汇汇率是在电汇汇率的基础上计算得到的。其低于电汇汇率的差额大致相当于资金在途期间所产生的利息。即:

$$信汇(票汇)汇率 = 电汇汇率 \times \left(1 - 利率 \times \frac{资金在途天数}{365}\right)$$

下面举例说明:

例 7-1 新加坡元(SGD)的年利率为 5%。新加坡到美国的邮程为 8 天,新加坡外汇市场上美元对新加坡元的电汇汇率为:

$$USD/SGD = 1.827\,0/1.828\,1$$

当新加坡银行买进信汇或票汇 1 美元。假定,这笔交易是按电汇汇率支付的,即新加坡为这 1 美元支付了 1.827 0 元的新加坡元,可买进的 1 美元要在 8 天后才能计入该行在美代理行的美元账户中。扣除两天的电汇交割时间,银行因垫款而损失了 6 天的利息。为此,这 6 天的利息应该由信汇或票汇的汇款人承担。所以信汇、票汇的银行买入价应用电汇汇率减去在途资金占用的利息。即,应为:

$$1.827\,0 \times (1 - 5\% \times 6 \div 365) \approx 1.825\,5$$

同理,当新加坡银行卖出信汇或票汇 1 美元时,同样假定采用的汇率是电汇汇率的卖出价 1.828 1 新加坡元,那么在交易完成后,信汇或票汇的汇款人就要损失 6 天的利息,出于竞争的考虑,银行一般会让渡利息,减少客户的损失。因此,对应的信汇、票汇的银行卖出价应用电汇汇率减去在途资金占用的利息。即,应为:

$$1.828\,1 \times (1 - 5\% \times 6 \div 365) \approx 1.826\,6$$

三、即期外汇交易的盈亏计算

在外汇交易盈亏的计算中,经常使用头寸的概念。即确定一种货币,如果当天该货币的交易使得买入量大于卖出量时,称之为超买,即多头;在买入量小于卖出量时,称之为超卖,即空头。

例 7-2 假设某客户目前账户头寸为:日元多头 10 500 万,美元空头 100 万。此时即期外汇市场上美元对日元的汇率为:USD1=JPY104.89~105.00,那么该客户账面实际盈亏的金额是多少?

为轧平美元空头,该客户做买入美元、卖出日元的交易,即银行卖出美元、买入日元。采用的汇价为:

$$USD1=JPY105.00$$
$$10500 \div 105.00 = 100$$

账户上实际盈亏金额为 0,即不亏不盈。

以上是该客户在这一天中只做了一笔交易。而在现实的外汇市场买卖中交易者是不可能一天只做一笔交易的。如:

例 7-3 假设上例的客户在某交易日的不同时间内做了以下几笔交易(全部是美元对日元的交易):

买卖美元	金额	使用汇价(USD/JPY)
买入	1 000 000	105.00
买入	2 000 000	105.10
卖出	2 000 000	104.90
卖出	1 000 000	104.80
卖出	1 000 000	105.10
买入	2 000 000	105.00
买入	1 000 000	104.80
买入	1 000 000	104.90
卖出	1 000 000	105.00

当日外汇市场收盘时美元对日元的汇率为:USD1=JPY105.20~105.30。那么该客户在收盘时的实际头寸是多少?盈亏情况如何?

为了便于理解,这里做一交易头寸表以期可以直观明了地计算出该客户在外汇市场收盘时的头寸状况和盈亏情况。见表 7-3。

表7-3 外汇交易头寸表　　　　　　　　　　　　单位：万元

美元		汇率	日元	
买入	卖出		买入	卖出
100		105.00		10 500
200		105.10		21 020
	200	104.90	20 980	
	100	104.80	10 480	
	100	105.10	10 510	
200		105.00		21 000
100		104.80		10 480
100		104.90		10 490
	100	105.00	10 500	
700	500		52 470	73 490

从表中最后一行可以直观地看出，在收盘时该客户的实际持有头寸为：美元多头 200 万元，日元空头 21 020 万元。

若收盘时，该客户卖出美元，买入日元，则按收盘价 USD1＝JPY105.20 可得：

$$200 \times 105.20 = 21\,040$$

则以持有日元计算的头寸盈利为：

$$21\,040 - 21\,020 = 20 \text{ 万元}$$

第三节　即期外汇市场上的套汇

一、套算汇率及其计算规则

（一）套算汇率（crossed rate）

在国际外汇市场上，各种货币均以美元标价，非美元货币之间的买卖汇价必须通过美元汇率进行套算。通过套算而得出的汇率就称之为套算汇率，或交叉汇率。

（二）套算汇率的计算规则

1. 若两种货币的即期汇率都以美元作为基准货币，那么计算这两种货币比价的方法是交叉相除。

例 7-4　假定目前外汇市场上的汇率是：

$$USD1 = HKD7.799\,2 \sim 7.800\,2$$
$$USD1 = JPY105.68 \sim 105.73$$

这时单位港币兑换日元的交叉汇价即为：

$$HKD1=JPY\frac{105.68}{7.8002}\sim\frac{105.73}{7.7992}=JPY13.548\sim13.557$$

即,外汇银行买入 1 港币,须支付给客户 13.548 日元;客户向该外汇银行买入 1 港币,即银行卖出 1 港币,客户须支付 13.557 日元。之所以这样计算,是因为上述规则所示,两种货币都是以美元作为基准货币报价的,这样要计算港币兑日元的汇价,首先须将港币兑换成美元,然后再以美元兑换日元。比如客户手中只有日元,而需要港币,即外汇银行买日元,卖港币。那么,首先银行要按照 USD1=JPY105.73 的价格卖出美元,买进日元。然后,客户再用美元向银行买港币,即银行以 USD1=HKD7.7992 的价格买进美元,卖出港币。因此,

$$HKD1=USD\frac{1}{7.7992}=JPY\frac{105.73}{7.7992}=JPY13.557$$

即,1 港币兑日元的银行卖出价是 13.557 日元。同理可计算出买港币、卖日元的汇价。

2. 如果两个即期汇率都以美元作为标价货币,那么这两种货币比价的计算方法也是交叉相除。

例 7-5 假如目前市场汇率是：

$$GBP1=USD1.8939\sim1.8943$$
$$AUD1=USD0.7885\sim0.7890$$

这时单位英镑兑换澳元的汇价为：

$$GBP1=AUD\frac{1.8939}{0.7890}\sim\frac{1.8943}{0.7885}=AUD2.4004\sim2.4024$$

即,客户若要以支付澳元来买入英镑,须按 GBP1=AUD2.4024 的汇价向银行买入英镑,也就是银行卖出英镑的价格。而若要支付英镑来买入澳元的话,则须按 GBP1=AUD2.4004 的汇价向银行卖出英镑,也就是银行买入英镑的价格。计算过程如上所述。要计算卖澳元买英镑的汇价,首先必须按照 AUD1=USD0.7885 的汇价卖出澳元买入美元,然后再以 GBP1=USD1.8943 的汇价卖出美元买入英镑,从而来实现交易。因此,

$$GBP1=USD1.8943=AUD\frac{1.8943}{0.7885}=AUD2.4024$$

即,1 英镑兑澳元的银行卖出价是 2.4024 澳元。同理可计算得出英镑兑澳元的银行买入价为：GBP1=AUD2.4004。

3. 如果一种货币是以美元作为标价货币,而另一种货币是以美元作为基准货币,那么两种货币间的比价应是同边相乘。

例 7-6 假设市场汇率如下：

$$USD1=HKD7.7992\sim7.8002$$

$$GBP1 = USD1.893\ 9 \sim 1.894\ 3$$

则英镑兑港币的汇价为：

$$GBP1 = HKD7.799\ 2 \times 1.893\ 9 \sim 7.800\ 2 \times 1.894\ 3 = HKD14.771 \sim 14.776$$

计算过程和上面类似。这里我们仍可以拆解开来，假设某一客户手中持有港币，而需兑换成英镑，这样，他就必须接受银行的报价，首先以银行的美元卖出价 $USD1 = HKD7.800\ 2$ 来买入美元，卖出港币；然后再以银行的英镑卖出价 $GBP1 = USD1.894\ 3$ 来卖出美元，买入英镑。从而英镑兑港币的银行卖出价为：

$$GBP1 = USD1.894\ 3 = HKD7.800\ 2 \times 1.894\ 3 = HKD14.776$$

同理可以计算求出英镑兑港币的银行买入价。

二、即期市场上的套汇交易

由于目前电子通讯技术和互联网的发展，世界各地的外汇市场联系十分紧密，各种货币的汇率也十分接近。但有时在不同的外汇市场上，很短时间内外汇汇率还是会有所差异。这就为外汇交易者带来了利用这一差异来进行套汇活动的机会。

（一）套汇（Arbitrage）

套汇交易，是指利用不同外汇市场间的同种货币汇率的差价，或因不同交割期限而存在的可能的汇率差价来进行外汇买卖，以达到防范外汇风险或者外汇投机牟利的目的。

（二）直接套汇与间接套汇

根据套汇的方式，即期市场上的套汇交易可以划分为直接套汇与间接套汇。

1. 直接套汇

直接套汇（Direct Arbitrage），也称双边套汇或两角套汇，是指利用同种货币在同一时间内在两个不同的外汇市场上的不同汇率，进行贱买贵卖的外汇交易以谋取利差。这是最简单的套汇方式。

例 7-7 假定某日纽约外汇市场上的汇率为：$USD1 = JPY122.22/53$；同时，东京外汇市场上的汇率为：$USD1 = JPY122.63/90$。

由于两地的美元兑日元的汇价不一致，从而产生了套汇的机会。显然纽约的美元要比东京的便宜。套汇的具体操作如下：某外汇交易者可现在纽约外汇市场先以 $USD1 = JPY122.53$ 的汇率卖出日元买入若干金额的美元，然后再在东京外汇市场以 $USD1 = JPY122.63$ 的价格卖出同样金额的美元买入日元，则在不考虑其他费用的条件下，该交易者在每一美元上便可赚的 0.10 个日元（$122.63 - 122.53 = 0.10$）。尽管看来一个美元由于套汇所带来的利益是在太少，但外汇市场上的交易一般都是数额庞大的。如果该交易者以 100 万的美元来进行交易，那么这笔套汇操作他则赚了 10 万日元。

上述例子涉及的两个外汇市场的汇率，纽约外汇市场是间接标价法，而东京外汇市场是直接标价法，那么是否存在套汇机会一目了然。如果两个市场采用同一种标价法，那么为了便于比较，须将其中任何一个外汇市场的标价法变换一下，变换为同一种货币在这个市场上是基准货币,那么在另一个市场上就是标价货币。这样就可以很显然地看出是否存在套汇机会了。

前面已经强调,这每一美元上赚得的0.10个日元是在不考虑其他费用的基础上得到的。而外汇交易是要花费电传费用、佣金等套汇费用的。因此,在进行套汇操作时必须考虑这些费用,如果套汇所得利润不抵套汇费用的话,那么套汇业务是不值得做的。

如果上述的套汇活动一直进行下去,则会改变纽约和东京两外汇市场的供求关系,从而引致两地美元和日元的汇率差距消失或者接近。于是套汇活动消失。然后,由于某种原因,又会产生新的汇差,进行新的套汇。

2. 间接套汇

间接套汇(Indirect Arbitrage),又称三角套汇或多角套汇,是指利用两个以上的外汇市场中多种货币间的汇率差异,同时进行外汇交易,以达到赚取汇差收益的一种外汇交易行为。

例7-8 假定,某日某一时刻伦敦、纽约、新加坡三地外汇市场的行情如下:

$$伦敦外汇市场:EUR/GBP=0.624\ 0/55$$
$$纽约外汇市场:EUR/USD=0.910\ 0/12$$
$$新加坡外汇市场:GBP/USD=1.447\ 0/85$$

以上三个汇价不好直接进行比较,我们可先计算出交叉汇率。在伦敦外汇市场买入欧元然后再在纽约外汇市场卖出欧元可得到英镑兑美元的汇价为:GBP/USD=1.454 8/03。这一汇价与新加坡外汇市场英镑的汇价相比,显然,伦敦外汇市场的英镑要比新加坡外汇市场的英镑要贵,那么应该在新加坡外汇市场买入英镑然后再在伦敦外汇市场卖出英镑即可。

具体操作如下:首先,在新加坡外汇市场套汇者以 GBP1=USD1.448 5 的汇价以美元买入英镑;接着,在伦敦外汇市场以 EUR1=GBP0.625 5 的汇价卖出英镑,买入欧元;然后,再在纽约外汇市场上再以 EUR1=USD0.910 0 的汇价卖出欧元,买进美元。这一过程中,一美元的套汇利得为:

$$USD1=GBP\frac{1}{1.448\ 5}=EUR\frac{1}{0.625\ 5\times1.448\ 5}=USD\frac{0.910\ 0}{0.625\ 5\times1.448\ 5}=USD1.004\ 4$$

多出的 0.004 4 美元即为通过三角套汇而得到的美元的套汇利得。100 万美元的交易则可得 4 400 美元的套汇毛利。

通过以上的分析我们可以看到,涉及两个以上市场的三角套汇,不是很容易就一眼可以看出来的。因而,判断三个甚至三个以上市场有无套利机会,情况比较复杂。一个简单的判断方法是,将三个或更多的外汇市场上的汇率按照基准货币和标价货币依次连接,然后相乘。其结果如为1,则说明没有套汇机会;如果不为1,则说明有套汇机会。如上例,将三个市场的汇率按照基准货币和标价货币依次连接:

$$新加坡外汇市场:GBP1=USD1.448\ 5$$
$$伦敦外汇市场:EUR1=GBP0.625\ 5$$

$$\text{纽约外汇市场:USD1}=\text{EUR}\frac{1}{0.9100}$$

然后相乘:1.4485×0.6255÷0.9100=0.9956≠1。则说明有套汇机会。

从理论上说,四地套汇、五地套汇等都是可能的。但是,在实际中,由于外汇市场行情瞬息万变,而各地市场出现较大偏差的机会也并不多见,此外,信息的传递和大额资金的转移都需要一定的时间,等等,这对于能够把握住套汇机会是极为不利的。因此,在实际交易当中,四地套汇或四地以上的套汇是极为罕见的。但要判断四地套汇及四地以上套汇有无机会时,可任选其中三个市场按照以上方法进行判断。一般而言,三个市场间无套汇机会,那么三个以上市场间也就没有套汇机会了。

套汇交易是外汇市场不均衡的结果,它能使套汇者赚到无风险的利润。但是,同时,大量套汇交易的进行又能将外汇市场推向均衡。所以说,套汇交易本身有熨平汇率波动,使国际外汇市场汇率归依的功能。套汇交易的参与者众多,但主要参与者是资金实力雄厚的金融机构和非金融机构,它们进行套汇的目的不外是为了避免汇率风险和进行外汇投机以赚得套汇收益,这些机构一般在国际外汇市场上都设有代理机构或分支机构,通过国际间的电子通信技术快捷地调拨头寸。由于汇率之间出现差异的时间很短,所以套汇业务一般都采用电汇方式。

专栏 7-1

套汇与逃汇

套汇是指国内单位或个人在涉外经济业务中用人民币偿付应当以外汇支付的各种款项的行为;逃汇是指违反国家外汇管理法令的规定,把应该缴售或上缴国家的外汇私自转移、买卖或留存国外的行为。根据《违反外汇管理处罚施行细则》(1985年4月5日国家外汇管理局公布)第二条的规定,下列行为都属于套汇。

1. 除经国家外汇管理局及其分局(以下简称管汇机关)批准或者国家另有规定者外,以人民币偿付应当以外汇支付的进口货款或者其他款项的;

2. 境内机构以人民币为驻外机构、外国驻华机构、侨资企业、外资企业、中外合资经营企业、短期入境个人支付其在国内的各种费用,由对方付给外汇,没有卖给国家的;

3. 驻外机构使用其在中国境内的人民币为他人支付各种费用,由对方付给外汇的;

4. 外国驻华机构、侨资企业、外资企业、中外合资经营企业及其人员,以人民币为他人支付各种费用,而由他人以外汇或者其他相类似的形式偿还的;

5. 未经管汇机关批准,派往外国或者港澳等地区的代表团工作组及其人员,将出国经费或者从事各项业务活动所得购买物品或者移作他用,以人民币偿还的;

6. 境内机构以出口收入或其他收入的外汇抵偿进口物品费用或其他支出的。

> 根据该细则的第四条规定,下列行为,都属于逃汇:
> 1. 未经管汇机关批准,境内机构将收入的外汇私自保存、使用、存放境外的;违反《对侨资企业、外资企业、中外合资企业外汇管理施行细则》的规定,将收入的外汇存放境外的;
> 2. 境内机构、侨资企业、外资企业、中外合资经营企业以低报出口货价、佣金等手段少报外汇收入,或者以高报进口货价、费用、佣金等手段多报外汇支出,将隐匿的外汇私自保存或者存放境外的;
> 3. 驻外机构以及在境外设立的中外合资经营企业的中方投资者,不按国家规定将应当调回的利润留在当地营运或者移作他用的;
> 4. 除经管汇机关批准,派往外国或者港澳等地区的代表团、工作组及其人员不按各该专项计划使用外汇,将出国经费或者从事各项业务活动所得外汇存放境外或者移作他用的。
>
> ——人民网

【能力训练】

一、选择题

*1. 以下是两银行交易的过程,根据其交易过程,下列答案错误的是(　　)。

A 银行:Hi! Bank of China, Shanghai Branch calling, spot CHF for 6 USD pls?

B 银行:30/40.

A 银行:6 yours.

B 银行:Ok, done. At 2.0130 we buy USD 6 million against CHF, value July 10, 2013.

USD to CITI BANK New York for our account 53692136.

A 银行:CHF to Deutsche Bank Frankfurt for our account 86719832. Thanks for deal.

  A. A 银行为中国银行上海分行

  B. A 银行卖美元,买瑞郎

  C. 交易金额为 600 万瑞郎

  D. 交割日为 2013 年 7 月 10 日

*2. 以下不属于通过经纪人达成交易的优点的是(　　)。

  A. 可以使交易双方得到最好的成交价格

  B. 双方银行可以保持匿名状态

  C. 节省了银行询价比较的时间

  D. 双方银行可以保持透明状态

*3. 在法兰克福外汇市场上,A 银行急于买入美元,当时外汇市场上的汇率报价为:

USD/CHF＝1.303 0/39,那么该银行可以选择以下哪些报价（　　）。

　　A. 1.303 2/42　　　　　　　　　B. 1.302 8/39

　　C. 1.303 0/39　　　　　　　　　D. 1.302 9/38

*4. 报价行对询价行 USD/JPY 的即期报价是 129.90/00,询价行说:"I take 5",意思是（　　）。

　　A. 询价行以 129.90 的汇率买入 500 万美元

　　B. 询价行以 129.90 的汇率买入 500 万日元

　　C. 询价行以 130.00 的汇率买入 500 万美元

　　D. 询价行以 130.00 的汇率买入 500 万日元

二、简答题

5. 说明即期外汇交易的交易规则与程序。

6. 影响商业银行即期外汇汇率的因素有哪些?

三、计算分析题

*7. 如果交易商在 2013 年 4 月 18 日星期四达成了一笔即期外汇交易,请问该笔交易的交割日为哪一天?

*8. 如果人民币对美元的汇率从 USD1＝RMB6.273 6,变化为 USD1＝RMB6.233 2,请问人民币是升值了还是贬值了,其变动了多少点?

四、思考与应用分析题

9. 美国某跨国企业从其欧洲子公司向澳洲子公司调度资金。假定外汇市场上有如下几家银行所报汇率可供选择:

　　　　　　美国银行:EUR1＝ USD1.294 5～1.296 0

　　　　　　　　　　　AUD1＝ USD0.771 4～0.772 2

　　　　　　澳洲银行:AUD1＝USD0.771 6～0.772 1

　　　　　　　　　　　EUR1＝ AUD1.677 7～1.679 3

　　　　　　欧洲银行:EUR1＝USD1.295 6～1.296 1

　　　　　　　　　　　EUR1＝AUD1.678 0～1.679 8

　　在不考虑资金转移费用的条件下,该跨国企业母公司的财务经理应选用哪种汇兑方案最为有利?

10. 阅读专栏 7-1,查阅相关资料,分析说明套汇与逃汇在不同市场产生的基础和条件。

第八章 远期外汇市场

【内容提要】 本章首先从介绍远期外汇交易的概念入手，分析了远期外汇交易的特点和方式。其次，分析了远期汇率的报价方式及其定价的依据，并给出了远期套算汇率的计算方式。第三，分别讨论了远期外汇交易的保值交易和投机交易，并比较介绍了抵补套利和非抵补套利交易。

【重点难点】 本章重点要理解远期交易的特点，重点掌握远期汇率的报价及其确定机制，这也是本章的难点，并学会运用利息平价关系分析套利交易。

【基本概念】 远期外汇交易 远期汇率 固定交割日的远期外汇交易 择期远期外汇交易 套利 抵补套利 非抵补套利

第一节 远期外汇交易的原理

一、远期外汇交易的概念

远期外汇交易是指交割日发生在即期交割日之后的交易，它是为了适应消除国际贸易中的汇率风险的要求而发展起来的。远期外汇交易之所以受到市场参与者的青睐以及远期外汇市场之所以快速发展，是因为远期外汇交易可以有效地规避汇率风险。

远期外汇交易（Forward Exchange Transactions），又称期汇交易，是指买卖双方先签订外汇买卖合同，并无外汇或本币的支付，而就外汇的买卖金额、汇率和交割时间作出规定，到了规定的交割日期，外汇买卖的双方再按合同规定办理货币收付的外汇交易。这种外汇交易因其交割日发生在即期外汇交易交割日之后，故称远期外汇交易。

远期外汇交易与即期外汇交易的主要区别是交割日的不同。确定远期外汇交易的交割日的惯例有：由于任何外汇交易都是以即期外汇交易为基础的，所以远期外汇交易的交割日是在即期外汇交易的交割日的基础上加上相应的月数或星期数。若远期合约是以天数计算的，那么远期交割日是以即期交割日后的天数为准，而非营业日。比如，一笔远期外汇交易，星期三签订，合同天数为3天，则相应的即期交易的交割日为星期五，远期交易的交割日就为星期一（从即期交易的交割日星期五算起，到星期一正好3天，为远期交易的交割日）。如果远期交易的交割日不是营业日的话，则顺延到下一营业日。若顺延之后跨月到了下一月份，则必须提前至当月的最后一个营业日作为远期交易的交割日。远期交割日的"双底"惯例，即若即期交割日为当月的最后一个营业日，则所有的远期交割日是相应月的最后一个营业日。

远期外汇交易是为了适应消除国际贸易中的汇率风险的要求而产生和发展起来的。一般从事国际贸易的进出口商,在报价完成到实际支付之间通常有较长的一段时间,而这段时间内的汇率风险在没有做远期交易时则需要由自己来承担。如果进出口商在签订贸易合同时,便与银行进行远期外汇交易来锁定汇率,则可避免支付时因汇率变动所带来的损失。

远期外汇交易的期限一般有1个月、3个月、6个月和12个月等几种,其中最为常见的是3个月期的外汇交易。而超过12个月期的远期外汇交易极为少见,因为时间越长,汇率的波动性就越大,因而给交易者带来的风险也就越大。

二、远期外汇交易的特点

首先,远期外汇合约中的有关汇率、交割方式、金额等内容由交易双方自己协商确定。

其次,远期外汇交易一般在场外进行,它属于无形市场,没有固定的交易场所和时间,可以24小时进行交易。

第三,远期外汇交易的信用风险较大,很难规避违约风险。银行与客户之间的远期外汇交易是否交纳保证金视客户的信用度而定。而银行间的远期外汇交易基本没有信用风险。

三、远期外汇交易方式

1. 固定外汇交割日的远期外汇交易。是指交易双方商定某一确定的日期作为外汇买卖的交割日来办理货币收付的远期外汇交易。固定外汇交割日的远期外汇交易在实际中是较为常见的远期外汇交易方式。但这种交易方式缺乏机动性和灵活性,因为这类交割日既不能提前,也不能推迟。例如,9月1日A银行和B银行签订了一份3月期的固定外汇交割日的远期合约,合约规定,12月1日,A银行以USD1=HKD7.800 0的汇价卖出100万港币给B银行,届时,两家银行必须在这一天,按照对方的要求同时将卖出和买进的货币解入对方指定的账户内。如果一方提前交割,另一方则既不需要提前交割,也不需因对方的提前交割而支付利息。但如有一方延迟交割则要向另一方缴纳滞付息费。

2. 选择交割日的远期外汇交易。又叫择期交易,是指主动请求交易的一方可在成交日的第三天起到约定期限在内的任意一个营业日,要求交易的另一方,按照合约规定的汇率进行交割,但必须提前两天通知银行。择期交易与固定外汇交割日的远期外汇交易相比,在交割日期上有灵活性,适于收付款日不定的对外贸易。因此是对客户较为有利的交易方式。但在交割时银行使用的汇率是对客户不利的。即,银行将选择从择期开始到结束期间最不利于客户的汇率作为择期远期交易的汇率。

第二节 远期汇率

一、远期汇率的标价方法

远期汇率的报价一般有两种方式,直接报价和远期差价报价。

（一）直接报价法

直接报价,即完整地报出不同期限的期汇的买入价和卖出价,这与即期外汇交易的报价是相同的。如某日纽约外汇市场美元兑瑞士法郎的汇率报价为：

	即期汇率	3个月远期汇率
USD/CHF	1.488 0～1.489 2	1.478 0～1.479 0

这种方法通常用于银行对客户的报价上。日本和瑞士等国家采用这种方法,但已越来越少。

（二）远期差价报价法

远期差价报价法,又称掉期率报价,即不直接报出远期汇率,而只报出期汇汇率与即期汇率差额的点数。这种报价法有升水、贴水和平价三种形式。升水表示期汇比现汇贵,贴水表示期汇比现汇便宜,平价表示期汇和现汇相等。采用远期差价报价法的银行一般只报出两个信息,第一,直接报出即期汇率；第二,报出远期差价值。远期汇率由交易者根据上面的信息自己计算。这是因为即期汇率和远期汇率通常变化趋势相同,远期差价只取决于两国利率差异,通常保持不变。这样,报价就避免了即期汇率变动时还要同时改变远期汇率的麻烦。

例 8-1　某日纽约外汇市场美元兑欧元的远期汇率为：

　　即期汇率：USD1＝EUR1.6810～1.6820
　　1个月汇水：　　　　　　　08～05
　　3个月汇水：　　　　　　　20～11
　　6个月汇水：　　　　　　　45～35

用这种远期汇水的方法表示远期汇率简洁明了。远期汇率是由基准货币与标价货币间的即期汇率和远期汇水共同决定的。而在不同的汇率标价法下,远期汇率的计算方法不同。具体如下：

　　直接标价法：远期汇率＝即期汇率＋升水,或远期汇率＝即期汇率－贴水
　　间接标价法：远期汇率＝即期汇率－升水,或远期汇率＝即期汇率＋贴水

例如,在巴黎外汇市场上,美元的即期汇率为 USD1＝EUR1.665 0,三个月美元升水 500 点,六个月美元贴水 450 点。那么,在直接标价法下,三月期的美元汇率就为USD1＝EUR1.710 0,六月期的美元汇率为 USD1＝EUR1.620 0。

再如,在伦敦外汇市场上,美元即期汇率为 GBP1＝USD1.918 5,一月期美元升水

300点,三月期美元贴水400点。则在间接标价法下,一月期的美元汇率为GBP1＝USD1.888 5,三月期的美元汇率为GBP1＝USD1.958 5。

实际外汇交易中,远期外汇交易也要报出买入价和卖出价。报价的形式又因标价法的不同而不同。在直接标价法下,远期外汇升水,则报价形式为"小数～大数";贴水则为"大数～小数"。而在间接标价法下,远期外汇升水,报价形式则为"大数～小数";贴水为"小数～大数"。为了方便记忆,请看下表:

表8-1 远期汇水标价信息

	直接标价法	间接标价法
远期外汇升水	"小数～大数"	"大数～小数"
远期外汇贴水	"大数～小数"	"小数～大数"

例8-2 某日香港外汇市场报价如下:

即期汇率: USD1＝HKD7.780 0～7.800 0
一月期USD升水: 30～50
三月期USD贴水: 45～20

则远期汇率为多少?

题目所给为香港外汇市场,便可知,汇率标价法为直接标价法,同时一月份美元升水的报价形式为"小数～大数"。这样,只要有直接标价法、远期外汇升贴水、报价形式三个信息中的任意两个就可以知道另外一个信息了。

再来看此例。因为是在直接标价法下,一月期外汇升水,则根据上面给出的公式可知一月期的远期汇率为:USD1＝HKD7.783 0～7.805 0;三月期外汇贴水,则三月期远期汇率为:USD1＝HKD7.775 5～7.798 0。即在直接标价法下,远期汇率＝即期汇率＋升水(－贴水)

例8-3 某日纽约外汇市场报价为:

即期汇率: USD1＝EUR0.745 2～0.746 2
六月期ERU: 200～140
九月期ERU: 100～150

请计算远期汇率为多少?

分析:根据给出的条件可以判断纽约外汇市场外汇报价是间接标价法,因为六个月EUR报价形式为"大数～小数",这表示六个月EUR升水;而九个月EUR报价形式为"小数～大数",这表示九个月EUR贴水。

这样,在间接标价法下,根据公式,远期汇率＝即期汇率－升水(＋贴水)。

六月期的远期汇率就为:USD1＝ERU0.725 2～0.732 2
而九月份的远期汇率为:USD1＝ERU0.735 2～0.731 2

二、利息平价与远期汇率的决定

通过上面的介绍,我们知道,远期汇率是由即期汇率与远期汇水共同决定的。而远期汇水又是由基准货币与标价货币的利率差和远期期限所决定的。因而,只要知道了远期汇水是如何决定的,也就知道远期汇率是如何决定的了。由于远期外汇与即期外汇交割日的不同,远期外汇就必须反映两种货币在一定时期内利率差。在其他条件不变的情况下,一种货币对另一种货币是升水还是贴水,升贴水的幅度,受两种货币的利率水平和即期汇率的直接影响。这样,通常远期汇率由3个因素决定:两种货币的即期汇率,两种货币的利率差,以及远期的期限。

在浮动汇率制度下,一国货币对外汇汇率的变动要受到多种因素的影响。利率平价理论认为,两国之间的即期汇率与远期汇率的关系与两国的利息率有密切的联系。该理论的主要出发点,就是投资者投资于国内所得到的短期利率收益应该与按即期汇率折成外币在国外投资并按远期汇率买回本国货币所得到的短期投资收益相等。一旦出现由于两国利率之差引起的投资收益的差异,投资者就会进行套利活动,其结果是使远期汇率固定在某一特定的均衡水平。

举例说明,设 A 国的三个月短期利率为 Ia,B 国的三个月短期利率为 Ib,两国即期汇率为 Ro,远期汇率为 Rt。某投资者拥有 A 国货币金额 Pa 作为投资对象,他既可以将 Pa 存放入 A 国银行,三个月后的收入为 $Pa(1+Ia)$;也可以按即期汇率将 Pa 兑换成 B 国货币,存入 B 国银行,其收入为 $Pa(1+Ib)/Ro$,再按远期汇率折成 A 国货币,那么从 B 国投资取得的 A 国货币收入应为 $PaRt(1+Ib)/Ro$,根据利率平价理论,这两种投资收益应该相等,即 $Pa(1+Ia) = PaRt(1+Ib)/Ro$,推导出 $Rt-Ro=Ro(Ia-Ib)/(1+Ib)$。可见,远期外汇交易的汇率与利率有着密切的关系。远期汇率与即期汇率之间的差异,主要是由两国利率水平相对变化关系决定的。

在其他条件不变的前提下,利率高的货币远期汇率回贴水,利率低的货币远期汇率会升水。为说明远期汇水和利率之间的关系,这里举例说明。

例 8-4 假设某德国对外贸易商将在 3 个月后收到货款 100 万美元,目前外汇市场上的即期汇率为:USD1=EUR1.600 0;货币市场上的利率为:3 个月 USD 利率 3.5%,3 个月 EUR 利率为 8.5%。该对外贸易商为了避免汇率风险和利息损失,采取了以下操作:

(1) 首先,他在货币市场上借入 3 个月期美元 100 万。则到期将支付美元利息支出为:

$$100 \times 3.5\% \times \frac{3}{12} = 0.875 \text{ 万美元}$$

亦即 $\qquad 0.875 \times 1.600\ 0 = 1.4$ 万欧元

(2) 该贸易商再以目前的汇率 USD1=EUR1.600 0,将 100 万美元的贷款卖出,买入 160 万欧元(USD100 万 $\times$ 1.600 0=EUR160 万)

(3) 然后再将这 160 万欧元在货币市场上以 8.5% 的利率贷出 3 个月。则到期日的

欧元利息收入为:

$$160 \times 8.5\% \times \frac{3}{12} = 3.4 \text{ 万欧元}$$

该贸易商按上述操作 3 个月后所得欧元损益为:

$$160 - 1.4 + 3.4 = 162 \text{ 万欧元}$$

3 个月后的远期汇率即为:

$$USD1 = EUR \frac{162}{100} = EUR1.6200$$

即 3 个月后利率低的美元远期汇率较即期汇率升水 200 点(1.6200－1.6000＝0.0200)。同理可以计算得出利率高的货币远期汇率较即期汇率贴水。

通过以上计算,可得远期汇水与两种货币的利率差之间的计算公式为:

$$\text{远期汇水} = \text{即期汇率} \times (\text{标价货币利率} - \text{基准货币利率}) \times \frac{\text{天数}}{360}$$

这样,直接标价法下,远期汇率的计算公式为:

$$\text{远期汇率} = \text{即期汇率} + \text{即期汇率} \times (\text{标价货币利率} - \text{基准货币利率}) \times \frac{\text{天数}}{360}$$

将上例的数值代入即得 3 个月后的远期汇率和远期汇水为:

$$\text{远期汇水} = 1.6000 \times (8.5\% - 3.5\%) \times \frac{90}{360} = 0.0200$$

$$\text{远期汇率} = 1.6000 + 1.6000 \times (8.5\% - 3.5\%) \times \frac{90}{360} = 1.6200$$

这里需要指出的是,该远期汇水只是一个近似的远期汇水,因为在计算中未将交易期间的基准货币利息头寸的风险考虑在内。此外,如果两种货币的利率均按每年 365 天计算,则分母为 365 而非 360。这又根据各国的利息计算的制度而异。

从上面的公式中,我们可以看出升贴水的由来。当标价货币利率大于基准货币的利率时,远期汇水为正。而远期汇水又等于远期汇率与即期汇率之差,因此,远期汇率大于即期汇率,称为升水。当标价货币利率小于基准货币利率时,远期汇水为负,即远期汇率小于即期汇率,称为贴水。

三、远期交叉汇率的计算

远期交叉汇率,即套算汇率,是指两种货币的远期汇率通过第三种货币为中介而套算出来的汇率。计算远期交叉汇率,与计算即期交叉汇率的方法相似,只是把原先计算公式中的即期汇率换为远期汇率即可。即交叉相除或同边相乘的方式计算远期交叉汇率。远期交叉汇率的计算中一般不涉及美元,因为大部分货币的远期汇价都是以美元来表示的。因此,通常是以美元作为第三种货币中介来计算其他货币间的远期交叉汇率。

这里以例子来说明远期交叉汇率的计算。

例 8-5 假定,某日新加坡外汇市场的汇率如下:

即期汇率:USD1=SGD1.6782～1.6792
3月期汇水:　　　　　　90～95
即期汇率:USD1=CAD1.4874～1.4879
3月期汇水:　　　　　　155～150

则,3月期CAD对SGD的远期汇率是多少?

解答:首先计算出3月期的远期汇率:

USD1=SGD1.6872(1.6782+0.0090)～1.6887(1.6792+0.0095)

USD1=CAD1.4719(1.4874-0.0155)～1.4729(1.4879-0.0150)

因为这两种货币的远期汇率都以美元作为基准货币,所以采用交叉相除的即期交叉汇率的计算方法。由此可得3月期CAD对SGD的远期交叉汇率为:

$$CAD=SGD\frac{1.6872}{1.4729}\sim\frac{1.6887}{1.4719}=1.1455\sim1.1473$$

例 8-6 假定某日纽约外汇市场的汇率如下:

即期汇率:USD1=CHF1.3845～1.3855
3月期汇水:　　　　　　66～55
即期汇率:GBP1=USD1.6020～1.6030
3月期汇水:　　　　　　124～116

则,3月期GBP对CHF的远期汇率是多少?

解答:首先计算出3月期的远期汇率:

USD1=CHF1.3779(1.3845-0.0066)～1.3798(1.3855-0.0055)

GBP1=USD1.5896(1.6020-0.0124)～1.5914(1.6030-0.0116)

因为这里一种货币是以美元作为标价货币,而另一种货币是以美元作为基准货币,因而采用同边相乘的即期汇率计算方法。由此可得3月期GBP对CHF的远期交叉汇率为:

GBP1=CHF1.5896×1.3779～1.5914×1.3798=CHF2.1903～2.1958

专栏 8-1

中国银行人民币远期外汇牌价

		美元	欧元	日元	港元	英镑	瑞郎	澳元	加元
七天	买入	620.86	830.23	6.6262	79.95	974.55	675.23	636.54	621.13
	卖出	624.96	838.78	6.6933	80.67	983.38	681.47	642.87	626.53
一个月	买入	621.27	830.99	6.6327	80.01	975.08	675.77	635.86	621.17
	卖出	625.53	839.58	6.6992	80.75	984.20	682.38	642.54	626.94
三个月	买入	622.78	833.42	6.6517	80.24	977.22	677.62	634.47	621.88
	卖出	627.14	842.02	6.7201	80.98	986.35	684.36	641.18	627.66
六个月	买入	624.55	836.63	6.6802	80.54	980.09	681.05	632.47	622.66
	卖出	629.42	845.14	6.7474	81.26	989.11	687.59	639.04	628.32
九个月	买入	626.30	839.72	6.7098	80.83	982.86	684.07	630.43	623.19
	卖出	631.67	848.32	6.7765	81.56	992.04	690.84	637.07	628.96
十二个月	买入	628.43	843.17	6.7446	81.15	986.25	687.62	628.64	623.99
	卖出	634.10	851.78	6.8119	81.88	995.44	694.25	635.35	629.75

注：1. 每 100 外币兑换人民币。
2. 以上人民币牌价系当日市场开盘价，仅作参考。中国银行交易报价随市场波动而变化，如需交易，价格以其当时报价为准。

第三节 远期交易的目的和应用

在外汇市场上做远期外汇交易的一般有进出口商和外汇银行，以及利用汇率波动的空隙而谋取外汇投机利润的外汇投机商。他们做远期交易的目的不外乎是为了避免在贸易中及暴露外汇头寸的汇率风险和进行外汇投机。

一、远期交易的目的

人们进行远期外汇交易的目的是多方面的，但不外乎是套期保值和进行外汇投机。

（一）套期保值

外汇套期保值（hedging）是指为减少汇率波动而给外汇交易者带来损失，通过买进或卖出某种价值等于国外远期负债或资产的外汇，使这笔负债或资产免受汇率波动的影响，而达到保值的目的的措施。

在国际贸易中，进出口商为了清偿债权债务关系，而预计在未来的某一个特定日期中需要支付或收入一笔一定数额的外汇。为了避免在此过程中因汇率波动而带来的风险,进出口商就需要进行远期外汇交易来锁定汇率,以实现套期保值。

在预计本国货币贬值时,对于未来支付外国货币的进口商而言,在进口商品是以外币标价的条件下,本币贬值意味着未来他将花费更多的本币来购买固定数额的外币以便支付,这样就会加大进口商的进口成本。但要预先以确定的汇率进行远期外汇交易,购买远期所要支付的外币的话,就可以确定进口成本以避免汇率波动而给进口商带来的额外的进口成本。也就是说,不论在进口商需要支付外币的那一天该种外币的汇率是多少,进口商都可以按照现在签订的远期交易合同所规定的汇率购买外汇。如果届时的即期汇率高于合同所规定的汇率,那么进口商就避免了额外所需支付的进口成本,从而达到了避险保值的效果。而对于未来要收汇的出口商而言,如果出口货物是以外币标价,那么外币升值本币贬值则意味着他收到的固定金额的外币将会兑换为更少的本币,这样就减少了出口收益。但事先以确定的汇率做远期外汇交易,从而来锁定出口收益的话,就可以避免因汇率波动而给出口商带来的出口收益的损失。以达到避险保值的目的。

外汇银行为了轧平远期外汇头寸也会进行远期外汇交易。外汇银行在满足客户的外汇需求而进行远期外汇交易的时,难免会出现一种货币在同一交割期限或不同交割期限的超买或超卖。这样,外汇银行就处在了汇率波动的风险当中。为避免汇率风险,外汇银行就需要将不同期限不同货币头寸进行抛售或补进以轧平外汇头寸。

(二)投机获利

在外汇市场上,投机者一般会根据自己的专业知识和各方面的信息的判断,对外汇的走势有一个自己的预期,从而来主动预先买进或卖出某种货币的远期合同以从中获利。在不考虑其他因素的条件下,若外汇投机者判断某种货币将要贬值,那么就会预先卖出该种货币,待将来价格下降,再以低价买入该种货币进行交割,以轧平头寸,这种先卖后买的行为称之为空头或卖空。而若外汇投机者判断某种货币将要升值,则先买入该种货币,待将来该货币的汇率上升后,再抛出该货币,以此贱买贵卖,来赢得利润。这种先买后卖的行为称之为多头或买空。当然,外汇投机是有风险存在的。如果在交割时汇率的波动方向与投机者的判断正好相反,那么投机者就要面临损失了。

二、远期交易的应用

远期交易的应用不外是进出口商、外汇借贷者通过远期外汇市场做套期保值以及外汇投机商作外汇投机,这里就不再赘述,只是通过几个例子来加以说明。

(一)进口商外汇付款的套期保值

例 8-7 某澳大利亚进口商从日本进口一批商品,日本厂商要求 3 个月内支付货款 1 亿日元。在贸易合同签订之时的外汇市场行情为:

即期汇率: AUD1=JPY100.00~100.12
3 个月的远期澳元贴水: 2.00~1.90

若该澳洲进口商在签约之时预测 3 个月后的日元会升值,且 3 个月后的即期汇率会为: AUD1=JPY80.00~80.10。

问:(1)如果该澳洲进口商不采取避免汇率风险的套期保值措施,而直接现在就支付1亿日元的货款,则需要多少澳元?(2)若现在不支付货款而是3个月后支付,但同时也不采取套期保值的措施,则3个月后需要多少澳元?(3)若现在采取套期保值的措施,则应该怎么做?那么3个月后他实际支付多少澳元?

解答:

(1)如果该澳洲进口商在不做任何套期保值的措施下,而现在直接支付1亿日元的货款。那么就须向银行买进1亿日元,按照签约时的汇率,采用AUD1=JPY100.00。亦即需要澳元为:

$$JPY1亿 = AUD\frac{1亿}{100.00} = AUD0.01亿$$

(2)如果该澳洲进口商不采取任何套期保值的措施,而在3个月后支付这1亿日元货款,届时以汇价AUD1=JPY80.00向银行购买1亿日元,从而预测需要澳元125万$\left(\frac{1}{80.00}=0.0125\right)$。这比现在就支付货款要多支付25万澳元。

(3)如果该澳洲进口商采取了套期保值的措施,并在3个月后支付货款。即,先向银行以AUD1=JPY98.00(100.00-2.00)的汇价买入3个月的远期日元1亿。即3个月后只需向银行支付澳元$\frac{1}{98.00}\approx102.04$万就可以获得1亿日元用以支付货款。这比(1)中进口商在签订贸易合同时就支付的100万澳元多支付了2.04万,这是他做套期保值不得不付的代价,但较之于(2)中不做套期保值而在3个月后支付货款多支付的25万澳元,又是微不足道的。

(二)外汇银行为平衡头寸而进行的套期保值

例8-8 假定某外汇银行在市场行情为:

即期汇率: USD1=EUR1.6310
3个月远期汇率: USD1=EUR1.6710

即时卖给某企业100万美元的3个月远期外汇,买进相应的欧元。当日收市时汇率变为:

即期汇率: USD1=EUR1.6510
3个月远期汇率: USD1=EUR1.6910

如果该银行的美元头寸不足,那么在卖出3个月的远期美元之后应补回这100万的远期美元,以平衡美元头寸,否则银行便将自己置于汇率波动的风险当中。即,如果这笔交易在收市时才成交,那么银行就要损失(1.6910-1.6710)×100=2万欧元。这样,为避免损失该银行就需要立即补回美元以轧平头寸。

在现实操作当中,银行在卖出远期外汇的同时往往要买进相同金额的即期外汇以轧平外汇头寸。这样,该银行先以USD1=EUR1.6310的即期汇率买入100万即期美元以轧平头寸,收市时再按照USD1=EUR1.6510的汇价卖出100万的即期美元。这样,尽管补进3个月远期美元要损失2万欧元,但通过即期交易的买卖而获得的2万欧元也可抵消远期外汇交易上的损失。

（三）远期外汇投机

外汇投机和外汇套期保值是有所不同的。其一，外汇投机活动并非是出于对外汇的实际需求，而是投机商通过汇率的上涨下跌而想获得差额利润；其二是外汇投机是主动、有意识地持有外汇的多头或空头来承担外汇风险，而套期保值则是尽量避免外汇风险而尽量地轧平外汇头寸。

外汇投机是指投机者在无具体外汇需要保值条件下，借汇率涨落波动之机，进行冒险性的货币期货交易。国际金融市场中正是由于投机者的参与，保值者的愿望才得以实现，货币远期外汇市场也才有了更大的发展。因此，外汇投机者的冒险减小了保值者的损失，外汇投机是发展货币远期外汇市场不可缺少的助推器。外汇投机分为现汇投机和期汇投机两种，现汇投机已在第七章作了介绍，本章主要介绍期汇投机。根据外汇投机的性质，它又可分为多头投机和空头投机两种。

1. 多头(Long Speculation)。所谓多头，是指外汇投机者在预测到某种外汇汇率会上涨时，先在外汇远期市场上买进该种货币，待其汇率果真上涨时再在现货市场上卖出该货币，以获取利润。

市场操作实例：2003年1月香港外汇市场上，3个月港币兑美元远期汇率为1美元兑港币7.7470～7.7490。某投机者预测3个月内港币汇价会上涨，于是他在远期外汇市场上买进数额为1000万港元的3个月远期外汇合约。3个月到期后，港币汇率果真上涨为1美元兑港币7.6570～7.6590，该投机者在现货市场上卖出1000万港元，盈利：(7.7490－7.6590)×1000＝90万港元。这样，他就通过在远期外汇市场上的低买和在现货市场上的高卖，获得90万港元利润。若按规定要支付30万港元的保证金，则该投机者净盈利60万港元。

2. 空头(Short Speculation)。所谓空头，是指外汇投者在预测到某种外汇汇率会下跌时，先在远期外汇市场上卖出该种货币期货，待其汇率果真下跌时再从现货市场上买进该货币，从中获利。

市场操作实例：1996年2月，某投机者预计欧元将会贬值，于是，4月1日，他卖出1份6月份到期的欧元远期外汇合约(125 000欧元/份)，欧元兑美元汇率为USD0.6282/DM，则合约金额为：1×125 000×0.6282＝78 525美元。并且按规定支付保证金1 800美元。5月1日，欧元汇率果然下跌，为USD0.6098/DM，并且他预计欧元不会再贬值，于是，他买进1份6月份到期的欧元远期外汇合约，合约金额为：1×125 000×0.6098＝76 225美元。盈利：78 525－76 225＝2 300美元，扣除保证金，净盈利：2 300－1 800＝500美元。

三、利息平价与套利

套利，是投资者利用不同国家间金融市场上短期利率的差异，将低利国家的货币，兑换成高利国家的货币，并进行投资的行为。套利分抵补套利和非抵补套利两种。

1. 非抵补套利

是指投资者把资金从低利国家调入到高利率国家，去谋取利差，但在套利的同时，不做掉期交易控制风险的行为。抵补套利是指,投资者在进行套利的同时,为了避免汇率在投资期内向不利方向变动带来损失,而进行的交易行为。这里重点介绍非抵补套利,对于抵补套利在下一章远期外汇市场再作介绍。

例 8-9 某美国外贸公司有一笔为期 3 个月的闲置资金 40 万美元。此时美国货币市场上的一年期利率为 4.2%,而英国货币市场上一年期利率为 5.8%。假定此时即期汇率为 GBP/USD=1.480 0。那么,该公司可作以下几种投资选择:

(1) 将这笔闲置资金投资于本国货币市场,则 3 个月后本利可得:

$$40\times\left(1+4.2\%\times\frac{3}{12}\right)=40.42 \text{ 万美元;}$$

(2) 将这笔资金投资于英国货币市场,则 3 个月后可得本利:

$$40\div1.480\ 0\times\left(1+5.8\%\times\frac{3}{12}\right)\approx27.418\ 92 \text{ 万英镑}$$

如果 3 个月后的即期汇率仍为 GBP/USD=1.480 0,那么就可换回 27.418 92×1.480 0≈40.58 万美元。比投资于国内货币市场多 1 600 美元。

但是,这种汇率不发生变化的情况一般不会出现。国际金融的理论分析和实践经验已经证明,利率高的国家的货币往往汇率会下降,而利率低的国家的货币汇率会上升。即,3 个月后的即期汇率会有所波动,可能比 1.480 0 高,也可能比 1.480 0 低。因此,对于投资选择(2)而言,该公司面临着较大的由汇率带来的风险,而这一风险,有可能使得该公司可以多得的这 1 600 美元有所缩水,甚至要比投资于本国货币市场肯定会得到的 4 200 美元的利息还要低。当然,如果 3 个月后英镑相对于美元贬值了,即 3 个月后的即期汇率低于 1.480 0,那届时该公司的收益就不止 5 800 美元了,而多出的部分,正是由于汇率向有利的方向的变动给该公司带来的收益。

2. 抵补套利

上面我们提到了外汇的套利交易,并重点讲述了非抵补套利,即在套利的同时,不做控制风险交易的行为。但这是在汇率不发生变化的条件下套利才会有收益。通过上面对远期汇率的决定我们又知道,远期汇率和利率有着紧密的关系,即利率高的货币远期汇率会下降,利率低的货币远期汇率会上升。这样,通过套利而获得利息收益往往又因为汇率的上升而损失掉。这就需要套利者在套取利息差异的同时做一笔远期交易以避免因利率的上升而给自己带来的损失。这就是抵补套利。

抵补套利是指,在较低的利率水平上借入一种货币,通过即期交易再将其兑换成利率较高的一种货币,并用来投资以赚取利差。同时,为避免投资期间汇率波动的风险,再卖出这种高利息货币的远期外汇,这一行为称之为抵补套利。

例 8-10 假定,某日伦敦外汇市场上的外汇行情为:

即期汇率:GBP1=USD2.004 0~2.005 0
12 个月升水: 200~190

伦敦货币市场利率为 13%,而纽约货币市场的利率为 11%。

假定以美国套利者在纽约货币市场借入价值相当于1万英镑的20 050美元(10 000×2.005 0),并用于在伦敦市场买入英镑现汇,存放于伦敦收取利息。同时又卖出12个月期的远期英镑1万,以防止汇率风险。

这1万英镑12个月后可得利息为:$10\,000 \times 13\% \times 1 = 1\,300$英镑。如果他不做远期交易抵补,那么本利和11 300英镑在汇率不变的条件下相当于22 645.2美元。再减去借入美元所需支付的本利和:$20\,050 + 20\,050 \times 11\% \times 1 = 22\,255.5$美元。这样他最后实际得到的利润为22 645.2－22 255.5＝389.7美元。但12个月后汇率不可能不发生变化,而这种变化可能会使得他最后无法得到这389.7美元的套利所得。在做了远期交易后,该美国套利者便可将11 300英镑的本利以$GBP1 = USD1.984\,0(2.004\,0 - 0.020\,0)$的汇价兑换为22 419.2美元。再减去借入美元所需支付的本利和22 255.5,这样最后得到的套利收益为163.7美元。尽管抵补套利后所得套利收益要低于非抵补套利的收益,但在实际操作中,这163.7美元却是实实在在可以得到的,而非抵补套利的389.7美元却是存在风险,不一定能够得到的。

如下图所示,其中i_h表示本国利率;i_f表示外国利率;直线为利率平价线。利率平价线上的点都代表利率平价,其中,A、B点代表外国利率高于本国利率,远期汇率贴水;C、D点表示外国利率低于本国利率,远期汇率升水。

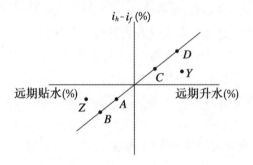

图 8-1 远期汇率与利率差价的关系

利率平价线右边的点表示本国投资者可以通过抵补套利来实现对外投资获得高于投资于本国的收益,该区域表示对本国投资者而言有利的对外投资区域。如Y点表示较高的远期升水弥补了投资者在国外投资中较低利率的损失,所以本国投资者应该选择投资于国外。当投资者利用这一机会时,市场力量会推动这些点向利率平价线靠拢,抵补套利活动继续,直到利率平价关系成立。同样,利率平价线左边的点表示外国投资者可以通过抵补套利来实现获得本国高于外国的收益,该区域对外国投资者而言表示为有利的投资区域。如Z点。

【能力训练】

一、单项选择题

*1. 择期外汇交易交割期越长,买卖差价(　　)。

A. 越小　　　　　B. 越大　　　　　C. 没有区别　　　D. 不确定

*2. 外汇市场上,最常见的远期外汇交易期限是(　　)。

A. 1个月　　　　B. 3个月　　　　C. 半年　　　　　D. 9个月

*3. 在其他条件不变的情况下,远期汇率的升(贴)水率与(　　)趋于一致。

A. 两种货币的利率差　　　　　　B. 国际利率水平

C. 两国政府债券利率差　　　　　D. 两国国际收支状况

*4. 远期外汇交易,根据(　　)的不同可以分为固定交割日远期交易和择期交易两种情况。

A. 交割日　　　　B. 远期汇率　　　C. 交易日　　　　D. 交易金额的大小

*5. 择期外汇交易交割期越长,买卖差价(　　)。

A. 越小　　　　　B. 越大　　　　　C. 没有区别　　　D. 不确定

*6. 关于选择交割日的远期外汇交易,说法不正确的有(　　)。

A. 分为完全择期交易与部分择期交易

B. 又称择期远期交易

C. 又称标准交割日远期交易

D. 又称非标准交割日远期交易

*7. 择期与远期外汇合约的区别在于(　　)。

A. 远期外汇合约和择期均可在有效期内任何一天交割

B. 远期外汇合约只能在到期日交割,择期可在有效期内任何一天交割

C. 远期和择期都只能在到期日交割

D. 远期外汇合约可在合约有效期内任何一天交割,择期只能在到期日交割

二、多项选择题

*8. 远期外汇交易交割日的确定原则包括(　　)。

A. 日对日　　　　B. 月对月　　　　C. 节假日顺延　　D. 可以跨月

E. 不跨月

*9. 远期外汇交易的双方必须签订远期合约,合约应该包括哪些内容(　　)。

A. 买进或卖出　　　　　　　　　B. 交易币种

C. 交易数量　　　　　　　　　　D. 远期汇率

E. 到期日

*10. 远期汇率的升贴水是哪些因素决定的(　　)。

A. 即期汇率　　　　　　　　　　B. 两国利率差

C. 时间长短　　　　　　　　　　D. 计算方法

*11. 在其他条件不变的情况下,远期汇率与利率之间的关系是(　　)。

A. 利率高的货币,其远期汇率会升水

B. 利率高的货币,其远期汇率会贴水

C. 利率低的货币,其远期汇率会升水

D. 利率低的货币,其远期汇率会贴水

三、计算分析题

*12. 2011年10月30日,某出口公司持有一张12月30日为到期日、金额1万美元的远期汇票到银行要求贴现,银行贴现的过程中包括有银行要买入即期外汇,如当时贴现率为6%,即期汇率为 USD1=RMB6.275 7/04,则银行应该付多少人民币给该公司?

*13. 某银行一客户打算卖出远期美元,买入远期港币,成交日为2009年3月3日,交割日为6月20日,远期合约的期限为3个月零15天。香港外汇市场有关汇率报价如下:

3月3日的即期汇率:USD 1= HKD7.812 5

3个月期 美元升水 125

4个月期 美元升水 317

请计算:6月20日美元对港币汇率是多少?

四、简答题

14. 什么是远期外汇交易,其特点是什么?

15. 远期外汇市场存在的作用是什么?

16. 套汇交易与套利交易的根本区别是什么?

五、思考与应用分析题

17. 什么是抵补套利与非抵补套利?举例说明同一交易商在采用这两种方式进行套利活动下的区别何在?

第九章 掉期交易

【内容提要】本章首先介绍外汇掉期交易的概念、交易方式及其功能;其次,分析了掉期交易成本掉期率定价依据;然后,结合例题和案例给出了掉期交易的市场运用方式。

【难点重点】理解并掌握掉期率报价规则及其计算方法是本章难点,而分析和理解掉期交易的现实运用及其功能是本章的重点。

【基本概念】掉期外汇交易　掉期率　即期对远期的掉期交易　远期对远期的掉期交易

第一节　掉期外汇交易的基本知识

在日常资金管理过程中,企业财务管理者经常面临现有资金与未来支付不匹配这一问题。比如,企业需要人民币资金,但账户只有外汇存款(由于需对外支付、汇率因素等原因无法结汇)。反过来,如果企业需要一笔美元用于进口支出,而账户只有人民币资金,一段时间后才会有美元收入,而买入美元显然将会面临人民币汇率风险。这些资金不匹配的问题该如何解决?

一、掉期交易的概念和特点

掉期交易业务属于金融衍生产品范畴,最初是在银行同业间进行外汇交易过程中发展起来的,后来逐渐发展成为一种独立的交易形式。在国际金融市场一体化潮流的背景下,掉期交易作为一种灵活、有效的避险和资产负债综合管理的衍生工具,越来越受到国际金融界的重视,用途日益广泛,交易量急速增加。

(一)掉期交易的概念

掉期外汇交易(Swap Transactions),又称套头交易,是指将币种、金额相同,操作方向、交割期限不同的两笔或两笔以上的外汇交易结合起来进行,即在买进某种货币的同时又卖出相同金额的同种货币,但买卖的交割期限不同。

(二)掉期交易的特点

1. 买与卖是有意识地同时进行。
2. 买与卖的货币种类相同,金额相等。
3. 买卖交割期限不相同。

掉期交易与前面所讲到的即期外汇交易和远期外汇交易有所不同。即期与远期交易是单一的,并不同时进行,即交易时要么做即期交易,要么做远期交易。因此,这种交易通常被称为单一的外汇买卖,主要用于银行与客户的外汇交易之中。掉期交易的操作是同时进行不同交割期限的同种外汇的两笔反向交易,涉及即期交易与远期交易或买卖的同时进行,故称之为复合的外汇买卖,主要用于银行同业之间的外汇交易。一些大公司也经常利用掉期交易进行套利活动。

同时,掉期交易与一般的套期保值也是不同的:① 掉期交易并不改变交易者手中持有的外汇数额,只是改变其所持货币的期限;② 掉期交易中强调买卖的同时性;③ 掉期交易绝大部分是针对同一对手进行的。

专栏 9-1

外汇掉期的历史

20世纪80年代以来,外汇掉期市场迅猛发展,全球外汇掉期日均交易量从1989年的1 900亿美元增长到2004年的9 440亿美元,从1995年起,全球外汇掉期交易的日交易量已超过外汇即期交易和远期交易,至2004年,分别为外汇即期交易和远期交易日交易量的1.5倍和4.5倍。2005年8月2日,中国人民银行下发《关于扩大外汇指定银行对客户远期结售汇业务和开办人民币与外币掉期业务有关问题的通知》,允许符合条件的商业银行开办人民币与外币掉期业务。

外汇掉期也被中央银行作为货币政策工具,用于从市场上收回流动性或向市场投放流动性。一些国家(如瑞士、德国、英国、新加坡、泰国等)中央银行都曾(或正在)使用外汇掉期作为公开市场操作工具。以瑞士中央银行为例,由于瑞士政府财政赤字很小,央行公开市场操作缺乏短期政府债券工具,因此瑞士央行曾主要运用外汇掉期来调节银行体系的流动性,1993年瑞士央行未平仓外汇掉期合约金额最高曾达到基础货币的50%左右。

2005年11月底,经过连续12次升息,美国联邦基金利率已从1%上升到4%。同期,美元一年期Libor也达到4.70%左右,高出相应期限的人民币货币市场利率2%~3%。外汇资金运用能力较强的商业银行倾向于增持美元资产,提高盈利能力,缓解人民币流动性带来的短期投资压力;同时,为规避汇率风险,商业银行希望在未来仍然能以当前汇率水平换回人民币,并愿意从美元资产的投资收益中拿出一部分补偿交易对手。在这种情况下,2005年11月25日,为适度回收流动性,保持货币市场利率的平稳运行,中国人民银行选择国家开发银行等10家银行开展外汇掉期交易,央行即期卖出美元,同时约定1年后以相同汇率买回美元,并相应收取美元与人民币的利差补偿。该次掉期交易量为60亿美元,央行收回基础货币484.83亿元人民币。

伴随美元与人民币利差的进一步拉大,商业银行希望通过外汇掉期交易买入美元、投资境外美元资产,提高资产收益率和资产配置效率的意愿越来越强烈,相应愿意补偿交易对手的利差也就越大。

——中国人民银行网站"外汇掉期专栏"

二、掉期交易的目的

掉期交易通常是为抵补某种货币的头寸所可能带来的风险而进行的。并通常是与套利交易相结合来进行,使某种货币的净头寸在某一特定日期为零,即通过轧平头寸来避免外汇风险,而不是为了投机获利。

掉期外汇交易可以改变外汇的币种以及外汇期限。因此,掉期交易的双方可以利用各自的筹资优势,达到降低筹资成本的目的;可以在尚未涉足的市场上获得成本优惠的资金;可以用来调整企业的财务结构,使资产负债比例实现最佳搭配。掉期交易方便跨国公司调换货币种类,满足信贷业务、管理货币的期限头寸以及内部资金调拨的需要。

总的来说,掉期交易的目的主要表现在以下方面:

(1) 调整银行外汇资产的构成和外汇头寸状况,轧平外汇头寸,以避免汇率波动引发的风险。掉期业务属于资金调度的工具,可帮助客户轧平各货币因到期日不同所造成的资金缺口。企业甚至可以通过掉期交易达到延期购汇目的,以此规避人民币升值风险,甚至获得升值收益。

(2) 利用不同交割期限汇率的差异,通过贱买贵卖,以资金的运用在外汇市场上牟取利润。掉期业务规避汇率风险功能也是普通贷款所不具备的。

(3) 进口商通过掉期交易来实现套期保值。由于两笔交易同时发生,未来汇率如何变动并不影响交易的进行,汇率的锁定使掉期交易有效规避了汇率风险,从而成为企业进行外汇理财的工具。在这种情况下,企业一方面可以确定是不是值得与外商做交易,另一方面如果做了交易,它也可以预先通过采取其他措施来降低成本从而来抵消掉期率造成的损失。

(4) 企业通过掉期业务进行融资,在账面上不会提高资产负债率水平。最大优势在于可以帮助企业提高资产运作收益,降低财务成本,特别是企业通过掉期融资人民币,能大幅降低贷款成本。例如某企业需要人民币资金用于日常周转,目前账户有美元资金,预期 6 个月以后有人民币资金入账,企业通过外汇人民币掉期业务获得人民币融资:即期卖出美元、买入人民币,即期汇率 7.607 2,同时,买入 6 个月的远期美元、卖出人民币,确定远期汇率 7.470 0。企业通过掉期获得交易差额收益率约为 $(7.607\,2-7.470\,0)\div 7.607\,2\times 100\% \approx 1.80\%$,折算成年收益为 3.60%,目前 6 个月人民币贷款基准利率为 5.85%。

三、掉期交易的类型

按照交易的方式而言,掉期交易一般可分为三种形式:

1. 即期对远期的掉期交易(Spot-Forward Swaps),即买进或卖出一笔现汇的同时又卖出或买进一笔期汇。即期对远期的掉期交易是最常见的一种形式。在短期资本运用中,如果将一种货币兑换为另一种货币,常通过这种形式的掉期交易,以避免外币资产到期时因汇率波动而带来损失。

常见的即期对远期掉期交易有:

(1) 即期对次日(S/N, Spot/Next)，即自即期交割日算起，至下一个营业日为止的掉期交易；

(2) 即期对一周(S/W, Spot/Week)，即自即期交割日算起，为期一周的掉期交易；

(3) 即期对整数月，即自即期交割日算起，为期1个月、2个月、3个月的掉期交易。

2. 即期对即期的掉期交易(Spot Against Spot)，是由当天交割或明天交割和标准即期外汇交易组成，用于银行调整短期头寸和资金缺口。

这类掉期交易常见的有：

(1) 隔夜交易(O/N, Over-Night)，即前一个交割日是交易日当天，后一个交割日是明天，即交割日后第一个营业日；

(2) 隔日交易(T/N, Tomorrow/Next)，即前一个交割日是明天，也就是交易日后的第一个营业日，后一个交割日是交易日后的第二个营业日。

3. 远期对远期的掉期交易(Forward Against Forward)，是指对不同交割期限的远期外汇双方做币种、金额相同、方向相反的两笔交易。在具体的操作中，银行对于这种交易方式一般是会将它拆为两个即期对远期的外汇交易来做，而真正的远期对远期交易在国际市场上较为少见。

第二节 掉期交易的市场成本

一、掉期交易的价格——掉期率

掉期交易中，最重要的不是即期汇率水平，而是掉期率(Swap Rate or Swap Point)。掉期率就是掉期交易的价格，也就是掉期交易的市场成本。在市场上，通常报价者采用双向报价的方式来给出掉期率，且银行在报掉期率时常用基本点(Point, 1 Point＝1点＝1/10 000)来表示买入价和卖出价。

买入价和卖出价针对于不同的主体有不同的理解。对于报价方来说，买入价表示其愿意买入远期基准货币及卖出即期基准货币的报价，对于询价者来说，买入价表示其买入即期基准货币及卖出远期基准货币的报价。卖出价则正好相反，表示报价方愿意买入即期基准货币及卖出远期基准货币的报价，也表示询价者卖出即期基准货币及买入远期基准货币的报价。

一般情况下，市场中的报价者只会报出掉期率，并不会指明升贴水情况，升水或贴水的情况满足以下规律：

(1) 若掉期率满足左小右大，表明掉期率为正，代表升水。

$$即期汇率＋掉期率＝远期汇率$$

(2) 若掉期率满足左大右小，表明掉期率为负，代表贴水。

$$即期汇率－掉期率＝远期汇率$$

这一规律会在专栏9.2中得到进一步证实。

二、掉期率的计算

掉期汇率与远期汇率的计算方法不同。远期汇率等于即期汇率加减远期汇水。远期汇水在掉期外汇买卖中,远期汇水的第一个价格相当于即期卖出基准货币与远期买入基准货币的两个汇率差额;远期汇水的第二个价格相当于即期买入基准货币与远期卖出基准货币的两个汇率的差额。计算时应予以特别注意。

掉期率的计算有以下两种方式:

(一) 以利率差的观念为计算基础

掉期率实际上就是两种货币在某一特定期间内互相交换使用的成本。

$$掉期率 = 即期汇率 \times (报价货币利率 - 基准货币利率) \times 时间$$

按照这一公式计算出来的是正数,就是升水,是负数,就是贴水。

例 9 - 1

外汇市场的行情如下:

$$USD/RMB = 6.828\,5 \sim 6.831\,5$$

利率:USD 0.80%/0.925% P.A.(年利率)
　　　RMB 1.71%/1.835% P.A.

求 1 个月远期汇率。

[解答]

先来计算 1 个月远期买入价 $6.828\,5 \times (1.71\% - 0.925\%)/12 = 0.004\,5$

再来求 1 个月远期的卖出价 $6.831\,5 \times (1.835\% - 0.80\%)/12 = 0.005\,9$

即远期汇率升水 45/59

(二) 以利率平价理论为计算基础

为了规避汇率风险,资金所有者在即期市场和远期市场会同时操作,如在即期市场买入高利率货币的同时,会卖出远期的高利率货币。如果这两个市场是充分自由的,根据利率平价理论,最终两种货币即期汇率与远期汇率的价差等于两种货币的利率差,即不论投资在哪一种货币,其利得均相同。

$$远期汇率 = 即期汇率 \times (1 + 报价货币利率 \times 时间)/(1 + 基准货币利率 \times 时间)$$

$$掉期率 = 远期汇率 - 即期汇率$$

仍以例题 9 - 1 为例。

来计算 1 个月远期买入价 $6.828\,5 \times (1 + 1.71\%/12)/(1 + 0.925\%/12) = 6.833\,0$

掉期率 $= 6.833\,0 - 6.828\,5 = 0.004\,5$

来计算 1 个月远期卖出价 $6.831\,5 \times (1 + 1.835\%/12)/(1 + 0.80\%/12) = 6.837\,4$

掉期率 $= 6.837\,4 - 6.831\,5 = 0.005\,9$

阅读 9-2

掉期率公式的推导

首先,假设直接标价法下的汇率为"1 外币 = e_0 本币",即即期汇率为 e_0,假设,远期汇率为 e_1;同时假设,外国和本国的利率分别为 i^* 和 i。

根据无套利原则以及利率平价理论,得到以下式子:

$$1+i^* = \frac{e_0(1+i)}{e_1} \rightarrow \frac{e_1}{e_0}(1+i^*) = 1+i$$

令 $\frac{e_1}{e_0} = 1+\Delta e \rightarrow \frac{e_1}{e_0}(1+i^*) = (1+\Delta e)(1+i^*) = 1+i$

$\rightarrow e_1 = e_0 \times (1+i)/(1+i^*)$

即:远期汇率 = 即期汇率 × (1 + 报价货币利率 × 时间)/(1 + 基准货币利率 × 时间)

由于 Δe 与 i^* 很小,故为简便起见,可令 $\Delta e \cdot i^* \approx 0$

$\rightarrow \Delta e = \frac{e_1 - e_0}{e_0} = i - i^* \rightarrow e_1 - e_0 = e_0(i - i^*)$

即:掉期率 = 即期汇率 × (报价货币利率 - 基准货币利率) × 时间

$e_1 - e_0 > 0$ 即是远期汇率升水情况,反之,为贴水情况。

第三节 掉期交易的市场运用

掉期交易涉及两个市场,即外汇市场和货币市场,是联系两个市场操作的桥梁。通过对掉期交易的市场运用进行学习,我们可以有效地解决本章开篇所提出的问题,即解决资金不匹配的问题。

在市场上,外汇掉期交易主要会有以下几种操作:

一、平衡资金流量

由于时间上的差异,银行的资金流量往往会出现不平衡的现象,即在不同时点上形成资金缺口。通过掉期交易,银行可以在不影响外汇头寸的情况下弥补资金缺口以平衡现金流。

例如,2005 年 11 月,某跨国公司进口设备需对外支付 1 000 万美元,当时账户中美元不足,但人民币资金充裕,而过一段时间后,该公司将会有一笔美元收入。该公司考虑到近期人民币汇率波动较大,还存在升值的可能,如果买入美元很可能会面临较大的人民币汇率风险。

为规避人民币汇率升值导致未来收入的美元结汇缩水的风险,该公司与某中资银行续做了一笔人民币外汇掉期交易。具体操作办法是:11月23日,该公司从银行即期买入美元1 000万,卖出人民币,汇率为8.083 1元人民币/美元,卖出人民币8 083.1万元,在远期时点(12月5日),客户卖出美元1 000万,买入人民币,汇率为8.077 1人民币/美元,买入人民币8 077.1万元。

该公司与银行完成即期及远期时点的交割后,从表面看来,该公司使用美元的成本增加了6万元人民币(8 083.1－8 077.1＝6万元),但与12月5日人民币兑美元的即期汇率(8.067 7元人民币/美元)相比,该公司挽回美元结汇的损失9.4万人民币。因为,如果公司不与银行签订人民币外汇掉期协议,等收到1 000万美元后再结汇,仅得人民币8 067.7万元,与协定的远期交割汇率相比,损失人民币9.4万元(8 077.1－8 067.7＝9.4万元)。

这个例子说明企业在日常资金管理过程中,往往会面临现有资金与未来支付之间存在的币种不匹配问题。上述方案的选择,一方面充分利用了企业闲置的人民币资金,买入美元支付进口货款,提高了资金的使用效率;另一方面,在人民币汇率弹性逐步增强,波动区间不断扩大的趋势下,通过该方案有效地规避了人民币汇率风险。

掉期交易的目的在于轧平外汇头寸,防止由于汇率变动遭受损失,并不是单纯为了获利。灵活运用掉期交易,不但可以实现企业外汇收支在币种、时间上的调整,节约资金使用成本,而且对于有效规避汇率风险具有积极的作用。

二、调整资金头寸长短,规避利率波动

银行在承做外汇交易时,各种货币极易出现头寸长短不同的资金流量。掉期交易可以调整这一现象,从而规避利率波动所带来的风险。

例9-2

假设: 即期汇率　　　USD/RMB＝6.828 5
　　　3个月远期汇率　USD/RMB＝6.831 5

银行承做了两笔外汇交易:

卖出3个月远期美元100万,买入相应人民币;

买入即期美元100万,卖出相应人民币。

为了轧平两种货币资金流量,银行可以承做一笔即期对远期的掉期交易:卖出即期美元100万,买入相应人民币,买入3个月远期美元100万,卖出相应人民币,从而调整两种货币的资金缺口。

三、调整外汇交易的交割日

银行在承做外汇交易时,时常碰到客户提出变更交割日的要求,这样就造成资金流动的不平衡。运用掉期交易,银行就可以对交割日进行调整,并重新确定汇率水平。

例 9 - 3

一个英国公司在 1 月份预计 4 月 1 日将收到一笔美元的货款,并按 3 个月远期汇率水平 GBP/USD=1.669 0 与银行做了一笔 3 个月的远期外汇买卖,买入英镑卖出美元,起息日为 4 月 1 日。但由于某种原因该公司获知对方将推迟 1 个月付款,于是该公司向银行提出改变起息日的要求。为了满足客户的要求,银行只需通过做一笔 1 个月的掉期交易,将 4 月 1 日的头寸转换到 1 个月后的 5 月 1 日即可,掉期率为贴水 15,银行将原来的汇率水平调整为 1.667 5。

四、进行投机操作

掉期率与利差有关,因此,根据对利率走势的判断,交易员可以预测掉期率的变化,从而应用掉期交易来牟利。

例 9 - 4

假设：　　GBP/USD　　3 个月掉期率　　　　30/32
　　　　　GBP/USD　　6 个月掉期率　　　　59/61

交易员预期在未来 3 个月内英镑和美元之间的利差会缩小,这意味着英镑兑美元的掉期率将下跌。碰到这种类型的问题,我们可以将掉期率看成是一种商品的价格,上一节也说过它是掉期交易的市场成本,所以作为价格,贱买贵卖才能盈利。以此为出发点,我们根据交易员的预测,承做如下 1 笔掉期业务。

现在：买入 3 个月英镑远期,同时卖出 6 个月英镑远期。

这样,交易员获得汇率差为(59－32)=27 点

3 个月后：如交易员预期的,利差缩小,因此,3 个月后的掉期率变为：

　　　　　GBP/USD　　3 个月掉期率　　　18/20

交易员承做交易：即期卖出英镑买入美元,3 个月远期：买入英镑卖出美元,将原来的头寸轧平,此交易损失 20 点。

综合考虑这笔掉期交易,赢利(27－20)=7 点。

例 9 - 5

假设目前外汇市场行情如下：

即期汇率　　　　　GBP/USD=1.677 0/80

6 个月掉期率　　　40/30

12 个月掉期率　　　30/20

市场行情：我们看到掉期率的报价是满足左大右小的情况,可见英镑兑美元贴水,其原因在于英国利率高于美国。但预测英美两国利率在 6 个月后会发生变动,届时英国利率会反过来低于美国,因此,英镑兑美元会升水。

经过分析,我们做如下一笔掉期交易：

现在：买入 12 个月英镑远期,同时卖出 6 个月英镑远期；

6 个月后：汇率变成：

即期汇率　　　　　GBP/USD=1.670 0/10

6个月掉期率　　　　100/200

买入即期英镑，卖出6个月远期英镑。

如果设即期为0时刻，6个月远期为1时刻，则上述交易可用下面的表格来直观地表示：

表9-1　掉期交易简表

	6个月远期	12个月远期	盈亏	交易总盈亏
0时刻	卖+1.6730	买-1.6760	-0.0030	0.0060
	即期	6个远期		
1时刻	买-1.6710	卖+1.6800	+0.0090	

阅读9-3

我国掉期外汇交易的现状

2005年汇改初期，人行和外汇局在银发〔2005〕202号文中明确在银行间市场开展不含利率的人民币对外币掉期交易。当时主要是考虑利率市场化程度较低，尤其是人民币资金尚未形成基准利率。2006年推出shibor后，货币掉期提上议事日程。

随着我国的汇率机制改革逐渐深入，汇率弹性增加，市场交易主体对于避险衍生品的需求不断上升。2007年8月17日，中国人民银行发布《中国人民银行关于在银行间外汇市场开办人民币外汇货币掉期业务有关问题的通知》（简称《通知》），决定在银行间外汇市场开办人民币外汇货币掉期业务。

自汇改推出外汇掉期业务以来，越来越多的企业开始尝试这种工具，但所占份额不高，截至2009年，银行多是只为经本行贷款的单位提供这项服务且只为客户承做与债务情况对应的保值交易，不做投机交易。加工贸易类的企业可以选择该方式，如一家企业进口原料支付货款要用美元，需向银行买入美元卖出人民币，几个月后出口产品收到美元货款，则要向银行卖出美元买进人民币。在这种情况下为规避外汇风险，可选择货币掉期。外汇掉期交易的活跃程度也受到银行报价的影响，如即期报价和远期报价间价差过大，超出预期的人民币升值幅度，企业出于逐利考虑会望而却步。由于人民币升值预期过于强烈，目前国内银行已暂停人民币对外币的掉期交易，但企业也可通过美元对其他币种的掉期交易来实现规避风险的目的。

资料来源：1. 吕晖、李建平《金融衍生工具在企业外汇风险管理中的运用》，《财会研究》，2009.5

2. 温建东《人民币外汇货币掉期业务有关问题的探讨》，《中国货币市场》，2007.9

【能力训练】

一、简答题

1. 什么是外汇掉期交易？掉期交易有哪几种类型？
2. 从事掉期交易的动机有哪些？

二、案例分析拓展题

*3. 英国某银行在6个月后应向外支付500万美元，同时在1年后又将收到另一笔500万美元的收入。

假设目前外汇市场行情为：即期汇率　GBP/USD＝1.677 0/80

1个月的掉期率　　20/10

2个月的掉期率　　30/20

3个月的掉期率　　40/30

6个月的掉期率　　40/30

12个月的掉期率　　30/20

可见，英镑兑美元是贴水，其原因在于英国的利率高于美国。但是若预测英美两国的利率在6个月后将发生变化，届时英国的利率可能反过来低于美国，因此英镑兑美元会升水。设计一个掉期交易使银行获利。

第十章 金融期货概述

【内容提要】要了解和掌握金融期货市场,我们首先必须从期货市场的一般情况入手,这样才能够循序渐进地对金融期货市场有比较系统的了解。本章首先介绍了金融期货的产生背景,分析了金融期货的概念与特征,着重介绍了金融期货的市场交易结构和管理结构,最后分析了金融期货的功能与发展趋势。

【难点重点】重点把握金融期货与金融现货、金融期货与金融期汇的区别,而理解金融期货的经济意义是本章的难点。

【基本概念】金融期货　金融期货交易所　金融期货清算所　平仓　头寸限额　全国期货商品委员会　价格发现

第一节 金融期货交易的概念及其产生条件

一、金融期货的产生背景

金融市场上纷繁复杂的各种金融商品,共同构成了金融风险的源泉。各类金融机构在创新金融工具的同时,也产生了规避金融风险的客观要求。金融期货是一种派生的金融工具,它的产生与整个金融市场的发展和20世纪70年代以来金融市场上风险结构的巨大变化密切相关。

20世纪70年代初外汇市场上固定汇率制的崩溃,使金融风险空前增大,直接诱发了金融期货的产生。1944年7月建立的布雷顿森林体系,确立了实行双挂钩的固定汇率制,各国货币之间的汇率波动被限制在有限的范围内(货币平价的±1%),外汇风险几乎为人们所忽视。然而,美国于1971年8月15日宣布实行"新经济政策",停止履行以美元兑换黄金的义务。为了挽救濒于崩溃的固定汇率制,同年12月底,美元对黄金贬值7.89%,各国货币对美元汇率的波动幅度扩大到货币平价的±2.25%。1973年2月,美国宣布美元再次贬值10%。最终,1973年3月,在西欧和日本的外汇市场被迫关闭达17天之后,主要西方国家达成协议,开始实行浮动汇率制。

在浮动汇率制下,各国货币之间的汇率直接体现了各国经济发展的不平衡状况,反映在国际金融市场上,则表现为各种货币之间汇率的频繁、剧烈波动,外汇风险较之固定汇率制下急速增大。各类金融商品的持有者面临着日益严重的外汇风险的威胁,规避风险的要求日趋强烈,市场迫切需要一种便利有效的防范外汇风险的工具。在这一背景下,外汇期货应运而生。

1972年5月,美国的芝加哥商业交易所设立国际货币市场分部,推出了外汇期货交易。当时推出的外汇期货合约均以美元报价,其货币标的共有7种,分别是英镑、加拿大元、欧元、日元、瑞士法郎、墨西哥比索和意大利里拉。后来,交易所根据市场的需求对合约做了调整,先后停止了意大利里拉和墨西哥比索的交易,增加了荷兰盾、法国法郎和澳大利亚元的期货合约。继国际货币市场成功推出外汇期货交易之后,美国和其他国家的交易所竞相仿效,纷纷推出各自的外汇期货合约,这大大丰富了外汇期货的交易品种,并引发了其他金融期货品种的创新。1975年10月,美国芝加哥期货交易所推出了第一张利率期货合约——政府国民抵押贷款协会(GNMA)的抵押凭证期货交易,1982年2月,美国堪萨斯期货交易所(KCBT)开办价值线综合指数期货交易,标志着金融期货三大类别的结构初步形成。

二、金融期货的概念

所谓金融期货(Financial Futures),是指以金融工具作为标的物的期货合约。金融期货交易是指交易者在特定的交易所通过公开竞价方式成交,承诺在未来特定日期或期间内,以事先约定的价格买入或卖出特定数量的某种金融商品的交易方式。

金融期货交易具有期货交易的一般特征,但与商品期货相比,其合约标的物不是实物商品,而是金融商品,如外汇、债券、股票指数等。

(一)理解期货的几个重要概念

1. 期货合约

像远期合约一样,期货合约(Futures Contract)是两个对手之间签订的一个在确定的将来时间按确定的价格购买或出售某项资产的协议。与远期合约不同,期货合约通常在规范的交易所内交易。为了使交易能够进行,交易所详细规定了期货合约的标准化条款。由于期货合约的双方不一定相识,交易所同时也向双方提供该期货合约的承兑保证。

2. 平仓(closing out a position)

包括开立一个与初始交易相反的头寸。例如,如果投资者在3月6日买入一个7月份玉米期货合约,他或她可在4月20日通过卖出一个7月份玉米期货合约来平仓。如果投资者在3月6日卖出一个7月份的期货合约,他或她可在4月20日通过买入一个7月份玉米期货合约来平仓。在每种情况下,投资者的全部损益反映了3月6日和4月20日之间期货价格的变化。

绝大多数初始建立的期货合约都按这种方式平仓,很少实际交割标的资产。尽管如此,理解交割手续也非常重要。正是因为具有最后交割的可能性,才使得期货价格与现货价格联系起来。

3. 合约规模

合约规模(contract size),也称"交易单位"(trading unit),是指交易所对每一份金融合约所规定的交易数量。对交易所来说,这是一项重要的决策。如果合约的规模过大,许多希望对冲较小风险头寸的投资者或希望持有较小头寸的投机者就不可能利用该交易所进行交易。而另一方面,由于成本是与每一个交易的合约密切相关,如果合约规模过小,则交易成本就会很高。因此,金融期货合约所含的交易单位为期货市场公众、交易所认同的标准单位,在期货市场交易的金融期货随不同的种类、标准的计量单位而不同。如芝加哥期货交易所长期国债(T-Bond)期货合约的交易单位为 100 000 美元,纽约股票交易所综合指数期货合约的交易单位为 500 美元。国际货币市场规定:每一份英镑期货合约的交易单位是 62 500 英镑;每一份日元期货合约的交易单位是 12 500 000 日元。交易单位的标准化方便了期货合约的流通,简化了期货交易的结算。

4. 交割

所谓交割(delivery)是指由交易所规定的各种金融期货合约因到期未平仓而进行实际交割的各项条款,主要包括交割日、交割方式和交割地点等。期货合约按交割月份来划分,交易所必须指定在交割月份中可以进行交割的确切时期。对于许多期货合约来说,交割时期是整个交割月。

交割月份随合约的不同而不同,由交易所根据客户的需要进行选择。例如国际货币市场(IMM)的外汇期货的交割月份为 3 月份、6 月份、9 月份和 12 月份;而 CBOT 的玉米期货合约的交割月份为 3 月份、5 月份、7 月份、9 月份和 12 月份。在任何给定的时间,交易的合约包括有最近交割月的合约和一系列随后交割月的合约。由交易所指定特定月份合约开始交易的时刻,交易所同时也对给定合约的最后交易日作了规定。最后交易日通常是最后交割日的前几天。

5. 期货报价

期货的报价方式容易理解。例如,纽约商品交易所 NYMEX 的原油期货价格以每桶原油的美元数来进行报价,取两位小数(即近似到美分)。CBOT 的中期国债和长期国债期货价格以美元和 1/32 美元的倍数来进行报价。在交易中可以允许的最小价格变动与标价方式保持一致,即原油期货的最小价格变动为 $0.01(或每桶 1 美分),中期和长期国债期货的最小价格变动为 1/32 美元。

6. 头寸限额

头寸限额是指一个投机者最多可以持有的合约数量。例如,在芝加哥商品交易所CME 的自由长度木材期货合约中,头寸限额(在开仓时刻)为 1 000 张合约,且在任意一个交割月份中期货合约的数量不得超过 300 张。真正的套期保值者则不受头寸限额的影响。头寸限额的目的是防止投机者的过分操作对市场造成的不利影响。

(二)金融期货的种类

金融期货问世至今不过只有短短 20 余年的历史,远不如商品期货的历史悠久,但其发展速度却比商品期货快得多。目前,金融期货交易已成为金融市场的主要内容之一,在许多重要的金融市场上,金融期货交易量甚至超过了其基础金融产品的交易量。随着全球金融市场的发展,金融期货日益呈现国际化特征,世界主要金融期货市场的互动性增强,竞争日趋激烈。在世界各大金融期货市场,交易活跃的金融期货合约有数十种之多。根据各种合约标的物的不同性质,可将金融期货分为三大类:外汇期货、利率期货和股票指数期货,其影响较大的合约有美国芝加哥期货交易所(CBOT)的美国长期国库券期货合约、东京国际金融期货交易所(TIFFE)的90天期欧洲日元期货合约和香港期货交易所(HKFE)的恒生指数期货合约等。

其在各交易所上市的品种主要有:

1. **货币期货**:澳大利亚元、英镑、加拿大元、欧元、日元、瑞士法郎、欧洲美元等的期货合约。

主要交易场所:芝加哥商业交易所国际货币市场分部、中美商品交易所、费城期货交易所等。

2. **利率期货**:美国短期国库券期货、美国中期国库券期货、美国长期国库券期货、市政债券、抵押担保有价证券等。

主要交易场所:芝加哥期货交易所、芝加哥商业交易所国际货币市场分部、中美商品交易所。

3. **股票指数期货**:标准普尔500种股票价格综合指数(S&P 500),纽约证券交易所股票价格综合指数(NYCE Composite),主要市场指数(MMI),价值线综合股票价格平均指数(Value Line Composite Index),此外日本的日经指数(NIKI),香港的恒生指数(香港期货交易所)。

主要交易场所:芝加哥期货交易所、芝加哥商业交易所、纽约证券交易所、堪萨斯市期货交易所。

三、金融期货交易的特征

(一) 金融期货的基本特征

第一,交易的标的物是金融商品。这种交易对象大多是无形的、虚拟化了的证券,它不包括实际存在的实物商品。

第二,金融期货是标准化合约的交易。作为交易对象的金融商品,其收益率和数量都具有同质性、不交性和标准性,如交易金额、清算日期、交易时间等都作了标准化规定,唯一不确定是成交价格。

第三,金融期货交易采取公开竞价方式决定买卖价格。它不仅可以形成高效率的交易市场,而且透明度、可信度高。

第四,金融期货交易实行会员制度。非会员要参与金融期货的交易必须通过会员代理,由于直接交易限于会员之间,而会员同时又是结算会员,交纳保证金,因而交易的信用风险较小,安全保障程度较高。

第五,交割期限的规格化。金融期货合约的交割期限大多是3个月,6个月,9个月或12个月,最长的是2年,交割期限内的交割时间随交易对象而定。

(二) 金融期货与金融现货的差异

金融现货是指政府部门、金融机构以及工商企业所发行的具有内在价值的信用工具,金融市场上常见的金融现货有债券、股票外汇等品种,而金融期货是金融现货的衍生品。现货交易的发展和完善为金融期货交易打下了基础。同时,金融期货交易也是现货交易的延伸和补充。二者的差异主要有以下几点:

(1) 交易方式不同。首先,现货交易一般通过一对一的谈判成交,而金融期货交易必须集中在期货交易所里以公开拍卖的方式进行,完全由期货市场机制支配,因而交易集中、信息通达、价格公平、买卖公开。其次,现货交易是真实地买进或卖出一种金融资产,一手交钱,一手交货,真实地实现了资产所有权的转移,而期货交易实质上是一种契约交易,双方通过期货合约的买卖只是承担了一种义务——买进者到期有接受所买金融资产的义务,卖出者到期有交割所买金融资产的义务。再次,期货交易并不涉及金融资产所有权的转移,买方并不一定真的购买这种金融资产,卖方也并不一定有金融资产出售。

(2) 价格决定不同金融现货交易的金融工具价格是现实已确定了的价格,是存在的客观事实;而金融期货交易的金融工具价格反映的是所有市场参与者对未来价格的综合预期,并非实际已存在的事实。由于投机者的参与和主观心理因素的影响,金融期货价格与将来实际价格往往不一致,投机者正是利用这两种价格的差异进行投机活动。

(3) 交易制度不同。主要有:现货可以长期持有,而期货则有期限的限制;期货交易可以买空卖空,而现货只能先买后卖;现货交易是足额交易,而期货交易是保证金交易,因而风险较高。

(4) 交易的组织化程度不同。现货交易的地点和时间没有严格规定,期货交易严格限制在交易大厅内进行,现货交易信息分散,透明度低。而期货交易比较集中,信息公开,透明度高;期货交易有严格的交易程序和规则,具有比现货市场更强的抗风险能力。

(三) 金融期货与金融远期的区别

金融期货交易是在金融远期合约交易的基础上发展起来的。二者最大的共同点是均采用先成交、后交割的交易方式,但二者也有很大的区别。

(1) 指定交易所。期货与远期交易的第一项差别在于期货必指定交易所内交易,交易所必须能提供一个特定集中的场地。交易所也必须能规范客户的定单在公平合理的交易价格下完成。期货合约在交易厅内公开交易,交易所还必须保证让当时的买卖价格能及时并广泛传播出去,使得期货从交易的透明化中享受到交易的优点。而远期市场组织较为松散,没有交易所,也没有集中交易地点,交易方式也不是集中式的。

(2) 合约标准化。金融期货合约符合交易所规定的标准化合约,对于交易的金融商品的品质、数量及到期日、交易时间、交割等级都有严格而详尽的规定,而远期合约对于交易商品的品质、数量、交割日期等,均由交易双方自行决定,没有固定的规格和标准。

(3) 保证金与逐日结算。远期合约交易通常不交纳保证金,合约到期后才结算盈亏。期货交易则不同,必须在交易前交纳合约金额的 $5\%\sim10\%$ 为保证金,并由清算公司进行逐日结算,如有盈余,可以支取,如有损失且账面保证金低于维持水平时,必须及时补足,这是避免交易所信用危机的一项极为重要的安全措施。

(4) 头寸的结束。结束期货头寸的方法有三种:第一,由对冲或反向操作结束原有头寸,即买卖与原头寸数量相等、方向相反的期货合约;第二,采用现金或现货交割;第三,实行期货转现货交易(Exchange for Physicals)。在期货转现货交易中,两位交易人承诺彼此交换现货与以该现货为标的的期货合约。远期交易由于是交易双方依各自的需要而达成的协议,价格、数量、期限均无规格,倘若一方中途违约,通常不易找到第三者能无条件接替承受该权利须在义务。因此,违约一方只有提供额外的优惠条件要求解约或找到第三者接替承受原有的权利义务。

(5) 交易的参与者。远期合约的参与者大多是专业化生产商、贸易商和金融机构;期货交易的参与者可以是银行、公司、财务机构、个人等,相比期货更具有大众意义,市场的流动性和效率都很高。

第二节 金融期货市场结构

由于大多数金融期货市场是由商品期货市场发展而来,自然金融期货市场的组织管理结构就与一般的商品期货市场的组织管理结构基本一致,并形成了彼此协调、高效运作、相互制约的组织管理结构体系,以确保金融期货市场的正常运行。

一、金融期货交易结构

金融期货市场交易的结构一般由四部分组成:交易所、清算所、经纪商或经纪人和交易者。

(一) 金融期货交易所

金融期货交易所是指为交易双方提供标准化金融期货合约买卖的场所,是国际金融期货市场运作的载体,是一个采用会员制(或公司制)组织形式的非盈利性机构。其依靠自身的管理严密、组织健全、设备完善和高效运作,为顾客提供良好的交易环境。金融期货交易所自身并不参与金融期货交易,也不拥有金融期货商品,既不买卖金融期货合约也不参与金融期货价格的形成。

金融期货交易所的组织结构如图 10-1 所示:

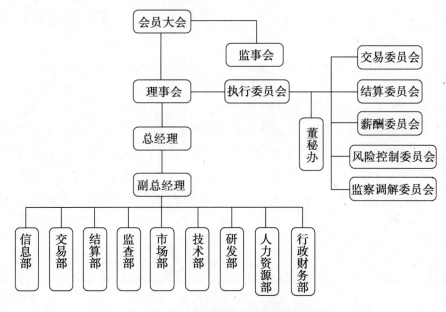

图 10-1 金融期货交易所的组织结构

第一,由全体会员组成的会员大会是交易所的最高权力机构,它决定交易所的最高管理机构或会员大会的常设执行机构;

第二,由会员大会选举产生的理事会是交易所的最高管理机构或会员大会的常设执行机构;

第三,交易所的日常行政业务由总经理负责,总经理下设若干副总经理专门负责某一方面业务;

第四,为便于开展业务,交易所一般还下设一些职能部门,如交易部、市场部、信息部、技术部、结算部、研发部、监查部、人力资源部、行政财务部,等等;

第五,期货交易所还设有专司监督职责的机构——监事会。

金融期货交易所为金融期货交易的正常开展起着重要作用。它不仅为期货交易提供了一个专门的有组织的交易场所和先进的交易设施,为期货交易提供了物质保障,而且还通过制定标准化的期货合约提高交易效率和市场流动性;它通过制定并实施交易规则和其他规章制度,确保期货交易能够公平有序地进行;不仅如此,它还为期货交易而产生的经济纠纷提供富有效率的调节和仲裁,以及为社会大众提供价格信息服务,等等。

国际上著名的经营金融期货的交易所有芝加哥国际货币市场(International Monetary Market 简称 IMM)、伦敦国际金融期货交易所(London International Financial Future Exchange,简称 LIFFE)、新加坡国际货币期货交易所(Singapore International Monetary Exchange Market,简称 SIMEM)。

专栏 10−1

国际金融期货交易所介绍

芝加哥国际货币市场(International Monetary Market,IMM)是最早的有形货币期货市场,简称 IMM,成立于 1972 年 5 月。它是芝加哥商业交易所的一个分支。开始,主要交易品种是六种国际货币的期货合约,即美元、英镑、加拿大元、欧元、日元、瑞士法郎,后又增加了上述货币的期权交易。在芝加哥商业交易所正式成立国际货币市场分部,推出了七种外汇期货合约之后,揭开了期货市场创新发展的序幕。从 1976 年以来,外汇期货市场迅速发展,交易量激增了数十倍。1978 年,纽约商品交易所也增加了外汇期货业务,1979 年,纽约证券交易所亦宣布,设立一个新的交易所来专门从事外币和金融期货。1981 年 2 月,芝加哥商业交易所首次开设了欧洲美元期货交易。随后,澳大利亚、加拿大、荷兰、新加坡等国家和地区也开设了外汇期货交易市场,从此,外汇期货市场便蓬勃发展起来。

伦敦国际金融期货期权交易所(LIFFE)是另一家重要的货币交易所,它成立于 1982 年,主要交易品种有英镑、瑞士法郎、欧元、日元、美元的期货合约及期权。此后,澳大利亚、加拿大、荷兰、新加坡等国又陆续成立了多家货币期货交易所。开展货币期货交易,但仍以芝加哥、伦敦两家交易所的交易量最大。

（二）金融期货清算所

金融期货清算所又称为"票据交换所"、"期货交易结算所"或"清算单位"，主要负责金融期货交易的结算，包括到期未平仓的期货合约的交割和未到期的期货合约的平仓，并承担着每笔交易的清算和核收履约保证金以确保合约到期履行，报告交易数据等。对于所有的期货合约的交易者而言，金融期货清算所是买卖双方的中间人，对所有成交的合约的履行予以保证。也就是说，金融期货清算所是所有交易者的共同第三方，它既是每一个作为卖方的结算会员的买方，又是每一个作为买方的结算会员的卖方。

金融期货清算所一般有两种类型：一种是美国式的，即结算公司是一个隶属于期货交易所的内部机构；另一种是欧洲式的，即结算公司大多独立于期货交易所之外，是一个与期货交易所并行的机构。

美国的期货交易所就是会员制的公司组织，它除了提供期货交易场所、提供标准化的期货合约和期权合约、通过结算所为期货交易提供安全保障、提供信息服务等基本职能外，还提供对期货交易的管理职能。期货交易所主要实施交易所内部的管理以及对交易所会员和场内交易员的管理，建立并执行交易规则。

这些管理职能具体主要是：

第一，交易所对会员资格申请者进行严格的审核。审核的内容主要是集中调查会员申请者的信用状况、财务责任范围、个性以及廉洁性等问题。由于交易所会员的席位是有限的，如芝加哥期货交易所的正式会员只有1 402名，购买会员席位的价格已高达100万美元左右，因而只有财力雄厚者才可能获得会员资格。高额的会员席位费就为管理会员提供了财务保障。除财务要求外，还要申请者的历史必须清白，即在其以往的交易历史中必须没有不良纪录，追溯期通常为10年。

第二，交易所对会员有责任进行严格监督。这主要是监督会员的财务状况要始终符合交易所的严格要求，以免发生恶性倒闭事件；监督会员的交易行为，防止其进行违规的交易活动，保障投资人的利益。

第三，交易所对场内交易人或经纪人进行严格的监督和管理。由于交易所会员接收到的期货买卖指令都是由场内交易人执行，对场内交易人的严格监管就十分必要。这种监管主要有：一是素质监管，即要求场内交易人必须具有良好的专业能力和职业道德。二是交易行为监督，即不允许场内交易人进行如下违规交易：不允许场内交易人之间私下协议买卖合约；不允许与其他场内交易人联合起来，操纵市场价格以谋取私利；不允许不顾客户的指令先交易自己的合约而延误客户指令的执行。根据规定，场内交易人应赔偿因为人错误造成的客户损失。若违反职业道德进行违规交易，可罚款10万美元或一年有期徒刑。

第四，管理期货价格的涨跌。为了避免价格脱离供求关系而剧烈波动，保护期货交易人的利益，美国一些期货交易所对某些期货交易设有涨跌停板的限制。为了保证期货交易所的监管职能顺利实施，美国的期货交易所通常有以下三个委员会：一是场内监督委员会，主要职能是防止场内交易人的违规交易。二是仲裁委员会，主要职能是调解会员与会员之间，会员与非会员之间的各种纠纷。三是道德委员会，主要职能是负责调查有否操纵市场的行为。

（三）金融期货经纪公司

经纪公司就是专门从事接受非期货交易所会员（客户）的委托进行期货交易并收取佣金的中介公司。

经纪公司有两个性质：第一，中介性，经纪公司是非交易所会员与期货交易市场的桥梁与纽带，是二者的中介，非会员只有通过经纪公司才能参与期货交易者能够从事的交易活动；第二，营利性，经纪公司与交易所和结算所不同，它属于营利性组织，主要代客户从事交易收取报酬。

经纪公司的作用，就是通过它的经纪活动代理广大客户参加期货交易，使广大客户与交易所、结算所的联系更为便捷、有效，从而推动了期货交易的蓬勃发展。

（四）市场交易者

参与金融期货交易者，如果本身就是期货交易所会员，就可以直接进行交易，否则就必须通过经纪公司来进行。根据参与期货交易者的目的和动机不同，可将他们分为两类：套期保值者和投机者。

1. 套期保值者。套期保值者（hedgers）是指那些把期货市场当作转移价格风险的场所，利用期货合约作为将来在期货市场上进行买卖金融证券的临时替代物，对现在拥有或预期拥有的资产或负载的价格进行保值的人或企业。

套期保值者的交易特点：交易量大；在期货市场中买卖的位置有相对稳定性，一般不得随意变动；期货合约保持时间较长。

2. 投机者。投机者（speculators）是指那些自己没有实际货物需要进行买卖，而纯粹在期货市场上通过买空卖空赚取差价以获得利润的自然人或企业。他们用专门的资金投资期货市场，主动承担套期保值者想要转移的风险，与套期保值者参加交易的基本动机不同。他们之所以将资金投入到期货市场进行交易，主要是由于期货市场的波动性所造成的价格变动使获得盈利的可能性存在，而且期货交易具有以少量资金获得大额收入的特点，所以对投机者有巨大的吸引力。

投机者对期货市场的作用：由于投机者都希望能从短期的价格变动中获得收益，期货合约在他们手中停留的时间越短越好，所以频繁的买卖合约，这种做法加强了期货市场的流动性。正是由于投机性的润滑作用，使得期货市场的发展迅速而且日益兴旺。

表 10-1 期货市场交易者统计表

分类	交易者数量	买进合约数（份）	卖出合约数（份）
投机者	5 722	18 256	16 773
保值者	113	682	2 173
总计	5 835	18 938	18 946

资料来源：《期货交易经济学》

从表 10-1 可以看出，期货市场上投机者数量占 98% 以上，保值合约中卖出为买进的 3 倍多，投机交易合约数占 92% 以上。

二、金融期货市场的管理结构

金融期货市场的管理除了各组织结构自身的管理外,还包括两个主要的管理机构:全国期货行业协会和政府。

(一)全国期货协会

全国期货协会是由期货行业人士组成,并由期货行业支持的全行业性的自律组织。根据美国国会的特别立法,凡是在美国从事期货交易的期货公司与经纪人,都必须加入全国期货协会,成为该协会的会员,否则不能从事期货交易。这就使全国期货协会得以有效地发挥其行业管理的职能。

全国期货协会的基本职能是为期货行业制定和实施综合性自我管理制度,其主要注意力在于管理非交易所会员的期货公司与经纪人。其主要职能有:

第一,审核期货公司与经纪人的注册申请和会员资格。根据规定,凡是在美国从事期货交易的期货公司与经纪人,都需要在商品期货交易委员会注册。该会把审核注册申请的业务委托给了全国期货协会。因此,全国期货协会审核注册申请与审核加入该协会的会员资格,作为同一程序加以办理。根据期货协会的规则,下列人员不得申请会员资格:曾被任何交易所、期货交易委员会取消会籍,或正接受调查,或在法院有不良记录的人;曾在知情的情况下雇用以上人员的人;曾经犯罪并被判刑的人;在期货、证券交易上有不良记录,或曾擅自挪用客户资金的人;曾违反任何证券或期货交易所法规的人;知情而接受被期货交易委员会勒令禁止交易的人下单的人;曾纵容下属犯法或违反期货协会规章的人;曾在登记执照时申报不实材料的人。

第二,举行期货经纪考试。为了保障期货经纪人具有一定的专业能力,维护客户的利益,规定所有的期货经纪人必须通过全国期货协会举办的期货经纪考试,只有考试合格取得执照,才能作为经纪人进行期货交易。

第三,检查和监督期货公司与经纪人的财务状况,以保证其经营资金总是保持在全国期货协会所规定的水平以上。一旦发现期货公司与经纪人的经营资金达不到规定的水平,期货公司与经纪人就将受到罚款、停业等严厉处分。

第四,检查和监督期货公司与经纪人的交易行为,以防止期货公司与经纪人滥用资金,以及采取不正当手段欺骗客户从事期货交易。

第五,仲裁。全国期货协会建立了一个仲裁系统,用以处理客户与会员之间或会员与会员之间的各种纠纷。会员必须服从全国期货协会作出的裁决。

在美国,全国期货协会由42位理事组成,其中13位来自期货经纪商及中介经纪商,10位来自期货交易所,10位来自其他期货业(商品交易顾问、基金经理、商业公司、银行等),3位来自社会公正人士。每一理事任期为三年。根据期货协会的职能,其共设有下列机构:登记处、稽核部门、仲裁部门和教育部门。这里主要介绍最重要的稽核部门,协会三分之二的人员和业务直接或间接与稽核部门有关,管理方式主要是对会员实施突击检查,包括财务、资本额、广告用语、电话监听等检查。根据全国期货协会的内部稽核章程规定,任何会员或其雇员不得:欺骗客户;与客户对做;做假账;虚构信息操纵市场;在知情的情况下,接受被期货交易委员会禁止期货交易的人的买卖下单;盗用客户的资金或证券,以及扣留客户资金(除非协会批准);未经客户书面同意而分享其利润;未经期货交易委员会批准,与被取消会籍或正接受调查的会员进行交易。此外,内部稽核章程还要求:期货公司必须备有全部客户的最新交易纪录,详细列出每一个客户的交易情况,以便核查;如果会员收到客户的书面抗议,必须保存该抗议书,切实调查,具体拟定解决方案,再将全案移送全国期货协会;任何超过1 000美元的口头抗议,都要记录下来,然后再参照书面抗议处理。对于代理客户操作,内部稽核章程规定:必须要有客户的授权书;公司必须有专人检查每一笔代理操作的交易;公司对代理操作的交易状况必须给予特别注意。对于期权交易,内部稽核章程规定:不得向客户强行推销期权交易;宣传材料须先由期货协会批准;代理客户作期权交易,要事先向客户解释交易技巧,由经理批准才能开始交易,每一笔交易都须经核准,并注明每笔交易是否是代操作交易。

专栏 10-2

中国期货行业协会简介

中国期货业协会(以下简称协会)成立于2000年12月29日,协会的注册地和常设机构设在北京。是根据《社会团体登记管理条例》设立的全国期货行业自律性组织,为非营利性的社会团体法人。协会接受中国证监会和国家社会团体登记管理机关的业务指导和管理。

协会由期货公司等从事期货业务的会员、期货交易所特别会员和地方期货业协会联系会员组成。会员大会是协会的最高权力机构,每四年举行一次。理事会是会员大会闭会期间的协会常设权力机构,对会员大会负责,理事会每年至少召开一次会议。理事会由会员理事、特别会员理事和非会员理事组成。理事任期四年,可连选连任。理事会根据工作需要下设专业委员会,专业委员会为理事会议事机构,对理事会负责。

协会设会长一名,专职副会长若干名,兼职副会长若干名,秘书长一名,副秘书长若干名。会长、副会长和秘书长任期四年,可连选连任。协会实行会长负责制,会长为协会法定代表人。协会设会长办公会,由会长、专职副会长、秘书长、副秘书长以及会长指定的其他人员组成,在理事会闭会期间行使理事会授权的职责。目前协会常设办事机构设办公室、会员部、培训部、研究部、合规调查部、资格考试与认证部、信息技术部等七个部门。

协会宗旨是:在国家对期货业实行集中统一监督管理的前提下,进行期货业自律管理;发挥政府与期货行业间的桥梁和纽带作用,为会员服务,维护会员的合法权益;坚持期货市场的公开、公平、公正,维护期货业的正当竞争秩序,保护投资者利益,推动期货市场的健康稳定发展。

——中国期货行业协会网站

(二) 政府的管理

美国联邦政府对期货市场的管理由联邦商品期货交易委员会全权负责。它是期货市场的最高管理和监督机构,对期货和期权交易的各项活动具有广泛的管辖权,其具体职能是:

第一,对期货交易所进行管理和监督。这主要包括:批准期货交易所的成立;批准期货交易所准备推出的新合约;批准期货交易所内部制定的管理规则、交易规则以及对这些规则的修改;管理和监督期货交易所的业务活动。

第二,对期货公司与经纪人的管理和监督。为了保护公众的利益,商品期货交易委员会对期货公司与经纪人具有严格的管理制度,具体措施主要是:从事期货交易的期货公司与经纪人在从事期货交易前,必须向商品期货交易委员会申请注册;不允许期货公司与经纪人滥用基金,必须将客户的保证金存款分立账户,不能与自有资金混同,不能挪用客户的保证金存款。此外,若无客户的委托指令,期货公司与经纪人不得擅自为客户买卖合约。

第三,对期货市场中交易活动的管理和监督。具体措施主要是:取缔期货交易活动中的各种欺诈行为;向公众宣布各种期货交易信息,保证信息的公开化;禁止为影响价格走势而传播故意伪造的虚假信息;防止价格操纵,以及囤积大量现货;禁止非公开的内线交易。

作为美国政府独立行政机构的商品期货交易委员会,五位委员由总统提名,参院批准任命,任期一般为五年。根据其基本职能,共设有以下机构:(1) 交易和市场处。主要负责规范市场和交易。(2) 执行处。主要负责通过行政或司法程序,执行商品交易法以及商品期货交易委员会的管理规则,对违反者给予处罚,严重者可送交司法部提起刑事诉讼。(3) 经济分析处。主要负责监视交易活动和市场状况,防止市场操纵和市场扭曲。此外,还从事市场研究及其教育等。(4) 执行长办公室。主要负责有效地使用委员会的资源和监督行政及赔偿程序。(5) 法务办公室。主要负责委员会送交司法审查的案件,并当委员会成为被告时充当其辩护人。

第三节 金融期货的交易方式

一、套期保值交易

套期保值又称"抵补保值"、"对冲交易",就是在期货市场买进(卖出)与现货数量相当但交易方向相反的商品期货合约,在未来某一时间通过卖出(买进)期货合约做对冲,从而补偿因现货市场价格不利变动所带来的实际损失,使现货经营成本维持在一个理想的水平,也就是说套期保值是以规避现货价格风险为目的的期货交易行为。

(一) 套期保值的经济原理

套期保值之所以能规避价格风险,达到保值的目的,主要是基于以下两个经济原理。

1. 期货价格和现货价格从长期看走势方向一致。期货市场和现货市场虽然是两个各自分立的市场,但由于某种特定的期货价格和现货价格在同一时空内,会受到相同因素的影响和制约,因而一般情况下,两个市场的变动趋势相同,走势基本一致。

根据这一原理,无论价格变动呈上升趋势还是下降趋势,在两个不同的时点上,在现货市场和期货市场分别进行方向相反的交易。具体来说,如果持有现货的同时,在期货市场做空头,倘若现货的价格下跌,则期货市场的价格也跟着下跌,因此现货价格损失可以用期货市场的利润来抵消;倘若在实行套期之后,商品价格上涨了,则在期货市场的空头行为将遭受损失,现货价格的上涨来弥补期货价格下跌的损失。从理论上说,无论哪一种情况,交易一方的损失,将有另一方的盈利来弥补。

2. 随着期货合约到期日的临近,现货价格和期货价格呈现出趋合、接近的趋势(如图10-2)。图(a)中的,期货价格通常高于现货价格,这是由于期货价格包括储存该项期货合约到期乃至包括个人的一切费用在内,如所占资金的利息等。当接近合约期时,所有这些费用承租不消失趋势,导致期货价格接近现货价格。但是,期货价格绝不会等同于现货价格,因为从总体上,期货价格是众多交易者竞争的结果,而现货价格是先后协商的结果。但期货价格收敛于现货市场的过程中,期货价格与现货价格之差并不是不变的,而是根据期货价格和现货价格变动幅度的差距而变化。

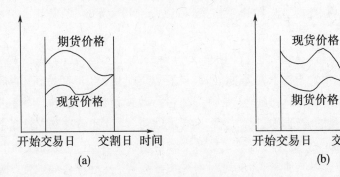

图 10-2 期货价格与现货价格之间的关系

期货价格收敛于标的资产现货价格是由套利行为决定。假定价格期间期货价格高于标的资产的现货价格,套利者就可以通过买入标的资产、卖出期货合约并进行交割来获利,从而促使现货价格上升,期货价格下跌;相反,如果交割期间现货价格高于期货价格,那么卖出标的资产、买入期货合约等待交割,从而促使期货价格上升。

由这两个原理可以看出,套期保值是否能够成功,取决于期货价格与现货价格之间的联动关系,取决于期货市场和现货市场的状况以及有关交易规则是否有利于套利行为的发生。

(二)套期保值的基本原则

1. 数量相等原则。套期保值所选择的期货合约规定的标的资产的数量(额度)必须等于交易者将要在现货市场上买进(或卖出)该资产的数量。

2. 方向相反原则。套期保值必须在两个市场上同时采取相反的买卖行动,进行反向操作。如现货市场买入外汇的同时,就在外汇期货市场上卖出以外汇标的的期货合约。

3. 品种向同原则。套期保值所选择的期货商品必须和要在现货市场上买卖的商品在品种、质量和规格等方面一致。

4. 时间相同或相近原则。套期保值所选用的期货合约的月份最好与交易者将要在现货市场上买进或卖出现货商品的时间相同或相近。这是因为期货价格和现货价格之间具有趋合性,而在结束套期保值时现货和期货价格之间的趋合程度,是影响套期保值效果的一个关键因素。因此,应选择与现货交易月份相同或接近的期货合约,以便影响趋合性,保证套期保值的效果。

二、投机交易

期货投机交易,是指在期货市场上以获取价差收益为目的的期货交易行为。所谓价差投机就是投机者通过对价格走势的预期判断,在预期价格上升时买进、价格下跌时卖出,然后待有利时机再卖出或买进原期货合约对冲平仓,以获取利润的活动。

如果这种判断与市场价格走势相同,则投机者平仓出局后可获取投机利润;如果判断与价格走势相反,则投机者要承担投机损失。由于投机的目的是赚取差价收益,所以,投机者一般只是平仓了结期货交易,而不进行实物交割。

投机交易对期货市场的发展有重要作用。在期货市场上有增加市场流动性和承担套期保值者转嫁风险的作用,有利于期货交易的顺利进行和期货市场的正常运转,它是期货市场套期保值功能和发现价格功能得以发挥的重要条件之一,具体如下:

(一)投机商是期货风险的承担者

期货交易运作的实践证明,只有套期保值交易的市场是根本无法达到转移风险的目的的。多头保值者和空头保值者通常是不平衡的,仅有套期保值者的市场,套期保值很难实现。而投机者的参加正好能弥补这种不平衡。

(二)投机交易促进市场流动性,保障了期货市场发现价格功能的实现

一般说来,期货市场流动性的强弱取决于投机成分的多少。如果只有套期保值者,即使集中了大量的供求信息,也难以找到交易对手,少量的成交就可对价格产生巨大的影响。在交易不活跃市场形成的价格,很可能是扭曲的。投机商的介入,增加了参与交易人数,扩大了市场规模和深度,使得套期保值者较容易找到交易对手,自由地进出市场,从而使市场具有充分的流动性。

(三)适度的期货投机能够缓减价格波动

期货投机交易对于缩小价格波动幅度发挥了很大的作用。当期货市场供过于求时,市场价格低于均衡价格,投机商低价买进合约,从而增加了需求,使期货价格上涨,供求重新趋于平衡;反之亦然。

投机商还利用同一种商品或同类商品在不同时间、不同交易所之间的差价变动来进行套利交易,使不同品种之间和不同市场之间的价格,形成一个较为合理的结构。

三、套期图利

套期图利是指同时买进和卖出两种不同种类、但存在相互关联的期货合约,从两张合约价格间的变动关系中获利的交易行为。投机者重点注意期货合约的绝对价格水平,

而套期图利者重点关注的是合约之间相互价格关系,也就是关注价格差异的变动关系。套期图利者可以利用的价差关系包括:同一商品不同交割月份期货合约价格之差;在不同交易所交易的同种商品的期货合约价格之差,不同商品但存在相互关联的期货合约价格之差,或者同一商品的现货与期货之间不断变化的价格之差,交易者正是利用这些价格差异来通过买卖合约获利,这一交易方式也就丰富了期货投机交易的内容。

套期图利对金融期货市场的发展也同样具有重要作用,主要表现在:

(一)为交易者提供了风险对冲机会

投机者的存在,承担了套期保值者力图转移的风险。套期图利和投机一样,交易者为获得盈利而承担价格风险,使保值者能选择合适时机退出期货市场,增强市场流动性。

(二)有助于促进合理价格水平的形成

套期图利交易实际上是以对冲为手段,调节期货市场的供求矛盾,加快价格拉平的过程,交易者在价格处于较低水平时买进合约,增加市场需求,促使价格回升;当价格处于较高水平时,交易者卖出合约,增加市场供给,导致价格回落。以上的买入和卖出,都把价格拉回正常的运作区间。

(三)抑制过度投机

进行过度投机的交易者要操纵市场,就要利用各种手段将价格拉抬或打压到不合理的水平,以便从中能够获利。如果期货市场商有大量的理性套利者存在,过度投机行为就会被有效抑制。

第四节 金融期货市场的功能及其发展趋势

一、金融期货市场的功能

(一)转移价格风险的功能

随着期货市场交易的发展,对于同一种商品而言,期货市场和现货市场同时存在。这样就为那些试图转移价格波动风险的人提供了一条途径:他们可以通过期货合约买卖交易来抵消现货市场价格波动带来的风险。

因为期货价格和现货价格,基本上由相同因素决定,二者的波动大致平行,所以,只要在期货市场持有一个现货市场交易地位相反而交易量相等的期货合约,则现货市场价格波动而造成的损失,就可以部分或全部地被期货市场盈利所弥补。这一功能的意义在于套期保值者通过放弃在价格波动中获得的投机利润的机会,将可能的价格风险和侥幸的获利机会一起转移出去了,从而锁定生产和经营的成本,不再担心价格波动,专心于组织生产经营,保证正常的商业利润。

20世纪70年代以来,汇率、利率的频繁、大幅波动,全面加剧了金融商品的内在风险。广大投资者面对影响日益广泛的金融自由化浪潮,客观上要求规避利率风险、汇率风险及股价波动风险等一系列金融风险。金融期货市场正是顺应这种需求而建立和发展起来的。因此,规避风险是金融期货市场的首要功能。

例如，一个投资者拥有价值100万美元的联邦国库券，收益率为8%，投资者预期3个月后利率会上升，于是在期货市场上卖出100万美元的90天期国库券期货，收益率为7.5%，价值98.125万美元[100万美元×(1－7.5%×1/4)]。3个月后，利率上升到9%，现货市场利息损失2 500[100万美元×(9%－8%)×1/4]。期货市场90天期国库券期货收益率上升到8.3%，投资者对冲在手合约，付出97.925万美元[100万美元×(1－8.3%×1/4)]，盈利2 000美元。在不计保值费用的情况下，投资者少损失2 000美元。

投资者通过购买相关的金融期货合约，在金融期货市场上建立与其现货市场相反的头寸，并根据市场的不同情况采取在期货合约到期前对冲平仓或到期履约交割的方式，实现其规避风险的目的。

从整个金融期货市场看，其规避风险功能之所以能够实现，主要有三个原因：其一是众多的实物金融商品持有者面临着不同的风险，可以通过达成对各自有利的交易来控制市场的总体风险。例如，进口商担心外汇汇率上升，而出口商担心外汇汇率下跌，他们通过进行反向的外汇期货交易，即可实现风险的对冲。其二是金融商品的期货价格与现货价格一般呈同方向的变动关系。投资者在金融期货市场建立了与金融现货市场相反的头寸之后，金融商品的价格发生变动时，则必然在一个市场获利，而在另一个市场受损，其盈亏可全部或部分抵销，从而达到规避风险的目的。其三是金融期货市场通过规范化的场内交易，集中了众多愿意承担风险而获利的投机者。他们通过频繁、迅速的买卖对冲，转移了实物金融商品持有者的价格风险，从而使金融期货市场的规避风险功能得以实现。

（二）价格发现功能

所谓价格发现，是指提供中远期商品市场的真实价格，发现市场供求关系的基本走势，为现货价格起先导作用。

所谓发现，是指套期保值和投机商在深入分析市场供求因素，并基于各自对未来价格走势分析的基础上，通过公开、自由的讨价还价而达成一种协议价格。换言之，真正的市场价格是在期货交易中实现的。

期货市场将众多买方与卖方，包括商品生产者、销售、贸易、加工制造的企业各个方面的用户以及投机者通过经纪人聚集在一起，让他们根据各自的生产成本、利润、有关商品供求信息和对价格走势的预测，公开报价进行竞争。这一过程实际上是将世界各地的政治的、经济的、自然的种种信息汇集到期货市场，从而把众多交易者从不同角度所做的价格判断转变为统一的现实价格。由于期货市场价格具有灵活性和准确性，因而它成为国际上最为广泛运用的参考价格，世界各地的贸易活动大都以期货市场结算价格作为其成交价格的基础。

金融期货市场的价格发现功能，是指金融期货市场能够提供各种金融商品的有效价格信息。在金融期货市场上，各种金融期货合约都有着众多的买者和卖者。他们通过类似于拍卖的方式来确定交易价格。这种情况接近于完全竞争市场，能够在相当程度上反映出投资者对金融商品价格走势的预期和金融商品的供求状况。因此，某一金融期货合约的成交价格，可以综合地反映金融市场各种因素对合约标的商品的影响程度，有公开、透明的特征。由于现代电子通信技术的发展,主要金融期货品种的价格,一般都能够即时播发至全球各地。因此,金融期货市场上所形成的价格不仅对该市场的各类投资者产生了直接的指引作用,也为金融期货市场以外的其他相关市场提供了有用的参考信息。各相关市场的职业投资者、实物金融商品持有者通过参考金融期货市场的成交价格,可以形成对金融商品价格的合理预期,进而有计划地安排投资决策和生产经营决策,从而有助于减少信息搜寻成本,提高交易效率,实现公平合理、机会均等的竞争。

期货市场发现的金融资产价格具有两个特点:(1) 公正性,由于期货交易是集中在交易所进行的,而交易所作为一种有组织、规范化的统一市场,集中了大量的买者和卖者,通过公开、公平、公正的竞争形成价格。它基本上反映了真实的供求关系和变化趋势。(2) 预期性,与现货市场相比,期货市场价格对未来市场供求关系变动有预测作用,它可以把国内市场价格与国际市场价格有机地结合在一起。期货市场大大改进了价格信息质量,使远期供求关系得到显示和调整,期货市场信息是企业经营决策和国家宏观调控的重要依据。

金融期货市场之所以具有风险转移的功能,主要是因为期货市场上有大量的投机者参与。他们根据市场供求变化的种种信息,对价格走势作出预测,靠低买高卖赚取利润。正是这些投机者承担了市场风险,制造了市场流动性,使期货市场风险转移的功能得以顺利实现。

二、金融期货市场的经济意义

金融期货市场具有独特的经济功能,是现代市场经济不可缺少的组成部分,在市场经济运行中发挥着重要作用。

首先,金融期货市场是市场经济运行的必要条件。市场经济运行需要一个竞争性的完备的市场体系,期货市场作为高度组织化的市场,实行集中交易、公开竞价,可以创造真正公平竞争的环境;期货交易吸引了大量参与者,有利于打破区域界限,形成大市场;此外,期货市场作为现货市场的矫正和补充,对完善市场体系、规范市场秩序都具有重要意义。

其次,期货市场是市场经济发展的内在稳定器。从微观来看,期货交易的发展有利于稳定企业生产经营。期货市场的价格发现功能,有助于生产决策合理化;期货市场的套期保值功能,为企业提供了规避风险的手段。据研究,活跃的期货交易可以减缓现货市场价格波动的幅度,进而部分地降低或消除价格波动的风险。这是因为,期货交易发现了接近实际的远期价格信息,便于企业决策趋于合理;投机者资本的介入,起到了吸纳剩余、熨平缺口、调节供求的作用。此外,期货市场的走势是国民经济的"晴雨表",正确利用期货市场可以有效地改进政府的宏观调节能力。

最后,期货市场有利于提高社会经济效益。期货市场是高度效率化的市场,期货交易的充分流动性可以有效地降低交易成本,而期货价格信息对市场供求的事先调节,可以促进社会资源的有效利用。

三、金融期货市场发展趋势

20世纪70年代以来,世界金融市场掀起自由化、国际化的发展趋势,国际金融市场的格局、规模、结构和效率发生了前所未有的深刻变化。其中,金融期货的变化发展尤为引人注目。金融期货以其特有的内在冲击力迅速占据市场,后来者居上,其交易量远远超过其他商品期货。80年代末期,在占世界期货交易总量70%的美国期货市场上,金融期货占所有期货交易总量的比重一直在2/3左右浮动。1990年,在美国期货交易量排名的前50种品种中,金融期货占了23种,在前10名中竟占了7种。

继美国开创金融期货交易之后,北美、欧亚各国竞相建立金融期货市场。我国金融期货市场在90年代初期开始起步。1993年上半年,上海和深圳证券交易所着手研究股票指数期货交易在我国推广使用的可行性。

世界主要金融期货市场主要集中在北美、欧洲和亚太地区。美国是现代金融期货交易的发祥地,交易量占世界金融期货总交易量的大部分。重要的交易所有芝加哥期货交易所、芝加哥商业交易所、中美交易所、纽约商品交易所和纽约棉花交易所。加拿大有三个主要的交易所,即多伦多股票交易所、多伦多期货交易所和蒙特利尔交易所。欧洲地区的交易所有英国的伦敦金融期货期权交易所、法国的国际期货交易所、德国的德国期货交易所、瑞士的期权与金融期货交易所等,亚太地区的主要交易所有日本的大阪证券交易所、东京股票交易所、东京国际金融期货交易所、新加坡国际金融交易所、香港期货交易所、澳大利亚悉尼期货交易所、新西兰期货交易所。

从交易品种上看,主要有联邦担保抵押贷款利率期货、联邦长期公债指数、标准·普尔500股票指数期货、纽约交易所综合股票指数、欧洲货币单位、价值线股票指数、香港恒生指数以及主要货币币种的外汇期货。

从交易量上看,金融期货交易开展后,其交易量高速增长。例如,美国国民抵押证券的交易量从最初开创时的20 125,增长至1983年的1 692 017,8年增长了8倍。1977年,金融期货交易量占整个期货交易量的2.4%,到1983年,已增至40%。

从金融期货交易的内部分类来看,70年代后半期,利率期货的交易占绝大多数。1982年以后,随着股票指数期货、期权交易等新品种上市,金融期货交易逐渐向分散化方向发展。

金融期货一经引入就得到迅速发展,在许多方面超过了商品期货。从市场份额看,1976年金融期货在合约总交易量中所占的比重尚不足1%,4年后,就占到33%,1987年增至77%,目前基本维持这个比例。

随着期货市场国际化和新的技术革命方兴未艾,期货市场也日益呈现新的发展趋势。其中,电子化、一体化和品种创新是未来世界期货市场的主要发展方向。

1. 电子化趋势。在现代期货市场的发展中,不仅交易场所及其附属机构的管理交易过程都实现了电子化,更重要的是从客户到交易所和清算所的整个交易过程和清算过程都实现了电子化。电子化的优势在于可以降低成本、减少差错,有助于交易所实现无纸化操作过程,也有助于发展区域性和全球性期货市场。

2. 一体化趋势。期货交易全球一体化主要指同一期货上市品种的交易可在全球范围内实现连续 24 小时的运作。对未来世界期货市场一体化发展可能产生决定性影响的是 1987 年 Globex 计划。1987 年,芝加哥商业交易所与路透社联合发起 Globex 计划,即闭市后交易系统。Globex 具有成本低、流功性强、效率高的特点。它对区域性的期货交易所产生了重大影响,并将其纳入全球一体化的交易体系之中,对整个世界期货市场的格局产生了重要影响。

3. 品种创新趋势。20 世纪 70 年代至 80 年代期间,国际期货市场经历了空前的品种创新的高潮,使期货市场在目前国际金融贸易和投资领域占有重要地位。今后,期货品种创新仍是期货市场发展的重要原动力之一。这是因为,期货市场是建立在现货市场基础上的金融投资市场,它的发展完全是为了满足现货市场的需要。随着目前国际经济一体化和融资工具证券化趋势的加深,投资者必将产生新的避险需求,需要新的避险工具。交易所只有不断推出适应市场需求的新的期货品种,才能推动期货市场深入持久地发展。

专栏 10-3

现阶段我国期货公司的业务发展模式

国外期货行业发展表明,期货公司正在逐渐成为以投资银行和保险公司为主的综合性金融机构的分支,单纯的经纪公司在发展中由于核心产品单一而举步维艰,高投入与佣金水平的持续降低导致利润减少,小规模的公司只有被整合到大型金融机构中才能够得以生存。期货公司的业务模式建立在相关法律环境和制度规范的基础上,我国现阶段实行银行、保险、信托、证券、期货分业经营的体制,但金融分业向金融混业的过渡并最终实行金融混业经营已是大势所趋。因此,将期货公司的业务划分为金融分业经营框架下和金融混业经营框架下两类模式。

1. 金融分业经营框架下期货公司的业务模式。在金融分业框架下,如我国现阶段,期货公司的业务模式主要分为两类:一是专业期货公司,这是主体;二是一些大型现货机构兼营期货业务。专业期货公司应开展全面期货业务,大型现货机构只宜结合自身经营需要兼营期货自营业务。

在股权关系上,专业期货公司的股东可以是金融机构,也可以是现货商,它与股东或其他机构在业务上是合作模式,构成业务合作关系。其他机构只能通过专业期货公司参与期货业务,它们本身不能从事任何期货核心业务,业务上是期货公司的客户。目前当局关于证期合作关系的安排就是这种模式的典型,证券公司以 IB 或居间人身份向期货公司介绍客户并收取佣金,证券公司的期货自营业务以期货公司客户的身份参与,双方后台核心交易系统各自独立。

反映在目前的期证合作关系上,具体有两种情况:一是证券公司通过直接设立或收购方式控股期货公司,通过控股的期货公司参与期货业务,即 IB(Introducing Broker)业务模式;二是专业期货公司与不存在控股关系的其他证券公司合作,双方以居间人的方式进行期证业务合作。

2. 金融混业经营框架下期货公司的业务模式。与金融分业经营体制相比,金融混业经营框架下金融机构可以直接兼营期货业务,除了分业框架下期货公司业务模式以外,金融机构兼营期货业务的模式占有重要地位。

金融机构兼营期货业务的具体模式又可以分为两类:一是继续保持分业框架下的业务模式,即其他金融机构通过控股期货公司参与期货业务,这样做的好处是在期货公司与其总公司之间竖起一道防火墙;二是金融机构直接兼营期货业务,并以其全部资产承担结算清偿责任。对于后一种模式以期证合作为例,证券公司在内部设立专门的金融期货业务管理部(总公司一级业务部门),下面可具体设置期货自营部、期货研究部、市场拓展部、交易结算部、风险管理部等二级业务部门。证券公司是期货交易所的会员,自营业务以自营会员身份直接进行,可以开展期货集合理财、代客理财或设立期货投资基金等资产管理业务。投资者只要拥有一个账户,就可以既炒证券,又炒期货。从国外发展趋势看,金融机构直接兼营期货业务,提供全方位的金融服务产品,打造综合性金融服务平台往往是大型金融机构的选择,这种模式的业务在期货市场占有很重要的地位。

——中国金融期货网

【能力训练】

一、不定项选择题

*1. 与商品期货相比,金融期货的特点是(　　)。

A. 交割便利

B. 全部采用现金交割方式交割

C. 期现套利更容易进行

D. 容易发生逼仓行情

*2. 期货交易与现货交易在(　　)方面是不同的。

A. 交割时间　　　　　　　　B. 交易对象

C. 交易目的　　　　　　　　D. 结算方式

*3. 期货经纪公司在期货市场中的作用主要体现在(　　)。

A. 节约交易成本,提高交易效率

B. 为投资者期货合约的履行提供担保,从而降低了投资者交易风险

C. 提高投资者交易的决策效率和决策的准确性

D. 较为有效地控制投资者交易风险,实现期货交易风险在各环节的分散承担

二、简述题

4. 分析金融期货产生的历史条件。

5. 比较金融期货与金融期汇的异同。

6. 金融期货的本质特征是什么?

7. 金融期货交易的一般程序是什么?

三、思考与应用分析题

8. 结合专栏10-3,了解我国金融期货发展模式选择,并思考金融期货发展对我国金融市场发展的影响。

第十一章　货币期货市场

【内容提要】 本章第一节介绍了货币期货的概念与特征,给出了货币期货的构成要素,第二节简要说明了货币期货市场的交易程序,第三节分析了货币期货对冲交易的市场操作。

【难点重点】 把握货币期货的逐日定价制度和保证金制度是理解货币期货市场运行的关键,也是本章的重点和难点。

【基本概念】 外汇期货合约　期货交易所　期货经纪行　期货结算所　每日价格波动限制　保证金　公开竞价　外汇期货跨期保值交易　外汇期货套利交易　外汇期货投机交易

第一节　货币期货市场及其要素构成

远期外汇市场的交易主体表面上看任何人都可参加,但实际上只有银行、外汇经纪人和与银行建立了良好信用关系的客户才是远期外汇交易的主体,众多中小企业和居民很难进入远期外汇市场,这就限制了远期外汇交易的扩大和发展,特别是在20世纪70年代初,国际金融市场上汇率变动频繁和加剧,银行和其他各类投资者面临着巨大的汇率变动的风险,对此,传统的远期外汇交易难以满足各类投资者的需要,因此,一种能够弥补远期外汇交易不足的新的外汇交易形式——货币期货交易便应运而生。

一、货币期货的概念与特征

货币期货(Currency Futures)又称为外汇期货,它是以货币期货价格为标的物,由买卖双方约定在未来某一时间进行交易的标准化外汇资产的期货合约。

由于它是在远期外汇交易基础上发展起来的,因此,二者很相似,都是按照不同于现汇交易的汇率成交和远期交割的货币交易形式,并且二者的目的和作用也基本相同,即利用汇率差价获利和抵补保值。但是,它又不同于远期外汇交易,二者存在明显区别。

第一,市场组织形式不同。远期外汇交易既可在银行、外汇经纪人和客户之间进行场内交易,也可由买卖双方直接进行场外交易。货币期货交易是只限于在外汇交易所会员之间进行场内交易,非会员买卖货币期货必须通过会员进行。

第二,交易合同内容不同。远期外汇交易合同可由买卖双方议定,无固定格式,是非标准化合约。货币期货交易合同除交割价格外,其余内容如币种、金额、交割日期等都作了标准化规定,是一种标准化合约。

第三,外汇交易目的不同。银行间远期外汇交易的目的主要是交割外汇,最终实际交割的外汇交易合约达到90%以上。货币期货交易的参与者有套期保值者和投机者两类,他们的交易目的不是为了实际交割外汇,而是对尚未收付的外汇资产进行保值,或者进行投机,最终实际交割的货币期货合约不足2%。

第四,流动性强弱不同。由于远期外汇交易的主要目的是交割,所以绝大部分外汇交易合约都在最初交易的双方进行结清,其流动性很低。而货币期货交易的主要目的是为了保值和投机,实际交割的合约很少,绝大部分外汇买卖是通过对冲账户来结清的,因此,货币期货合约的流动性很高。

第五,市场价格形成机制不同。远期外汇交易的价格是由银行自己报价,分为买入价和卖出价两种。货币期货的价格是由买卖双方的叫价来决定,最终双方按照同一价格成交,无买入价和卖出价之别。

第六,履约保证方式不同。远期外汇交易不需要支付保证金,但要对交易对方的信誉进行评估。货币期货交易双方都需要向交易所支付保证金。保证金数额一般为合约金额的1%～10%不等。

第七,交割日期和交割方式不同。远期外汇的交割日期和交割方式按合同约定进行。货币期货交割方式有两种形式:一是按到期日交割,即统一规定每年3月、6月、9月和12月的第3个星期三为期货交割日;二是期货买卖方通过做一笔与已有期货收付方向相反、期货金额相等、交割日期相同的期货来进行交割。

第八,价格变化造成的损益不同。远期外汇交易的交割价格是双方约定的合同到期时的价格,到期前外汇汇率的任何变化都不会造成损益。货币期货交易是由交易所按每日收市的汇率进行逐日清算的,到期前外汇汇率每天的波动都会造成损益。

货币期货交易的产生并不意味着它在国际金融市场中取代传统的远期外汇交易,相反,它们各有特点,满足了各类投资者的要求,并在国际金融市场中相互结合、相互补充、共同促进。

二、货币期货市场构成要素

货币期货市场是指完成货币期货交易的场所和与此相关的各种关系的总和,它包括货币期货交易对象、货币期货交易参与者和货币期货交易规则等要素。

(一)货币期货交易对象

货币期货交易对象就是货币期货合约,它是一种标准化的协议,标准化是其本质特征,它体现在合约构成要素的各个方面。货币期货合约主要有以下十个方面的构成要素:

1. 合约品种(外汇种类)。合约是买卖的对象,是期货商品,是必须经过政府主管部门批准才能进入货币期货市场买卖的商品(称为上市商品)。目前,上市的合约商品种类主要有美元、英镑、瑞士法郎、澳大利亚元、加拿大元、日元、欧元、新西兰元、荷兰盾、美元指数和欧洲美元等。

2. 交易单位。它是指每张合约所含的外汇金额。不同的外汇品种其期货合约的交易单位有不同的规定。例如欧元期货合约的交易单位为 125 000 欧元,英镑期货合约的交易单位为 62 500 英镑,澳大利亚元期货合约的交易单位为 100 000 澳元等。

3. 最小变动价位。它是指由货币期货合约供求关系变化而产生的合约价格变化的最低限度。最小变动价位以点数计算,其中每一点所代表的价格等于期货合约交易单位量与最小变动价位量的乘积。例如英镑期货合约的最小价格变动是两个点,即 $\$0.000\ 2$,每个点的价格是:$\$0.000\ 1 \times 62\ 500 = 6.25$,两个点的最小价格变动是 $\$12.50$。

4. 每日价格最大波动限幅。期货价格由供求决定,价格波动难以避免,但是波动幅度有一定限制。通常交易所规定每个期货品种当日价格波动不能高于也不能低于上一交易日结算价(称之为停板额)。另外,不同交易所对不同品种也有不同规定。如在芝加哥商业交易所,每日价格最大波动限幅日元为 100 点,澳大利亚元为 150 点,加拿大元为 150 点,英镑为 400 点等。

5. 合约月份。所谓合约月份,是指合约规定的外汇合约的到期月。合约月份有 3 月、6 月、9 月、12 月等,不同交易所对合约月份的规定不同,如芝加哥商业交易所国际货币市场对欧洲美元的合约月份的规定为 3 月、6 月、9 月、12 月和现货月份。

6. 交易时间。它是指交易者在每一个营业日进入期货市场交易的具体时间。期货交易所对交易时间有严格规定。一般的,除星期六和星期日外,其余 5 天交易所都营业。并且交易所的营业时间一般分为两部分:一部分是上午开市,在午前停业,称之为早市;另一部分是午后开市,称之为晚市。有少数交易所只有早市没有晚市。有的交易所延长晚市时间,以方便不同时区国家的客户。例如芝加哥期货交易所于 1987 年 4 月就开设了晚场交易,以便与香港、悉尼、东京、新加坡的晚市交易衔接。

7. 最后交易日。它是指期货合约停止交易的最后截止时间。货币期货合约虽然可以转手买卖,但并不是可以无止境地流动,它有时间限制,即到了合约月份的一定日期即停止买卖。不同交易所对最后交易日也有不同规定。如芝加哥商业交易所的欧洲美元期货的最后交易日为从合约月份第 3 个星期三往回数的第 2 个伦敦银行工作日。也有一些是合约月份的最后一个营业日。

8. 交割日期。它是指交易者进行货币期货交割的日期。一般的,交易所规定交割日期为交割过程内的第三天。合约买方结算公司必须在交割日将交割通知书,连同一张足额保付支票送抵合约的卖方结算公司签收。

9. 交割地点。它是指货币期货合约到期时进行交割的具体地点。各国期货交易所一般都采用定点交割的方式。

10. 保证金。它是外汇交易者缴存在交易所的现金存款,是一笔履约资金。当外汇交易者发生亏损时,必须用保证金冲抵。交易所规定的保证金占合约金额的比例一般不足 5%,但这种规定会随汇率变动作适当调整。

表 11-1 IMM 外汇期货保证金

	初始保证金		维持保证金
	投机者	套期保值者	
欧　　元	$3240	$2400	$2400
日　　元	$3105	$2300	$2300
瑞士法郎	$1958	$1450	$1450
加拿大元	$1013	$750	$750
英　　镑	$2295	$1700	$1700

以上十个方面有机地组合在一起,构成了一个完整的货币期货合约,它使得货币期货市场得以顺畅、高效地运行。

(二) 货币期货交易参与者

货币期货交易参与者是指在外汇交易中的当事人,包括期货交易所、期货经纪行、期货结算所、期货交易者等。

期货交易所一般是以股份公司形式由会员联合组成的非营利性团体。它只为参加期货交易者提供场所、设备,并制定交易规则,维护公平交易,它本身不参加交易,也不拥有任何商品。只有交易所会员才可以进入交易所交易,非会员只有委托会员代理交易。加入会员的条件和程序很严格,必须先向交易所提出申请,受理后由交易所详细调查申请人的财政背景和信誉,符合条件的必须经理事会批准才可正式入会。会员又分为普通会员和特别会员两种。普通会员除自身买卖货币期货外,还可接受他人委托进行期货交易。专门接受他人委托从事期货交易,并收取佣金的普通会员,被称为期货经纪人。特别会员除自身进行货币期货交易外,不能接受他人委托,又称之为自营商。创建于1848年的美国芝加哥期货交易所是目前世界上历史最悠久、规模最大的期货交易所,它的最高权力机构是全体会员大会,负责高层决策,监督理事会履行职责,并下设资格审查委员会、交易管理委员会、仲裁委员会等。

期货经纪行是指由专门接受他人委托做期货交易并收取一定佣金的期货经纪人组成机构。因为期货经纪人具有较好的专业素质,所以大部分期货买卖都由经纪行来完成,大部分的期货交易者的户头都挂在经纪行的账户上。经纪行的主要职责是代替客户办理买卖期货的各项手续、向客户介绍和解释期货合约的内容和交易规则、向客户通报市场信息、报告合约的执行情况和盈亏情况等。

期货结算所又称为票据交换所或商品清算所,是办理期货合约交易各项手续的机构。其主要职责包括期货合约到期的交割和未到期期货合约的平仓,并承担保证每笔交易的清算和保证期货合约购入者能最终拥有其所需商品的担保责任。结算所一般采用会员制,其会员必须是有关期货交易所的会员。只有资本雄厚、财政信誉可靠的期货交易所才有资格申请,并且通过结算所的严格审查批准后才能成为会员。非会员的结算必须通过会员来进行。结算会员进行期货交易结算时必须付给结算所结算费。

期货交易者是通过经纪人并按照交易各方一致同意的交易规则和惯例在期货交易

所进行期货买卖的人。根据交易目的和动机不同,期货交易者分为套期保值者、投机者和套利者三类。套期保值者是风险厌恶者,他们把期货市场当作转移价格风险的场所,通过买卖期货合约减小价格波动带来的风险。具体做法是:在现货市场和期货市场上同时进行数量相等但方向相反的买卖活动,即在买进或卖出实货的同时,在期货市场上卖出或买进相同数量的期货,经过一段时间,由价格变动引起的现货买卖的盈亏,可由期货交易上的亏盈得到弥补或抵消。外汇投机者是风险喜好者,他们参与期货交易的目的正好与套期保值者相反,他们试图以少量的资金来博取较多的利润。具体做法是:当投机者认为某种外汇价格会上涨时,就买进该货币期货合约(称之为"买空"或"多头"),当投机者认为其价格可能下跌时,就抛售期货合约(称之为"卖空"或"空头")。套利者是低价买进高价卖出期货合约从而获取价差的人。他们善于挖掘期货市场瞬间的价格差,并能抓住时机通过期货买卖获得这种价差。由于套利者极其敏锐,特别是现代信息化手段广泛运用,所以一旦两个市场上的价格稍有不同,就会出现大量套利者在低价市场买入,同时在高价市场上卖出,价差很快消失,市场迅速恢复均衡。所以,正是由于大量套利者的存在,使得大多数金融市场上的报价保持一致。

(三)货币期货交易规则

货币期货交易规则是关于交易主体准入和规范交易行为的法规和制度,主要包括期货市场准入制度、期货合约标准化制度、保证金制度、报价制度、结算制度、交易所管理制度和证券、票据等方面的法律制度。关于货币期货市场准入的法律法规,已在介绍货币期货交易参与者这部分内容时涉及不少,这里不再作更多的介绍。在此,主要介绍一些有关货币期货交易行为的规则。

1. 期货合约清算制度。货币期货合约不仅是一种标准化协议,同时,它还是一种表示货币期货合约买卖双方的债权债务关系的法律凭证。期货合约规定在一定的时间、地点交割一定数量的某种外汇,合约持有人可在期货合约到期前进行对冲平仓,到期不对冲平仓则视为违反规则,交易所对此有权作出制裁,即以交割日的市价清盘,并承担全部交易亏损和其他相关费用,还可处一定的罚金。

2. 保证金制度。设置初始保证金的目的是为了保证期货买卖双方不发生违约行为,保护货币期货买卖者和经纪人的利益。外汇交易所规定,保证金的金额必须能够补偿一天的价格风险损失。保证金分为原始保证金、维持保证金和变动保证金。外汇交易者在开户时必须按规定缴纳一定金额以上的保证金(此为初始保证金),若外汇交易者发生亏损,抵补后剩余的保证金不足交易所规定的最低保证金水平(维持保证金)时,必须缴足保证金(此为变动保证金)方可交易。同时规定,每一个清算所的会员都要在清算所开立一个账户,并把清算所规定的保证金存入这个账户。非清算所会员的期货交易所会员必须通过一个清算所会员登记他们的交易,并向清算所支付保证金。

3. 期货价格限制制度。一般的,期货交易所都规定,期货价格以市场中最小的销售单位为基础来确定不同期货合约的价格,并分别规定了不同的期货报价的最小变动幅度。同时,为了避免信息失真和保护交易者的利益,交易所按照统一的标准化格式来公布各种期货合约的价格信息,并规定了每一种期货价格在一天内的涨跌停板,价格变化幅度超过这个量的就令其停止交易。

阅读 11-1

外汇保证金简介

外汇保证金交易，又称外汇按金交易、虚盘交易，指投资者和专业从事外汇买卖的金融公司（银行、交易商或经纪商），签订委托买卖外汇的合同，缴付一定比率（一般不超过10%）的交易保证金，便可按一定融资倍数买卖十万、几十万甚至上百万美元的外汇。因此，这种合约形式的买卖只是对某种外汇的某个价格作出书面或口头的承诺，然后等待价格出现上升或下跌时，再作买卖的结算，从变化的价差中获取利润。由于这种投资所需的资金可多可少，交易可通过互联网进行，所以，近年来已经成为国际流行的投资方式，吸引了大量投资者参与。

1997年以来，随着互联网的发展，在线外汇保证金交易已经风靡世界，成为外汇交易的流行方式，不仅银行间交易已开始采用在线方式，个人也越来越多地通过互联网参与外汇交易市场。在线外汇交易的发展，打破了地域的局限，使得原来必须依赖本地经纪商才能参与外汇交易的个人和小型机构投资者，可以更加方便地进行外汇投资。2000年12月，美国通过了《期货现代化法案》，这一法案要求所有外汇交易商必须在美国期货协会（NFA）和美国商品期货交易委员会（CFTC）注册为期货佣金商（FCM），并接受上述机构的日常监管，在期限内不符合资格或没有被核准的外汇业者将被勒令停止营业。这一法案的出台，使得在线外汇保证金交易走上了规范发展的轨道。外汇保证金的投资以标准合约形式出现，主要的优点在于经纪商提供高比例的融资，可以做到以小搏大，节省投资金额。对投资者来说投入小、产出多，比较适合大众的投资，可以用较小的资金赢得较多的利润。

另外，在外汇按金交易中，投资者还可能获得可观的利息收入。合约现货外汇的计息方法，不是以投资者实际的投资金额，而是以合约的金额计算。例如，投资者投入1万美元作保证金，共买了5个合约的英镑，那么，利息的计算不是按投资人投入的1万美元计算，而是按5个合约的英镑的总值计算，即英镑的合约价值乘合约数量（62 500英镑×5），这样一来，利息的收入就很可观了。当然，如果汇价不升反跌，那么，投资者虽然拿了利息，怎么也抵不了亏掉的价格变化的损失。当然财息兼收也不意味着买卖任何一种外币都有利息可收，只有买高息外币才有利息的收入，卖高息外币不仅没有利息收入，投资者还必须支付利息。由于各国的利息会经常调整，因此，不同时期不同货币的利息的支付或收取是不一样的，投资者要以从事外币交易的交易商公布的利息收取标准为依据。而且，外汇交易系统会自动即时核算每个部位的即时盈亏，市场价格一有变动，盈亏立即随之核算，所以客户可立刻看到账上的最新即时盈亏。盈利或亏损的多少是按点数来计算的，所谓点数实际上就是汇率的最后一位数的变化，具体损益计算公式与例子如下：

USD/JPY,USD/CHF,USD/CAD

计算公式：[（平仓价－入市价）×数量×合约金额]/平仓价±利息＝盈/亏

如 USD/JPY，于 132.00 买入 2 口单，在同一交易日，以 132.50 结清该部位（平仓 2 口单）。

计算式：(132.50－132.00)×2×100 000/132.50＋0≈＄754.72 获利。

EUR/USD,GBP/USD,AUD/USD

计算公式：[（平仓价－入市价）×数量×合约金额]±利息＝盈/亏

如 EUR/USD，于 0.850 0 买进 2 口单，在同一交易日，以 0.857 0 价位结清该部位（平仓 2 口单）。

计算式：(0.857 0－0.850 0)×100 000×2＋0＝＄1 400

——中国金融期货网

第二节 货币期货交易程序

完成一笔货币期货交易，要经过开立账户、发出期货交易订单、传递订单、公开竞价、成交确认和交割结算等程序。

一、开立账户

欲从事货币期货交易的客户，首先委托经纪人办理开户手续，要建立一个期货交易账户。它是期货交易者开设的、用于保证履约的一个资金信用账户。期货交易账户分为保证金账户、独立账户、联合账户和委托账户四种类型。保证金账户是客户为确保履约以一定的财力为担保而开设的账户。这种账户要求客户在期货交易中必须维持交易所规定的最低保证金水平，否则要补充保证金。独立账户是以个人名义开设的、以套期保值或以投机为目的的期货交易账户。在这种账户中交易决策全部都由个人作出。联合账户是指由两人或两人以上共同开设的账户。开设这种账户的手续也很严格，交易决策必须由各方共同决定。委托账户又称统治账户、可控账户、管理账户，它是指由账户拥有人为另一人出具委托书、由受托人制定全部交易决策的一种账户。如果账户拥有人要想终止已经确定的委托账户的委托权，则必须向受托人出具书面的撤约委托书。具体程序：

1. 客户向期货经纪人或期货交易所索取办理货币期货交易账户的相关资料，其中有风险揭示声明书、交易账户协议书、套期保值交易账户证明书、新交易账户说明书、非现金保证金风险揭示声明书和套期保值交易账户破产揭示声明书等重要文件，必须详细阅读。

2. 客户委托期货经纪人办理开户手续，并按要求提供以下资料：

（1）开设账户申请书；

(2) 资信卡,内容包括账户类型、经纪人通知客户方法等;

(3) 签名卡,内容包括客户职业、工作单位、通迅地址等;

(4) 银行出具的资信证明,主要是证明客户的银行存款和信誉等;

(5) 经纪人要求的其他文件。

交易所受理客户申请后,对客户提供的资料进行严格审查,必要时对客户进行侧面调查。只有符合条件者才能获得批准。获得批准的客户,要签订一份保证金协议书和缴纳一定的原始保证金。

二、发出期货交易订单

客户在缴纳保证金后便可进入期货市场进行外汇买卖。客户可以向其委托人(经纪人)发出买卖期货的委托订单。期货交易订单主要内容包括期货交易指令,期货合约种类,合约的数量、价格,交易所名称等。期货交易指令是交易者发给其经纪人在某一特定时间内按某些条件买进或卖出一定数量的某种期货合约的命令。指令是外汇交易者向市场发出的外汇供求信号,是客户达到交易目的的重要依据,因此,客户下达的指令要以书面形式,并且一定要完整清晰。一般的,期货交易指令的主要内容有:是买进还是卖出、期货合约名称、交易合约数量、合约有效期、是否本单取消前单、交易月份、交易所名称、客户名称、结算行名称、经纪人名称和客户签名等。客户向经纪行发出交易指令,经纪行负责执行客户的交易指令。如果客户经纪人不是清算所会员,则指令的清算必须委托一个清算所会员,由他将指令交给清算所,由清算所对指令进行确认,并对符合规定条件的指令进行清算。

三、传递订单

经纪人接到客户的订单后,立即用电话、电传或其他办法迅速通知经纪行驻交易所的代表,并由他们将收到的订单打上时间图章,再送给交易所的场内经纪人。

四、公开竞价

公开竞价是外汇买卖者的经纪人就某一货币期货合约的成交价格和数量进行"讨价还价"的过程。目前大部分货币期货交易都是在交易所以公开竞价方式进行的。随着计算机和网络技术的广泛运用,也有一些货币期货交易可在交易所开辟的特定的网站上进行竞价。

公开竞价的方式是将买单和卖单集中到交易所某一指定区域,称为交易场,由场内经纪人根据客户的发盘进行买卖交易,在交易中,经纪人采用大声公开喊价并辅以特定手势来表示买进或卖出的合约数量和价格。在价格波动不大时,报价只需报出价格的最后一位数字,如68.25,只报"5",但是,在价格波动较大时,则需报两位数字"25"。在报价时,买方与卖方有不同的报价方法。卖方先报需要售出的合约数量,再报出售价格。例如若要以68.25的价格卖出6份合约,则手势要比划"六和五",并说"Six at Five"。而买方则先报需要买进的价格,再报出买进数量。例如若要以78.18买入7份合约,则手势要比划"八和七",并说"Eight for Seven"。由于交易人员在交易场所站的位置已经表明了特定的期货,因此,交易人员交易中并不需要表明买卖何种期货合约。

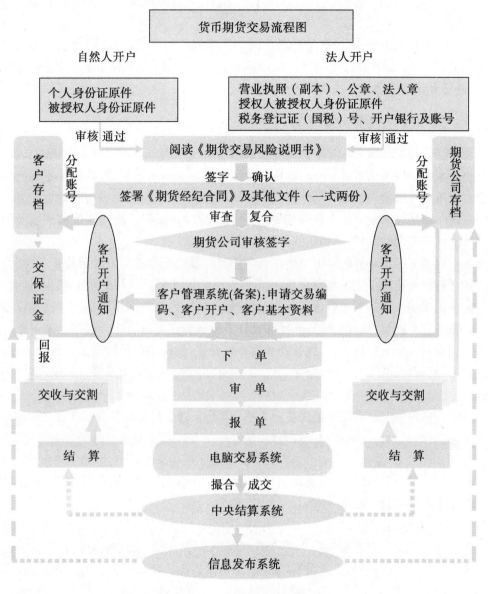

图 11-1 货币期货交易流程

五、成交确认

成交确认是指场内经纪人、经纪行和客户等有关各方对货币期货合约的交易结果进行认定。在每一笔货币期货合约交易完成后,场内经纪人必须把交易情况记录在交易卡上,同时,把交易详细情况送交清算所,填写成交合同通知书,并由场内经纪人再将成交合同通知书送到经纪行告知客户。至此,交易结果得到最后确认。

以上五道程序必不可少,一笔货币期货交易只有经过这五道程序后才算正式完成。

第三节 货币期货的套期保值

与其他期货市场相同,根据交易者不同的需求或使用时机,货币期货同样也可运用套期保值、外汇投机和套利交易三种操作策略。这里主要介绍货币期货的套期保值交易,另外还介绍货币期货合约的报价和行情表。

一、货币期货套期保值交易

货币期货套期保值又称外汇期货套期保值(Foreign Exchange Futures Hedging),是指利用外汇期货交易保护外币资产或负债免受汇率变动带来的损失,具体是根据已有的一笔外币资产或负债,卖出或买进与其相等、期限一致、币种相同的另一笔货币期货。这样就在两个市场之间建立起一种互相补偿、互相冲抵的机制,使原有外币资产或负债的价值不受汇率变动的影响,从而达到保值的目的。

企业有涉外经济业务的经济主体在日常业务经营中经常要持有外币资产,或拥有外币负债。这些资产或负债一般以主要的几种自由兑换货币计值,如美元、欧元、日元等。而国际外汇市场上这些主要货币之间的汇价频繁波动,而且方向难以预测。使得以不同货币计值的资产的相对价值不稳定,经常处于升值或贬值的状态中。假如一段时期后经济主体持有的外币资产贬值,或拥有的外币负债升值,便构成这段时期的外风险,而这种风险可以通过外汇期货对冲策略予以部分或全部回避。这项业务称为外汇期货套期保值。

货币期货市场中的套期保值交易分为两个步骤:首先是交易者根据自己在现货市场中的交易情况,通过买进或卖出期货合约,建立一个与现货方向相反的期货头寸;然后在期货合约到期之前,通过建立一个与先前所持合约相反的头寸,来对冲手中的头寸。

根据这一原理,可将货币期货市场的套期保值分为买入对冲(多头)套期、卖出对冲(空头)套期和交叉货币保值三种。

(一)买入对冲(多头)套期

进口商或需要付汇者总是担心到期付汇时因本币对外币贬值而造成损失。为避免这种损失,进口商或需要付汇者可采用买进套期保值的办法,即进口商在签订进口合同时就在货币期货市场上买进一笔与需要支付的外汇金额相等、期限一致、币种相同的货币期货,在合同到期后再抛出这笔货币期货,这样本币贬值的损失就可在外币升值中得到补偿。

市场操作实例:2012年3月,美国商人杰瑞从德国进口汽车,双方约定3个月后支付250万欧元。为了防止欧元升值造成损失,杰瑞进行了套期保值。操作过程如表11-2:

表 11-2

现 货 市 场	期 货 市 场
3月1日即期汇率 EUR 1.5917/USD 　买进 250 万欧元理论上需支付美元 1 570 647.74	3月1日买进20份3个月以上欧元期货合约(125 000 欧元/份)，期货成交价 EUR1.589 6/USD 买进250万欧元共需支付美元 1 572 722.70
6月1日即期汇率 EUR1.502 3/USD 　买进250万欧元实际需支付美元 1 664 115.02	6月1日卖出20份上述欧元期货(125 000 欧元/份)，期货成交价：EUR1.498 7/ USD,收入美元 1 668 112.36
理论上多支付美元 93 467.28	实际盈利美元 95 389.66

由表可知，如果杰瑞不进行套期保值，3个月后因欧元升值，他将多支付 93 467.28 美元的货款。如果杰瑞进行了套期保值，他从期货市场中获得了 95 389.66 美元的盈利，除补偿欧元升值带来的损失外，还有盈余 1 922.38 美元（其净利润还要扣除保证金）。

（二）卖出对冲（空头）套期

出口商或收汇者也总是担心到期收汇时因外币对本币贬值而造成损失。为避免这种损失，出口商或收汇者可采用卖出套期保值的办法，即出口商在签订出口合同时就在货币期货市场上卖出一笔与将要收取的外汇金额相等、期限一致、币种相同的货币期货，在合同到期后再买进上述同类货币期货，这样外币贬值的损失就可在本币升值中得到补偿。

市场操作实例：2002年1月，美国微软公司向德国出口一批价值 2 000 万欧元的计算机设备，两个月后以欧元进行结算。由于交货时间与付款时间相差两个月，而两个月后汇率又处于变动状态之中，因此，微软公司担心到时会因欧元贬值而带来损失。为了避免这种损失，微软公司采取了卖出套期保值。市场操作如表 11-3：

表 11-3

现 货 市 场	期 货 市 场
1月1日即期汇率 USD 0.886/EUR 　将在3月份收到 2 000 万欧元货款（理论上收入）	1月1日卖出200份2月期以上欧元期货合约，期货价格 USD0.879/EUR
3月1日即期汇率 USD 0.879/EUR 　收到 2 000 万欧元货款	3月1日买进200份上述期货合约，期货价格 USD 0.886/EUR
汇价损失： 　(0.886－0.879)×2 000＝14 万美元	汇价盈利： 　(0.886－0.879)×2 000＝14 万美元

从上表可知，微软公司经过套期保值，等于在欧元贬值前就把它兑换成了美元，从而避免了欧元贬值的损失。但是，如果微软公司对汇率的预测有误，即欧元没有贬值，甚至上涨了，则套期保值交易的亏损反而会冲销现货市场上的盈利。此例未考虑保证金。在考虑到保证金后，则保值者要根据在现货市场中的汇价损失来确定在期货市场上卖出和买进的期货合约数。

（三）交叉货币保值

它主要是在不直接收付美元的情况下进行的，是一种比较复杂的外汇保值方法。即外汇收付者在预测到本币汇率可能下跌时，先在期货市场卖出一笔可能上涨的货币期货，同时买进一笔可能下跌的本币期货，等到了外汇收付期时再买进上述货币期货，卖出上述本币期货,以此达到保值目的。

市场操作实例:

5月10日,德国某出口公司向英国出口一批货物,价值5 000 000英镑,9月份以英镑进行结算,当时英镑对美元汇率为1英镑=1.2美元,欧元对美元汇率为1美元=2.5欧元,则英镑和欧元汇率为1英镑=3欧元。

9月期的英镑期货合约正以1英镑=1.1美元的价格进行交易,9月期的欧元期货正以1欧元=0.434 8美元的价格进行交易,这意味着人们认为9月份英镑对欧元的现汇汇率应为1英镑=2.53欧元,即英镑对欧元贬值。

为了防止英镑对欧元汇率继续下跌,该公司决定对英镑进行套期保值。由于英镑对欧元的期货合约不存在,出口公司无法利用传统的期货合约来进行套期保值。但该公司可以通过出售欧元对美元的期货合约和买进英镑对美元的期货合约达到保值的目的。具体操作过程如下:

5月10日出售80份英镑期货合约(5 000 000英镑÷62 500英镑=80),每份合约面值62 500英镑,价格1英镑=1.1美元。购进120份欧元期货合约(5 000 000英镑×3欧元/英镑÷125 000欧元=120),价格1欧元=0.434 8美元。

9月10日,英镑对欧元的现汇汇率为1英镑=2.5欧元,则现货市场上损失2 500 000欧元[(3欧元/英镑-2.5欧元/英镑)×5 000 000英镑]。期货市场上9月期英镑期货价格为1英镑=1.02美元,9月期欧元期货价格为1欧元=0.5美元,出口公司对冲其在期货市场上的头寸,购回80份英镑期货,卖出120份欧元期货。在英镑期货市场上的盈利为:(1.1美元/英镑-1.02美元/英镑)×62 500英镑×80份=400 000美元,在欧元期货市场上的盈利为:(0.5美元/欧元-0.434 8美元/欧元)×125 000欧元×120份=978 000美元。期货市场上的盈利共计为1 378 000美元。当时欧元对美元现汇汇率为1美元=1.850 0欧元,所以1 378 000美元可折合成2 549 300欧元。

在不计保值费的情况下,现货市场上的损失可由期货市场的盈利完全抵消且还有49 300欧元的盈利。如果考虑到保证金,未得到补偿的损失则更大。因此,保值者要完全达到保值的目的,则必须根据现货市场中汇价损失合理确定卖出期货的合约数和买进期货的合约数。

(四)套期保值决策模型

管理者在决策中到底做套期保值还是不做套期保值?在任何一个套期保值决策中,都应该考虑以下几个方面:(1)净风险暴露(Net Risk Exposure)数量。所谓净风险暴露是指由于一种货币的汇率发生变动而损失的货币数量,它是衡量货币贬值(升值)对企业资产(负债)价值影响程度的客观尺度。如果一种货币贬值,一个企业以该种货币表示的负债能以更便宜的货币偿付;反之,如果该货币升值,偿付那笔债务则需要付出更高的代价。在计算净风险暴露时,必须采纳会计师的建议,并透彻了解会计法规和税法的有关规定。(2)净风险暴露的损失率。这是一个以经济和政治信息为基础的主观评价,不仅要估计汇率变好即贬值或升值的可能性有多大,是50%还是60%;而且要估计汇率变好的概率,是10%还是20%。(3)可以提供最适度套期保值的风险处理方法,以便估计套期保值成本。对于投资经理来讲,他的目的是以最低的代价提供最完善的风险保护,为此,他有许多可供选择的方案。但他必须检验各种方案的策划。对于外汇交易人而言,套期保值成本不仅包括佣金、期货合约的利息差额、出价与要价间差额,而且包括期货价格与现货价格之间反映的任何升水或贴水。例如,预期现货价格低于6个月的远期价格3%,那么多头套期保值包括3%升水。有了净风险暴露、损失概率、损失多少概率等信息,就可以计算出损失的数学期望,将其与损失价值和套期保值成本进行比较。如果套期保值成本小于估计成本,则进行套期保值;如果套期保值成本大于估计成本,则不做套期保值。以上这一决策过程可以用下表解释,见表11-4:

表11-4 套期保值决策模型

a. 净风险暴露	1 000 000 美元
b. 损失概率	50%
c. 损失多少概率	10%
d. 损失的数学期望($b \times c$)	5%
e. 套期保值成本	4%
f. 决策结果(比较 d 和 e)	$d>e$ 时做套期保值 $d<e$ 时不做套期保值

二、货币期货的报价及行情表

(一)货币期货的报价

货币期货市场的报价方式与货币现货市场的报价方式完全不同。货币现货市场,不仅美国因采取间接标价法而在报出各种货币的汇率时均以美元为标准,而且在美国以外的其他主要的外汇市场也比较普遍地实行美元标价法。因此,在货币现货市场,各种货币的即期汇率和远期汇率一般都以1美元合若干单位的某种其他货币来表示。而货币期货的报价方式采取"间接报价"的方式,亦即以每1单位的外币可兑换多少美元来表示。

在国际货币市场(IMM)外汇期货合约中,澳元、日元等的报价是以每美元多少外币来表示的,这和典型的合约实务中的外汇交易报价方式一致,如100美元=9 150日元。而英镑和加元等采用每单位外币多少美元来表示,如1加元=0.755 8美元,1英镑=1.849 7美元。

(二)影响货币期货的行情的因素

外汇期货的行情也就是外汇期货价格的变动情况,由交易者多样性的投资动机、交易动机和利益的需求所决定。在外汇期货交易中,人们最为关注的就是汇率的变动。外汇期货交易的参与者,无论其动机如何,都要对未来的汇率走势作出判断。判断的是否准确,将直接影响到他们的交易盈亏状况。因此,影响外汇走势的各种因素,也就影响到外汇期货的走势。

当前影响汇率的因素主要有:

1. 财政经济状况。从长期看,一国的财政经济状况是影响该国货币对外币价的基本因素。一国的财政收支或经济状况交易前改善,该货币代表的价值量就提高,该货币对外币就升值;反之亦然。一般情况下,财政经济状况对本国货币价值的影响相对比较慢。

2. 国际收支状况。从短期来看,一国国际收支状况是影响该国货币对外币价的直接因素。如其他条件不变,一国的国际收支状况改善,或顺差扩大,或逆差缩小,外汇收入增加,该国货币就升值,以较少的本币就能换取原来一定量的外币;反之亦然。一国的国际收支状况对外汇市场的影响非常直接、迅速、明显。

3. 利率水平。一国的利率水平对本币的对外汇价也会产生一定影响。国际金融市场存在大量游资,如一国利率提高,游资持有者就会将资金投向该国,追求较高的利息收入,该国外汇收入就可增加,外币供大于求,从而促使该国货币升值,提高本币的对外价值;反之亦然。因此,利率的提高或降低的幅度越大,对本币汇率的影响也越大。

此外,货币政策和政治因素也对外汇的变化有一定的影响。总之,在一定时期内,国际收支是决定汇率基本走势的主导因素;通货膨胀与财政状况、利率水平和汇率政策则会助长或削弱国际收支所起的作用;另外,预期与投机因素不仅是上述各项因素的综合反映,而且在国际收支状况所决定的汇率走势的基础上,起到推波助澜的作用,加剧汇率的波动幅度。

(三) 货币期货行情表的解读

货币期货行情表是指显示每日标的外汇期货的价格、涨跌及交易概况的报表。货币期货行情表是行情分析的最主要工具,也是投资者最经常使用的分析工具。各个期货交易所每日外汇期货合约交易情况均刊登在当地报纸上和各自的网站,表 11-5 是 2009 年 9 月 21 日的欧元期货行情表,它报道了欧元期货行情,下面做一个简要解释。

表 11-5 外汇期货行情表

CME Euro FX Futures									
Prices as of 09/21/2009 07:00 PM									
MTH	SESSION			PT			PRIOR DAY		
Month	Open	High	Low	Last	Settle	Change	Volume	Settle	VOL	INT
DEC 09	1.468 0	1.482 2	1.467 5	1.478 5A	1.479 0	+.011 3	180 767	1.467 7	176 411	157 591
MAR 10	1.469 5	1.481 7B	1.468 2A	1.478 5B	1.478 9	+.011 3	152	1.467 6	24	559
JUN 10	1.479 7	1.480 1B	1.479 5A	—	1.478 9	+.011 3	1	1.467 6	1	52
DEC 10	1.478 3	1.478 3	1.478 3		1.479 1	+.011 1	5	1.468 0		
MAR 11	—	—	—		1.479 2	+.011 0		1.468 2	—	
SEP 10					1.479 0	+.011 2		1.467 8	5	1
TOTAL					EST. VOL		VOL OPEN INT.			
TOTAL					180 925		176 441		158 203	

资料来源:CME 网(http://www.cmegroup.com)。

行情表第一行是 CME(芝加哥商业交易所)的欧元期货,第二行是欧元期货的报价日期,第三行以下就是欧元期货的具体行情。

(1) 左边第一栏(MTH)是指交投月份。欧元期货合约月份是 2009 年 12 月、2010 年 3 月、2010 年 6 月、2010 年 9 月、2010 年 12 月、2011 年 3 月。

(2) 第二列 OPEN 表示上述月份的欧元期货合约在 2009 年 9 月 21 日开(下简称"该

日")盘价。表中 2010 年 6 月的欧元期货合约开盘价为 1 欧元＝1.479 7 美元。

(3) 第三列 HIGH 表示上述交投月份的欧元期货合约在该日的最高价。表中 2010 年 3 月欧元期货合约最高价为 1 欧元＝1.481 7B 美元。

(4) 第四列 LOW 表示上述交投月份的欧元期货合约在该日的最低价。

(5) 第五列 LAST 表示在该日交易将近结束时的价格。

(6) 第六列 Settle 表示该日的结算价。

(7) 第七列 Change 表示该日的结算价与前一营业日相比价格的变化幅度。如 2009 年 12 月份的欧元期货合约当日结算价为 1.479 0,前一日的结算价位 1.467 7,变化为 1.479 0－1.467 7＝0.011 3,也就是表中 Change 的＋0.011 3,不过一般都用点表示,即该日欧元期货合约的价格比前一日升水 113 点。

(8) 第八列 Volume 表示当日估计成交量。如 2009 年 9 月份的欧元期货合约在该日的估计成交量为 180 767。

(9) 第九 Settle、第十列 VOL 和第十一列 INT 都是 Prior Day 的内容,分别表示的是前一天的结算价、成交量和未平仓数。如 2010 年 3 月份欧元期货合约前一天的数字分别为 1.467 6、24、559。

【能力训练】

一、简述题

1. 投资者对现有或未来的一笔资产进行套期保值,在任何情况下都可实现保值目的吗？为什么？

2. 投机者的投机冒险行为对发展期货交易有何作用？

二、思考与应用分析题

3. 2012 年 3 月,美国进口商 NIKE 向日本银行借入 2 500 万日元,用于进口以美元结算的日本商品,6 个月后偿还。为了避免到时因日元升值带来的损失,NIKE 进行了套期保值。假定 2012 年现货市场 3 月 1 日 JPY89.80/USD,6 月 1 日 JPY85.43/USD,期货市场 3 月 1 日 JPY88.75/USD,6 月 1 日 JPY84.03/USD,试对 NIKE 的套期保值行为及其效果进行分析。

4. 假设目前(5月)有一美国企业,3 个月后将需要 1 笔 3 亿日元的资金从日本进口汽车,但其担心未来日元兑美元升值；换句话说,3 个月后若日元对美元真的升值,其必须花费更多美元来兑换日元,如此将会增加其采购成本。为了规避汇率风险,分析该公司的财务经理应该如何操作。

5. 假设有一中国投资者在美国金融危机末期,大量将手中的人民币头寸兑换成 3 000 万美元,以等待美元在金融危机后的升值。在美国金融危机逐渐消散,各国家的经济逐渐好转的情况下,该投资者认为美国经济也应从谷底慢慢复苏,因此预期未来日元兑美元升值。但是市场上许多分析师仍认为美国经济尚未有复苏迹象,动摇了该投资者对于美元升值的预期。在不想将以前美元头寸出清的情况下,该投资者该如何操作规避风险？

第十二章 利率期货与股指期货

【内容提要】本章首先介绍了利率期货的概念及其合约构成要素,着重分析了短期利率期货的报价方式,并讨论了利率期货的市场操作过程。其次,介绍了股指期货的概念,并列示了不同交易所的股票指数合约及其规定,分析了股票指数的市场操作与运用过程。

【重点难点】本章重点掌握利率期货的报价方式和指数期货的报价方式,根据现实基础信息的分析判断期货交易决策是本章的难点。

【基本概念】利率期货　股指期货　跨期套利

第一节　利率期货

一、利率期货的概念

利率期货(Interest Rate Futures)是指以约定的价格和数量对某种特定的具有利息和期限的金融商品在将来某一时间进行交割的一种标准化合约。

利率期货产生于20世纪70年代的美国。当时美国的利率波动频繁,且波动幅度大,造成了严重的利率风险。在20世纪60年代中期以前,美国金融市场的利率一直处于较低水平和相对稳定的状态,尤其是长期金融市场上各种国债的利率非常稳定。但是,在60年代中期以后,持久的越南战争导致了美国财政空虚,约翰逊总统下令大量增发货币,从而引发了严重的通货膨胀。70年代发生的两次石油危机使美国雪上加霜,乃至使整个西方国家的经济陷入了滞胀状态。为走出困境,美国政府大幅上调利率,高息政策表面上缓解了通货膨胀,但又导致了失业率上升和产业结构不合理,社会矛盾加剧,金融部门又不得不降低利率。可是利率一降,物价再度上升。利率如此频繁波动,经济大起大落,使美国经济陷入两难境地。1971年,尼克松主政白宫,对美元进行贬值,并在1973年宣布退出布雷顿森林协议,固定汇率制为浮动汇率制所代替,各国政府通过利率干预汇率,使得利率波动更加频繁和激烈。为避免利率波动的风险,美国芝加哥谷物交易所经过长达6年之久的考察研究后,于1975年10月20日率先推出一种全新的期货业务,即利用政府国民抵押协会的抵押证券签订的合约(Government National Mortgage Association Certificate,即 GNMAC),这标志着利率期货交易的诞生。

二、利率期货合约构成要素

利率期货合约是利率期货交易的买卖对象或标的物,也是利率期货买卖的一种重要

凭证。利率期货合约的构成要素有些方面与货币期货合约相同,但也有诸多不同之处。它主要由以下七个方面构成:

1. 交易单位及报价方式。它是指每一份期货合约的最小交易单位。在不同的国家,期限不同的期货对此有不同的规定。例如美国短期和中长期国库券的交易单位分别是 100 万美元和 10 万美元,日本 10 年期国债的交易单位是 1 亿日元,英国长期公债的交易单位是 10 万英镑,德国和法国等国家政府公债的交易单位是 10 万欧元等。

2. 最小变动价位。它与货币期货合约中的最小变动价位相同,是指利率期货供求变化引起的合约价格变化的最低限度,用点数计算。短期和中长期利率期货的最小变动价位不同,分别是一个基点的 1/100 和 1/32,前者是 1‰ 的 1/100,后者是 1‰ 的 1/32。例如一份 3 个月短期美国国债期货合约的最小变动价位:1 000 000 美元 ×0.000 1×3 个月/12 个月=25 美元,一份中长期美国国债期货合约的最小变动价位:100 000 美元 ×0.01×1/32=31.25 美元。

3. 转换系数(又称转换因子)。它是指利率期货合约中规定的每一个交易单位的票息比率。不同国家对不同期限的利率期货的转换系数规定也不同。例如美国长期公债期货合约票息为年息 8%,日本 10 年期国债期货合约票息为年息 6%,英国长期公债期货合约票息为年息 9%。各种符合交割条件的债券现货必须通过转换系数才能将不同票息换算成标准规格票息的倍数。转换系数可在交易所查询。

4. 每日价格涨跌幅限制。它是指利率期货交易价格的上下限。对此,不同国家和不同交易所有不同的规定。如美国长期国库券期货为 3%,日本 10 年期国债期货为 2%,英国长期公债无涨幅限制等。又如芝加哥商业交易所的国库券期货为 60 基本点,定期存单为 80 基本点。再如芝加哥期货交易所的中长期国债期货每天变动限制为前一天营业日结算价的 32/64,每一合约为 31.25 美元 ×200=6 250 美元。

5. 交割月份。交易所为集中交易量以提高期货流动性,规定了若干个期货合约的交割月,交割月中的某一日指定为交割日。它是期货合约到期时必须实际交收现货的月份。

6. 最后交易日。它与交易月份密切相关,是指期货合约在交易月份中的最后一个交易日。不同的利率期货合约对此有不同的规定。例如美国长期国库券期货的最后交易日是交割月份的倒数第 8 个营业日,英国长期公债的最后交易日为交割月份最后营业日前的第 2 个营业日到当地时间上午 11 时止。

7. 交割结算价格。它是指期货合约交割时实际支付的价格,一般以交割日前某日某时的期货价格经过转换公式计算得到。它属于现金交割。例如美国长期国库券期货的交割结算价格是以交割日前的第 2 个营业日下午 2 时的期货价格经过转换公式计算得到。日本 10 年期国债期货的交割结算价格是以最后交易日下午 3 时的期货价格经过转换公式计算得到。

三、利率期货合约类型

从国别来看,有美国利率期货合约、英国利率期货合约、法国利率期货合约、德国利率期货合约、日本利率期货合约等。根据期限不同,利率期货合约又分为中长期利率期货合约和短期利率期货合约。

美国主要的利率期货交易所是芝加哥期货交易所（Chicago Board of Trade,即CBOT）和芝加哥商业交易所（Chicago Merchandise Exchange,即CME）。中长期利率期货交易主要集中在CBOT,短期利率期货交易主要集中在CME。英国最主要的利率期货交易所是1982年成立的伦敦国际金融期货交易所（London International Financial Futures and Options Exchange,即LIFFE）。在该所上市的利率期货合约主要有英国长期国债期货、5年期英国国债期货以及德国、日本、意大利等国的长期国债期货。法国的利率期货交易所是法国国际期货交易所（简称MATIF）,在该所上市的利率期货全部以欧元标价,符合规定的债券均可参与交割。MATIF打破了利率期货的基础资产只能由一个发行者发行的传统做法,选择了由几个欧洲主权国家组成的发债者名单。在德国,1990年前期货交易被视为非法,直到1990年德国议会才通过修改法律赋予期货交易合法地位。德国期货交易所成立于1990年1月,接着与瑞士期权与金融期货交易所合并,成立了欧洲期货交易所（Europe Exchange,即EUREX）。在该所上市的利率期货合约主要有欧元SCHATS期货（德国短期利率期货）、欧元BOBL期货（德国中期利率期货）、欧元FGBL期货（德国长期利率期货）、欧元BUXL期货（德国长期利率期货）、欧元COMI期货（瑞士中期利率期货）和欧元CONF期货（瑞士长期利率期货）等。在日本,1985年东京证券交易所推出利率期货,目前上市交易品种主要有5年期、10年期、20年期日本中长期国债利率期货和美国的长期国债利率期货。

四、短期利率期货的报价与定价

假设短期国债的现金价格为95.00,对于当前的5%的利率水平。如果交易者预测3个月后利率将下跌,那么他就要买进一份3个月期的利率期货。3个月后,利率如他预测的那样下跌至3%水平,则对应于97.00的利率期货价格。此时,他卖出利率期货,则赚取(97.00－95.00)的收益。

假设短期国债的现金价格为P,则其报价为：

$$(360/n) \times (100-P)$$

其中,n为国债的期限。比如,3个月期的国债,其现金价格为98,则它的报价为：

$$(360/90) \times (100-98) = 8$$

即此国债的贴现率为8%。它与国债的收益率也不同,国债的收益率为:利息收入/期初价格,即：

$$(360/n) \times (100-P)/P$$

在我们的例子中,收益率为：

$$(360/90) \times (100-98)/98 \times 100\% \approx 8.16\%$$

短期国债期货的报价为：

$$100 - 相应的短期国债的报价 = 100 - (360/n) \times (100 - P)$$

短期国债期货的价值则为：

$$100 - (n/360) \times (100 - 短期国债期货的报价)$$
$$= 100 - (n/360) \times \{100 - [100 - (360/n) \times (100 - P)]\} = P$$

比如，在上面的例子中，短期国债期货的报价则为：$100 - 8 = 92$，短期国债期货的价值为：98。

五、利率期货市场操作

（一）利率期货套期保值交易

利率期货的套期保值是建立在利率与有价证券反方向变化关系基础上的。根据利率涨跌情况不同，证券投资者可采用空头套期保值、多头套期保值和交叉套期保值三种办法。

1. 空头套期保值。是指证券投资者在预测到利率将会上涨时，先卖出一笔有价证券，待证券价格指数回落后再买回这笔证券，从而达到保值目的。

市场操作实例：某证券投资者拥有面额 100 万美元的长期国债，2011 年 5 月到期。该投资者预计利率在未来几个月内会上涨，这意味着他拥有的长期国债价格会下跌。为避免这种损失，他于 9 月 16 日卖出 10 手来年 3 月到期的长期国债期货合约，其价格指数 100，预期收益率 8.0%。来年 2 月 22 日，现货长期国债的价格指数由上年 9 月 16 日的 129.41 下降为 114.94，期货长期国债的价格指数也下降到 87.56。此时，该投资者将这 10 手期货合约买回。盈亏情况如下：

现货头寸（亏损）：$(114.97 - 129.41) \times 0.01 \times 1\,000\,000 = -144\,700$ 美元

期货头寸（盈利）：$(100 - 87.56) \times 0.01 \times 1\,000\,000 = 124\,400$ 美元

净亏：20 300 美元。虽然亏损没有被完全抵消，但大大减少了损失。

2. 多头套期保值。是指证券投资者在预测到利率将会下跌时，先买进一笔有价证券，待证券价格指数上涨后再买回这笔证券，从而达到保值目的。

市场操作实例：某投资者有一笔 1 000 万美元的款项，预计于 3 个月后进账，到时候准备用来购买美国长期国债，并且该券种是目前的最便宜可交割债券，但是，他担心这段时间内国债价格会上涨，从而使购买成本提高。为了将 3 个月后的国债购买成本固定在目前的水平上，该投资者采取了多头套期保值办法。假定有关数据为：

	第 1 天	第 2 天
该投资者 3 个月后将购买的债券的价格	126～66	127～04
息票利率	12%	
该债券每 10 万美元价值的基点价值（BPV）	121.72	
转换因子	1.446 5	
美国长期国债期货价格	86～25	87～28
短期借款利率	8%	

具体操作步骤如下:

(1) 计算完全套期保值所需要的期货合约数量

$$期货基点价值=最便宜可交割债券的基点价值/转换因子$$
$$=121.72/1.446\ 5$$
$$=84.15$$

$$所需期货的合约数量=现货标的总基点价值/期货合约的基点价值$$
$$=(121.72\times100)/84.15$$
$$=145(份合约)$$

(2) 该投资者在第一天用 86～25 的价格买进 145 份长期国债期货合约,3 个月后在债券市场上购进现货债券时用 87～28 的价格将期货卖出平仓。

套期保值效果分析:

在未采取利率期货避险情况下,第一天该投资者购买的债券的价格:

$$126\times1\ 000\times(10\ 000\ 000/100\ 000)=12\ 600\ 000\ 美元$$

3 个月后(第 91 天)该投资者购买的债券的价格:

$$(127+4/32)\times1\ 000\times(10\ 000\ 000/100\ 000)=12\ 712\ 500\ 美元$$

购买成本增加额:$12\ 712\ 500-12\ 600\ 000=112\ 500$ 美元

在采取利率期货避险情况下,3 个月后该投资者购买利率期货的盈利:

$$[(87+28/32)-(86+25/32)]\times1\ 000\times145=158\ 593.75\ 美元$$

3 个月后该投资者购买债券的净购入成本:

$$12\ 712\ 500-158\ 593.75=12\ 553\ 906.25\ 美元$$

表明该投资者在 3 个月后购进债券只要投入 12 553 906.25 美元即可,即他用在期货市场中的盈利平掉了市场上的头寸,从而弥补了国债现货市场价格上涨所造成的损失。

(二) 利率期货套利交易

利率期货套利是指投机者通过同时买进和卖出相同或相关的利率期货合约而赚取其中价差收益的交易行为。根据套利的性质不同,它可分为跨期套利、跨品套利和跨市套利三种。这里主要介绍前两种套利方法。

1. 跨期套利。要正确把握跨期套利的含义和运用,必须掌握递增价格结构、递减价格结构和期货价格差等概念。期货的价格与期货的到期时间形成一个对应关系,到期时间长短不同,期货价格也不同,从而构成一个价格结构。递增价格结构是指到期时间越长的期货其价格越高。递减价格结构是指到期时间越长的期货其价格越低。期货价格差是指期货在不同到期时间的价格之差。因为套利者的目的就是先低价买进再高价卖出,从中获利,所以期货价格是套利者利润的来源。因此,所谓跨期套利,是指在同一期货市场上同时买卖两种不同交割月份、价格差较大的同一种利率期货合约。针对不同的价格结构和期货价格差,投资者的交易行为如下表所示:

表 12-1　期货价格与交易方向决策关系

	递增型价格结构	递减型价格结构
期货价格差增大	买递延期货	买近期期货
	卖近期期货	卖递延期货
期货价格差缩小	买近期期货	买递延期货
	卖递延期货	卖近期期货

市场操作实例：

2000 年,美国失业率上升很快,某证券交易机构担心这可能会导致美国经济衰退,从而美国联邦储备银行可能会降低利率,以刺激美国经济。因为利率下降将会导致长期债券价格的大幅度变动,所以,该交易机构根据经验,认为近期月份的国债期货价格上涨幅度将大于远期月份国债期货合约价格上涨幅度,于是,他们利用芝加哥期货交易所 9 月份与 12 月份的美国长期国债期货进行买入套利交易。假定有关数据如下表所示：

表 12-2

	9月份长期国债期货价格	12月份长期国债期货价格	9/12月份合约的价差(1/32)
2000 年 7 月 10 日	98～10	98～06	4
2000 年 8 月 5 日	99～15	99～04	11
盈亏情况	(＋)1～05	(－)0～30	(＋)7

该证券交易机构的市场操作如下：

2000 年 7 月 13 日,按市价买入 10 手 9 月份期货合约,8 月 8 日卖出平仓后盈利：

$$(32+5) \times 31.25 \times 10 = 11\,562.5 \text{ 美元}$$

2000 年 7 月 13 日,按市价卖出 10 手 12 月份期货合约,8 月 8 日买入平仓后亏损：

$$30 \times 31.25 \times 10 = 9\,375 \text{ 美元}$$

盈亏相抵后,该交易机构净盈利：

$$11\,562.5 - 9\,375 = 2\,187.5 \text{ 美元}$$

2. 跨品套利(跨品种套利)。它是指同时买进和卖出同一交割月份的具有相关性的利率期货合约,以获取价差。当前跨品套利中比较普遍的品种主要有：国库券/长期国债(简称 NOB)、5 年期/长期国债(简称 FOB)、5 年期/10 年期国债(简称 FITE)、市政债券/国债券(简称 MOB)等,它们的收益曲线的相关性较好。

市场操作实例：某投资者估计今后一段时间内市场利率有可能下调,因此将导致国债期货价格上升。该投资者认为由于长期国债期货的价格敏感性较高,所以价格上涨幅度应该较大,于是他利用芝加哥期货交易所的长期国债期货与 10 年期国债期货进行卖出套利。假定有关数据如下表所示：

表 12-3

	10 年期国债期货	长期国债期货	(NOB)价差(1/32)
2001.7.15 现券收益率	6.08%	6.26%	
9 月份交割的合约价格	98～12	97～29	15
2001.8.10 现券收益率	5.98%	6.16%	
9 月份交割的合约价格	99～16	99～20	4
盈亏情况	(－)1～04	(＋)1～23	(＋)19

该投资者的市场操作如下：

2001 年 7 月 15 日，卖出 10 手 9 月份交割的 10 年期国债期货合约，8 月 10 日买进平仓后亏损：

$$(32＋4)\times 31.25\times 10 = 11\,250\text{ 美元}$$

2001 年 7 月 15 日买进 10 手 9 月份交割的长期国债期货合约，8 月 10 日卖出平仓后盈利：

$$(32＋23)\times 31.25\times 10 = 17\,187.5\text{ 美元}$$

盈亏相抵后净盈利：

$$17\,187.5－11\,250 = 5\,937.5\text{ 美元}$$

专栏 12-1

我国利率期货发展中的"314"事件、"327"事件和"319"事件

早在 20 世纪 80 年代末，为了促进国债二级市场的发展，上海证券交易所就开始筹划发展国债期货交易，并制定和发布了《上海证券交易所国债期货交易试行细则》。在 20 世纪 90 年代初，我国商品期货已有初步的发展。如 1990 年 10 月 12 日，郑州粮食批发市场建立，它是我国最早的商品期货市场。随后，在 1991 年 6 月 10 日和 1992 年 5 月 28 日，深圳有色金属交易所成立和上海金属交易所又相继成立。这些商品期货市场的建立为包括利率期在内的金融期货市场的发展打下基础。1992 年 12 月 28 日，上海证券交易所设计并推出了 12 个品种的利率期货合约，分别是 91 券、92 券(1)、92 券(2)等，交割月份为 3 月、6 月、9 月、12 月，每份合约为面值 2 万元国库券，投资者每缴纳 500 元保证金就可买一份合约。这标志着我国国债期货市场进入了试运行。但是，最初交易并不活跃，至 1993 年 10 月，仅成交数百份合约，成交金额只有 5 000 万元左右。从 1993 年底起，全国其他交易所纷纷开展国债期货业务，到 1994 年 9 月 12 日，全国已在上海、深圳、北京、武汉、天津、广州等 14 个省市 16 家交易所推出了国债期货品种,因此,国债期货交易迅速发展起来。从 1994 年至 1995 年 5 月,上海国债期货市场新高累累,行情火爆,全国的走势更是风起云涌,高潮迭起,并发生了 3 次较大振荡,即所谓的"314"事件、"327"事件和"319"事件。这里的"314"是我国当时的一种国债品种的代号。在 1994 年一季度,期货市场虽在升温,但处于启动阶段,3 月份总持仓量为 4 万口,换算现券面值为 8 亿元,与现券流通量相比还较小。4 月份开始,随着当年国债发行拉开帷幕,二级市场上国债价格飙升,国债期货交易迅速增加,价格猛涨。至 9 月份,少数品种多头空头双方激烈争夺,持仓量居高不下,其中"314"品种在离最后交收日仅两个交易日时,持仓量高达 78.87 万口,远远超过了对应的现券发行量,结果上海证券交易所只能采取强制平仓,但也只平仓了不到 70 万口,仍有近 10 亿元未交收。这就是"314"事件。

次年 2 月,在"327"国债期货品种于 6 月份即将交收前夕,由于该品种保值贴补率明显低于银行利率,于是,业界炒作,一说国家可能要对该品种进行加息,二说加息会使国家多增加 10 亿元支出,不太可能。这两种观点形成了该品种的多方与空方,从而使该品种的最大振幅达到 4 元多。2 月 23 日,关于对该品种保值贴补的消息得到证实。于是,空方严防死守,把价格挡在 148.50 元左右,而多方重兵压境,势不可挡,一开盘价位就跳空高开,迅速飙升,很快推到 151.98 元。但是,风云突变,蓄足了劲的空方在离收盘时还有 8 分钟时突然抛出 730 万口,多方兵败如山倒,最后双方以 147.50 的价位鸣金收兵,多方一大批由此一贫如洗。这又是"327"事件。

还是这一年的 5 月 11 日,在"314"事件刚过不久的上海证券交易所,投资者并未冷静下来,多方空方又在"319"国债期货品种和其他品种上搏杀起来,一些投资者和证券商这一次违规超仓透支开仓,动用客户资金开仓,甚至多处开仓。5 月 12 日,上海证券交易所下令暂停开仓,15 日,交易所恢复交易。随后两天,国债市场热浪滚滚,失去了理性,其中"319"品种价格冲过了 190。过度的投机违背了健康发展期货市场的本意。

第二节 股指期货

1972 年芝加哥商业交易所率先推出了外汇期货,1975 年,利率期货又在芝加哥期货交易所诞辰,1982 年,美国堪萨斯期货交易所(KCBT)再次率先推出了指数期货合约,尽管股票指数期货的产生要比外汇期货和利率期货晚一些,但是,股票指数期货是发展最快的金融衍生产品。特别是进入 90 年代以后,随着全球证券市场的迅猛发展,国际投资日益广泛,投、融资者及作为中介机构的投资银行对于套期保值工具的需求猛增,这使得近十年来股指期货的数量增长很快,无论是市场经济发达国家,还是新兴市场国家,股指期货交易都呈现良好的发展势头。至 1999 年底,全球就已有 140 多种股指期货合约在各国交易。目前,股指期货已成为最热门的一种金融衍生品。

一、股指期货概述

(一) 什么是股指期货

股票指数期货(简称股指期货)是指以股票价格指数作为标的物的标准化合约。与外汇期货合约和利率期货合约相类似,股指期货合约的构成要素有交易品种、交易数量和单位、最小变动价位、每日价格波动限制、合约月份、交易时间、最后交易日、交割时间、交割标准和等级、交割地点、保证金、交易手续费(佣金)等。

股指期货合约与外汇期货合约、利率期货合约三者具有许多相同之处。(1) 三者都是标准化合约,唯一的变量是价格;(2) 三者都是在期货交易所进行交易的,是场内交易;(3) 三者的竞价方式相同,都是采用公开叫价方式来确定价格;(4) 三者的履约保证方式相同,都要按规定缴纳一定的履约保证金;(5) 三者的交易大部分是通过对冲平仓来了结履约责任,到期未平仓都视作违法。此外,三者的交易机制、交易程序等也基本相同。但是,股指期货与外汇期货、利率期货三者又有诸多不同的地方,其中最主要的区别是:(1) 三者交易的标的不同,外汇期货交易的是汇率,利率期货交易的是利率,而股指期货交易的是股票价格指数;(2) 结算方式不尽相同,外汇期货交易除现金结算外,还存在少量的外汇交割,而利率期货交易和股指期货交易都是现金结算;(3) 结算价格不同,外汇期货交易是由交易所按每日收市的汇率进行逐日清算的,利率期货交易的结算价格是规定交割日前或交割日后某一日的合约价格,而股指期货交易的结算价格是规定合约月份的某一日的指数点,具体时间因不同的股指期货合约而有所不同。

(二) 股指期货的类型

目前国际期货市场上主要的股指期货合约有标准普尔500指数期货合约(简称S&P500指数)、纽约证券交易所综合指数期货合约(简称NYSE综合指数)、纳斯达克100指数期货合约(简称NASDAQ-100)、拉塞尔2000指数期货合约(简称RUSSELL2000)、道琼斯工业平均指数期货合约、价值线平均股价指数期货合约、主要市场指数期货合约、金融时报—100种股票价格指数期货合约(FT-SE100)、恒生指数期货合约和日经225指数期货合约等。它们的基本情况见表12-4至表12-10:

表 12-4 S&P500 指数期货合约

交易单位	500 美元×S&P500 股价指数
最小变动单位	5个基本点或0.05个指数点(即每张合约25美元)
合约月份	3月、6月、9月、12月
交易时间	上午8:30至下午4:15(美国东部时间)
最后交易日	每个合约交易月份的第3个星期三
交割方式	最后结算价格实行现金结算。该价格根据合约月份第3个星期五特别报出的S&P500股价指数的成分股票的开盘价格来确定
保证金存款	每份合约5 000美元
交易所名称	芝加哥商业交易所

表12-5 NYSE综合指数期货合约

交易单位	500×NYSE股价指数
最小变动单位	5个基本点(每张合约25美元)
合约月份	3月、6月、9月、12月
交易时间	上午10:00至下午4:15
最后交易日	每个合约交易月份的第3个星期五
交割方式	合约到期时以现金结算,最后结算价格系根据构成NYSE综合股价指数的所有上市股票在合约月份的第3个星期五的开盘价格
保证金存款	每份合约5 000美元
交易所名称	纽约期货交易所

表12-6 价值线平均股价指数期货合约

交易单位	500美元×价值线平均股价指数
最小变动价位	0.05个指数点(每张合约25美元)
合约月份	3月、6月、9月、12月
交易时间	上午10:00至下午4:15
最后交易日	每个合约交易月份的最后一个营业日
交割方式	根据合约月份的最后交易日收盘时实际的价值线平均股计算的平均指数结算
保证金存款	每份6 500美元
交易所名称	堪萨斯市期货交易所
股票指数的计算	以纽约证券交易所、美国证券交易所及其他地方性交易所上市的1 700多只股票为基础,采用几何平均法计算

表12-7 主要市场指数期货合约

交易单位	250美元×主要市场指数点
最小变动价位	0.125个指数点(每张12.50美元)
合约月份	3月、6月、9月、12月
交易时间	上午9:45至下午4:15
最后交易日	每个合约交易月份的第3个星期五
交割方式	根据主要市场指数期货收盘价实行逐日结算,并于最后交易日根据主要市场指数的收盘价实行现金结算
保证金存款	每份合约2 500美元
交易所名称	芝加哥期货交易所
股票指数的计算	以20种最具代表性的公司股票基础,采用算术平均法编制

表12-8 FT-SE100指数期货合约

交易单位	25英镑×FT-SE100指数点
最小变动价位	0.05个指数点（每张合约12.50美元）
合约月份	3月、6月、9月、12月
交易时间	上午9:05至下午4:05
最后交易日	每个合约交易月份的最后交易日之后的第一个营业日
交割方式	在合约到期日实行现金结算
保证金存款	1 000英镑
交易所名称	伦敦国际金融期货交易所

表12-9 恒生指数期货合约

标的指数	恒生指数
合约乘数	每一个指数点位50港币
合约月份	3月、6月、9月、12月
最小变动价位	一个指数点（相当于一个指数点50港币）
头寸限制	所有合约月份中的恒生指数期货和期权合约合并在一起，空头寸均不得超过10 000张
大量敞口头寸	任一合约月份500张合约
交易时间	周一至周五交易，每日上下两节：9:45—12:30（上午），14:30—16:15（下午）（香港时间）
最后交易日	合约规定交割月份的最后第2个营业日
交易方式	公开喊价
最后结算日	最后交易日之后的第一个营业日
最后清算价格	以最后交易日每5分钟报出的恒生指数的平均值去掉小数后的整数作为最后清算价格
结算方式	现金结算
交易所名称	香港期货交易所

表12-10 日经225指数期货合约

交易单位	1 000日元×日经225指数
最小变动价位	10点数位（每张合约10 000日元）
每日价格波动限制与交易中止规则	不高于或不低于前一交易日结算价格的3%
合约月份	3月、6月、9月、12月
交易时间	上午9:00至11:15，下午13:00至15:15（日本时间）
最后交易日	结算日之前3个营业日
交割方式	现金结算
交易所名称	大阪证券交易所

二、股指期货市场操作

根据股指期货交易者的目的不同,股指期货交易分为套期保值交易、套利交易和投机交易三种类型。

（一）股指期货套期保值交易

股指期货的套期保值是与股票价格指数的变化密切相关的。股票投资者根据股指的涨跌情况,通过买入他们认为股指会上涨的股指期货合约,或卖出股指可能下降的股指期货合约,来对资产进行保值。根据买入或卖出的情况不同,套期保值又分为空头套期保值、多头套期保值和交叉套期保值三种类型。

1. 空头套期保值。它是指投资者在预测到股价会下跌时,为避免已拥有的资产可能出现的风险,通过期货市场上卖出股票指数的办法来进行保值。这样,一旦股价真的下跌,他就可以从期货市场中获得的盈利来弥补因股价下跌在股票现货市场中造成的损失。

市场操作实例：某投资者张某拥有价值10 000美元的500家公司股票组成的股票组合（即标准普尔500指数合约,简称S&P500）。当时该投资者预测到该股票股价在未来一段时间内可能下跌,为避免由此造成的损失,他进行了空头套期保值。具体操作过程如下表：

表12-11

	股票市场	期货市场
现在	张某拥有价值10 000美元S&P500	张某卖出1份3个月后到期的S&P500股指期货合约,点数为20,价值为：20×500＝10 000美元
将来（3个月后）	原有股票价值下降为：9 000美元	股指下跌,点数为16。张某买回1份S&P500股指期货合约,成本为：16×500＝8 000美元
市值变化	损失1 000美元	盈利2 000美元

从表中可以看到,张某在股票市场中损失了1 000美元,而在期货市场上又盈利2 000美元,二者相抵,张某不仅避免股价下跌带来的损失,还有净盈利（未考虑保证金）。

2. 多头套期保值。它是指投资者在预测到股价可能上涨时,为避免将要购买的资产可能造成的风险,通过期货市场上买进股票指数的办法来进行保值。如果股价果真上涨,他就可以从期货市场中获得盈利来弥补因股价上涨在股票现货市场中造成的损失。

市场操作实例：投资者李某欲卖掉手中价值10 000美元的股票,并且当时他预测到股价可能上涨,为避免这种因股价上涨带来的损失,他采用了多头套期保值的办法。具体操作过程如下表：

表 12-12

	股票市场	期货市场
现在	李某卖出价值 10 000 美元的股票	李某买进 1 份 3 个月期的 S&P500 股指期货合约，点数为 20，价值为：20×500＝10 000 美元
将来（3 个月后）	股票价值上升到：11 000 美元	股指上涨，点数 25。李某卖出 1 份 S&P500 股指期货合约，价值为：25×500＝12 500 美元
市值变化	损失 1 000 美元	盈利 2 500 美元

从上表可知，李某虽然在股票市场中损失了 1 000 美元，但在期货市场上又盈利 2 500 美元，在补偿了损失后，李某还有 1 500 美元（未考虑保证金）。

3. 交叉套期保值。在为某一现货进行套期保值时，如果没有刚好相对应的、同品种标的的期货合约，则可用另一种具有相同价格发展趋势的标的期货为现货进行套期保值。与前面两种方法不同的是，此法采用在当前同时在期货市场中买进和卖出两种不同期货合约，而在未来又同时在期货市场中卖出和买进这两种不同期货合约，这样，投资者在当前期货市场中的损失，就可以在未来期货市场上得到补偿。

市场操作实例：2010 年 5 月，投资者王某现有一笔价值 100 000 美元的 S&P500 股票资产需要保值，当时在期货市场上没有刚好相对应的、同品种标的的期货合约，于是，他采取了交叉套期保值的办法。有关数据和操作过程如下表：

表 12-13

	主要市场指数期货市场	S&P500 股票指数期货市场
6 月 1 日	买进 2 份 9 月到期的期货合约，价格为 500 点，价值为：100×500×2＝100 000 美元	卖出 1 份 9 月到期的期货合约，价格为 250 点，价值为：500×250＝125 000 美元
9 月 1 日	卖出 2 份 9 月到期的期货合约，价格为 508 点，价值为：100×508×2＝101 600 美元	买进 1 份 9 月到期的期货合约，价格为 252 点，价值为：500×252＝126 000 美元
损益情况	盈利 1 600 美元	损失 1 000 美元

由此可知，若王某只卖出 1 份 S&P500 股票指数期货，则就有可能因价格上涨而损失 1 000 美元。为避免这种损失，他还要在卖出的同时买进 2 份主要市场指数期货，这样，他可从中盈利 1 600 美元，补偿前者损失后仍盈利 600 元。

（二）股指期货套利交易

与利率期货的套利交易相类似，股指期货套利也是投机者通过同时买进和卖出相同或相关的股指期货合约而赚取其中价差的交易行为。根据投资者套利方式不同，它分为跨期套利、跨品套利、跨市套利、现货与股指期货合约之间的套利（指数套利）等四种类型。指数套利交易涉及计算许多只股票的收益问题，通常是通过计算机来进行，也称之为程序交易，比较复杂。跨品套利与跨市套利基本相同。所以，这里主要介绍股指期货跨期套利和跨市套利。

1. 跨期套利。它是指投资者利用股票指数期货不同月份的合约之间的价差进行相反交易,从中获利。它又分为多头跨期套利和空头跨期套利两种。

(1) 多头跨期套利。在投资者预测到股市会上扬时,且交割月份较远的期货合约价格比近期月份合约更迅速上涨时,他将卖出近期月份合约,买进远期月份合约。

市场操作实例:投资者杨某预测到股市在今后一段时间内会上扬,且远期期货合约价格比近期期货合约上涨更快,于是,他进行了如下表所示的多头跨期套利:

表 12-14

	近期合约	远期合约	基 差
开始	以 95.00 卖出 1 份 6 月 S&P500 股指期货合约	以 97.00 买入 1 份 12 月 S&P500 股指期货合约	2.00
结束	以 95.50 买入 1 份 6 月 S&P500 股指期货合约	以 98.00 卖出 1 份 12 月 S&P500 股指期货合约	2.50
差额价值变动	−0.50	+1.00	

从表中知,杨某获净利润:(1.00−0.50)×500=250 美元

在上例中,若杨某预测到股市会上扬,但近期期货合约价格比远期合约上涨更快时,则其跨期套利行为如下表所示:

表 12-15

	近期合约	远期合约	基 差
开 始	以 95.00 买入 1 份 6 月 S&P500 股指期货合约	以 97.00 卖出 1 份 12 月 S&P500 股指期货合约	2.00
结 束	以 95.50 卖出 1 份 6 月 S&P500 股指期货合约	以 97.25 买入 1 份 12 月 S&P500 股指期货合约	1.75
差额价值变动	+0.50	−0.25	

此时杨某获净利:(0.50−0.25)×500=125 美元

(2) 空头跨期套利。在投资者预测到股市会下挫时,且交割月份较远的期货合约价格比近期月份合约更迅速下跌时,他将买进近期月份合约,卖出远期月份合约。

市场操作实例:投资者杨某预测到股市在今后一段时间内会下挫,且远期期货合约价格比近期期货合约下跌更快,于是,他进行的空头跨期套利交易如下表所示:

表 12-16

	近期合约	远期合约	基 差
开 始	以 95.00 买进 1 份 6 月 S&P500 股指期货合约	以 96.50 卖出 1 份 12 月 S&P500 股指期货合约	1.50
结 束	以 96.00 卖出 1 份 6 月 S&P500 股指期货合约	以 97.00 买进 1 份 12 月 S&P500 股指期货合约	2.00
差额价值变动	+1.00	−0.50	

从上表知,杨某获净利:(1.00－0.50)×500=250美元。

如果在上例中,投资者杨某预测到股市在今后一段时间内会下挫,但近期期货合约价格比远期期货合约下跌更快,那么,其空头跨期套利交易变为:

表 12－17

	近期合约	远期合约	基 差
开 始	以95.00卖出1份6月S&P500股指期货合约	以97.00买进1份12月S&P500股指期货合约	2.00
结 束	以95.50买进1份6月S&P500股指期货合约	以98.00卖出1份12月S&P500股指期货合约	2.50
差额价值变动	－0.50	＋1.00	

因此,杨某获净利:(1.00－0.50)×500=250美元。

2. 跨市套利。它是指套利者在两个交易所对两种类似的期货同时进行方向相反的交易。在这种套利交易中,套利者看重的是两种不同股票指数之间的差异是否扩大或者缩小,而不是它们的运动方向是上涨还是下跌。如果相对于另一种股指期货来说,某种股指期货在多头市场上上涨幅度较大,或在空头市场上下跌幅度较小,则该股指期货就可视为强势期货。

市场操作实例:某套利者预期股市将要上涨,而且主要市场指数的上涨势头会大于纽约证券交易所综合股票指数期货合约,于是,进行了跨市套利。有关数据和操作过程如下表所示:

表 12－18

	主要市场指数期货	纽约证券交易所综合指数	基差
当时	买入2张12月主要市场指数期货合约,点数为395.00	卖出1张12月纽约证券交易所综合指数期货合约,点数为105.00	395.00－105.00=290.50
日后	卖出2张12月主要市场指数期货合约,点数为405.75	买入1张12月纽约证券交易所综合指数期货合约,点数为110.00	405.75－110.00=295.75
结果	获利:10.25×250×2=5 125美元	亏损:5.00×500×1=2 500美元	

由上表知,由于主要市场指数期货合约在多头市场中上升的点数(10.25),大于纽约证券交易所指数期货合约上升的点数(5.00),因此,套利者获利:5 125－2 500=2 625美元。

(三)股指期货投机交易

股指期货投机与外汇期货投机相类似,它是投机者借股票指数涨落波动之机,进行冒险性的股指期货交易。在这种交易中,投机者买卖股指期货合约既不是为了对现有的资产或未来的资产保值,也不是为了融资,其目的只有一个,那就是低价买进高价卖出,从中获利,这是与跨期保值交易、套利交易的本质区别。根据投机方式不同,它又分为价差投机和基差投机两种。

1. 价差投机。所谓价差,是指两种相关的股指期货合约的价格之差,也称之为"跨期套购"。价差投机就是指投机者利用价差进行冒险性股指期货的交易。在价差投机中,对投机者来说,两种股指期货合约价格变化趋势如何并不重要,他看重的是这两种股指期货合约价格之差的大小。只要投机者预测到两种相关的股指期货价格存在价差,他就会同时买进和卖出这两种股指期货,以便从中获利。

2. 基差投机。基差不同于价差,它是指某种期货合约价格与现货价格之间的差额。基差投机是指投机者根据股市的变化,通过买进和卖出某种股票指数以从中获利的交易行为。具体是:当投机者预测到某种股票指数会上涨时,他就买进该股指期货合约,待其上涨后再卖出该合约;当投机者预测到某种股票指数会下跌时,他就卖出该股指期货合约,待其下跌后再买进该合约。

【能力训练】

一、选择题

*1. 假设某投资者3月1日在CBOT市场开仓卖出30年期国债期货合约1手,价格99~02。当日30年期国债期货合约结算价为98~16,则该投资者当日盈亏状况(不考虑手续费、税金等费用)为( )美元。

A. 8 600　　　　B. 562.5　　　　C. -562.5　　　　D. -8 600

*2. 假设年利率为6%,年指数股息率为1%,6月30日为6月期货合约的交割日,4月1日的现货指数分别为1 450点,则当日的期货理论价格为( )。

A. 1 537点　　　B. 1 486.47点　　C. 1 468.13点　　D. 1 457.03点

*3. 美国某投资机构分析美国美联储将降低利率水平,决定投资于外汇期货市场,可以( )。

A. 买入日元期货　　　　　　　　B. 卖出日元期货
C. 买入加元期货　　　　　　　　D. 卖出加元期货

*4. 某投机者3月20日在1 250.00点位买入3张6月份到期的指数期货合约,并于3月25日在1 275.00点将手中的合约平仓。在不考虑其他因素影响的情况下,他的净收益是( )。

A. 2 250美元　　B. 6 250美元　　C. 18 750美元　　D. 22 500美元

*5. 6月5日某投机者以95.45的价格买进10张9月份到期的3个月欧元利率(EURIBOR)期货合约,6月20日该投机者以95.40的价格将手中的合约平仓。在不考虑其他成本因素的情况下,该投机者的净收益是( )。

A. 1 250欧元　　　　　　　　　B. -1 250欧元
C. 12 500欧元　　　　　　　　D. -12 500欧元

二、计算题

6. 一个投资者于9月15日按95.28的价格出售EURIBOR期货合同,实现了空头仓,此后他以95.29的价格实现了平仓。EURIBOR 期货是100万欧元3个月的名义存款期货。请问：这个利率期货交易的损益是多少？

三、思考与应用分析题

7. 2012年6月,投资商 BRIAN 将准备半年后投资服装行业的400万英镑存入银行,存期6个月,当时的伦敦银行间拆放利率6个月浮动利率为3.8%,BRAIN 担心政府可能下调利率,以刺激投资,于是,就买进1份英镑利率期货合约,对其存款进行保值。假定半年后利率果真下调为3.5%,问该投资商应如何进行套期保值？（注：利率期货合约的报价采用贴现方式,即100－市场利率）

8. 2012年4月,6个月期国库券期货价格为90～08,9个月期价格为89～08,两者的价差为1～00。投资者李某在分析了市场信息后,认为未来对资金的需求会有所下降,两类国库券期货价格会进一步扩大,即6个月期国库券期货价格的上涨幅度会超过后者。为此,李某采取了跨期套利交易的10年期利率为8%的长期国库券100万美元,其时此债券的现货市场价格为94～00(即票面价值的94%)。至年底,李某可以出售这笔债券,也可以将其按现货市场价值记入资产中。但李某担心利率在年底以前会大幅度上涨,从而引起债券价格下跌,于是他就选择了加权利率套期保值交易。假定到6月份,6个月期国库券期货价格上升至91～16,而9个月期国库券期货价格只上升到89～58。试对李某的跨期套利行为及效果进行分析。

第十三章 金融期权

【内容提要】 金融期权是目前金融市场上最活跃、发展最快的金融工具类型之一。本章主要介绍了金融期权的定义、种类、特征,货币期权的定义、种类、交易操作和盈亏分布,影响与决定期权价格的因素,期权价格公式与期权交易策略。

【重点难点】 通过本章的学习,学生应重点掌握金融期权的定义、种类、特征,货币期权的定义、种类、交易操作和盈亏分布,影响与决定期权价格的因素,了解期权价格公式与期权交易策略,这也是本章的难点。

【基本概念】 金融期权 协议价格 看涨期权 看跌期权 期权费 期权价格 欧式期权 美式期权 实值期权 平价期权 虚值期权 货币期权 货币现汇期权 货币期货期权 时间价值 内在价值 看涨期权与看跌期权平价 差价组合 差期组合 对角组合

第一节 金融期权概述

1973年芝加哥期权交易所首次把期权引入有组织的交易所交易,此后期权以其独特的魅力获得了迅猛的发展。

一、金融期权的定义及其特点

(一) 金融期权的定义

金融期权(Option),是指赋予其购买者在规定期限内按双方约定的价格(简称协议价格 Striking Price)或执行价格(Exercise Price)购买或出售一定数量某种金融资产(称为标的金融资产 Underlying Financial Assets)的权利的合约。

期权标的物,是指期权买卖双方权利义务关系所共同指向的对象。期权的标的物一般包括利率、外汇、股票以及期货等。对任何一种标的物,其品质、数量、交割方式都必须给予明确的定义。

协议价格,是指期权买卖双方预先商定的某项金融资产的交易价格。在特定时日,期权的购买者有权按这一价格向期权合约的卖出者买入或卖出一定数量的标的物。而期权合约的卖出者必须无条件地满足期权合约持有者的这一要求。

权利期间,是指期权合约签订日至合约到期日这一段时间。与其他条款一样,期权合约的权利期间也是标准化的,一般分为三个周期,每个周期的起止月份均固定不变。例如,在芝加哥期权交易所对权利期间是按以下三个周期来划分的:1月、4月、7月、10

月这一周期分别以1月和10月为起止月份,2月、5月、8月、11月这一周期分别以2月和11月为起止月份,最后一个周期,3月、6月、9月、12月则以3月和12月为起止月份。将权利期间划分为一定数量周期的做法是为了避免所有期权在同一月份或同一天到期。当然,关于权利期间的划分方法比较多,一般视合约的有效期限而定,合约期限一般为3个月,最长为9个月,上述芝加哥期权交易所的期权合约的有效期为3个月,有效期长短还是因不同交易所和不同标的物的期权而不同。

期权权利金,即期权的价格,亦称保险费,是期权合约的要素。权利金的高低是影响期权交易结果的重要指标,它由市场供需双方共同决定。

期权保证金,是针对无担保期权合约出售者而言的。在期权交易中,为确保期权出售者能到期履行合约,清算公司就要向其收取相当于期权合约交易额一定比例的保证金,称为初始保证金。保证金不是一成不变的,它要随期权价格的变化而作相应的改变,但最终都必须保持一定的数额,当保证金不足时,清算公司会通知期权卖方补交保证金,相反,则将多余的保证金退还给卖方。一般来说,不同类别的期权交易,其对保证金数额的要求也不尽相同。

（二）金融期权的特点

从期权的定义中可以看出,期权是一个颇具特点的衍生产品。这主要表现在：

1. 权利和义务关系。期权是一种权利和义务的不对应关系,期权持有者有决定是否履行权利的选择权,而卖方只有在对方要求履约时无条件履约的义务而没有任何选择权。

2. 交易双方盈亏风险不对称。在证券的现货买卖和期货买卖中,交易双方所承担的盈亏风险是无限的。而在期权交易中,对买方来讲其亏损风险仅限于购买期权的费用,而其盈利可能是无限的(如购买看涨期权),也可能是有限的(如购买看跌期权)。对期权卖方来讲,其盈利是有限的,其最高的收益来自出售期的权利金收入,而亏损风险可能是无限的(如出售看涨期权),也可能是有限的(如出售看跌期权)。期权风险和收益不对称的特点对期权购买者来讲有重要的意义。它使投资者能够回避现货市场上的非对称性风险。

3. 保证金只约束期权的卖方。在交易所中进行交易时,由于期权的买者的亏损不会超过其已支付的期权费,所以买者无须交付或准备交易保证金,而卖者则要按交易所的规定交纳保证金。

4. 期权出售者不一定是交易标的证券的发行者。期权中的股票期权和认股权证同是按事先约定价格购买一定数量股票的权利,但期权的发行者和出售者通常与期权所涉及的证券（或股票）的发行人无关,而认股权证则是股票发行者或公司债券发行者发行的认购本公司的股票的权利凭证,认股权证的发行人就是所能认购的股票的发行人。

二、金融期权与期货的区别

1. 权利和义务。期货合约的双方都被赋予相应的权利和义务,除非用相反的合约抵消,这种权利和义务在到期日必须行使,也只能在到期日行使,期货的空方甚至还拥有在交割月选择在哪一天交割的权利。而期权合约只赋予买方权利,卖方则无任何权利,他只有在对方履约时进行对应买卖标的物的义务。特别是美式期权的买者可在约定期限内的任何时间执行权利,也可以不行使这种权利;期权的卖者则须准备随时履行相应的义务。

2. 标准化。期货合约都是标准化的,因为它都是在交易所中交易的,而期权合约则不一定。在美国,场外交易的现货期权是非标准化的,但在交易所交易的现货期权和所有的期货期权则是标准化的。

3. 盈亏风险。期货交易双方所承担的盈亏风险都是无限的。而期权交易卖方的亏损风险可能是无限的(看涨期权),也可能是有限的(看跌期权),盈利风险是有限的(以期权费为限);期权交易买方的亏损风险是有限的(以期权费为限),盈利风险可能是无限的(看涨期权),也可能是有限的(看跌期权)。

4. 保证金。期货交易的买卖双方都须交纳保证金。期权的买者则无须交纳保证金,因为他的亏损不会超过他已支付的期权费,而在交易所交易的期权卖者则也要交纳保证金,这跟期货交易一样。场外交易的期权卖者是否需要交纳保证金则取决于当事人的意见。

5. 买卖匹配。期货合约的买方到期必须买入标的资产,而期权合约的买方在到期日或到期前则有买入(看涨期权)或卖出(看跌期权)标的资产的权利。期货合约的卖方到期必须卖出标的资产,而期权合约的卖方在到期日或到期前则有根据买方意愿相应卖出(看涨期权)或买入(看跌期权)标的资产的义务。

6. 套期保值。运用期货进行的套期保值,在把不利风险转移出去的同时,也把有利风险转移出去。而运用期权进行的套期保值,只把不利风险转移出去而把有利风险留给自己。

三、金融期权市场的产生与发展

严格而言,作为一种交易方式,期权交易早已有之。据专家考证,早在古希腊、古罗马时期,一些地方即已出现了期权交易的雏形。到18、19世纪,美国和欧洲的农产品期权交易已相当流行。

期权交易被引入金融市场,首先是以单一的现货股票作为交易对象的。这种以单一的现货股票作为标的物的期权交易形式就被称为"股票期权"。

股票期权早在19世纪即已在美国产生。但在1973年之前,这种交易都分散在各店头市场进行,因而交易的品种比较单一,交易的规模也相当有限。据介绍:在"本世纪20年代时,股票期权交易大多是在纽约市金融区新街的小饭店中进行。每天清晨,一小批从事这种交易的经纪人来到饭店,将饭店作为他们的营业场所,利用附近的公用电话同客户相联系。几个业务较发达的经纪人则雇用了通讯员在华尔街一带奔走,联络买卖双方,让他们能联在一起进行交易。可是,要把买卖双方的交易量取得平衡(即有多少卖出,必有多少买进;反之亦然)是比较难以办到的。经纪人往往进行千辛万苦的联系,还是无法成交,特别是想把期权合同脱手而找不到对手,是常有的事。"

可见,在没有集中性的市场作为期权交易的专门场所的条件下,股票期权交易的效率相当低下。直到1968年,在美国成交的股票期权合约所代表的标准股票的数量还只有纽约证券交易所成交股票量的1%。有鉴于此,为了迎合当时人们对股票期权交易的日益增加的需求,1973年4月26日,全世界第一个集中性的期权市场——芝加哥期权交易所(Chicago Board Options Exchange—CBOE)正式宣告成立,从此开始了集中性的场内期权交易,股票期权交易才得到了迅速的发展。这种发展主要表现在如下三个方面:一是大大地增加了期权合约之标的股票的种数;二是越来越多的交易所竞相开办股票期权业务;三是在原来只有看涨期权的基础上增加了看跌期权的交易。

股票期权交易的迅速发展带动并促进了整个金融期权市场的迅速成长。在20世纪70年代末80年代初,金融期权交易和金融期权市场取得了前所未有的发展,其主要标志是新的交易所的不断创建和新的期权合约的不断推出。

从交易所的创建来看,在目前世界各国已有的主要金融期权市场中,除美国的少数几个交易所成立得较早以外,其他绝大多数交易所都是在70年代末或80年代初创建的,有的交易所甚至晚至90年代以后才正式成立。

四、金融期权的种类

1. 按期权买者的权利划分,期权可分为看涨期权(Call Option)和看跌期权(Put Option)。凡是赋予期权买者购买标的资产权利的合约,就是看涨期权;而赋予期权买者出售标的资产权利的合约就是看跌期权。

2. 按期权买者执行期权的时限划分,期权可分为欧式期权和美式期权。欧式期权的买者只能在期权到期日才能执行期权(即行使买进或卖出标的资产的权利)。而美式期权允许买者在期权到期前的任何时间执行期权。

3. 按照期权合约的标的资产划分,金融期权合约可分为利率期权、货币期权、股价指数期权、股票期权以及金融期货期权,而金融期货又可分为利率期货、外汇期货和股价指数期货三种,因此金融期权可细分如下:

图13-1 金融期权的类型

五、新型期权

新型期权(Exotic Options)是金融机构为满足客户的特殊需要而开发的,它通常在场外交易。新型期权种类繁多,目前较常见的有:

（一）打包期权

打包（Package）期权是由标准欧式期权与远期合约、现金和（或）标的资产构成的组合。打包期权的一个例子是范围远期合约（Range Forward Contracts）。

范围远期合约多头由一份远期多头、一份看跌期权多头和一份看涨期权空头构成，其盈亏分布图，如图13-2所示。如果我们选择适当的协议价格使看涨期权价值等于看跌期权价值，由于远期合约的价值等于零，因此整个范围远期合约的初始价值也就为零。范围远期合约的功能是将标的资产的价格风险控制在一定范围内。

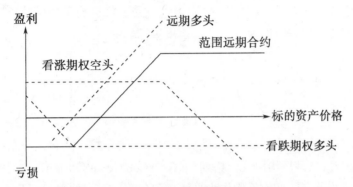

图 13-2　范围远期合约的组成

（二）非标准美式期权

标准美式期权在有效期内的任何时间均可行使期权，而非标准美式期权的行使期限只限于有限期内的特定日期。实际上，大多数认股权证都是非标准美式期限。有的认股权证甚至规定协议价格随执行日期的推迟而增长。

（三）远期期权

远期期权是指期权费在现在支付，而有效期在未来某时刻开始的期权。

（四）复合期权

复合期权就是期权的期权，它有四种基本类型，即看涨期权的看涨期权、看涨期权的看跌期权，看跌期权的看涨期权和看跌期权的看跌期权。

（五）任选期权

任选期权（"As You Like It" Option，又称Chooser Option）是指在一定期限内可由多头选择该期权为看涨期权还是看跌期权的期权。

（六）障碍期权

障碍期权（Barrier Option）是指其收益依赖于标的资产价格在一段特定时期内是否达到了一个特定水平。常见的障碍期权有两种，一是封顶期权（Caps），一是失效期权（Knockout Option）。

封顶看涨期权规定当标的资产价格高过协议价格一定幅度时，该期权就被自动执行。而封顶看跌期权则规定当标的资产价格低于协议价格一定幅度时，该期权就被自动执行。

失效期权则规定，当标的资产价格达到一个特定障碍时，该期权作废。失效看涨期权的障碍一般低于协议价格,而失效看跌期权的障碍一般高于协议价格。

(七) 两值期权

两值期权(Binary Option)是具有不连续收益的期权,当到期日标的资产价格低于协议价格时,该期权作废,而当到期日标的资产价格高于协议价格时,期权持有者将得到一个固定的金额。

(八) 回溯期权

回溯期权(Lookback Option)的收益依赖于期权有效期内标的资产的最高或最低价格。回溯看涨期权的持有者可按期权有效期内的最低价格购买标的资产。回溯看跌期权的持有者则可按期权有效期内的最高价格出售标的资产。

(九) 亚式期权

亚式期权(Asian Option)的收益依赖于标的资产有效期内至少某一段时间的平均价格。

亚式期权有两个基本类型:一是平均价格期权(Average Price Option),它先按预定平均时期计算出标的资产的平均价格,然后根据该平均价格与协议价格的差距计算出期权多空双方的盈亏;二是平均协议价格期权(Average Strike Option),它是把按预定平均时期计算出的标的资产的平均价格作为平均协议价格,然后根据期权到期时标的资产的现货价格与平均协议价格之间的差距计算期权多空双方的盈亏。

(十) 资产交换期权

资产交换期权(Options to Exchange One Asset for Another)是指期权买者有权在一定期限内按一定比率把一种资产换成另一种资产。

第二节 货币期权

一、货币期权合约

货币期权合约是期权合约买方或持有者有权利(但无义务)在期权合约到期之前或到期日以事先确定的价格(期权的协定价,或称执行价格)买卖某一特定数量外汇(期权相关货币)的合约。

货币期权同样可分为看涨期权(Call)和看跌期权(Put)。看涨期权买方可以按期权协定价买入相应外汇或者放弃执行期权合约;看跌期权买方可以按期权协定价卖出相应外汇或者放弃执行期权合约。

货币期权的协定价(Strike Price)也称执行价格(Exercise Price),是买方执行期权合约时买卖相关货币的汇率。

货币期权包括美式期权和欧式期权。美式期权的买方有权在期权合约到期日之前任何一天(包含到期日)执行期权合约;欧式期权买方则只能在期权到期日执行期权合约,行使买方的权利。在美国,芝加哥商品交易所进行欧式货币期权交易,费城股票交易所则进行美式及欧式货币期权交易。

与买方相比,货币期权的卖方同样要承担汇率不利变动时的无限风险,而在相关货币汇率变动有利时最大收益仅为出售期权所得的保险费收入。换句话说,卖方在买方要求执行期权时必须履行卖方义务,即按期权的协定价买卖相关货币。卖方的履约义务由期权清算公司加以保证,后者则以保证金的方式来制约卖方的履约行为。

买方买入货币期权支付给卖方的保险费(或称期权价格)通常以预先支付方式交付给卖方,卖方将此作为所交纳卖方保证金的一部分。场外交易的货币期权的价格按交易数量的百分数来表示;美国的货币期权交易所交易的货币期权保险费按美国的直接标价法表示,即每单位外币的美元价格。

平价(at the money)货币期权是指期权相关货币的即期价格与期权协定价相同;有利可图(in-the-money)货币期权是指买方立即执行期权(或到期日执行欧式期权)时可获利的期权。无利可图(Out-the-money)货币期权是指买方立即执行(或欧式期权的到期执行)时不能获利的期权。有利可图看涨期权协定价低于相关货币在执行时的即期汇率(同为直接标价法,以美国为例);有利可图看跌期权协定价高于相关货币在执行时的即期汇率。无利可图看涨期权协定价高于相关货币在执行时的即期汇率,则买方不可能执行该期权合约;无利可图看跌期权协定价低于相关货币在执行时的即期汇率,则买方不可能按较低汇率卖出相关货币。

二、货币期权的特点

作为一种特殊的期权种类,货币期权有与其他期权不同之处:

1. 货币期权的协定价格是交易双方未来行使期权买卖外汇的交割汇率。日元期权价格以千分之一美元表示,其他货币期权则以百分之一美元表示。

2. 货币汇率都以美元表示。

3. 交易数量一般每张合约是 6 250 000 日元,50 000 加元,31 250 英镑等。

4. 到期月份固定,一般是 3、6、9、12 月。

5. 权利金的表示通常是按照协定价格的百分比或以协定价格换算的每单位某种货币的其他货币数量。

6. 保证金。卖方在买方要求履约时,需依协定价格履行期权合约,为确保合约义务的履行,须在订约时缴付保证金。期权合约卖方须据保证金账户金额的变动,随时追加或接受退回的保证金。

三、货币期权的种类

货币期权主要有下述四种类型。

1. 货币现货期权

该期权既可以在交易所进行交易,也可以在场外(OTC)进行交易。世界上主要货币现货期权交易所为 PHLIX、CBOE、LSE 等。

2. 货币期货期权

其主要交易场所为 CME 的 IOM,悉尼期货交易所及新加坡国际货币交易所(SIM-

EX),其中以 IOM 最为著名。

与货币期货合约相比,货币期货期权买方将承担有限风险,同时可能得到无限收益;而前者买卖双方均需承担无限风险,同时可能得到无限收益。货币期货期权买方可以在外汇汇率不利变动中执行期权,取得相应货币期货头寸以防范汇率风险。此外,还可以在汇率有利变动中放弃期权头寸,以更优惠的即期汇率直接在即期外汇市场上买卖外币,其代价仅为买入期权时支付的保险费。利用货币期货合约保值,对所持期货头寸则不能放弃,只可在到期日进行实物交割,或者在期货市场上的反向交易对冲平仓。对保值者而言,即使在现货市场汇率有利变动时也只能在期货市场承担所持头寸损失,即无法充分利用现货市场汇率的有利变动。当然,期货合约对保值者一般只起到锁定汇率的作用。

3. 美元指数期货期权(Option on USDK Futures)

美元指数期权由纽约棉花交易所(New York Cotton Exchange)下设的金融交易所(Financial Exchange)推出。期权相关资产为该交易所的美元指数期货(USDK Futures)合约。美元指数(USDX)由美国联邦储备委员会(Federal Reserve Board)加以编制。该指数基期为 100,由 10 个美国主要贸易伙伴国货币按贸易额加权平均而编制。纽约棉花交易所下设金融交易所推出的美元指数期货合约面值为美元指数值乘以 1 000,若该指数为 98.15,则一手 USDX 期货合约价值为 98 150 美元。

美元指数看涨期权买方有权按协定价买入美元指数期货合约,该期权为美式期权。到期月份一般为 3 月、6 月、9 月、12 月。到期日为到期月份第 3 个星期三的前数第 2 个星期五。

4. 期权的期权(Option on Option)

货币期权也可以进行货币期权的期权交易,与一般现货货币期权的区别只在于前者期权的相关资产为货币期权合约,而后者期权的相关资产为货币。货币期权的期权与货币期货期权的区别在于后者期权相关资产为货币期货合约,此外,货币期货期权一般只包括两种形式,即看涨货币期货期权和看跌货币期货期权。看涨货币期货期权买方执行期权合约时获得相关货币期货多头头寸,看跌货币期货期权买方执行期权合约时获得相关货币期货空头头寸。

货币期权的期权比货币现货期权及货币期货期权复杂一些。它包括四种形式,即看涨期权的看涨期权(Cacall)、看跌期权的看涨期权(Caput)以及看涨期权的看跌期权和看跌期权的看跌期权。一般而言,期权的期权之价格要比一般现货期权低。这一点在对具有较大外汇风险头寸的海外项目投标中尤其适用。这样,如果竞标失败,也不必承担一般货币期权较高的成本支出。当然,由于买方执行期权的期权需支付两笔期权价格,若成功中标,则最终持有期权相关货币成本要高于直接买入货币期权合约的成本。

期权的期权复杂之处在于它是关于期权合约的期权,例如看跌期权的看涨期权(Caput)是指期权买方有权买入期权相关的看跌期权,若买方执行看跌期权的看涨期权,则该买方取得相关看跌期权多头头寸。在看跌期权的看涨期权到期日,期权价值为 $\max(O, P-X)$,P 为看跌期权的看涨期权相关看跌期权价格,X 为看跌期权的看涨期权的协定价。

第三节 期权价格的决定

一、期权的内在价值与时间价值

期权价格(或者说价值)等于期权的内在价值加上时间价值。

(一) 期权的内在价值

期权的内在价值(Intrinsic Value)是指多方行使期权时可以获得的收益的现值。对于欧式看涨期权来说,因多方只能在期权到期时行使,因此其内在价值为$(ST-X)$的现值。由于对于无收益资产而言,ST的现值就是当前的市价(S),而对于支付现金收益的资产来说,ST的现值为$S-D$,其中D表示在期权有效期内标的资产现金收益的现值。因此,无收益资产欧式看涨期权的内在价值等于$S-Xe^{-r(T-t)}$,而有收益资产欧式看涨期权的内在价值等于$S-D-Xe^{-r(T-t)}$。

对于无收益资产美式看涨期权而言,虽然多方可以随时行使期权,但我们在本节即将证明,在期权到期前提前行使无收益资产美式期权是不明智的,因此无收益资产美式看涨期权价格等于欧式看涨期权价格,其内在价值也就等于$S-Xe^{-r(T-t)}$。有收益资产美式看涨期权的内在价值也等于$S-D-Xe^{-r(T-t)}$。

同样道理,无收益资产欧式看跌期权的内在价值为$Xe^{-r(T-t)}-S$,有收益资产欧式看跌期权的内在价值为$Xe^{-r(T-t)}+D-S$。美式看跌期权由于提前执行有可能是合理的,因此其内在价值与欧式看跌期权不同。其中,无收益资产美式期权的内在价值等于$X-S$,有收益资产美式期权的内在价值等于$X+D-S$。

当然,当标的资产市价低于协议价格时,期权多方是不会行使期权的,因此期权的内在价值应大于等于0。

(二) 期权的时间价值

期权的时间价值(Time Value)是指在期权有效期内标的资产价格波动为期权持有者带来收益的可能性所隐含的价值。显然,标的资产价格的波动率越高,期权的时间价值就越大。

此外,期权的时间价值还受期权内在价值的影响。以无收益资产看涨期权为例,当$S=Xe^{-r(T-t)}$时,期权的时间价值最大。当$S-Xe^{-r(T-t)}$的绝对值增大时,期权的时间价值是递减的,如图13-2所示。

我们举个例子来说明期权内在价值与时间价值之间的关系。假设A股票(无红利)的市价为9.05元,A股票有两种看涨期权,其协议价格分别为$X1=10$元,$X2=8$元,它们的有效期都是1年,1年期无风险利率为10%(连续复利)。这两种期权的内在价值分别为$0(=9.05-10e^{-0.1})$和$1.81(=9.05-8e^{-0.1})$元。那么这两种期权的时间价值谁高呢?

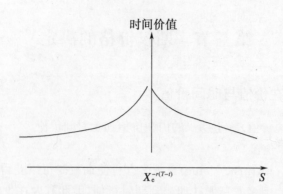

图 13-3 无收益资产看涨期权时间价值与 $(S-X_e^{-r(T-t)})$ 的关系

假设这两种期权的时间价值相等,都等于 2 元,则第一种期权的价格为 2 元,第二种期权的价格为 3.81 元。那么让读者从中挑一种期权,你们愿意挑哪一种呢？为了比较这两种期权,我们假定 1 年后出现如下三种情况：

情况一：$ST=14$ 元。则期权持有者可从期权 1 中获利 $(14-10-2e^{0.1})=1.79$ 元,可从期权 2 中获利 $(14-8-3.81e^{0.1})=1.79$ 元。期权 1 获利金额等于期权 2。

情况二：$ST=10$ 元。则期权 1 亏 $2e^{0.1}=2.21$ 元,期权 2 也亏 $3.81e^{0.1}-2=2.21$ 元。期权 1 亏损等于期权 2。

情况三：$ST=8$ 元。则期权 1 亏 $2e^{0.1}=2.21$ 元,而期权 2 亏 $3.81e^{0.1}=4.21$ 元。期权 1 亏损少于期权 2。

由此可见,无论未来 A 股票价格是涨是跌还是平,期权 1 均优于或等于期权 2。显然,期权 1 的时间价值不应等于而应高于期权 2。

我们再来比较如下两种期权。$X1=10$ 元,$X3=12$ 元。其他条件与上例相同。显然,期权 1 的内在价值为 0,期权 3 的内在价值虽然也等于 0,但 $S-X_e^{-r(T-t)}$ 却等于 -1.81 元。通过同样的分析,我们也可以得出期权 1 的时间价值应高于期权 3 的结论。综合这三种期权,我们就可以得出无收益资产看涨期权的时间价值在 $S=X_e^{-r(T-t)}$ 点最大的结论。

通过同样的分析,我们还可以得出如下结论：有收益资产看涨期权的时间价值在 $S=D+X_e^{-r(T-t)}$ 点最大,而无收益资产欧式看跌期权的时间价值在 $S=X_e^{-r(T-t)}$ 点最大,有收益资产欧式看跌期权的时间价值在 $S=X_e^{-r(T-t)}-D$ 点最大,无收益资产美式看跌期权的时间价值在 $S=X$ 点最大,有收益资产美式看跌期权的时间价值在 $S=X-D$ 点最大。

弄清时间价值与内在价值的上述关系对于组建和分析期权的差期组合策略和对角组合策略是很重要的。

二、影响期权价格的因素

期权价格的影响因素主要有六个,他们通过影响期权的内在价值和时间价值来影响期权的价格。

(一)标的资产的市场价格与期权的协议价格

由于看涨期权在执行时,其收益等于标的资产当时的市价与协议价格之差。因此,标的资产的价格越高、协议价格越低,看涨期权的价格就越高。

对于看跌期权而言,由于执行时其收益等于协议价格与标的资产市价的差额,因此,标的资产的价格越低、协议价格越高,看跌期权的价格就越高。

(二)期权的有效期

对于美式期权而言,由于它可以在有效期内任何时间执行,有效期越长,多头获利机会就越大,而且有效期长的期权包含了有效期短的期权的所有执行机会,因此有效期越长,期权价格越高。

对于欧式期权而言,由于它只能在期末执行,有效期长的期权就不一定包含有效期短的期权的所有执行机会。这就使欧式期权的有效期与期权价格之间的关系显得较为复杂。例如,同一股票的两份欧式看涨期权,一个有效期1个月,另一个2个月,假定在6周后标的股票将有大量红利支付,由于支付红利会使股价下降,在这种情况下,有效期短的期权价格甚至会大于有效期长的期权。

但在一般情况下(即剔除标的资产支付大量收益这一特殊情况),由于有效期越长,标的资产的风险就越大,空头亏损的风险也越大,因此即使是欧式期权,有效期越长,其期权价格也越高,即期权的边际时间价值(Marginal Time Value)为正值。

我们应注意到,随着时间的延长,期权时间价值的增幅是递减的。这就是期权的边际时间价值递减规律。换句话说,对于到期日确定的期权来说,在其他条件不变时,随着时间的流逝,其时间价值的减小是递增的。这意味着,当时间流逝同样长度,期限长的期权的时间价值减小幅度将小于期限短的期权时间价值的减小幅度。这一点对组建和分析期权差期组合和对角组合是很重要的。

(三)标的资产价格的波动率

简单地说,标的资产价格的波动率是用来衡量标的资产未来价格变动不确定性的指标。由于期权多头的最大亏损额仅限于期权价格,而最大盈利额则取决于执行期权时标的资产市场价格与协议价格的差额,因此波动率越大,对期权多头越有利,期权价格也应越高。

(四)无风险利率

无风险利率对期权价格的影响我们可从两个角度来考察。

首先我们可以从比较静态的角度考察,即比较不同利率水平下的两种均衡状态。如果状态1的无风险利率较高,则标的资产的预期收益率也应较高,这意味着对应于标的资产现在特定的市价(S_0),未来预期价格[$E(S_T)$]较高。同时由于贴现率较高,未来同样预期盈利的现值就较低。这两种效应都将减少看跌期权的价值。但对看涨期权来说,前者将使期权价格上升,而后者将使期权价格下降。由于前者的效应大于后者,因此对应于较高的无风险利率,看涨期权的价格也较高。

其次我们可从动态的角度考察,即考察一个均衡被打破到另一个均衡的过程。在标的资产价格与利率呈负相关时(如股票、债券等),当无风险利率提高时,原有均衡被打破,为了使标的资产预期收益率提高,均衡过程通常是通过同时降低标的资产的期初价格和预期未来价格,只是前者的降幅更大来实现的。同时贴现率也随之上升。对于看涨期权来说,两种效应都将使期权价格下降,而对于看跌期权来说,前者效应为正,后者为负,由于前者效应通常大于后者,因此其净效应是看跌期权价格上升。

大家应注意到,从两个角度得到的结论刚好相反。因此我们在具体运用时要注意区别分析的角度。

(五) 标的资产的收益

由于标的资产分红付息等将减少标的资产的价格,而协议价格并未进行相应调整,因此在期权有效期内标的资产产生收益将使看涨期权价格下降,而使看跌期权价格上升。

三、看涨期权与看跌期权之间的平价关系

(一) 欧式看涨期权与看跌期权之间的平价关系

1. 无收益资产的欧式期权

在标的资产没有收益的情况下,为了推导 c 和 p 之间的关系,我们考虑如下两个组合:

组合 A:一份欧式看涨期权加上金额为 $X_e^{-r(T-t)}$ 的现金

组合 B:一份有效期和协议价格与看涨期权相同的欧式看跌期权加上一单位标的资产

在期权到期时,两个组合的价值均为 $\max(ST, X)$。由于欧式期权不能提前执行,因此两组合在时刻 t 必须具有相等的价值,即:

$$c + X_e^{-r(T-t)} = p + S$$

这就是无收益资产欧式看涨期权与看跌期权之间的平价关系(Parity)。它表明欧式看涨期权的价值可根据相同协议价格和到期日的欧式看跌期权的价值推导出来,反之亦然。

如果上式不成立,则存在无风险套利机会。套利活动将最终促使上式成立。

2. 有收益资产欧式期权

在标的资产有收益的情况下,我们只要把前面的组合 A 中的现金改为 $D + X_e^{-r(T-t)}$,我们就可推导有收益资产欧式看涨期权和看跌期权的平价关系:

$$c + D + X_e^{-r(T-t)} = p + S$$

(二) 美式看涨期权和看跌期权之间的关系

1. 无收益资产美式期权。

由于 $P > p$,从上式中我们可得:

$$P > c + X_e^{-r(T-t)} - S$$

对于无收益资产看涨期权来说,由于 $c = C$,因此:

$$P > C + X e^{-r(T-t)} - S$$

$$C - P < S - X e^{-r(T-t)}$$

为了推导出 C 和 P 的更严密的关系，我们考虑以下两个组合：

组合 A：一份欧式看涨期权加上金额为 X 的现金

组合 B：一份美式看跌期权加上一单位标的资产

如果美式期权没有提前执行，则在 T 时刻组合 B 的价值为 $\max(S_T, X)$，而此时组合 A 的价值为 $\max(S_T, X) + X e^{r(T-t)} - X$。因此组合 A 的价值大于组合 B。

如果美式期权在 τ 时刻提前执行，则在 τ 时刻，组合 B 的价值为 X，而此时组合 A 的价值大于等于 $X e^{r(\tau-t)}$。因此组合 A 的价值也大于组合 B。

这就是说，无论美式组合是否提前执行，组合 A 的价值都高于组合 B，因此在 t 时刻，组合 A 的价值也应高于组合 B，即：

$$c + X > P + S$$

由于 $c = C$，因此，

$$C + X > P + S$$

$$C - P > S - X$$

结合上式，我们可得：

$$S - X < C - P < S - X e^{-r(T-t)}$$

由于美式期权可能提前执行，因此我们得不到美式看涨期权和看跌期权的精确平价关系，但我们可以得出结论：无收益美式期权必须符合上式的不等式。

2. 有收益资产美式期权

同样，我们只要把组合 A 的现金改为 $D + X$，就可得到有收益资产美式期权必须遵守的不等式：

$$S - D - X < C - P < S - D - X e^{-r(T-t)}$$

四、布莱克—舒尔斯期权定价公式

（一）无收益资产期权定价公式

1973 年，布莱克和舒尔斯成功地求解了他们的微分方程，从而获得了欧式看涨期权和看跌期权的精确公式。

在风险中性的条件下，欧式看涨期权到期时（T 时刻）的期望值为：

$$\hat{E}[\max(S_T - X, 0)]$$

其中，$\hat{E}$ 表示风险中性条件下的期望值。根据风险中性定价原理，欧式看涨期权的价格 c 等于将此期望值按无风险利率进行贴现后的现值，即：

$$c = e^{-r(T-t)}\hat{E}[\max(S_T-X,0)] \tag{12.1}$$

在风险中性条件下，我们可以得到：

$$\ln S_T \sim \varphi\left[\ln S + \left(r-\frac{\sigma^2}{2}\right)(T-t), \sigma\sqrt{T-t}\right]$$

对式(12.1)右边求值是一种积分过程，结果为：

$$c = SN(d_1) - Xe^{-r(T-t)}N(d_2) \tag{12.2}$$

其中，

$$d_1 = \frac{\ln(S/X) + (r+\sigma^2/2)(T-t)}{\sigma\sqrt{T-t}}$$

$$d_2 = \frac{\ln(S/X) + (r-\sigma^2/2)(T-t)}{\sigma\sqrt{T-t}} = d_1 - \sigma\sqrt{T-t}$$

$N(x)$ 为标准正态分布变量的累计概率分布函数(即这个变量小于 X 的概率)，根据标准正态分布函数特性，我们有 $N(-x)=1-N(x)$。

这就是无收益资产欧式看涨期权的定价公式。

在标的资产无收益情况下，由于 $C=c$，因此式(12.2)也给出了无收益资产美式看涨期权的价值。

由于欧式看涨期权和看跌期权之间存在平价关系，因此可以得到无收益资产欧式看跌期权的定价公式：

$$p = Xe^{-r(T-t)}N(-d_2) - SN(-d_1) \tag{12.3}$$

由于美式看跌期权与看涨期权之间不存在严密的平价关系，因此美式看跌期权的定价还没有得到一个精确的解析公式。

(二) 有收益资产的期权定价公式

到现在为止，我们一直假设期权的标的资产没有现金收益。那么，对于有收益资产，其期权定价公式是什么呢？实际上，如果收益可以准确地预测到，或者说是已知的，那么有收益资产的期权定价并不复杂。

1. 有收益资产欧式期权的定价公式

在收益已知情况下，我们可以把标的证券价格分解成两部分：期权有效期内已知现金收益的现值部分和一个有风险部分。当期权到期时，这部分现值将由于标的资产支付现金收益而消失。因此，我们只要用 S 表示有风险部分的证券价格，σ 表示风险部分遵循随机过程的波动率，就可直接套用公式(12.2)和(12.3)分别计算出有收益资产的欧式看涨期权和看跌期权的价值。

当标的证券已知收益的现值为 I 时，我们只要用 $(S-I)$ 代替式(12.2)和(12.3)中的 S 即可求出固定收益证券欧式看涨和看跌期权的价格。

当标的证券的收益为按连续复利计算的固定收益率 q(单位为年)时，我们只要将 $Se^{-q(T-t)}$ 代替式(12.2)和(12.3)中的 S 就可求出支付连续复利收益率证券的欧式看涨和看跌期权的价格,从而使布莱克—舒尔斯的欧式期权定价公式适用欧式货币期权和股价指数期权的定价。

对于欧式期货期权,布莱克教授也给出了定价公式:

$$c = e^{-r(T-t)}[FN(d_1) - XN(d_2)] \tag{12.4}$$

$$p = e^{-r(T-t)}[XN(-d_2) - FN(-d_1)] \tag{12.5}$$

其中,

$$d_1 = \frac{\ln(F/X) + (\sigma^2/2)(T-t)}{\sigma\sqrt{T-t}}$$

$$d_2 = \frac{\ln(F/X) - (\sigma^2/2)(T-t)}{\sigma\sqrt{T-t}} = d_1 - \sigma\sqrt{T-t}$$

例 13-1

假设当前英镑的即期汇率为 \$1.5000,美国的无风险连续复利年利率为 7%,英国的无风险连续复利年利率为 10%,英镑汇率遵循几何布朗运动,其波动率为 10%,求 6 个月期协议价格为 \$1.5000 的英镑欧式看涨期权价格。

由于英镑会产生无风险收益,现在的 1 英镑等于 6 个月后的 $e^{0.1 \times 0.5}$ 英镑,而现在的 $e^{-0.1 \times 0.5}$ 英镑等于 6 个月后的 1 英镑,因此可令 $S = 1.5000 \times e^{-0.1 \times 0.5}$,并代入式(12.2)就可求出期权价格。

$$c = 1.5000 \times e^{-0.1 \times 0.5} N(d_1) - 1.5000 e^{-0.07 \times 0.5} N(d_2)$$
$$= 1.4268 N(d_1) - 1.4484 N(d_2)$$

$$d_1 = \frac{\ln(1.5000 e^{-0.1 \times 0.5}/1.5000) + (0.07 + 0.01/2) \times 0.5}{0.1 \times \sqrt{0.5}}$$

$$= \frac{-0.05 + 0.0375}{0.0707} = -0.1768$$

$$d_2 = d_1 - \sigma\sqrt{T-t} = -0.1768 - 0.1 \times \sqrt{0.5} = -0.2475$$

通过查累积正态分布函数 $N(x)$ 的数据表,我们可以得出:

$$c = 1.4268 \times 0.4298 - 1.4484 \times 0.4023 = 0.0305 = 3.05(\text{美分})$$

因此,6 个月期英镑欧式看涨期权价格为 3.05 美分。

2. 有收益资产美式期权的定价

(1) 美式看涨期权

当标的资产有收益时,美式看涨期权就有提前执行的可能,因此有收益资产美式期权的定价较为复杂,布莱克提出了一种近似处理方法。该方法是先确定提前执行美式看涨期权是否合理,其方法我们在前面已论述过。若不合理,则按欧式期权处理;若在 t_n 提前执行有可能是合理的,则要分别计算在 T 时刻和 t_n 时刻到期的欧式看涨期权的价格,然后将二者之中的较大者作为美式期权的价格。在大多数情况下,这种近似效果都不错。

例 13-2

假设一种 1 年期的美式股票看涨期权,标的股票在 5 个月和 11 个月后各有一个除权日,每个除权日的红利期望值为1.0元,标的股票当前的市价为50元,期权协议价格为50元,标的股票波动率为每年30%,无风险连续复利年利率为10%,求该期权的价值。

首先我们要看看该期权是否应提前执行。根据前面结论,美式看涨期权不能提前执行的条件是:

$$D_i \leqslant X[1-e^{-r(t_{i+1}-t_i)}]$$

在本例中,$D_1=D_2=1.0$元,而第一次除权日前不等式右边为:

$$X[1-e^{-r(t_2-t_1)}]=50\times(1-e^{-0.1\times 0.5})=2.4385$$

由于2.4385>1.0元,因此在第一个除权日前期权不应当执行。

第二次除权日前不等右边为:

$$X[1-e^{-r(T-t_2)}]=50\times(1-e^{-0.1\times 0.0833})=0.4148$$

由于0.4148<1.0元,因此在第二个除权日前有可能提前执行。

然后,要比较1年期和11个月期欧式看涨期权价格。

对于1年期欧式看涨期权来说,由于红利的现值为:

$$1.0\times e^{-0.1\times 0.4167}+1.0\times e^{-0.1\times 0.9167}=1.8716 \text{元}$$

因此 $S=48.1284$,代入式(12.2)得:

$$c_{12}=48.1284N(d_1)-50e^{-0.1\times 1}N(d_2)=48.1284N(d_1)-45.2419N(d_2)$$

其中,

$$d_1=\frac{\ln(48.1284/50)+(0.1+0.09/2)\times 1}{0.3\times\sqrt{1}}=0.3562$$

$$d_2=0.3562-0.3\times\sqrt{1}=0.0562$$

由于 $N(0.3562)=0.6392$,$N(0.0562)=0.5224$,因此

$$c_{12}=48.1284\times 0.6392-45.2419\times 0.5224=7.1293 \text{元}$$

对于11个月期的欧式看涨期权来说,由于红利的现值为:

$$1.0\times e^{-0.1\times 0.4167}=0.9592 \text{元}$$

因此 $S=49.0408$元,代入式(12.2)得:

$$c_{11}=49.0408N(d_1)-50e^{-0.1\times 0.9167}N(d_2)=49.0408N(d_1)-45.6203N(d_2)$$

其中,

$$d_1=\frac{\ln(49.0408/50)+(0.1+0.09/2)\times 0.9167}{0.3\times\sqrt{0.9167}}=0.3952$$

$$d_2=0.3952-0.3\times\sqrt{0.9167}=0.1080$$

$$c_{11}=49.0408\times 0.6536-45.6203\times 0.543=7.2824 \text{元}$$

由于 $c_{11} > c_{12}$，因此该美式看涨期权价值近似为 7.282 4 元。

(2) 美式看跌期权

由于收益虽然使美式看跌期权提前执行的可能性减小，但仍不排除提前执行的可能性，因此有收益美式看跌期权的价值仍不同于欧式看跌期权，它也只能通过较复杂的数值方法来求出。这里不再讨论。

第四节 货币期权的操作

一、货币期权交易市场

世界上主要的货币期权交易所为美国的费城股票交易所（Philadelphia Stock Exchange，PHLX）、芝加哥期权交易所（Chicago Board Options Exchange，CBOE）、芝加哥商品交易所（Chicago Mercantile Exchange，CME）、伦敦国际金融期货交易所（London International Financial Future Exchange，LIFFE）、荷兰阿姆斯特丹的欧洲期权交易所（European Options Exchange）、伦敦股票交易所（London Stock Exchange）、澳大利亚悉尼期货交易所（Sydney Future Exchange）和新加坡国际货币交易所（Singapore International Monetary Exchange）等。

货币期权交易所以美国费城股票交易所（PHLX）、芝加哥期权交易所（CBOE）及伦敦股票交易所（LSE）等交易比较活跃。货币期货期权交易所主要是芝加哥商品交易所（CME）的货币市场分部（IMM）、悉尼期货交易所和新加坡国际货币交易所（SIMEX）等。期货式货币期权交易所主要为伦敦国际金融期货交易所（LIFFE）。

除上述交易所可进行货币期权交易之外，还存在着银行间货币期权市场，即场外市场。场外货币期权主要在纽约和伦敦进行交易。场外货币期权主要进行英镑、欧元、瑞士法郎、日元、加拿大元等对美元的货币期权交易。场外交易每手交易额在纽约通常为 500 万美元及 1 000 万美元；在伦敦通常每手交易可达数百万美元。

表 13-1 费城证券交易所主要现汇期权合约规格

币种	英镑	欧元	日元	加拿大元
交易单位	£31 250	EUR62 500	J¥6 250 000	CD50 000
协议价格级距	5C	1C	1/100C	1C
报价方式	C/£		1/100C/J¥	C/CD
刻度与刻度值	0.01C($3.125)		0.01C($6.25)	0.01C($5.00)
合约月份	3月、6月、9月、12月以及最后的两个月			
交易时间	4：30 至 14：30，19：00 至 23：00			
结算单位	期权结算公司（O.C.C.）			
履约结算日	到期期权于到期日后的星期三结算；如在其他时间履约，则于履约后的第四个营业日结算			

资料来源：摘译并整理自 R.G. Brown：Foreign Currency Options. 1989

表 13-1 所列的是费城证券交易所交易量较大的三种现汇期权的合约规格。这几种现汇期权在芝加哥期权交易所也同时上市,但在后者上市的各种合约的交易单位为前者的两倍,且在其他方面亦有不同的规定。

货币期货期权与货币现货期权不同,其标的物不是外币本身,而是货币期货合约。一般地说,一个货币期货期权的交易单位即为一张相关的货币期货合约。这就说明,在履约后,一个看涨期权的购买者(出售者)将成为一张货币期货合约的购买者(出售者),而一个看跌期权的购买者(出售者)将成为一张货币期货合约的出售者(购买者)。

表 13-2 是 IOM 货币期货期权合约规格的汇总表。

表 13-2 IOM 货币期货期权合约规格

币种	澳大利亚元	英镑	加拿大元	日元
交易单位	一张对应的外汇期货合约			
最小变动单位*	1 个点或每澳元 0.000 1 美元(每合约 10 美元)	2 个点或每英镑 0.000 2 美元(每合约 12.50 美元)	1 个点或每加元 0.000 1 美元(每合约 10 美元)	1 个点或每日元 0.000 001 美元(每合约 12.50 美元)
协议价格级距	1 美分	2.5 美分	1/2 美分	0.000 1 美元
每日价格波动限制	期权将于对应期货价格触及开盘停板额时停止交易			
合约月份	系列月份,包括从 3 月份起按季循环的月份(3 月、6 月、9 月、12 月)以及不按季循环的月份(1 月、2 月、4 月、5 月、7 月、8 月、10 月、11 月)			
交易时间	上午 7:20 至下午 2:00(芝加哥时间),市场将于节假日或节假日前提早收盘			
最后交易日	合约月份第 3 个星期三往回数的第 2 个星期五,如该日为交易所假日,则交易将于该日前一个营业日停止			
履约日	期权交易期内任一营业日			
交割方式	标的期货合约的多头部位或空头部位			

* 如为对冲双方部位而作的交易,则其最小变动价位可减半。

二、货币期权交易量

货币期权交易的发展比较迅速,进入 20 世纪 90 年代,全世界交易所内货币期权年末交易余额超过交易所内交易的货币期货年末交易余额,据《国际清算银行》年度报告,20 世纪 90 年代全球场内货币期权年末交易余额均达数百亿美元以上,基本超过同时期货币期货场内交易年末余额数值,具体数据详见表 13-3。

表 13-3 货币期权近年交易所内年末交易余额   单位:10 亿美元

年度	1991	1992	1993	1994	1995	1996	1997	1998
货币期权交易额	63	71	76	56	43	47	33	19

资料来源:《国际清算银行年度报告》

三、保证金

交易所进行的货币期权交易,卖方履约义务或违约风险由交易所的清算公司承担,而清算公司将通过清算公司会员对具体卖方制定相应保证金要求。同股票期权一样,货币期权买方只需支付期权价格作为买方保证金,而卖方则有不同的保证金要求。以芝加哥商品交易所的货币市场分部进行的货币期货期权交易为例,其瑞士法郎期货期权(单一期权空头头寸)每手卖方需交纳保证金为保险费加上 550 美元,英镑及澳大利亚元期货期权卖方每手需交纳保证金为保险费加上 400 美元等。

四、清算公司

交易所进行的货币期权交易由清算公司进行清算交割,不需买卖双方直接接触。清算公司作为买方的卖方及卖方的买方承担了买卖双方的信用风险,并确保卖方履行交割义务。以费城股票交易所货币期权为例,若买方执行 1 手瑞士法郎期权合约,则买方通过与之相联系的清算公司会员在代理行银行账户上按协定价支付相应美元;同时卖方通过与之相联系的清算公司会员经设在瑞士的代理行银行账户支付每手合约相应瑞士法郎数量(PHLX 为 62 500 瑞士法郎)。

五、头寸限制

为了防止大户操纵市场及过度投机,货币期权交易所也对买卖双方所持头寸数量加以一定控制,美国费城股票交易所(PHLX)及芝加哥期权交易所(CBOE)货币期权最大头寸持有数量为 25 000 手。

六、货币期权的盈亏分布

盈亏分布状况对于制定期权交易策略是很重要的。

(一)看涨期权的盈亏分布

假设 1999 年 10 月 5 日欧元对美元汇率为 100 欧元=58.88 美元。甲认为欧元对美元的汇率将上升,因此以每欧元 0.04 美元的期权费向乙购买一份 1999 年 12 月到期、协议价格为 100 欧元=59.00 美元的欧元看涨期权,每份欧元期权的规模为 125 000 欧元。那么,甲、乙双方的盈亏分布可分为以下几种情况:

1. 如果在期权到期时,欧元汇率等于或低于 100 欧元=59.00 美元,则看涨期权就无价值。买方的最大亏损为 5 000 美元(即 125 000 欧元×0.04 美元/欧元)。

2. 如果在期权到期时,欧元汇率升至 100 欧元=63.00 美元,买方通过执行期权可赚取 5 000 美元,扣掉期权费后,他刚好盈亏平衡。

3. 如果在期权到期前,欧元汇率升到 100 欧元=63.00 美元以上,买方就可实现净盈余。欧元汇率越高,买方的净盈余就越多。

看涨期权买者的盈亏分布图如图 13-4(a)所示。由于期权合约是零和游戏(Zero—Sum Games),买者的盈亏和卖者的盈亏刚好相反,据此我们可以画出看涨期权卖者的盈亏分布图如图13-4(b)所示。从图中可以看出,看涨期权买者的亏损风险是有限的,其最大亏损限度是期权价格,而其盈利可能却是无限的。相反,看涨期权卖者的亏损可能是无限的,而盈利是有限的,其最大盈利限度是期权价格。期权买者以较小的期权价格为代价换来了较大盈利的可能性,而期权卖者则为了赚取期权费而冒着大量亏损的风险。

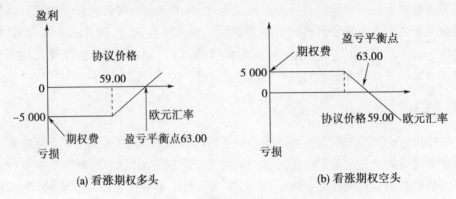

图13-4 看涨期权盈亏分布图

从图中可以看出,如果不考虑时间因素,期权的价值(即盈亏)取决于标的资产市价与协议价格的差距。对于看涨期权来说,为了表达标的资产市价(S)与协议价格(X)的关系,我们把$S>X$时的看涨期权称为实值期权(In the Money),把$S=X$的看涨期权称为平价期权(At the Money),把$S<X$的看涨期权称为虚值期权(Out of the Money)。

(二)看跌期权的盈亏分布

用同样的办法可以推导出看跌期权的盈亏分布图,如图13-5所示。当标的资产的市价跌至盈亏平衡点(等于协议价格减期权价格)以下时看跌期权买者就可获利,其最大盈利限度是协议价格减去期权价格后再乘以每份期权合约所包括的标的资产的数量,此时标的资产的市价为零。如果标的资产市价高于Z点,看跌期权买者就会亏损,其最大亏损是期权费总额。看跌期权卖者的盈亏状况则与买者刚好相反,即看跌期权卖者的盈利是有限的期权费,亏损也是有限的,其最大限度为协议价格减期权价格后再乘以每份期权合约所包括的标的资产的数量。同样,我们把$X>S$时的看跌期权称为实值期权,把$X=S$的看跌期权称为平价期权,把$X<S$的看跌期权称为虚值期权。

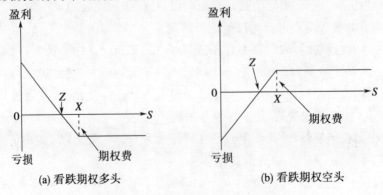

图13-5 看跌期权盈亏分布图

第五节 期权交易策略

期权交易的精妙之处在于可以通过不同的期权品种构成众多具有不同盈亏分布特征的组合策略。投资者可以根据各自对未来标的资产现货价格概率分布的预期,以及各自的风险—收益偏好,选择最适合自己的期权交易策略。

一、标的资产与期权组合策略

通过组建标的资产与各种期权头寸的组合,我们可以得到与各种期权头寸本身的盈亏图形状相似但位置不同的盈亏图,如图 13-6 表示。

图 13-6(a)反映了标的资产多头与看涨期权空头组合策略的盈亏图,该组合策略称为有担保的看涨期权(Covered Call)空头。标的资产空头与看涨期权多头组合策略的盈亏图,与有担保的看涨期权空头刚好相反。

图 13-6(b)反映了标的资产多头与看跌期权多头组合策略的盈亏图,标的资产空头与看跌期权空头组合策略的盈亏图刚好相反。从图 13-6 可以看出,组合策略的盈亏曲线可以直接由构成这个组合策略的各种资产的盈亏曲线叠加而来。

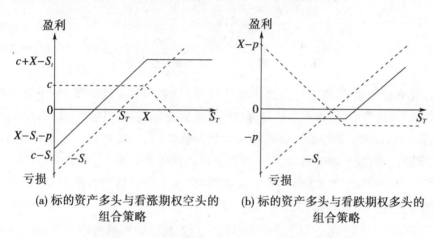

(a) 标的资产多头与看涨期权空头的组合策略　　(b) 标的资产多头与看跌期权多头的组合策略

图 13-6　标的资产与期权组合策略的盈亏分布图

二、差价组合策略

差价(Spreads)组合策略是指持有相同期限、不同协议价格的两个或多个同种期权头寸组合策略(即同是看涨期权,或者同是看跌期权),其主要类型有牛市差价组合策略、熊市差价组合策略、蝶式差价组合策略等。

1. 牛市差价(Bull Spreads)组合策略。

牛市差价组合策略是由一份看涨期权多头与一份同一期限较高协议价格的看涨期权空头组成。由于协议价格越高,期权价格越低,因此构建这个组合策略需要初始投资。

如果我们用 X_1 和 X_2 分别表示组合策略中的两个协议价格,且 $X_1<X_2$,c_1 和 c_2 分别

表示协议价格为X_1和X_2的看涨期权的价格,显然,$c_1 > c_2$,那么牛市差价组合策略在不同情况下的盈亏可用表13-4表示。

表13-4 牛市差价期权的盈亏状况

标的资产价格范围	看涨期权多头的盈亏	看涨期权空头的盈亏	总盈亏
$S_T \geq X_2$	$S_T - X_1 - c_1$	$X_2 - S_T + c_2$	$X_2 - X_1 + c_2 - c_1$
$X_1 < S_T < X_2$	$S_T - X_1 - c_1$	c_2	$S_T - X_1 + c_2 - c_1$
$S_T \leq X_1$	$-c_1$	c_2	$c_2 - c_1$

表13-4的结果可用图13-7表示,从图中可以看出,到期日现货价格升高对组合策略持有者较有利,故称牛市差价组合策略。

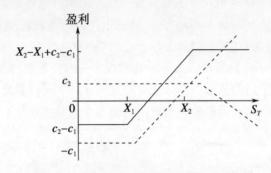

图13-7 看涨期权的牛市差价组合策略

通过比较标的资产现价与协议价格的关系,我们可以把牛市差价期权分为三类:① 两虚值期权组合策略,指两个协议价格均比现货价格高;② 多头实值期权加空头虚值期权组合策略,指多头期权的协议价格比现货价格低,而空头期权的协议价格比现货价格高;③ 两实值期权组合策略,指两个协议价格均比现货价格低。

此外,一份看跌期权多头与一份同一期限、较高协议价格的看跌期权空头组合策略也是牛市差价组合策略,如图13-8所示。

比较看涨期权的牛市差价与看跌期权的牛市差价组合策略可以看,前者期初现金流为负,后者为正,但前者的最终收益可能大于后者。

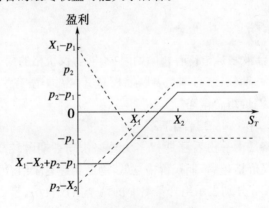

图13-8 看跌期权的牛市差价组合策略

2. 熊市差价组合策略

熊市差价(Bear Spreads)组合策略刚好跟牛市差价组合策略相反,它可以由一份看涨期权多头和一份相同期限、协议价格较低的看涨期权空头组成(如图13-9所示),也可以由一份看跌期权多头和一份相同期限、协议价格较低的看跌期权空头组成(如图13-10所示)。

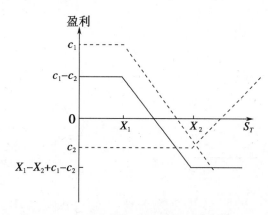

图13-9 看涨期权的熊市差价组合策略

看涨期权的熊市差价组合策略和看跌期权的熊市差价组合策略的差别在于,前者在期初有正的现金流,后者在期初则有负的现金流,但后者的最终收益可能大于前者。

通过比较牛市和熊市差价组合策略可以看出,对于同类期权而言,凡"买低卖高"的即为牛市差价策略,而"买高卖低"的即为熊市差价策略,这里的"低"和"高"是指协议价格。两者的图形刚好与 X 轴对称。

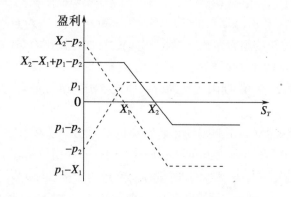

图13-10 看跌期权的熊市差价组合策略

3. 蝶式差价组合策略

蝶式差价(Butterfly Spreads)组合策略是由四份具有相同期限、不同协议价格的同种期权头寸组成。若 $X_1<X_2<X_3$,且 $X_2=(X_1+X_3)/2$,则蝶式差价组合策略有如下四种:① 看涨期权的正向蝶式差价组合策略,它由协议价格分别为 X_1 和 X_3 的看涨期权多头和两份协议价格为 X_2 的看涨期权空头组成,其盈亏分布图如图13-11所示;② 看涨

期权的反向蝶式差价组合策略,它由协议价格分别为 X_1 和 X_3 的看涨期权空头和两份协议价格为 X_2 的看涨期权多头组成,其盈亏图刚好与图13-11相反;③ 看跌期权的正向蝶式差价组合策略,它由协议价格分别为 X_1 和 X_3 的看跌期权多头和两份协议价格为 X_2 的看跌期权空头组成,其盈亏图如图13-12所示。④ 看跌期权的反向蝶式差价组合策略,它由协议价格分别为 X_1 和 X_3 的看跌期权空头和两份协议价格为 X_2 的看跌期权多头组成,其盈亏图与图13-12刚好相反。

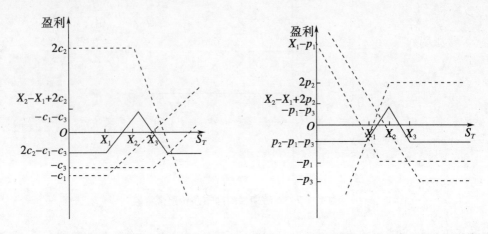

图 13-11　看涨期权的正向蝶式差价组合策略图　　图 13-12　看跌期权的正向蝶式差价组合策略

三、差期组合策略

差期(Calendar Spreads)组合策略是由两份相同协议价格、不同期限的同种期权的不同头寸组成的组合策略。它有四种类型:① 一份看涨期权多头与一份期限较短的看涨期权空头的组合策略,称看涨期权的正向差期组合策略。② 一份看涨期权多头与一份期限较长的看涨期权空头的组合策略,称看涨期权的反向差期组合策略。③ 一份看跌期权多头与一份期限较短的看跌期权空头的组合策略,称看跌期权的正向差期组合策略。④ 一份看跌期权多头与一份期限较长的看跌期权空头的组合策略,称看跌期权的反向差期组合策略。

我们先分析看涨期权的正向差期组合策略的盈亏分布。令 T 表示期限较短的期权到期时刻,c_1、c_2 分别代表期限较长和较短的看涨期权的期初价格,c_{1T} 代表 T 时刻期限较长的看涨期权的时间价值,S_T 表示 T 时刻标的资产的价格。当期限较短的期权到期时,若 $S_T \to \infty$,空头亏 $S_T - X - c_2$,而多头虽未到期,但由于此时 S_T 已远高于 X,故其价值趋近于 $S_T - X$,即多头盈利趋近于 $S_T - X - c_1$,总盈亏趋近于 $c_2 - c_1$。若 $S_T = X$,空头赚 c_2,多头还未到期,尚有价值 c_{1T},即多头亏 $c_1 - c_{1T}$,总盈亏为 $c_2 - c_1 + c_{1T}$。若 $S_T \to 0$,空头赚 c_2,多头虽未到期,但由于 S_T 远低于 X,故其价值趋于 0,即多头亏损趋近于 c_1,总盈亏趋近于 $c_2 - c_1$。我们把上述三种情况列于表13-5。

表 13-5　看涨期权的正向差期组合策略的盈亏状况

S_T的范围	看涨期权多头的盈亏	看涨期权空头的盈亏	总盈亏
$S_T \to \infty$	趋近 $S_T - X - c_1$	$X - S_T + c_2$	趋近 $c_2 - c_1$
$S_T = X$	$c_{1T} - c_1$	c_2	$c_2 - c_1 + c_{1T}$
$S_T \to 0$	趋近 $-c_1$	c_2	趋近 $c_2 - c_1$

根据表 13-5，我们可以画出看涨期权正向差期组合策略的盈亏分布图如图 13-13 所示。看涨期权反向差期组合策略的盈亏分布图正好与图 13-13 相反，故从略。

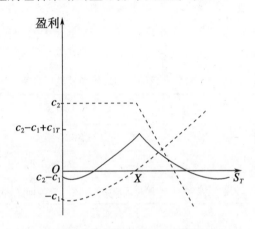

图 13-13　看涨期权的正向差期组合策略

用同样的分析法我们可以画出看跌期权正向差期组合策略的盈亏分布图如图 13-14 所示。其中 p_1 和 p_2 分别代表期限较长和较短的看跌期权的期初价格，p_{1T} 代表 T 时刻期限较长的看跌期权的时间价值。看跌期权反向差期组合策略的盈亏分布图正好与图 13-14 相反，也从略。

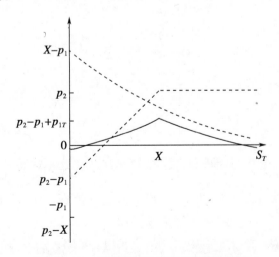

图 13-14　看跌期权的正向差期组合策略

四、对角组合策略

对角组合策略(Diagonal Spreads)是指由两份协议价格不同(X_1 和 X_2,且 $X_1 < X_2$)、期限也不同(T 和 T^*,且 $T < T^*$)的同种期权的不同头寸组成。它有八种类型:

1. 看涨期权的 (X_1, T^*) 多头加 (X_2, T) 空头组合策略。

在期限较短的期权到期时,若 $S_T = X_2$,空头赚 c_2,由于多头尚未到期,其价值为 $X_2 - X_1 + c_{1T}$(即内在价值加时间价值),按价值卖掉,则多头盈利 $X_2 - X_1 + c_{1T} - c_1$,共计盈亏 $X_2 - X_1 + c_2 - c_1 + c_{1T}$;若 $S_T \to \infty$,空头亏 $S_T - X_2 - c_2$,多头虽未到期,但由于 S_T 远高于 X_1,故此时多头价值趋近于 $S_T - X_1$,即多头盈利 $S_T - X_1 - c_1$,共计盈亏 $X_2 - X_1 + c_2 - c_1$;若 $S_T \to 0$,空头赚 c_2,多头虽未到期,但由于 S_T 远低于 X_1,故此时多头价值趋近于 0,即多头亏损 c_1,共计盈亏 $c_2 - c_1$。我们把上述三种情形列于表 13-6 中。

表 13-6 看涨期权的正向差价和差期组合策略

S_T 的范围	(X_1, T^*) 多头的盈亏	(X_2, T) 空头的盈亏	总盈亏
$\to \infty$	趋近于 $S_T - X_1 - c_1$	$X_2 - S_T + c_2$	趋近 $X_2 - X_1 + c_2 - c_1$
$S_T = X_2$	$X_2 - X_1 + c_{1T} - c_1$	c_2	$X_2 - X_1 + c_2 - c_1 + c_{1T}$
$S_T \to 0$	趋近 $-c_1$	c_2	趋近 $c_2 - c_1$

根据表 13-6,我们可以画出看涨期权的正向差价和差期组合策略的盈亏分布图如图 13-15 所示。

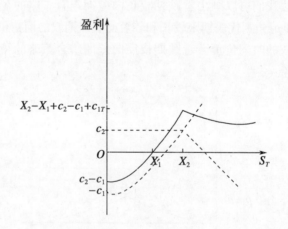

图 13-15 看涨期权 (X_1, T^*) 多头加 (X_2, T) 空头组合策略

2. 看涨期权的 (X_1, T^*) 空头加 (X_2, T) 多头组合策略。其盈亏图与图 13-15 刚好相反。

3. 看涨期权的 (X_2, T^*) 多头加 (X_1, T) 空头组合策略。用同样的办法我们可以画出该组合策略的盈亏分布图。

4. 看涨期权的 (X_2, T^*) 空头加 (X_1, T) 多头组合策略。

5. 看跌期权的(X_1,T^*)多头加(X_2,T)空头组合策略。
6. 看跌期权的(X_1,T^*)空头加(X_2,T)多头组合策略。
7. 看跌期权的(X_2,T^*)多头加(X_1,T)空头组合策略。
8. 看跌期权的(X_2,T^*)空头加(X_1,T)多头组合策略。

【能力训练】

一、计算题

*1. 一个投资者持有 XYZ 公司 2 000 股股票期权,协定价格是 460 便士;期权价格为每股 25 便士。

如果到期日的股价如下所示,请分别计算每种情况下期权买方和卖方的损益:

1) 445 便士
2) 476 便士
3) 500 便士

二、思考与应用分析题

2. 甲卖出 1 份 A 股票的欧式看涨期权,9 月份到期,协议价格为 20 元。现在是 5 月份,A 股票价格为 18 元,期权价格为 2 元。如果期权到期时 A 股票价格为 25 元,请问甲在整个过程中的现金流状况如何?

3. 为什么交易所向期权卖方收保证金而不向买方收保证金?

4. 某投资者买进一份看涨期权同时卖出一份相同标的资产、相同期限、相同协议价格的看跌期权,请描述该投资者的状况。

5. 请解释为什么相同标的资产、相同期限、相同协议价格的美式期权的价值总是大于等于欧式期权。

6. 某一协议价格为 25 元,有效期 6 个月的欧式看涨期权价格为 2 元,标的股票价格为 24 元,该股票预计在 2 个月和 5 个月后各支付 0.50 元股息,所有期限的无风险连续复利年利率均为 8%,请问该股票协议价格为 25 元、有效期 6 个月的欧式看跌期权价格等于多少?

7. 设 c_1、c_2 和 c_3 分别表示协议价格为 X_1、X_2、X_3 的欧式看涨期权的价格,其中 $X_3 > X_2 > X_1$ 且 $X_3 - X_2 = X_2 - X_1$,所有期权的到期日相同,请证明:

$$c_2 \leqslant 0.5(c_1 + c_3)$$

第十四章　金融互换

【内容提要】本章主要介绍了互换交易和金融互换的概念、起源与特征,着重讨论了互换交易的一般操作流程。还介绍了最常用的利率互换和货币互换的概念、基本结构、操作流程、功能及主要风险。

【难点重点】金融互换交易的操作过程、利率互换和货币交易的基本结构是本章学习的重点。其中利率互换的基本结构也是本章学习的难点。

【基本概念】金融互换　利率互换　货币互换　股票互换

第一节　金融互换概述

金融互换是金融市场最新引进的衍生合约。金融互换具有很大灵活性,通过互换可以创造出一系列的证券新品种,以满足投资者的需要。金融互换在全球金融市场和新型金融工具及策略的发展方面发挥着重要的作用。

一、互换与金融互换的概念及起源

互换交易(Swap Transaction)是指交易双方约定在未来某一时期相互交换某种资产的交易形式。更为准确地说,互换交易是指两个或两个以上当事人,约定在未来某一期间内相互交换他们认为具有等价经济价值的现金流(Cash Flow)的交易。这些现金流有本金、利息、收益和价格支付流等,可以是一项,也可以是多项。从交易结构上可以将互换交易视为一系列远期交易的组合。

金融互换是指两个或两个以上的当事人,按照共同商定的条件,直接或通过中介机构签订协议,在约定的时间内定期交换现金流的金融交易。根据国际清算银行(BIS)的定义,金融互换是指买卖双方在一定时间内,交换一系列现金流的合约。其主要用途是改变交易者资产或负债的风险结构(比如汇率结构或利率结构),规避相应的风险。

互换的产生可以追溯到20世纪70年代初期布雷顿森林体系的崩溃。由于国际收支恶化,英国实行了外汇管制并采取向对外投资征税的方式以遏制资金外流,于是,一些企业为了逃避外汇监管采取了平行贷款(Parallel Loan)的对策。平行贷款是指两个国家的母公司,其各自在国内向对方在境内的子公司提供与本币等值的贷款,以满足双方子公司的融资需求并逃避外汇监管。平行贷款包含两个独立的贷款协议,为了降低违约风险,又产生了只签订一个贷款协议的背对背贷款(Back to Back Loan)。背对背贷款是指交易双方彼此向对方提供各自所需要的币种的货币贷款,两份贷款的放款日期和到期日完全相同,同时贷款的一切支付流与现货和期货交易的支付流完全相同。20世纪80年代初期,金融互换业务就在平行贷款和背对背贷款的基础上发展起来。

金融互换产生的理论基础是英国经济学家大卫·李嘉图(David Ricardo)提出的比较优势理论,互换交易就是利用交易双方在筹资成本上的比较优势而进行的。金融互换一出现,就备受筹资者和资产管理者的青睐。尤其是20世纪80年代末以来,金融互换的未清偿名义本金额以年均40%以上的速度增长,目前,已经成为金融领域中的"万用而便利的自动贩卖机",在世界金融衍生产品市场上占有重要的一席之地。目前,按名义金额计算的互换交易已经成为最大的衍生交易品种。

在国际金融市场一体化潮流的背景下,互换交易作为一种灵活、有效的避险和资产负债综合管理的衍生工具,越来越受到国际金融界的重视,用途日益广泛,交易量急速增加。近来。这种交易形式已逐步扩展到商品、股票等汇率、利率以外的领域。由于互换合约内容复杂,多采取由交易双方一对一进行直接交易的形式,缺少活跃的二级市场和交易的公开性,具有较大的信用风险和市场风险。因此,从事互换交易者多为实力雄厚、风险控制能力强的国际性金融机构,互换交易市场基本上是银行同业市场。国际清算银行(BIS)和互换交易商的国际性自律组织——国际互换交易商协会(International Swap Dealers Association,ISDA),近年来先后制定了一系列指引和准则来规范互换交易,其风险管理越来越受到交易者和监管者的重视。

二、金融互换的特点

金融互换作为金融衍生工具的一种,除具备金融衍生工具的跨期性、联动性等基本特征外,还具备一些自身特殊的特点。

(一)功能比较多

金融互换具有期货和期权不具备的帮助筹集低成本资金、选择币种融资和规避中长期利率和汇率风险的作用。

(二)风险比较小

互换一般不涉及本金,信用风险仅限于息差,而且涵盖数个利息期间,从目前状况来看,尚无因互换损失导致破产的例子。

(三)灵活性大

互换为场外交易,虽然合约标准化(只是指条款格式化),但是具体的条件可以商定,变通性大。而且不通过交易所,手续简便。

(四)参与者信用比较高

互换通常在AA级信用以上交易者之间进行,一般不需要保证和抵押,而期货有保证金,期权有期权费,这都影响现金流量。

(五)投机套利比较难

因为期间比较多,期限比较长,短期资本一般不会对其发生冲击。

从期货、期权和互换的规模（见表14-1）也可以看出金融互换的优势，由表14-1可以算出，1986—1995年，期货和期权的平均年增长率接近36%，而互换的平均增长率高达46%。

表14-1　期货、期权和互换的规模　　　　　　　　（单位：10亿美元）

年份	1986	1988	1989	1990	1991	1992	1993	1994	1995
期货	394.7	934.6	1 258.1	1 540.6	2 251.0	3 019.3	5 087.3	5 924.8	6 073.4
期权	223.5	370.2	508.8	749.7	1 268.3	1 615.1	2 667.8	2 917.4	3 111.7
互换	1 048.5	1 649.8	2 400.8	3 466.6	4 679.4	5 571.5	7 976.5	10 645.3	15 205.5

资料来源：国际货币基金组织《国际资本市场发展前景及关键性政策》，中国金融出版社，1996，9。

三、金融互换的操作流程

一笔互换交易涉及许多不同技能及知识，包括公司财务策略、会计乃至相关法律，如何分配责任要根据公司的组织结构及专业领域来定。往往更有效率的做法是将整个互换过程委托给外面的专业机构办理。银行、律师事务所或会计师事务所会给想要进行互换交易的投资者必要的建议，当然投资者也可以自行从相关会议或从报刊所刊登的风险管理文章中，寻找适当的代理商。有时，投资者可能会觉得仅仅在某些方面需要帮助而已，譬如像公司分析、策略制定等，这通常可以求助于某些投资银行成立的对手顾问小组，某些特定银行甚至也可以提供其风险管理系统供投资者使用，但投资者必须自行提防利益冲突的可能性。不论管理互换的过程是自行完成的还是委托外单位代办，其责任终究归属于决策者或有关决策单位。

互换的第一阶段属于财务管理的范畴，这里不作详细讨论。简单来说，投资者需要全面研究公司的风险暴露、融资及收入需求等情况，为设定风险控制、借款成本及资产报酬率等目标提供必要的基础。同时投资者也必须做出决定，愿意以多大的代价来达成这些目标。

当这一切准备就绪，就可以开始选择交易工具了。互换只是众多财务工具中的一部分，可供选择的财务工具还有期货、远期契约、期权等，而且互换中也有很多不同的种类。投资者必须确定采用哪种财务工具的组合，最符合他的目标，并要综合考虑像全部成本、成本效益、风险、弹性、流动性等因素。在决定采用某种策略时，首先需要考虑：在哪些情况下，这项策略会成功或者失败？每种情况的可能性又是多少？如果真的发生，自己又会得到什么样的利益或受到什么样的损失？

当投资者决定进行一笔互换，需要就互换相关的对手、期限、利率等展开一系列的工作。如图14-1是一个简单的互换交易开始的过程。

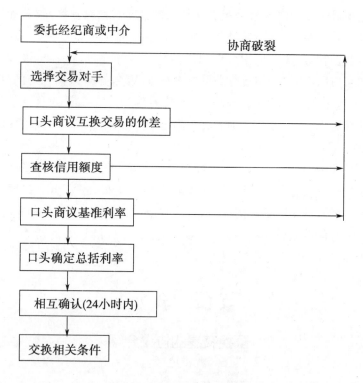

图 14-1 互相交易的开始

上述步骤并非每一步都是必需的,比如,投资者现在大多不需要经纪商或中介,而直接与对手接洽和交易;又比如,口头商议的内容有可能在拟订合同时直接拟订。下面就对手的选择、口头商议的细节、合同的签订作进一步的说明。

(一)交易对手的选择

进行互换首要的也是很关键的步骤就是选择交易对手。互换使用者一般都倾向于借助互换交易商来完成互换交易。选择交易对手时除了要比较不同对手的报价之外,还要考虑很多其他因素,主要有:

1. 信用评级。对手的评级越高,违约的风险就越低。如果对手的信用评级低于自己设定的目标,则要通过抵押、担保等方法来降低交易的信用风险。

2. 专业水平。很多自营商提供全方位服务,可以做不同形态的交易,但有些自营商则只在某一领域具有经验,例如只作美元互换而不作欧洲货币互换。

3. 对手的交易状况。对手的其他交易情况也会影响到投资者的风险。如果对手遭到太多的违约,那么对手应该付给投资者的款项就有可能面临较大的风险。当然,一个与不同对手做很多交易的自营商,能够抵消和分散风险。

(二)口头商议的细节

在商议一笔互换交易时,交易员通常以口头方式决定交易细节。细节相当复杂,尤其是非基本的互换交易。英格兰银行在其《伦敦交易惯例》(London Code of Conduct)中,提出了一份互换交易必须核对的清单。交易经过口头同意后,主要细节则通过电报或传真在 24 小时之内确认。稍后则拟订、签署与交换完整的合约文件。

口头商议中最主要的内容就是互换交易的价格。对利率互换而言,如果交易是以某收益率为基准而做价差报价,交易员首先将商议并决定价差,因为价差的变动程度较剧烈,尤其是在较短期的互换交易中。在同意价差之后,交易员将各自核对自身与对方的信用额度。如果信用额度没有问题,交易员将再度联络,并应该在合理的(但无明确的规定)期间内决定基准收益率,以基准收益加上价差作为互换交易的总括价格。货币互换的价格除了利率的决定外,还有汇率的决定问题,它取决于双方对汇率的预测和协商。

(三) 互换合同的签订

互换交易最常用的合同是ISDA主合同。在签订合同时,如果标准条款与互换投资者无关,可以将某些条款简单化或者增加某些条款。另外,投资者可以要求澄清一些没有提到的重点,比如,身为借款人的一方,可能想增加一项条款,使互换带有附带条件(比如在成功完成发行债券之后才有效),当然,针对这一点,借款人的对手可能会反对将这种风险转移给他,这时就需要双方商榷。

专栏 14-1

互换交易的协议介绍

互换交易的协议采用的是国际互换交易商协会(ISDA)拟订的标准文本——利率和货币互换协议(Interest Rate and Currency Exchange Agreement,简称主协议,1987年版)。

一般互换合约的内容主要包括:(1) 交易双方;(2) 合约金额;(3) 互换的货币;(4) 互换的利率;(5) 合约到期日;(6) 互换价格;(7) 权利义务;(8) 价差;(9) 其他费用。

2008年1月18日,中国人民银行发布《关于开展人民币利率互换业务有关事宜的通知》中对于人民币利率互换交易业务的规定:市场参与者开展利率互换交易应签署由中国人民银行授权交易商协会制定并发布的《中国银行间市场金融衍生产品交易主协议》,《中国银行间市场金融衍生产品交易主协议》中关于单一协议和终止净额等的约定适用于利率互换交易。

四、金融互换的转让和终止

由于市场利率的变化、企业战略的改变、更好的合作伙伴的出现等原因,并不是所有的金融互换都能够在互换合约到期时才解除,于是便产生了金融互换的转让和合同的终止。

(一) 转让和终止的概念

投资者或当事人可以将尚未执行完毕的互换合约出售或转让(Assign)给新的交易对手,买方(即受让人)将取代原来的交易某一方(即转让人)。基于信用风险的考虑,互换交易的转让,必须取得原来交易另一方的认可,同意由受让人取代转让人。近年来,互换交易的转让被视为一种更新,换言之,就是被转让的互换交易合同实际上已经被终止,而在原来交易一方与受让人之间将再建立一份内容完全相同的新合同。互换交易的转让导致了其二级市场的初步形成,根据估计,二级市场的交易量约占总交易量的20%~25%,但由于其中涉及信用风险的转让,二级市场的发展颇受限制。

除了转让之外,交易者也经常可以取消既有的互换交易。这类终止的程序必须取得交易双方的同意,但它也可能受到阻碍。终止既有的互换交易优于建立反向的交易,因为终止可以取消原有的信用风险。

(二)合同内的转让条款

互换交易的标准化合同有助于交易的转让,因为在标准的交易下,合同内容更为透明。新近的合同文件都包含"转让条款",准许交易的任何一方转让其参与交易的权利和义务,另一方虽然可以拒绝转让,但必须提出适当的理由。不过,实务上这项拒绝转让的规定相当含糊而且并没有实际的效果。

(三)合同终止后的补偿和赔偿

就算互换合同是双方同意终止的,提前终止仍需要额外做一项令人不太愉快的工作:决定谁欠谁多少。一方或双方可能要支付从上次付款日之后未付的所有款项,但也可能只需支付下次到期日的一部分金额(以提前终止至下次到期日期间的比例计算)。除此之外,一方也许会由于丧失了有价值的资产,从而希望获得赔偿。

互换是根据开始时市场价值为零的方法来设计的,即双方预估的收入流量现值是相等的。随着时间推移,情况发生了变化,一方会比另一方变得更有价值。举例来说,在一个利率互换中,利率上升会增加支付固定利率那一边的价值,同时减少收到固定利率那一边的价值。在这种情况下,违约会伤害支付固定利率的一方,因为这一方可能必须另外给新的对手以补偿,使其愿意以原来的互换条款来接替固定利率收到者的位置。

终止互换的对手必须确定是哪一方遭受到损失,这称为丧失议价(Loss Bargain)能力,并计算合理的赔偿。原则上,有下列三种方法可以应用:补偿(Indemnification)、公式(Formula)及合同价值(Agreement Value)。实务上大抵使用第三种方法,下面就介绍这种方法。

合同价值的应用方法就是直接访问几个自营商(如果可以的话,最起码需要在三位以上),需要他们计算如果在互换合同的剩余期间内接收其中一方的头寸时,可以要求或愿意支付的金额。然后平均他们的报价,用以计算出补偿金额。

然而对一些较特殊或特别设计过的互换,互换投资者即使能够找到愿意报价的新的自营商,其所得到的报价往往也会落差很大。1995年8月,一家加拿大的保险公司——联盟基金服务公司(Confederation Treasury Services Ltd.),在与一家德州能源公司——安然公司(Enron Corp.)的长期货币互换合同(合同期限超过10年)中发生违约,联盟基金服务公司声称在契约终止问题上应该得到超过900万美元的赔偿,而安然公司却认为只能赔偿470万美元,其间的差距就反映了交易双方不同的评估方式。

如果导致其契约终止的原因是违约,那就算是再简单的互换,也会变得相当复杂。

通常容易使事情复杂有两个因素,一是破产,二是有限双方付款条款(Limited Two-way Payment Provisions,LTPs)。

一个宣告破产的机构,通常会被保护,并限制债权人的债权请求。对互换来说,这意味着未违约方所损失的可能不仅仅是根据合同到期的金额,同时还包括损失掉的应得补偿,甚至可能包括为防止此项风险而提供的抵押品。1989 年《金融机构改革、管理和实施法案》(The Financial Institutions Reform、Recovery and Enforcement Act of 1989, RIRREA)以及 1990 年《美国破产法修正案》(Amendment to the U. S. Bankruptcy Act)都提出了这个问题的解决方法,就是互换合同可免于自动延期,也就是可以行使提前终止条款的规定,抵押品也可以取得。

LTPs 的地位仍属未定,因为许多合同都包含了这些条款中的一部分,按照规定如果因违约造成合同提前终止,那么只有未违约的一方有权收到款项。但是在实务上,由于市场不赞同利用破产得到意外之财,而且这些条款的法律地位仍备受争议,因此大多数的对手仍然是采取双向全额支付清算,即使合约中允许他们可以不这么做。

(四)关于结算所的提议

国际互换交易商协会(ISDA)正在研究和评估成立互换交易结算所的可行性,其功能类似于期货、期权交易所,使用交易高度标准化的互换交易合约,要求所有的交易者均以结算所为交易对手,并考虑采用保证金交易制度,结算所将进行多边的冲销,并承担所有的信用风险。这将使互换交易具有完全的可转让性,不过,这是一个相当大胆的方案,在可预见的未来尚无付诸实施的可能。

五、金融互换的分类

互换交易与期货、期权交易一样,是近年来发展迅猛的金融衍生产品之一,成为国际金融机构规避汇率风险和利率风险的重要工具。金融互换虽然历史较短,但品种却日新月异,主要包括利率互换、货币互换、股票互换、信用违约互换等类别。由于利率互换和货币互换将在本章以下章节中详细介绍,这里就不再讨论。

(一)股票互换的概念、结构与应用

股票互换(Equity Swaps)是以股票指数产生的红利和资本利得与固定利率或浮动利率进行交换的交易活动。投资组合管理者可以用股票互换把债券投资转换为股票投资,也可以把股票投资转换为债券投资。

股票或股票指数互换代表了全球互换市场上最令人瞩目的创新之一。如同利率互换、货币互换跨越了不同国家和全球资本市场的界线一样,股票互换具备的潜能是跨越股票和债券市场间的界线。同样,股票互换也带来新的机会,特别是在投资管理方面被广泛应用。通过股票互换,投资者能够更便捷地实现投资目标。事实上,在很多情况下,只有通过股票互换,投资者才得以实现在其他条件下无法达到的同股票相关的投资目标,股票互换被日益广泛地应用于复合股票结构,以分散风险,规避、转移和免除税收,以及降低交易成本。下面将简单介绍一下股票互换的基本结构及其应用。

表 14-2　执行中股票互换量(名义本金金额)　　(单位：100 万美元)

国别指数	银行间	直接使用者	总　数
日本	3 000	3 000	6 000
美国	1 000	1 000	2 000
其他		1 000	1 000
混合指数		1 000	1 000
总量	4 000	6 000	10 000

资料来源：国际互换与衍生产品协会

形式最简单的股票互换就是双方的一种支付协定。按照这个协定,在一定的期间内,一方根据某个股票指数而另一方根据事先确定的利率水平互相向对方付款。典型的方式是：互换中"股票一方"的支付与股票指数收益联系在一起,而"利率一方"的支付则一般以一个浮动利率指数(比如 LIBOR)为基础,但也可能确定为固定利率。同利率互换一样,在股票互换交易中双方的支付以名义本金金额为基础,并不发生本金的实际交换,因为不管是"股票一方"还是"利率一方"都是以同一种货币计值的。在股票互换交易中,比较普遍使用的股票指数有：标准普尔 500 种股票指数(S&P500)、伦敦股市《金融时报》100 种股票平均价格指数(FT100)和日经 225 种股票平均价格指数(Nikkei),现在,交易商们越来越愿意提供某些次要股票指数的报价。投资者利用这些股票互换工具控制已有的风险,或接受新兴市场的风险。

对股票互换最典型的应用是为呈现下跌风险的股票资产做反向的套期保值。例如,一笔分散组合的股票资金,收益表现同 FT100 指数接近。投资者担心以后 3 年中市场会下跌。他可以做一笔股票互换,名义本金金额同那笔与 FT100 指数相关的资金金额相同,假定为 1 亿英镑。在这笔互换交易中,投资者支付 FT100 指数收益,换取 6 个月英镑LIBOR。图 14-2 显示的就是这笔股票互换的基本结构。

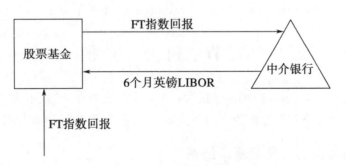

图 14-2　股票互换的基本结构

借助于股票互换,资金所有者将股票组合转换为固定收入资产,从而有效地控制了股票风险。当然,如果将持有的股票全部卖掉,用来购买固定收入的债券,也能达到同样的效果。不过那样做会增加交易及其他成本,还会产生资本利得税赋等。此外,一旦资金所有者预期改变,可以很方便地通过反向的股票互换恢复其股票指数敞口,而不必担负其他交易成本。

股票互换另一个更广泛的应用是,指数基金通过互换支付一个固定或浮动的利息以换得股票收益。指数基金这样做的主要原因,除了前面提到的各项益处之外,还在于通过互换可以追踪股指收益,这一点是现金资产组合无法实现的。

股票互换是过去20年来金融市场上出现的最重要的创新之一,尽管一开始,市场上对股票互换的接受非常缓慢,却不会有人怀疑它对投资管理的深刻含义。在跨越股票市场与固定收入资金市场之间的界线方面,股票互换工具有多种用途。借助它,投资者可以进入之前不能进入或者受到限制的某些市场。因此,股票互换是进行股票投资的一个方便途径,也为风险管理提供了工具。股票互换在投资管理中最重要的应用在于,不必购买一只股票却可以获取股票收益。如前文所述,投资者可以关注覆盖整个股票市场的指数,如 S&P500 指数,也可只针对特殊行业指数、股票组合,甚至单一股票。利用股票互换进行股票投资意味着不必支付经纪人费用,没有保管费,也无需缴纳预提等。对于面向国外的投资者来说,可以换取与该指数完全相关的收益,并且避免了因购买单一股票造成的失衡。股票互换也能使投资者不必将股票头寸平盘就可以降低他们在股票市场承担的风险。如果只想在短期内减少股票敞口的话,这一方法就更为方便有效。

(二) 其他互换

从最普通的意义来说,互换实际上是现金流的交换。由于计算或确定现金流的方法有很多,因此互换种类也就有很多。通常,常用的标准的互换并不能很好地满足互换使用者的特定需求,因此在标准互换的基础上对其某些特征作适当变化便产生了其他类型的互换。比较常见的其他互换品种有:本金在互换期内可变的增长型互换(Accreting Swaps)、减少型互换(Amortizing Swaps)和滑道型互换(Roller-Coaster Swaps)(本金在互换期内时而增加,时而减少);互换期限可变的可延长互换(Extendable Swaps)和可赎回互换(Puttable Swaps);可在期初或期末一次性支付利息的零息互换(Zero-Coupon Swaps);互换生效日在未来某一确定时间开始的远期互换(Forward Swaps);互换与期权相结合的互换期权(Options on Swaps or Swaptions)(本质上属于期权,而不是互换)等。

第二节 利率互换

由于利率互换和货币互换都可被视为一个公司的表外业务,就不会产生新的资产或负债,也就不会改变公司原有的资产与负债状况,因此大受人们青睐并得以飞速的发展。

一、利率互换的含义与基本结构

利率互换(Interest Rate Swaps, IRS)是指交易双方将同种货币不同利率形式的资产或者债务相互交换。具体而言,是双方同意在未来的一定期限内根据同种货币的相等的名义本金交换现金流。在利率互换中,本金只是象征性的起计息作用,双方之间一般不伴随本金的交换而只是进行定期的利息支付流,并且这种利息支付流也可以表现为净差额支付。利率互换的期限通常在2年以上,有时甚至可以在15年以上。

利率互换是目前全球市场上最重要的也是交易量最大的场外交易互换衍生工具。它的类型主要有三种：息票利率互换（Coupon Swap），即将固定利率转换为浮动利率的互换；基础利率互换（Basis Swap），即将以一种参考利率为基础的浮动利率转换为以另一种参考利率为基础的浮动利率的互换；交叉货币利率互换（Cross-Currency Interest Rate Swap），即将一种货币的固定利率转换为另一种货币的浮动利率的互换。

利率互换最普遍、最基本的形式是浮动利率与固定利率之间的单纯利率互换，只是将未来两组利息的现金流量进行交换，其中一方的现金流根据浮动利率计算而来，另一方的现金流根据固定利率计算而来。一般而言，信用评级较高的机构借入固定利率贷款较为容易，而信用评级较低的机构比较容易借入浮动利率贷款。理论上，当利率较高（即预期未来利率将要下降）时，在利率互换中应考虑收取固定利率而支出浮动利率；当利率较低（即预期未来利率将要上升）时，在利率互换中应考虑收取浮动利率而支出固定利率。由于各借款机构对未来的利率预期、自身的资产债务结构、资金需求结构的不同，就会产生对固定利率和对浮动利率不同的贷款付息结构需求，这样就可能产生利率互换。

1982年德意志银行进行了一项利率互换交易。德意志银行对某企业提供了一项长期浮动利率的贷款。当时，德意志银行为了进行长期贷款需要筹集长期资金，同时判断利率将会上升，以固定利率的形式筹集长期资金可能更为有利。于是，德意志银行用发行长期固定利率债券的方式筹集到了长期资金，通过进行利率互换交易把固定利率转换为浮动利率，再支付企业长期浮动利率贷款。这笔交易被认为是世界上第一笔正式的利率互换交易。

专栏 14-2

人民币利率互换的发展现状

2006年2月9日，中国人民银行发布《关于开展人民币利率互换交易试点有关事宜的通知》（简称《通知》），批准在全国银行间同业拆借中心开展人民币利率互换交易试点。《通知》发布当天，国家开发银行和中国光大银行完成首笔交易，协议的名义本金为50亿元人民币、期限10年、中国光大银行支付2.95%的固定利率、国家开发银行支付1年期定期存款利率（浮动利率），这是中国第一笔正式的利率互换交易。

2008年1月18日，中国人民银行发布《关于开展人民币利率互换业务有关事宜的通知》（简称《通知》），同时废止2006年2月9日《通知》：人民币利率互换交易是指交易双方约定在未来的一定期限内，根据约定数量的人民币本金和利率计算利息并进行利息交换的金融合约。《通知》规定，利率互换的参考利率应为经中国人民银行授权的全国银行间同业拆借中心等机构发布的银行间市场具有基准性质的市场利率或经中国人民银行公布的基准利率。全国银行间债券市场参与者中具有做市商或结算代理业务资格的金融机构可与其他所有市场参与者进行利率互换交易，金融机构可与所有金融机构进行出于自身需求的利率互换交易，非金融机构只能与具有做市商或结算代

> 理业务资格的金融机构进行以套期保值为目的的利率互换交易。银行间债券市场参与者中具有做市商或结算代理业务资格的金融机构可通过交易中心的交易系统进行利率互换交易的双边报价。利率互换交易既可以通过交易中心的交易系统进行,也可以通过电话、传真等其他方式进行。
>
> 　　自2006年2月9日人民币利率互换交易试点以来,截至2007年12月31日,利率互换累计成交2 064笔,名义本金总额累计2 524.20亿元;2007年,利率互换交易成交1 961笔,名义本金总额累计2 165.91亿元。
>
> ——中国证券业协会编《证券市场基础知识》,中国财政经济出版社,2008

　　双方进行利率互换的主要原因是双方在固定利率和浮动利率市场上具有比较优势。假定A、B公司都希望借入5年期的1 000万美元的借款,A希望借入与6个月期相关的浮动利率借款,B希望借入固定利率借款。但两家公司信用等级不同,故市场向它们提供的利率也不同(如表14-3所示)。

表14-3　市场提供给A、B两公司的借款利率

	A公司	B公司
固定利率	10.00%	12.00%
浮动利率	6个月期LIBOR	6个月期LIBOR+1.00%

　　从表14-3可以看出,A的借款利率均比B低,即A在两个市场都具有绝对优势。但相对而言,A在固定利率市场上有比较优势,而B在浮动利率市场上有比较优势。这样,双方就可利用各自的比较优势为对方借款,然后互换,从而达到共同降低筹资成本的目的。即A以10.00%的固定利率借入1 000万美元,B以6个月期LIBOR+1.00%的浮动利率借入1 000万美元。由于本金相同,故双方不必交换本金,而只交换利息的现金流。即A向B支付浮动利息,B向A支付固定利息。

　　通过发挥各自的比较优势并进行互换,双方总的筹资成本降低了1.00个百分点(即12.00%+6个月期LIBOR-10.00%-6个月期LIBOR-1.00%),这就是互换利益。互换利益是双方合作的结果,理应由双方分享,具体分享比例由双方谈判决定。假定双方各分享一半,则双方都将使筹资成本降低0.50个百分点(一般情况下,在固定利率和浮动利率市场中都具有优势的A公司将获得较多的利益),即双方最终实际筹资成本分别为:A支付LIBOR-0.50%的浮动利率,B支付11.50%的固定利率。利益分配如表14-4所示。

表14-4　A、B两公司利率互换交易的利益分配情况

	A公司	B公司
实际支付	6个月期LIBOR-0.50%	11.50%
无互换时	6个月期LIBOR	12.00%
节约	0.50%	0.50%

在这笔互换中,每隔6个月为利息支付日,则互换协议的条款应规定每6个月一方向另一方支付固定利率与浮动利率的差额。假定某一支付日的LIBOR为11.00%,则B应支付A的金额为5万美元(即1 000万×0.5×[11.50%－(11.00%－0.50%)])。利率互换的流程如图14-3所示。

由于利率互换只交换利息差额,因此信用风险很小。

图14-3 利率互换流程图

利率可以有多种形式,任何两种不同的形式都可以通过利率互换进行相互转换。因此,在利率互换市场上,还产生了很多衍生产品,如远期利率互换(Forward Interest Rate Swap)、认为现行利率不合适而推迟互换利率的安排的推迟利率安排互换(Deferred Rate-Setting Swap)、利率上限互换(Rate-Capped Swap)、同时规定浮动利率的上限和下限的最小—最大利率互换(Mini-Max Swap)、分期摊还、增值和变换互换(Pay by Installment-Increase Invalue-Fluctuation Swap)等。

二、利率互换的基本流程

债务和资产均可进行利率互换交易。按是否有做市商参与,可以分为普通香草型(Vanilla)利率互换和双重利率互换两大类。

(一)普通香草型利率互换

假设A发行了一期美元债券,期限10年,从2009年3月6日至2019年3月6日,利息为每半年计息付息一次,利率水平为USD 6个月LIBOR+70个基点。A认为在今后10年之中,利率呈上升趋势,如果持有浮动利率债务,利息负担会越来越重。同时,由于利率水平起伏不定,A无法精确预测贷款的利息负担,从而难以进行成本计划与控制。因此,A希望能将此债券转换为美元固定利率债券。这时,A可与B做一笔利率互换。

如图14-4所示,经过利率互换,在每个利息支付日,A向B支付固定利率7.32%,而收入USD 6个月LIBOR+70个基点,正好用于支付原债券利息。这样一来,公司将自己今后10年的债务成本,一次性地固定在7.32%的水平上,从而达到了管理自身债务利率风险的目的。

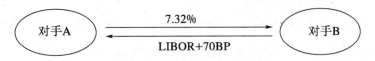

图14-4 普通香草型(Vanilla)利率掉期图

(二)双重利率互换

假设A,B各有两种筹资方案,A需要10年期的长期资金,A可以发行6个月

LIBOR+50个基点的浮动利率或固定利率11.25%每半年付息的债券;B也需要10年期的债券融资,B具有相对便宜的固定利率融资机会,但希望借浮动利率债券,B可以10.25%半年期的固定利率或以6个月期LIBOR借款。这时,A希望采用固定利率融资,而B希望采用浮动利率融资。做市商报出浮动利率是6个月期LIBOR;其作固定利率支付者时,将支付半年10.40%的互换利率,作固定利率接受者时,将接受10.50%的互换利率。

这时,A发行浮动利率债券,B发行固定利率债券。在利率互换交易中,A,B均与做市商进行互换。在与A的互换中,做市商充当浮动利率的支付者;在与B的互换中,做市商充当固定利率的支付者。在这些互换交易中没有本金的交换,如果把债券市场的发行考虑在内,这里共有三类交换。图14-5、图14-6和图14-7描绘了现金流的全部过程。

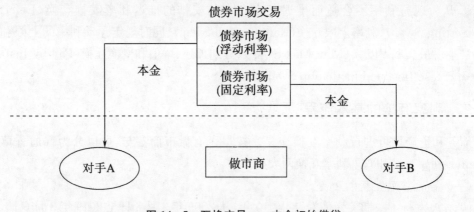

图14-5 互换交易——本金初始借贷

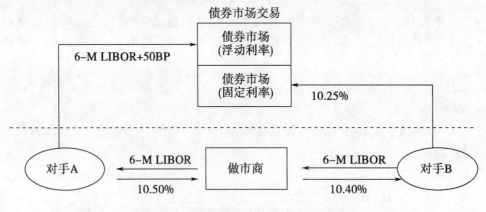

图14-6 互换交易——互换支付的债务服务

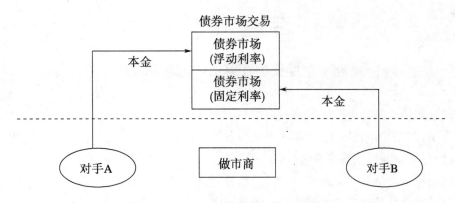

图 14-7 互换交易——最后本金偿还

通过该笔利率互换，A 得到了 25 个基点（即 11.25%＋LIBOR－10.50%－LIBOR－0.50%）的好处；B 得到了 15 个基点（即 LIBOR＋10.40%－LIBOR－10.25%）的好处；做市商也获得了 10 个基点（即 10.50%＋LIBOR－10.40%－LIBOR）的收益。

三、利率互换的功能

利率互换是一项常用的债务保值工具，用于管理中长期利率风险。客户通过利率互换交易可以将一种利率形式的资产或负债转换为另一种利率形式的资产或负债。一般地说，当利率看涨时，将浮动利率债务转换成固定利率较为理想，而当利率看跌时，将固定利率转换为浮动利率较好。从而达到规避利率风险、降低债务成本的目的，同时还可以用来固定自身的边际利润，便于债务管理。

利率互换的主要功能可以概括为以下几个方面：

（一）规避利率风险

利率互换使使用者对已有的债务，有机会利用利率互换交易进行重新组合，例如预期利率下跌时，可将固定利率形态的债务换成浮动利率，当实际利率真的下降时，债务成本就会降低。若预期利率上涨时，则进行反向操作，从而规避利率风险。

（二）增加资产收益

利率互换交易并不仅局限于负债方面利息支出的交换，同样的，在资产方面也可以有所运用。一般资产持有者可以在预期利率下跌时，转换资产为固定利率形态，或在预期利率上涨时，转换其资产为浮动利率形态，使自身资产在外部环境发生变化时仍能保持稳定而良好的收益状况。

总之，互换是目前国际金融市场上经常使用的业务，熟悉和掌握了互换业务的商业银行，拓宽了经营收益，充分发挥了其巨大的信息优势和活动能力；丰富了商业银行风险管理的手段；有利于商业银行规避不利的市场条件和管制，从而有助于银行的稳定经营，同时促进了商业银行提供全面的金融服务。

专栏 14-3

利率互换交易在筹资中的应用案例

此案例最大的特色是对利率互换交易的应用进行了动态分析。

由于在1989年底至1991年4月这段时间内,美元的利率走势呈先强后弱再强的趋势,银行可对利率互换交易进行动态操作。

第一轮交易是针对美元利率上升的趋势将浮动利率换成固定利率;

第二轮交易是针对美元的回落趋势将固定利率换成浮动利率;

第三轮交易是针对美元的再次上升趋势将浮动利率再次换成固定利率。

这种调节过程还可以根据利率的变化情况灵活进行。

1989年底,一客户筹措了一笔平均期限为6.5年,利率为浮动利率(6个月)LIBOR+0.25%,金额为2 000万美元,设计利率为8.90%的银团贷款,要求银行予以保值。由于受当时政策以及其他因素的影响,某银行未能承办这笔业务。现以这笔业务为蓝图,设计一笔利率互换业务。

假设1989年底至1991年4月美元利率走势呈先强后弱再强的趋势(符合当时的实际情况)。据此,进行三次利率交换则能达到降低筹资成本、防范利率风险的目的。具体操作如下:

第一次交易:浮动利率换固定利率。

1989年底至1991年上半年,中长期6个月浮动利率在6%~10.5%波动且有上升的可能。因此把美元的浮动利率换成固定利率时机较为理想。1990年1月某日,某银行与国外一家证券公司达成协议,按市场6年期的互换利率(6个月)为8.75%签约,将此笔贷款利率固定在8.75%,比设计的利率水平低0.15%。

第二次交易:固定利率换浮动利率。

1990年4月,美元利率呈回落之势,市场行情又一次出现有利的时机。此时浮动利率为LIBOR-0.50%。此时与另一家证券公司进行利率互换,把8.75%的利率再次换为美元浮动利率(6个月)LIBOR-0.50%,这样可以比原贷款利率又低了0.75%。

第三次交易:浮动利率换固定利率。

1991年2月中旬和4月,两个底谷形成了一个双底,利率反弹的可能性极大,为了避免长期美元上升的风险,在1991年4月底,再次进行了利率互换。剩下的债务期限是5年,市场5年互换利率为8%,那么6个月美元LIBOR-0.50%的债务可互换到7.50%。

通过三次利率互换,最后将原来贷款的美元浮动利率6个月LIBOR+0.25%固定在7.50%的利率水平,比设计的利率水平低了1.40%。

从上述案例中可以看出:互换交易具有较大的灵活性、较少的风险性、债务额的不变性、合同的单一性。明显地体现出利率互换的四大功能:规避利率风险、增加资产收益、灵活资产负债管理和降低筹资成本。

(三)灵活资产负债管理

当欲改变资产或负债类型组合,以配合投资组合管理或者对利率未来动向进行锁定时,可以利用利率互换交易进行调整,而无须卖出资产或偿还债务。浮动利率资产可以与浮动利率负债相配合,固定利率资产可以与固定利率负债相配合。参与利率互换的双方可以将固定利率转变为浮动利率或者将浮动利率转变为固定利率,使其利率敏感性资产和负债相匹配,并且可以按照需要适当调整现金流量。在利率互换中,具有较低信用评级的借款者可以与有较高信用评级的借款者签订利率掉期合约。信用等级较低的借款人同意向信用等级较高的借款人支付固定利率的长期借款成本,因为持有的大量长期资产,可能会因为利率上升而增加筹资成本,而受规模或信用等级的限制难以用较低成本筹集长期资金。而信用等级较高的借款者由于持有大量的短期资产,也可能会因市场利率下降而减少其再投资收入,所以他愿意支付以优惠利率或同业拆借利率为基础的短期浮动利率。经过中介机构的安排之后,信用等级较高的借款人支付固定利率,从而使双方负债利率成本的现金流出平均期限与其资产得到的利息收入平均期限更为匹配,而本金未发生变化。

(四)降低筹资成本

通过利率互换也可以降低借款成本,因为长期信贷资金市场的加息差比短期借贷市场的加息差高得多,通过利率互换可以减少加息差。如表14-5所示,如果信用等级较高的借款人以9.00%的利率发行长期债券,信用等级较低的借款者以优惠利率+1.75%借入资金。双方进行下列利率互换:信用等级较低的借款者愿意支付信用等级较高的借款者9.00%的利息成本,这样可以节约2.25%的长期借款成本,因为假如信用等级较低的借款者单独筹措长期资金需要支付11.50%的利率。信用等级较高的借款者支付信用等级较低的借款者优惠利率-0.25%,因此,也可以节约0.25%的利息成本,因为通常以优惠利率借入短期资金。这样,信用等级低的借款者可以节约2.25%,信用等级高的借款者可以节约0.25%的利率成本。

表14-5 信用等级较低和信用等级较高的借款者的可借款情况

	信用等级较低的借款者	信用等级较高的借款者	差 额
发行长期债券需付固定利率	11.50%	9.00%	2.50%
借入短期资金需付利率	优惠利率+1.75%	优惠利率	1.75%
实际支付利率	9.00%	优惠利率-0.25%	
各借款人可节约的利率成本	2.25%	0.25%	

四、利率互换的主要风险

利率互换除了具有上述优点之外,作为金融衍生工具也会给投资者带来风险。目前,国际上,互换已成为众多商业机构运用的金融工具,商业银行、保险公司、实业公司、养老基金,甚至还有政府机构,均广泛地参与了互换交易。在过去的十年中,也发生过因金融衍生产品交易导致重大风险事件发生的惨痛案例,例如:1995 年 1 月,世界最老的商业银行——巴林银行,就因为交易员利森个人在衍生产品交易中的违规冒险而最终破产;又如,1994 年 12 月,美国橙县财务破产事件,就是由于该县在利率互换交易中的失误引发的。

通常,利率互换衍生产品的风险可概括为以下几个方面:

(一) 市场风险

理论上说,每一份能在利率上升时获利的互换合同均能与另一份能在利率下降时获利合同或证券相对冲或匹配。然而事实上并非总是如此,当利率上下波动时,由于衍生组合产品并不能进行完全的对冲,因而衍生组合产品的净值也将随之波动,这样一来,市场风险往往孕育其中。因此,管理策略(尤其是高层管理策略)便成为衡量市场风险高低的关键因素。

(二) 合约风险(Documentation Risk)

由于场外衍生交易通过电话询价操作,因此,参与者往往在交易发生之后才准备交易合约。衍生交易通常通过电讯或传真进行确认,然后合约在第二天订立完成,这就存在着合约风险。为此,很多银行使用国际互换交易商协会(ISDA)提供的主协议,来降低与衍生交易相关的合约风险。

(三) 信用风险

信用风险是交易对手方不履行其有真实市场价值的合同的风险。对于银行来说,这是最常见的风险。在利率互换中,名义本金是没有风险的。但是如果甲方比乙方支付得多,甲方在收到乙方的支付而自身仍未支付时,这种风险将增加。解决的一种方法是,如果交易对手方的信用质量开始恶化,那么他们可以向对这种信用风险持有不同看法或对该交易对手方有好感的第三方进行该衍生产品(如互换)的交易。

(四) 模型风险

衍生产品的价值是来源于理论模型的计算结果,理论模型的质量参差不齐。交易参与者根据这些模型,估算出单笔互换的费用以及出现交易失败的几率,然后,计算出应进行多大规模的交易才能做到收支相抵。交易参与者各自对模型进行测试和修正,然而,这些模型的质量都依赖于历史记录。一旦模型出现纰漏,将给交易者带来巨大的风险。

(五) 法律风险

尤其是有国际交易对手方参与时,合同生效的时间、交易对手方参与衍生产品交易的合规性等都存在法律方面的风险。目前,银行正在致力于确保交易对手方能合法地参与衍生交易,银行和监管者正一道为发展衍生交易而建立一个广泛的可接受的法律框架。

(六) 系统风险

由于互换交易经常涉及不同的市场和工具,因此,一家陷于危机中的银行很可能对其他银行产生影响,并导致结算系统的失败。虽然,对衍生产品的组合进行管理并不会创造新的风险,但其功效也仅仅是对存在的风险采取一些具体的措施。

(七) 交割风险(Delivery Transaction Risk)

在跨币种交易中,交割或结算往往不能同时发生。与其他许多交易一样,如果交易一方在收到现金或资产之前,先支付了资金或交付了资产,那么,就有潜在损失的可能。

第三节 货币互换

货币互换也是国际金融市场上常见的金融衍生工具之一,由于货币互换也可能只进行利息的交换,故也可被视为利率互换,因此在基本结构、基本流程、原理、功能和主要风险方面与利率互换大体一致。

一、货币互换

货币互换(Currency Swaps)是将一种货币的本金和固定利息与另一货币的等价本金和固定利息进行交换。也就是说,货币互换交易是两种货币之间的交换交易。货币互换当事人双方可以选择在互换开始和结束时进行本金的交换,也可以选择不进行本金的交换。因此,货币互换实际上也是利率互换,只不过是不同货币的利率互换。

货币互换按照利息支付的形式,可以分为:固定利息对固定利息的货币互换、浮动利息对浮动利息的货币互换以及固定利息对浮动利息的货币互换。期限上,目前主要外币一般都可以做到10年左右。

1981年,IBM公司和世界银行进行了一笔瑞士法郎和欧元与美元之间的货币互换交易。当时,世界银行在欧洲美元市场上能够以较为有利的条件筹集到美元资金,但是其实际需要的却是瑞士法郎和欧元。此时持有瑞士法郎和欧元资金的IBM公司,正好希望将这两种货币形式的资金换成美元资金,以回避利率风险。于是,在所罗门兄弟公司的中介下,世界银行将低息筹集到的美元资金提供给IBM公司,IBM公司将自己持有的瑞士法郎和欧元资金提供给世界银行。通过这种互换交易,世界银行以比自己筹集资金更为有利的条件筹集到了所需的瑞士法郎和欧元资金,IBM公司则回避了汇率风险,低成本筹集到美元资金,获得"双赢"。通过这项互换交易,世界银行和IBM公司在没有改变与原来的债权人之间的法律关系的情况下,低成本筹集到了自身所需的资金。这是迄今为止正式公布的世界上第一笔货币互换交易,也成为货币互换诞生的标志。

二、货币互换的基本流程

货币互换的主要原因是双方在各自国家的金融市场上具有比较优势。假定英镑和美元汇率是1英镑=1.5000美元。A公司希望借入5年期的1000万英镑借款,B公司希望借入5年期的1500万美元借款。但由于A的信用等级高于B,两国金融市场对A、B两公司的熟悉状况不同,因此市场向它们提供的固定利率也不同(如表14-6所示)。

表14-6 市场提供给A、B两公司的借款利率

	A公司	B公司
英镑市场	11.60%	12.00%
美元市场	8.00%	10.00%

从表14-6可以看出,A的借款利率均比B低,即A在两个市场上都具有绝对优势,

但绝对优势大小不同。A在美元市场上的绝对优势为2.0个百分点,在英镑市场上只有0.4个百分点。这就是说,A在美元市场上有借款的比较优势,然后通过互换得到自己想要的资金,并通过分享互换收益(1.6个百分点)降低筹资成本。

于是,A以8.00%的利率借入5年期的1 500万美元借款,B以12.00%利率借入5年期的1 000万英镑借款。然后,双方先进行本金的交换,即A向B支付1 500万美元,B向A支付1 000万英镑。

假定A、B公司商定双方都获得一部分互换收益,则A、B公司都将使筹资成本降低0.8个百分点,即双方最终实际筹资成本分别为:A支付10.80%的英镑利率,而B支付9.20%的美元利率。这样,双方就可以根据借款成本与实际筹资成本的差异计算各自向对方支付的现金流进行利息互换。即:A向B支付10.80%的英镑借款的利息共计108万英镑,B向A支付9.20%的美元借款的利息计138万美元。经过互换后,A的最终实际筹资成本降为10.80%英镑借款利息,而B的最终实际筹资成本变为8.00%美元借款利息加1.20%英镑借款利息。若汇率水平不变的话,B最终实际筹资成本相当于9.20%美元借款利息。若担心未来汇率水平变动,B可通过购买美元远期或期货来规避汇率风险。

在贷款期满后,双方要再次进行借款本金的互换,即A向B支付1 000万英镑,B向A支付1 500万美元。到此,货币互换结束。若不考虑本金问题,上述货币互换的流程图如图14-8所示。

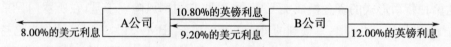

图14-8 货币互换流程图

由于上述货币互换涉及本金互换,因此当汇率变动很大时,双方就将面临一定的信用风险。当然这种风险仍比单纯的贷款风险小得多。

三、货币互换的评价

货币互换是一项常用的债务保值工具,主要用来控制中长期汇率风险,把以一种外汇计价的债务或资产转换为以另一种外汇计价的债务或资产,达到规避汇率风险、降低成本的目的。早期的"平行贷款"、"背对背贷款"就具有类似的功能。但无论是"平行贷款"还是"背对背贷款"仍然属于贷款行为,在资产负债表上将产生新的资产和负债。而货币互换作为一项资产负债表外业务,能够在不对资产负债表造成影响的情况下,达到同样的目的。

货币互换的优点就在于通过锁定汇率,从而规避未来汇率变动风险。但如果将来汇率变化向有利的方向发展,则公司会失去获得更有利汇价的机会。

专栏 14-4

货币互换案例分析

货币互换是一种比较复杂的交易,需要银行的精心安排才能发挥出最大的功能。1999年招商银行成功地运用货币互换为一家国内客户安排了一组避险交易,交易情况是这样的:该企业以租赁形式从国外进口一套大型的机器设备,租赁贷款的金额为日元,贷款期限5年,从第一年开始每半年偿还一次利息,利率固定;本金从第一年开始等额偿还,每年还一次。但是,该企业的收入绝大部分来源于美元和与美元汇率挂钩的人民币及港币,若日元兑美元汇率大幅上升,企业将背上沉重的债务负担。

招商银行的客户经理得知这一情况后立即向交易部门要求协助。交易部门与客户服务部立即组织了一个联合工作小组。该小组分析了企业的现金流,并对市场进行了详细调查,认为可以也应当使用货币互换对冲整个系列的现金流的风险敞口,但这种互换交易存在特殊性:第一,企业没有日元现金,进口的设备本身物权没有最后转移,不能用于抵押,因此需要银行提供某种特别安排以便达成交易;第二,租赁形式的贷款的本金每年递减,需要执行"分期"货币互换(分期货币互换指本金按在交易时预定的某一安排而逐渐减少的特殊货币互换)才能使交易的现金流与租赁贷款的现金流对应,这使得定价和寻找交易对手方面有一定难度。为此,工作小组一方面研究特别安排的可行性,一方面利用招商银行的国际市场联系找到了多个有意向参与交易且价格条件合适的对手,最后设计出一套可行的方案:

(1) 招商银行暂垫付美元,企业将美元出售,即期买入日元,金额相当于租赁贷款的本金。

(2) 企业委托招商银行做一笔日元兑美元的以固定利率交换固定利率的分期货币互换,换出买入的日元,换入美元。换入的美元用于归还招商银行的代垫款。即期买卖和互换交易的交割日定为同一天,这样银行并没有实际垫款,避免了信用风险。

(3) 到每半年的付息日时,企业用自有资金通过银行向交易对手支付美元利息,同时收到交易对手支付的日元利息,用于偿还租赁贷款的利息。

(4) 到每年的还本日时,企业用自有资金通过招商银行向交易对手支付应偿还的那部分美元本金,同时收到交易对手付来的应偿还的那部分日元本金,用于偿还租赁贷款中规定偿还的那部分日元本金。这样,交易和贷款剩余的本金都逐渐减少,直到全部还清。

上述方案的结果是,企业可以把日元贷款置换为美元贷款,有效规避了汇率风险。

互换交易的价值随市场变化而变动,因此存在一定风险。对于招商银行来说,这种风险表现为企业和交易对手违约的风险,属于信用风险范畴。为了严格控制风险,招商银行进行了大量的工作,评定企业和交易对手的信用等级,评价交易真实价值风险,设计安全保障措施,用保证金、资产抵押等方法提高保障程度。方案得到了客户的同意。

启示：从1999—2000年的汇率走势来看，上述的那笔货币互换确实让该企业"赚"了一把，但这是不是该笔交易值得称颂的唯一原因呢？反过来说，如果后来日元走弱，那是不是意味着该笔交易是一笔坏交易呢？答案是否定的。避险措施的真正意义在于它们能把企业的实际经营、发展和生存从市场的剧烈波动中分离出来，使企业能以其真正的本领实现避险目标。

关于货币互换，还有几点需加以说明：

1. 货币互换中规定的汇率，可以是即期汇率（Spot Rate），也可以是远期汇率（Forward Rate），还可以由双方协定取其他任一汇率水平，但对应不同的汇率水平，利率水平也会有所不同。

2. 在货币互换中，期初的本金互换可以省略，该步骤可以没有，但对应的利率水平可能会有所不同。这样，对于那些已经提款使用的贷款，仍然可以使用货币互换业务来管理汇率风险。

3. 货币互换的办理程序中，需要凭借经公司法人代表或有权签字人签字、加盖公章并有原贷款银行签字同意的办理利率互换申请书，签订货币互换协议书，并由原贷款人提供互换交易项下的延续性担保，然后到银行询价交易。中外合资、合作以及股份制公司还须提交董事会决议书。

从上述内容中可以看出，互换交易有以下特点，即较大的灵活性、较少的风险性、债务额的不变性、合同的单一性。它的作用也十分明显，主要表现为：

(1) 交易双方利用各自的优势达到降低筹资成本的目的。
(2) 可以防范和转嫁长期利率与汇率波动的风险。
(3) 通过交易，筹资者可以比较容易地筹措到需要的期限、币种、利率的资金。
(4) 可以用来调整财务结构，使资产负债实现最佳搭配，以分散风险。
(5) 互换交易额不增加举债总额，并且不计入资产负债表，是受欢迎的表外业务。
(6) 有时可以用来规避各项法令的限制。

总之，互换是目前国际金融市场上非常火爆的业务，熟悉和掌握了互换业务的商业银行，已经跨入了一个新时代。互换拓宽了商业银行的经营收益，充分发挥了其巨大的信息优势和活动能力；丰富了商业银行风险管理的手段；有利于商业银行规避不利的市场条件和管制，从而有助于银行的稳定经营，同时促进了商业银行提供全面的金融服务。目前我国已经具备了互换交易的基本条件，我们应在实际工作中注意学习和运用互换交易业务，办好每笔交易，为创建现代化的商业银行打好基础。

【能力训练】

一、简答题

1. 简述金融互换的基本流程。
2. 简述利率互换的功能与主要风险。

3. 举例比较说明什么是普通香草型利率互换与双重利率互换。
4. 举例说明什么是互换交易。

二、思考与应用分析题

5. 公司 A 和 B 可按以下的利率借到 2 000 万美元 5 年期的贷款：

	固定利率	浮动利率
公司 A	12.0%	LIBOR+0.1%
公司 B	13.4%	LIBOR+0.6%

公司 A 想获得浮动利率贷款；公司 B 想获得固定利率贷款。请设计一个互换，使得该互换对 A 和 B 双方都有同样吸引力。

6. 公司 X 希望以固定利率借美元，公司 Y 希望以固定利率借日元。双方公司所需金额在即期汇率下基本相等。在对两个公司的税务状况做了调整之后，它们可得到如下利率报价：

	日元	美元
公司 X	5.0%	9.6%
公司 Y	6.5%	10.0%

设计一个互换：以银行为中介，净利润为每年 50 个基本点；使该互换对双方有同样的吸引力。

第十五章　国际金融市场

【内容提要】本章介绍了国际金融市场中进行国际间资金融通的国际信贷市场和国际债券市场。主要介绍了国际信贷市场的交易机制与运行,以及国际债券市场的发行与交易。随着金融全球化的不断深化,对各经济体而言,把握国际信贷市场和国际债券市场的业务活动、市场结构、交易与运行机制就显得愈加重要。

【重点难点】本章的学习重点是把握辛迪加贷款的程序和运行,理解国际债券和外国债券的区别并把握国际债券的发行机制。了解国际信贷市场的交易技术和风险管理机制是本章的难点。

【基本概念】欧洲货币　欧洲货币市场　银行同业拆借利率　国际银行业设施　银团贷款　远期利率协定　国际债券　外国债券　欧洲债券　扬基债券　欧洲清算系统　塞德尔

国际金融市场为金融活动提供了主要依托和运行机制,高度一体化的国际金融市场已经成为连接各国经济的重要纽带。国际金融市场,根据交易的金融工具不同,可以分为外汇市场、黄金市场、国际信贷市场、国际债券市场、国际股票市场和国际衍生金融工具市场等。国际信贷市场和国际债券市场的资金供应者主要是各种金融机构,如商业银行、储蓄银行、投资公司、保险公司、信托公司以及跨国公司、各国货币当局、国际金融组织、私人投资者等。资金需求者主要是国际金融机构、各国政府机构、工商企业等。随着金融全球化趋势愈演愈烈,进行国际间资金筹集和运用的国际信贷市场和国际债券市场地位愈加重要。

第一节　国际信贷市场

国际信贷市场是国际资金借贷活动得以发生的场所,也是各国政府、国际金融机构和国际银行业在国际金融市场上向客户提供信贷的场所。早期最主要的国际信贷活动是由银行为国际贸易融通资金,即由银行向进出口商提供贸易信贷以促成贸易的顺利进行。这种形式的信贷活动对国际贸易和世界经济的发展具有重大的意义。随着国际经济一体化程度的加深,国际信贷活动在不断发展的同时,其本身的形势也逐渐出现了实质性的飞跃和发展。

一、国际信贷市场的形成

当代国际信贷市场的基础是欧洲货币市场。

欧洲货币(Eurocurrency)并非指欧洲国家的货币,而是指任何一种存放在发行国境内,并且不受发行国当局有关法令、规则管辖的货币。当一定数量的某种货币以支付商品或劳务的形式存放到或被直接转移到发行国境外的某个不受发行国当局任何管辖的金融机构时,就形成了欧洲货币。实际上,直接转移资金对欧洲货币市场的出现发挥了实质性的作用。因此,欧洲货币市场就是利用货币发行国境外的该货币进行存贷活动的银行业市场,也是经营非居民的欧洲货币存贷活动的市场。

在欧洲货币市场形成之后,直接转移的资金仍然是这一市场的主要资金来源。20世纪70年代,石油输出国两次大幅度提高石油价格,获得了巨额石油美元。根据国际清算银行(BIS)估计,每年平均有1/3的巨额石油美元回流至欧洲货币市场,成为其重要的资金来源。20世纪80年代,由于油价疲软和债务危机的影响,旧的资金来源受到了影响,但来自日本、联邦德国等国际收支盈余国的资金转移构成了欧洲货币市场资金的新来源。

欧洲货币市场既然吸引了众多的资金,就必然需要有通畅的资金投放渠道。20世纪70年代巨额石油美元回流问题产生以后,欧洲货币市场在疏通资金使用渠道方面发挥了不可替代的作用,大量国际信贷活动就是在这个时期发展起来的。私营企业主、政府借款者等告贷者纷至沓来,一些国际机构也经常告贷于欧洲市场。此外,各国际银行也利用欧洲市场进行同业拆借,构成了当代国际信贷活动的主体。

就国际信贷市场的交易方式来看,由于它主要是组织大规模的借贷款,并且以银行同业拆借为主体,因此它的形式类似于外汇市场,而不同于国际债券市场。因此,国际信贷市场是以银行间的电讯网络联系起来的,并没有一个完全固定的地点。另一方面,由于这一市场是以从事欧洲银行业活动(超脱政府管辖,以欧洲货币为交易媒介)的银行为基础构成的,因此这类跨国银行聚集的地区就自然形成了一个个相对有形的国际信贷市场中心。

国际信贷活动的市场中心按照地理区域大致可以划分为五大区域:

(一) 西欧区

主要市场中心是伦敦、苏黎世、巴黎和海峡群岛。伦敦一直是国际上最大和最著名的国际银行业集中地。伦敦中心的突出成就得益于两个方面:一方面是自从为英帝国进行贸易融资开始,伦敦就一直是金融投资的热点;另一方面,更重要的是英国的银行条例区别对待从事英镑业务的银行和从事外币业务的银行。英国的中央银行——英格兰银行对欧洲货币存款不要求缴纳存款准备金,对外国银行的分支行也没有最低资本的要求。因此,在伦敦的欧洲货币市场上起主导作用的不是英国的银行,而是美国和日本的海外银行。在业务活动的侧重点上,美国银行专注于发行大额定期存款单方面的融资活动,而日本银行则注重把自己充裕的资金通过银行间市场贷出。伦敦是世界上最主要的中期信贷贷款中心,因此伦敦银行同业拆借利率(London Inter-Bank Offered Rate, LIBOR)也就成为中期贷款中最常使用的参考利率。

(二) 加勒比海和中美洲区

主要市场中心是巴哈马、开曼群岛。其中开曼群岛是美国银行设立空壳分行(Shell

Branch)的最佳地点之一。这些空壳分行在开曼群岛依法成立,但实际上这些"银行"的实际业务却是在纽约银行总部大楼里的单列账本上成交的。

(三) 中东区

巴林是中东区的国际汇兑和欧洲货币交易中心,其欧洲信贷活动以巴林银行同业拆借率(BIBOR)为基础,业务包括欧洲美元和欧洲沙特利亚尔。

(四) 亚洲区

主要市场中心是新加坡、香港和东京。新加坡是欧洲货币("亚洲美元")中心,东京近年来也有长足增长。不过相比之下,西欧地区仍然是国际信贷活动的主要场所。

(五) 北美洲区

包括美国所有设立国际银行设施的州和加拿大的蒙特利尔、多伦多等。在美国本土,1981年12月3日国际银行业设施(IBFs)的成立标志着欧洲货币业务在美国境内的事实获得了法律许可。IBFs是指美国的银行或设在美国的外国银行分行,或跨洲经营发公司(Edge Corporation)建立的一种独立账户。美国的银行对在这一账户上发生的存款没有准备金或利率上限要求,但对非银行存款规定了2个营业日的最低存款期限,对非银行机构交易规定了10万元的最低限额。只有外国居民和IBFs所属银行才可以利用IBFs进行存贷款。如果IBFs所属银行从IBFs借款,则该银行须遵从美国政府对欧洲货币借款规定的有关准备金要求。目前,美国的许多州都通过法律豁免IBFs的地方税,但IBFs的活动仍须缴纳联邦税。IBFs还有一个最重要的特点,就是不能够发行可转让票据(比如大额可转让定期存单),也不能向联邦存款保险公司投保。

二、国际信贷市场的业务方式

从欧洲市场上各银行资金来源的性质看,欧洲货币市场主要是一个短期资金市场。各国中央银行通常将其外汇储备直接或通过国际清算银行存入欧洲市场中的商业银行,以3个月为期,获取短期利息;国际清算银行和欧洲投资银行等国际金融机构也将其资金存入欧洲市场上的商业银行;大银行和大公司一般都是利用这个市场来调剂它们的短期现金头寸。20世纪70年代中期以来,中长期信贷数量增加,并成为市场信贷业务的主要构成部分。

欧洲市场上信贷交易的一般特点是:每笔交易数额巨大,少则数十万美元,多则可达数亿甚至数十亿美元;银行同业交易比重很大;银行业的活动管制少,竞争激烈,效率高;信贷利率结构独特,存放款利率差很小。这些特点都有利于国际信贷交易的进行。

欧洲货币市场的活动方式主要是通过存贷款及发行债券来调剂境外资金的供求。欧洲货币存款有三种类型:第一种是通知存款(Call Deposit),即隔夜至7天的存款,客户可随时发出通知提取;第二种是定期存款,以1~3个月期限为多,最长可达5年;第三种是可转让定期存单(Negotiable Certificate of Deposits),是欧洲银行发行的境外货币存款凭证,期限有1、3、6、9、12个月等,持有者需要现款时可以在市场上转售,目前有美元、英镑、日元、科威特第纳尔等存单,以欧洲美元发行的数量最大。

欧洲市场上的主要贷款方式也有三种:

（一）银行同业短期拆借

这是欧洲货币市场最早的贷款活动,目前仍占重要地位,期限最短为隔夜(日拆),最长不超过 1 年。同业拆放主要依靠信用,一般不事先签订合同,利率一般以国际性利率——伦敦银行同业拆放利率(LIBOR)为基础,加上一定的息差率(Spread),息差率一般由借贷双方自行议定,在 0.25%～1.25%之间。

（二）中长期贷款

这是欧洲市场放款的重要形式,是欧洲银行以境外货币发行的贷款,期限在 1～10 年。这种贷款的特点不在于期限的长短,而在于利率的规定。20 世纪 70 年代以前,以固定利率为主。20 世纪 70 年代以后,由于国际经济环境的变化,国际中长期信贷主要采用浮动利率贷款。其利率通常是以主要金融中心 3 个月或 6 个月的存款利率为基础,在贷款有效期内每隔 3 个月或 6 个月按市场利率的变化调整一次,所以称为浮动利率贷款。对于金额大、期限长的贷款,一般要签订借贷合同,有时还需要借方银行或官方机构提供担保,贷方则往往是几家甚至几十家银行组成银团来分散风险。这种形式就是著名的辛迪加贷款方式(Syndicated Credits),也就是银团贷款,它已经成为目前国际市场中长期信贷的最主要方式,大大扩展了跨国银行的国际贷款能力。

（三）发行欧洲债券来筹措长期资金

欧洲债券市场是在欧洲短期和中长期市场的基础上发展起来的,近年来由于浮动利率票据的发展,特别是票据发行单的发行,这两个市场关系日益密切,参与者往往可以根据对市场条件的判断灵活选择运用这两个市场。

欧洲市场上的银行业务以同业往来占支配地位。然而对于非银行部门,即各种公司和政府部门的银行业务,对这些实体信贷活动的增加必然会带来附加的市场影响,因此也占有重要地位。但这类信贷的期限一般比较长,因而借款人违约拖欠还款的可能性也更大。因此,银行在这种信贷上征收的资本成本的差幅也相应大于银行同业拆借利率。此外,各大银行还使用滚动定价(Rollover Pricing)来避免银行贷款利率低于存款利率的现象出现。滚动定价贷款,即由一串根据不同的利率定期滚动的短期贷款组成一笔事实上的长期贷款。更确切地讲,这笔长期贷款的利率在每个确定的短时期(一般是 6 个月)内是确定的,然后每 6 个月根据市场利率的变化调整一次。其公式为:

$$i(t)=r(t)+贷款差幅$$

其中:t 表示每个短时期开始的时间,$i(t)$ 表示贷款利率,$r(t)$ 表示当时的市场利率。滚动定价贷款中最重要的因素是市场参考利率的确定,即银行同业拆借利率。

三、国际信贷市场的信贷扩张问题

自从欧洲货币市场成为当代国际贷款市场的主体以后,国际金融界为它究竟是像一国的银行体系一样仅仅充当贷款者和借款者之间的中介人,还是也有信用创造的能力而争论不休。

根据货币银行学原理,中央银行是准备金的唯一创造者,准备金持有量与全部存款之间有一定的倍数关系,银行准备金的增减会导致银行信用成倍地膨胀或收缩。例如在美国,银行体系的整个货币基础包括联邦储备银行所发行的通货和在联邦储备银行的存款,也就是所谓的强力货币(High-Powered Money),在这一基础上可以派生出若干倍的商业银行存款。假设政府规定准备金比率为20%,即100万美元存款须留存20万美元准备金,那么,当政府增发100万美元通货,从整个银行体系来说,存款总额将会增加500万美元,银行准备金将会增加到100万美元。所以在没有"漏损"(Leakage)的情况下,准备金持有量和全部存款之间有一种倍数关系,商业银行存款扩张的倍数就是准备金比率的倒数。信用扩张倍数用公式表示为:

$$m = M/H$$

其中:m为货币倍数或乘数(Multiplier),M为货币总量(包括商业银行存款和现金),H为货币基础(包括银行准备金和现金)。

根据上述原理,又有:

$$m = 1/rd$$

其中:rd为准备金比率。

而实际上,在银行贷出的款项中,会有一部分被人们以现金的形式持有,一部分作为税收上缴政府。所以,贷出的款项中会有部分从银行体系"漏损"掉,因而倍数实际上要取决于准备金比率和"漏损"比率。用公式表示为:

$$m = \frac{1}{1-(1-rd)(1-L)}$$

其中:L表示漏损率。

一些经济学家把这一公式用于分析欧洲货币市场,即以M代表欧洲货币市场总额,H代表欧洲货币基础。这样,在不考虑"漏损"的情况下,根据信用扩张倍数是准备金比率的倒数的原理,如果$rd \to 0$,则$m \to \infty$。而事实上,欧洲市场上的银行活动不受任何当局管辖,没有任何准备金要求,所以从理论上rd可以等于零,则$m = \infty$。依此推理,欧洲货币市场规模(M)可以在只有很小的欧洲货币基础(H)之上无限扩大。

但是事实上,欧洲市场并不具备这种信用扩张能力,这是因为:首先,欧洲货币市场虽然没有准备金的强制性规定,但银行存款不可能全部贷出,这是限制欧洲货币市场信用膨胀的一个主要力量。任何一家谨慎的银行都必须考虑到它的清偿能力,保持一定数量的流动资金(Working Balance)。其次,倍数原理在开放经济和封闭经济中的作用是不一样的。对于一个封闭的经济来说,倍数分析可能是研究信用创造的一项有用工具。在封闭经济社会中,若商业银行发现它有过多的准备金,而保持准备金是得不到利息的,那么它就会购买债券或进行贷款来摆脱过多的部分,这将使准备金对存款的比例下降,直到这一比例大体处于政府规定的水平(即法定准备金比率)为止。另一方面,在国内银行体系中,当一家银行将存款贷出时,只有小部分回流至原来的银行,但从整个银行体系来说,这笔存款总是留在国内银行体系中,而不会出现流失。但是欧洲货币市场就不同了,它不是一个封闭的经济体系,而是与各国的金融市场有着不同程度的联系,因此资金经常会从该市场上流入或流出。例如,当借款者到欧洲市场借款以后,没有把钱存入欧洲市场的银行，而是用于国内或国际市场的其他经济活动，这笔资金就流出了欧洲货币市场。而且，以欧洲美元市场为例，它同美国国内金融市场一样都是经营美元业务，二者相互间存在竞争关系，由于欧洲货币利率对资金供求十分敏感，资金流动比较自由，所以欧洲美元市场和美国国内金融市场之间，资金经常会随着利率波动而流来流去。由于欧洲美元市场几乎不受管制，利率完全受供求支配，而不像美国国内市场那样主要受联储的控制，因此当资金大量流入时，利率会被迅速压低，于是，欧洲美元市场上的一部分资金为追求高利率就会流回美国国内市场或其他市场。所以，在欧洲货币市场复杂的利率机制作用下，在新的存款资金流入的同时，往往会有一部分从市场流出。因此，欧洲货币市场的"漏损"很大，而且变动不定，难以估计，所以目前还难以对欧洲货币市场的信用膨胀程度做出准确的定量结论。

由于缺乏统一的、普遍认可的标准，西方经济学界从不同的角度分析欧洲货币倍数，得出了很不相同的结论。一些经济学家认为欧洲货币市场没有准备金规定，只受对借贷资金的需求和贷款机构本身的谨慎态度的限制，信用膨胀必定很大。华盛顿大学教授马金(John Making)估计欧洲货币存款扩张的倍数为7～20；日内瓦大学教授斯沃博达(Alexander Swaboda)估计在1.5～1.75之间。然而，另一些人则认为倍数等于零，纽约联储就抱有这种看法。国际货币基金组织专家则认为倍数小于1。

由于欧洲货币市场"漏损"很大，存款扩张的倍数不会远远超过1。从实际情况来看，我们可以得出两点结论：一是欧洲货币市场的确有扩张的作用，欧洲美元资产大大超过美国对外短期债务就是一个证明；二是欧洲货币市场的扩张主要取决于国际收支平衡的规模及各国政府在欧洲市场借款的意愿，因为欧洲货币市场的迅速发展是由于一些国家有持久的国际收支顺差，另一些国家有持久的国际收支逆差，他们通过欧洲市场融通资金，就像石油美元回流一样。

四、国际信贷辛迪加贷款

在20世纪70年代国际信贷市场发展的黄金时期，市场影响的迅速扩大是以资金来源急剧增加和大量借款人纷至沓来为标志的。每笔欧洲信贷额一般都比较大，通常都在2 000万～5 000万美元之间，10亿或20亿美元的巨额贷款也并不少见。这样大的数额个别银行难以承担，主要原因不是财力不济，而是由一个银行提供，在财政上是不安全的。于是，对于金额较大、期限较长的贷款通常不是由一家银行单独提供，而是由多家银行组成的银行集团共同承担，这就是银团贷款(Consortium Loan)，也称为辛迪加贷款(Syndicated Loan)。

辛迪加贷款是指由一家贷款银行牵头，由该国的或几国的多家贷款银行参加，联合起来组成一个结构严谨的贷款银团，按照同样条件共同对另一国的银行、政府、公司企业提供一笔长期巨额贷款。

对贷款银行来说，这种贷款的优点是分散贷款风险，减少同业之间的竞争。对借款人而言，可以筹集到独家银行所无法提供的数额大、期限长的资金。

（一）辛迪加银团的构成及组成贷款的程序

一笔辛迪加贷款主要涉及借款人和银行两个方面。银行在发行过程中起主要作用。

参与一笔辛迪加贷款的银行中,一般要有牵头行、参与行、代理行三方当事人。

牵头行(Lead Manager)一般是一家,也可以是几家,负有组织这笔辛迪加贷款的主要责任。包括三个方面:一是与借款人商定贷款的期限和各项条件;二是安排其他参与贷款银行的各自份额;三是分析金融市场状况。

参与行(Participating Banks)是其他受邀参加辛迪加贷款并且接受这种邀请的银行。在参与行中,那些在贷款中占据了相对大份额的银行又称为管理行(Managing Banks)。管理行与一般参与行的区别在于,前者要协助牵头行做好这笔辛迪加贷款工作。其他参与行若有兴趣在这笔贷款中发挥更积极的作用,也可以充当合作管理行(Co-managers)一类的角色。

代理行(Agent Bank)是借贷双方委托一家银行来监督这笔贷款的进行。代理行一般是牵头行中的某家银行,它的职责是负责监督管理这笔贷款的具体事项,包括同借款人的日常联系、通知各银行及时按规定拨款、负责计算和收取在偿还期的利息和本金、按各贷款银行提供的数额进行分配等。

组织辛迪加贷款的程序包括:

1. 借款人确定参加辛迪加贷款的银行。

一般有两种基本选择方式:招标制和密商制。招标制是一种间接公开的方法,借方向国际市场宣布借款意图和投标的截止日期,然后评价各项投标并做出自己的选择,适用于新借款者和缺乏经验的借款者。密商制是一种不公开的方法,借方根据自己过去的经验,或是在与一批银行私下接触讨论之后,挑选一家可信任的金融机构,由它负责作为牵头行协调本次贷款辛迪加的形成。这种方式要求借方有更多的专门知识和技巧,但借方由此可以对整个谈判过程和款项的实际获得拥有更多的控制。

一般借款人会首先考虑与自己有密切业务往来而且关系良好的银行。如果该银行对借款人的意向感兴趣,借款人就可以出具一份委托书(Mandate Letter),授权该银行担任牵头行,代借款人组织愿意提供贷款的各家银行,但这份委托书并无法律上的约束力。然后由牵头行向借款人出具一份义务承担书(Commitment Letter),表示愿意承担义务。承担的义务有三种:(1)坚定地承担(Firm Commitment)。即使其他银行都不参与,自己会单独提供这笔贷款;(2)尽最大努力承担(Best-Efforts Basis)。竭尽全力组织辛迪加,万一失败则不提供贷款;(3)不作承诺(No Commitment)。试试看,能组成银团最好,不成功即作罢。

专栏 15-1

银团贷款协议及主要条款

第二十七条 银团贷款协议是银团贷款成员与借款人、担保人根据有关法律、法规,经过协商后共同签订,主要约定银团贷款成员与借款人、担保人之间的权利义务关系的法律文本。银团贷款协议应包括以下主要条款:

> （一）当事人基本情况；
> （二）定义及解释；
> （三）与贷款有关的约定，包括贷款金额与币种、贷款期限、贷款利率、贷款用途、还款方式及还款资金来源、贷款担保组合、贷款展期条件、提前还款约定等；
> （四）银团各成员承诺的贷款额度及贷款划拨的时间；
> （五）提款先决条件；
> （六）费用条款；
> （七）税务条款；
> （八）财务约束条款；
> （九）非财务承诺，包括资产处置限制、业务变更和信息披露等条款；
> （十）违约事件及处理；
> （十一）适用法律；
> （十二）其他附属文件。
> ——中国银行监督管理委员会《银团贷款业务指引》，银监会〔2007〕68号

2. 牵头行与借款人共同拟定一份情况备忘录（Information Memorandum），说明借款人的财务状况和其他有关情况；随后牵头行即着手联系参加银行，向数百家银行发出邀请并随信附上情况备忘录副本，同时对拟定贷款做详细介绍。

一家信誉卓著的欧洲银行通常有多达500家银行参加银团贷款的详细档案材料。这些材料有助于牵头行了解哪些银行对提供贷款感兴趣。如果邀请到足够的参加银行，就可以组成辛迪加集团。这通常需要15天至3个月时间，多数是在6个月左右。

3. 组成银团后，牵头行就可以同借款人商定贷款协议的具体条款并签订协议。

如果在组成辛迪加筹资时管理行已经向借款人担保提供所需的足额贷款，则这就是"全部承贷"(Fully Underwritten)贷款。在"全部承贷"情况下，贷款余下的部分代理行包括牵头行必须承购。

如果在组成辛迪加时，管理行与借款人商定的是"尽力而为"(Best Efforts)，则管理行只需尽力而为，可以削减或改变贷款条件，而并不必要补充份额。

（二）辛迪加贷款的成本

借款人除了要偿还贷款本金和利息之外，辛迪加贷款中的贷方利益还包括其他一些费用收入。

欧洲银行贷款的利率，是以伦敦银行同业拆借利率（LIBOR）作为计息的基础，加上一个附加利率。由于欧洲中长期信贷的期限较长，短的3或5年，长则10年以上。市场利率变动频繁。贷款银行和借款人都想避免蒙受因利率变化所造成的风险和损失。因此，中长期信贷的利率一般不采取一次定死、全期适用的固定利率，而大都采用分期按市场利率变动进行调整的浮动利率，一般是每隔3个月或半年，根据市场利率变动情况调整一次。

例如，一笔 5 年期的贷款，借贷双方商定每半年调整一次利率，则在提供贷款时首先确定最初半年适用的利率，然后在半年后根据利息调整日前两个营业日那天伦敦时间上午 11 时(现为下午 4 时)的 LIBOR 报价，确定第二个半年适用的利率，依此类推。这样 5 年期贷款，可分为 10 个计息期，利率可变动 9 次。

附加利率的幅度，则视贷款余额的多寡、贷款期限的长短、市场资金的供求、贷款所用货币的风险、借款人的信誉等情况而定，一般是 0.375％～2.5％。期限相对较短的贷款，在整个贷款期内采用一个附加利率，而期限相对较长的贷款，在整个贷款期内采用分段计算的附加利率。例如，一笔 7 年期贷款，前 3 年和后 4 年分别规定两个不同的附加利率。一般是后几年的附加利率稍高于前几年。

贷款利息在每一个计息期的期末支付一次，按实际用款额和实际用款天数计算，一年按 360 天计。用公式表示：

$$I = P \times i \times (n/360)$$

其中：I 表示利息额，P 表示实际用款额，i 表示利率，n 表示实际用款天数。

从 1980 年起，部分欧洲美元中长期信贷改以美国国内商业银行的优惠贷款利率为基础，加上一个附加利率计息。一般美国优惠贷款利率要高于 LIBOR，但也有例外。

辛迪加贷款的各项费用收入可以分为周期性成本(Periodic Costs)和即付成本(Upfront Costs)两大类。

周期性成本一般包括三部分：第一部分是为实际使用的信贷支付的利息。如果按贷款协定利息是 6 个月 LIBOR 加上 1％的差幅，则借款人在一使用贷款时就需要对所得的信贷数量支付利息，以后再定期支付。第二部分是对未使用的贷款部分定期支付承诺费(Commitment Fees)。承诺费是贷款银行已经按借贷双方签订的贷款协议筹措了资金，而借款人未能按期使用贷款，因而他应向贷款银行支付的一种赔偿性费用，费率一般在 0.25％～0.75％之间。第三部分是一小笔定期向代理行支付的代理费(Agent Fees)，作为其提供服务的酬金。代理行受其他参加银行的委托，为安排贷款与借款人进行直接联系，联系时所发生的一切费用，如电报、电传、办公费等也都由借款人负担。这些都是贷款协议签订后发生的费用，其收费标准视贷款余额大小和贷款事务繁简而定。一般按商定的固定余额，每年支付一次，直至贷款全部偿还为止。

因此，一笔辛迪加贷款的周期性成本计算公式如下：

周期性成本＝使用信贷总额×(参考利率＋差幅)＋未使用信贷总额＋承诺费＋代理费

即付成本是指向牵头行和管理行支付组织和管理的费用。这种费用约占贷款总额的 0.5％～2.5％，是一次性付清的成本。支付方式有三种：一是在签订贷款协议时一次支付(对贷款银行最有利)；二是在第一次提款时支付；三是在每次支用贷款时按支用额分次支付(对借款人最有利)。在实际操作时，管理行在获得这笔费用后还会将一部分分给参与行，所以又可以把即付成本分为管理费(Management Fees)和参与费(Participation Fees)。牵头行在管理费中得到的份额最大。

近年来，国际信贷市场的一项新发展是大银行在管理辛迪加贷款方面朝着专业中间人的方向发展,大银行组织辛迪加贷款只是为了收取即付费用(即管理费),然后大银行会把贷款份额中的大部分卖给较小的银行或其他金融机构。这种新发展是由于银行界在辛迪加贷款中利用各自的比较优势以及有关当局对银行业贷款制定的新规则(如国际清算银行提出的适度资本比率要求)所致。

五、国际信贷市场的风险管理

(一)银行同业市场的价格结构和风险

国际信贷交易的价格基础是银行同业市场,而银行同业市场交易则是以定期存款借贷业务为基础,所以,有必要了解一下银行同业市场的价格结构。

欧洲货币存款交易的结算日一般是在成交日之后再隔两个营业日。存款的标准期限一般是1个月、2个月、3个月、6个月、9个月和12个月。还有更多期限的定期存款。一天期的称为"隔天即期"(Spot Next),一星期的称为"一周即期"(Spot Week),两星期的称为"两周即期"(Spot Fortnight)。当天进行并结算,但要第二天到期的存款为"隔夜存款"(Overnight Deposit);当天进行,第二天结算,第三天到期的存款为"明后天存款"(Tomorrow/Next Deposit)。

欧洲货币的交易方式与外汇交易相似,既可以直接交易,也可以通过经纪人交易。欧洲货币交易的造价者会标出带有买进卖出差幅的双向价格。买入价(the Bid Rate)表示交易商向存款支付的利率;而卖出价(the Offer Rate)则是交易商对贷款的收费,亦即贷款利率。买入卖出价差幅在欧洲美元交易中一般是0.125%(即12.5个基点)。如果有经纪人插手交易,则在成交后经纪人向交易的双方各收取0.03125%(即3.125个基点)的经纪佣金。

由于欧洲货币市场本身是国际间各种可兑换货币的"境外"交易市场,所以欧洲货币存款与同一币种的国内活期存款之间具有一定程度的可替代性。但同时,这两种境内和境外形式的存款又有其各自的特点。比如,欧洲货币利率一般高于同货币的国内存款利率,目的是吸引国内存款并对存款者在发生外汇管制时遭受的风险提供补偿;又如,欧洲货币存贷款的利率差幅比较小,反映出欧洲市场银行不受存款准备金约束、竞争激烈的特点。由于欧洲市场上的大银行一次交易量很大,属于批发性借贷业务,其规模经济效益可以减少银行的业务成本,并使银行准备金始终处于最优组合状态。而国内银行却总是不得不持有高于最优水平的准备金。这也决定了它在利率确定上较相应货币的国内银行具有明显的竞争优势。

欧洲货币市场借贷活动的一个显著特征是"借短贷长",接受的多是几天到几个月的定期存款,而贷出的却常是几年以上的中长期贷款。可见,欧洲市场上借贷期限并不相符。作为期限不匹配的借贷交易,其盈利性就不仅取决于银行同业市场的存贷款利率(Bid and Asked Rates)差幅和欧洲信贷交易附加的差幅,而且还取决于利率的期限结构(Term Structure of Interest Rates)。所谓的利率期限结构,是指利率以某份资产或负债的不同期限的函数表示出来所构成的图表(如表15-1)。

表 15-1 利率期限结构

T(天数)	i(年利率)
32	0.098 7
60	0.100 0
191	0.101 3
182	0.103 8
367	0.106 5

基本利率结构有三种：一是"向上倾斜"(Upward-sloping)的期限结构，即随着期限延长年利率也增加；二是"向下倾斜"的期限结构，即随着期限延长年利率趋于下降；三是"不变"(Flat)的期限结构，即年利率不因期限变化而变化。

期限结构的倾斜状况与利率的标价法有关。由于欧洲货币通常是以 360 天为一年的年利率标价的，所以使用有关的远期汇率能更了解利率期限结构的倾斜状况。

为方便论述，我们先假设没有存贷款利率差幅，只标出一个利率的情况。设在时间 t 有两笔存款，一笔的利率为 $i(t,n)$，期限为 $t+n$；另一笔利率为 $i(t,T)$，期限为 $t+T$，其中 $t<T$。我们还可以设想除了这两种利率以外，还存在着第三种类似于远期价格的利率 $f(t+n,T-n)$。这样，当第一笔存款到期后，可在时间 $t+n$ 以 $f(t+n,T-n)$ 的利率再进行期限为 $t+T$ 的存款，最终受益则会与第二笔存款相同，即：

$$1+i(t,T)\frac{T}{360}=\left[1+i(t,n)\frac{n}{360}\right]\times\left[1+f(t+n,T-n)\left(\frac{T-n}{360}\right)\right] \quad (1)$$

解 $f(t+n,T-n)$，得：

$$f(t+n,T-n)\left(\frac{T-n}{360}\right)=\frac{1+i(t,T)(T/360)}{1+i(t,n)(n/360)}-1 \quad (2)$$

从上式中可以看出 $\frac{1}{[1+i(t,T)(T/360)]}$ 正是折扣债券 $B(t,T)$ 的价格，所以(1)式可以简写为：

$$B(t,T)=B(t,n)H(t+n,T-n) \quad (3)$$

其中：

$$H(t+n,T-n)=1/[1+f(t+n,T-n)\cdot(T-n)/360] \quad (4)$$

即是暗含的(或类似的)远期债券价格。

下面举例说明所谓的暗含的远期价格。设利率和期限如下：

n(天数)	i(年利率)	B(远期价格)
182	0.103 8	0.950 1
367	0.105 0	0.903 3

根据(3)式,可以得到暗含的远期债券价格 $H(t+182,185)$:

$$0.9033 = 0.9501 \times H(t+182,185)$$

可得:

$$H(t+182,185) = 0.9507$$

或者,可以根据(1)式算出暗含的远期利率(即影子远期利率):

$$1 + 0.1050 \times (367/360) = [1 + 0.1038 \times (182/360)][1 + f(t+182,185)(185/360)]$$

可得:

$$f(t+182,185) = 0.1009$$

在上例中我们可以算出暗含的远期利率是10.09%。这意味着如果某投资者以10.38%的利率做了一笔182天的存款,然后根据暗含的远期利率10.09%,再做一笔185天的存款,其最终在367天到期时的收入会和从一开始投资就按10.50%利率进行367天存款的收入相同。换句话说,如果开始时按10.50%的利率借了一笔期限为367天的款,以10.38%的利率先投资于182天的存款,再以10.09%的利率投资于185天的存款,则最终结果是不盈不亏。这说明如果某人借长贷短,则只要贷款是根据暗含的远期利率展期的,结果可以是不盈不亏。反之亦然,如果某人借短贷长,只要根据暗含的远期利率不断借款,则可以在不亏损的前提下支持长期贷款。

然而,从上述分析中我们又不难看出,如果在时间 $t+n$,到期日为 $t+T$ 的市场利率与暗含的远期利率不同,则借短贷长有发生盈利或亏损的可能性。在低于暗含的远期利率的短期利率借短贷长时,有盈利的可能,反之则会亏损。也就是说,在借长贷短的情况下,如果贷款的展期利率高于暗含的远期利率,会带来盈利,反之则亏损。

由此可见,与借贷期限转换相关的利率风险是短期市场利率与影子远期利率有差别的结果。所以也可以把期限转换看成是对利率状况的一种投机或打赌。根据这一特征,所谓的借短贷长就表示贷方银行判定实际短期市场利率会低于影子远期利率;同样,所谓的借长贷短则表示贷方银行判定实际短期市场利率会高于影子远期利率。这种判断的实质显示出影子远期利率应与利率预期有关。

上述关系又指出,在影子远期利率 $f(t+n, T-n)$ 与预期的短期利率[时间$(t+n)$]之间可以有一等式。即如果 $I(M,t)$ 与时间 t 时的市场信息集合,则存在着如下可能性:

$$f(t+n, T-n) = E[i(t+n, T-n) \cdot I(M,t)] \tag{5}$$

上式即为说明利率的期限结构原理的预期理论。这一预期理论是纯粹经验性理论。(5)式并非市场上合理行为的结果,但在欧洲信贷市场上(5)式仍有其作用,人们可以借此来了解在把期限转换仅作为对利率走势的赌博时,零预期利润所需的条件。

在一定情况下,人们可以运用影子远期利率作为单纯的套汇交易的基础。如果人们可以锁住(Locked,即事先用合约形式规定)实际的远期利率,用以保障在借贷交易中可以有一笔净利润,则未来未知的市场利率就不会带来利率风险。

（二）国际信贷汇率风险管理

由于国际信贷市场的交易活动涉及不同种类的货币,因此主要涉及两种风险:汇率风险和利率风险。

对于汇率风险,理论上,选择何种货币作为一笔中长期贷款的货币,对最终成本并无太大影响,因为汇率的变动会与有关货币国内通货膨胀率的变动相抵消。但实际上目前国际市场上主要货币成本的变动情况却复杂得多,因为货币汇价的发展趋势从来都是不稳定的。汇率的变动虽然可以预测,汇率的走势虽然可以被干预,但人们并不可能确切把握各种货币成本的实际变动情况,或者说,汇率和利率的变动总有很大的不确定性。因此,国际金融界普遍认为,使负债的货币构成分散化、多样化,乃是最妥当的策略。

至于如何实现分散化和多样化,国际上主要有几种观点:一种是对于那些经常和长期的借款者,可以选择美元和非美元货币(西欧的主要货币和日元)各占50%的负债货币结构;一种认为对于主权政府借款者,债务货币的构成应尽量与本国出口收入的货币构成相吻合,使有关的各种因素相互中和,进而达到风险最小化的目的。另一种类似的观点是主权政府的借贷货币构成,可选择与本国货币汇率有关的"货币篮子"相吻合,以达到风险最小化。这种设想的实行可以采用欧洲货币单位标价这种现成的"货币篮子"标价方法,以达到分散化和多样化的目标。

（三）国际信贷利率风险管理

对于因市场利率变动而带来的风险,可以用锁住远期利率的方法来消除。目前,国际上常用的锁住远期利率的方法有两种:远期利率协定(FRAs)和欧洲货币期货合同(Futures Contracts)。

1. 远期利率协定(FRAs)。

远期利率协议是一种远期合约交易,它是买卖双方同意在未来的清算日,对某一协议期限的名义存款与名义贷款金额,就协议利率与参考利率的差额而进行支付所签订的远期合约。买方希望防止利率上升带来风险损失,卖方希望防止利率下降带来风险损失。交易双方在清算日(或起息日)根据当天市场利率与协议利率的清算差额,进行现金支付。

从本质上来讲,远期利率协议由两个贷款协议组成,一个是固定利率贷款,一个是浮动利率贷款。但它与远期贷款的不同之处在于:它没有本金的支付,交易只是在假想的基础上进行,使得远期利率协议成为表外工具,从而不影响公司的资产负债结构。

例如一份从订立之日起6个月后开始生效、有效期3个月(即从订立之日起9个月后终止)的3个月利息率合同,这种协定被称为"三对九"(Three Against Nine)协定。在市场上有效的任何这类远期利率协定的利率都可以用来和影子远期利率 $f(t+180,90)$ 进行比较。如果协定利率与影子远期利率发生偏差,则有利率偏差利润或损失的出现。

2. 欧洲货币期货合同

欧洲货币期货合同是用来对根据LIBOR进行滚动定价的欧洲信贷作套期保值的。而且这种在银行同业市场和欧洲货币期货市场之间进行的套期保值活动本身也可能是有利可图的。

欧洲美元期货价格以面值100万美元的未来3个月欧洲美元存款利率为依据,即:

100－未来3个月欧洲美元存款利率(以百分比表示)

因此,投机者如果判断利率会趋于下降,则他会做期货交易的买入方;如果判断利率会趋于上升,则会做卖出方。

由于合同面值是100万美元,则对一份360天期的存款来说,一个基点(0.01％)是100美元。一份3个月存款的一个基点则是25美元。期货交易市场上就是将在买入和卖出方之间每25美元的转移作为一个基点变化的。例如,如果期货价格从88.15跌到88.13,则卖出方盈利50美元而买入方损失50美元。由于市场上时时有人或者愿意充当买方或者愿意充当卖方,所以由供求决定的期货价格也是变动不定的。

欧洲美元期货合同是在芝加哥的国际货币市场(IMM)、伦敦的伦敦国际金融期货交易所(LIFFE)、新加坡国际货币交易所(SIMEX)交易的。在这三个交易所内,欧洲美元期货交易的交割期都是3月、6月、9月和12月。也就是说,如果某项交易选定在3月份交割欧洲美元期货合同,则3个月的存款期会从3月份的交割日开始算起,交割规定在交割月的第三个星期三进行。期货合同的最后一个交易日是该第三个星期三的两个营业日前的那天。

但是在国际货币市场、新加坡国际货币交易所的期货合同交易和伦敦国际金融期货交易所的期货合同交易之间有一个明显的不同之处。在伦敦国际金融期货交易所的期货交易中,在交易结束日仍处于空头状态(即卖空状态)的一方有责任把在任何一家伦敦银行中的相应数额的3个月期的欧洲美元存款转交给期货交易中的头寸多头一方。合同的多头方(即买空方或买入方)有权选择是实际交割还是以现金结算那笔定期存款。如果是实际交割定期存款,则在交割日(即交割月的第三个星期三)由交易的多头方对每份期货合同支付100万美元现金,收入一份3个月期的存款,其利率由最后一天的结算价格决定。例如,如果最后那天的结算价格是90.45,则买空方得到的那份存款的年收益(以360天计算)是:

$$100-90.45=9.55$$

实际卖空方可以给出一份利率不是9.55％的存款,但实际交割的存款年收益和9.55％之间的差幅以现金补足。

国际货币市场的交易则不同,期货合同只能以现金交割。换句话说,在交易中没有任何欧洲美元存款发生实际交割,而是在最后一个交易日(即第三个星期三的前两天),交易双方根据期货价格的变动做现金交割。此后一切了清,即期货合同不再有效,不会再有现金或任何其他东西的转手发生。

如果在国际货币市场的期货合同交易中不发生实际的存款交割,那么似乎会产生一个问题:在最后那个交易日,是什么力量促使期货价格与当天的即期价格相等呢? 在伦敦国际金融期货交易所的期货合同交易中,这个问题很容易解决,即市场上的套头交易(Arbitrage)会自动解决这个问题。在伦敦国际金融期货交易所的最后那个交易日,市场上会有两种方式可购入一份3个月期欧洲美元存款。一种方式是从银行同业市场直接购入一份存款;另一种方式就是购入一份伦敦国际金融期货交易所的欧洲美元期货合同。于是在这两个市场之间的套头交易会促使两个市场上的价格趋于相等。但是在芝加哥国际货币市场上则不可能进行这样的套汇活动。

芝加哥国际货币市场上使欧洲美元期货价格与即期价格相等的方式,是由交易所在最后那个交易日决定结算价格。国际货币市场持有一份列有至少20家从事欧洲美元存款业务的伦敦银行的名单,在某个期货合同的最后一个交易日,交易所从银行名单中抽出12家,得到这12家银行3个月LIBOR的标价,从中剔除标价最高的两家和标价最低的两家,然后以剩下8家标价的平均数求出3个月存款利率。这种挑选12家银行的做法一天进行两次,一次是伦敦时间下午三点半,另一次是在营业日结束前的最后90分钟内。这两次抽样就会产生两个不同的3个月期存款利率。这两个利率的算术平均数即为最后交易日的最终结算价格。

下面我们从两个实例来进一步理解如何利用欧洲美元期货活动来进行国际信贷市场上的利率风险管理。

例15-1 假设,6月12日,某银行了解到银行同业市场上3个月期欧洲美元存款利率是10%。如果当日借入一笔100万美元的存款,其开始生效日是6月16日,到期日是9月16日,总共92天。该银行又了解到它能以$10\frac{13}{16}$%的利率贷出一笔6个月期的欧洲美元存款。如果当日贷出,其开始生效日是6月16日,到期日是12月16日,总共183天。同时,9月份的欧洲美元期货价是89.23(即10.77%)。综合来看,上述价格说明该银行可以贷出那笔6个月期的贷款,资金来源则是连续两笔3个月期的借款,并能从中保证获利。

但这笔交易中银行也会碰到问题。即银行的6个月贷款可得$10\frac{13}{16}$%年利率,而它的第一期3个月借款只需付10%的年利率,但第二期3个月借款的利率却是未定的。换言之,银行需要先计算出影子远期利率f,因为这是银行为偿付第二期3个月借款所承担得起的利率,并且影子远期利率水平也意味着整个交易盈亏相抵。因此,有:

$$1+\left(0.10\frac{13}{16}\right)\times(183/360)=[1+0.10\times(92/360)]\times[1+f(91/360)]$$

解得: $f = 11.34\%$

可见只要银行确信它对第二期3个月借款所付利息率少于11.34%,它就可以从这笔借贷交易中获利。如上面所说,9月份欧洲美元期货合同价格是10.77%,所以银行通过以89.23的价格卖出一份9月份合同,就可以保证在利率趋于上升的情况下获利,其活力(现金流入)程度足以抵消第二期3个月借款超过10.77%的成本。由于银行可以以低于11.34%的任何价格盈利,因此银行可以通过期货合同的套头交易而保证在6个月期贷款中获利。

例15-2 假设借款人的目标是保障自己免受贷款利率在意料之外的增加之害,这笔贷款利率是按LIBOR价差幅定价的。于是,借款人可就每100万美元的未到期借款卖出一份欧洲美元期货合同。这样，如果LIBOR利率增加，使得借款人在借款的新的滚动期不得不支付更高的利息时，在期货合同中却可盈利，并可以用由此得到的流入现金抵消增加的利息成本。反之亦然。

在欧洲美元期货合同的到期日，期货价格应与即期价格（即当日利率）相符。因此如果期货合同的利率已经高于即期利率，则在整个期货合同有效期内期货价格的变动幅度将小于即期价格的变动幅度。那样如果借款人让这笔借款的美元本金进入欧洲美元期货市场进行套头交易，由期货合同带来的现金流入并不能全部抵销借款人利息成本的增加。当然，借款人也有变通方法，他可以卖出一份金额大于借款本金的期货合同，以便在利率上升的情况下由此引起的现金流入可以大约抵消借款成本的增加。但这种做法的风险较大，一旦利率下降，由期货合同引起的损失将大于借款成本的减少。大多数借款人是不愿意冒这种风险的。

仍然使用上例的数据。设有一笔贷款按3个月期LIBOR加上1％差幅作出，该贷款每3个月按新利率展期一次。下一个利率周期将是从6月16日到9月16日。而新周期运用的LIBOR将根据6月16日的两个营业日前那天的情况确定，即在6月12日确定。价格则与上例相同，即3个月期欧洲美元存款利率是10％，而欧洲美元期货是89.23（10.77％），借款人会就其每100万美元的借款本金卖出一份欧洲美元期货合同。

现在假设利率上升，而这笔贷款在9月14日以12％的LIBOR展期，这天（即期货合同到期日）的期货合同价格是88.00（12％）。每份期货合同的利润会是123个基点（即89.23－88.00）或3 075美元（由123×$25＝$3 075得到）。借款人在9月16日到12月16日期间增加的利息成本会是：

$$(91/360) \times (0.12 - 0.10) \times \$1\,000\,000 = \$5\,055.55$$

不难看到，增加了的利息成本$5 055.55只会得到部分抵消，因为由期货合同得益只是$3 075。这$3 075抵消掉了"预期"的利率变化即是由最初的期货价格10.77％和实际发生12％的利率之间的差额所引起的（12％和10.77％之间的差幅正是123个基点，即$3 075）。而"未预期"的变化，即10％和10.77％之间的差额则没有因为进行了期货套头交易而得到补偿。

概括而言，一笔贷款的利率有效期（每一个利率周期）不会与期货合同期限相符。因此，套头交易的效果究竟如何，取决于LIBOR和欧洲美元期货价格的相对变动。

最后值得一提的是，国际信贷市场上的利率风险管理还可以求助于欧洲美元期货期权工具。欧洲美元期货期权在芝加哥国际货币市场和伦敦国际金融期货交易所交易。一份国际货币市场欧洲美元期货买入期权使购入者获得买入欧洲美元期货合同的权力，而一份欧洲美元期货卖出期权则使购得者得到卖出欧洲美元期货合同的权力。

第二节 国际债券市场

国际债券是一种跨国发行的债券，涉及两个或两个以上的国家，因此具有与国内债券相比独特的特点，如资金来源广、发行规模大、发行的进入门槛较高、存在汇率风险、一一般以自由兑换货币作为计量货币(以美元、英镑、欧元、日元和瑞士法郎为主)等。国际债券的发行和交易就构成了国际债券市场。

一、国际债券的含义与种类

国际债券是债券中与国内债券相对应的范畴,它是指一国借款人在国际证券市场上发行的,以外国货币或欧洲货币为面值的,向外国投资者发行的债券。广义的国际债券包括外国债券和欧洲债券。

(一)外国债券

外国债券(Foreign Bond)是指发行者在外国债券市场上发行的,以发行地所在国货币为面值的,并由发行地所在国金融机构承销的债券。它的特点是债券发行人属于一个国家,债券的面值货币和发行市场则属于另一个国家。1982年1月中国国际信托投资公司在日本债券市场发行100亿日元私募债券,就属于外国债券,这是国内机构首次在境外发行外币债券;1984年11月中国银行在东京公开发行200亿日本债券,标志中国正式进入国际债券市场。

专栏 15-2

外国债券简介

外国债券是一种传统的国际债券。其中,最典型的就是扬基债券。除此以外,还有日本的武士债券(Samurai Bond),即非日本发行人在日本债券市场上发行的以日元为面值的债券;英国的猛犬债券(Bulldog Bond),即非英国发行人在英国债券市场上发行的以英镑为面值的债券。

2005年2月18日,中国人民银行、财政部、国家发改委和中国证券监督委员会联合发布了《国际开发机构人民币债券发行管理暂行办法》,允许符合条件的国际开发机构在中国发行人民币债券。2005年10月,中国人民银行批准国际金融公司和亚洲开发银行在全国银行间债券市场分别发行人民币债券11.3亿元和10亿元。这是中国债券市场首次引入外资机构发行主体,是中国债券市场对外开放的重要举措和有益尝试。根据国际惯例,国外金融机构在一国发行债券时,一般以该国最具特征的吉祥物命名。据此,国际多边金融机构首次在华发行的人民币债券被命名为熊猫债券(Panda Bond)。熊猫债券是国际多边金融机构在中国发行的人民币债券,属于外国债券。

——中国证券业协会编《证券市场基础知识》,
中国财政经济出版社2008年版

目前典型的外国债券是由非美国发行人在美国债券市场上发行的以美元为面值的债券。这种债券又被称为扬基债券(Yankee Bond),它有以下特点:

1. 发行额大,流动性强。20世纪90年代以来,平均每笔扬基债券的发行额大体都在7 500万～15 000万美元之间。扬基债券的发行地虽在纽约证券交易所,但实际发行区域遍及美国各地,能够吸引美国各地的资金。同时,又因为欧洲货币市场是扬基债券的转手市场,因此,实际上扬基债券的交易遍及世界各地。

2. 期限长。20世纪70年代中期,扬基债券的期限一般为5～7年,80年代中期以后可以达到20～25年。

3. 债券的发行者为机构投资者(如各国政府、国际机构、外国银行等)。购买者主要是美国的商业银行、储蓄银行和人寿保险公司等。

4. 无担保发行数量比有担保发行数量多。

5. 由于评级结果与销售有密切的关系,因此非常重视信用评级。

(二)欧洲债券

欧洲债券(Euro Bond)即境外债券,是指发行人在境外发行的以发行地所在国以外的第三国货币作为面值的债券,往往由国际承销团承销。欧洲债券是在20世纪60年代初期随着欧洲货币市场的形成而出现和发展起来的,到20世纪70年代中期已经初具规模,目前,欧洲债券已经成为各经济体在国际资本市场上筹措资金的重要手段。欧洲债券最大的特点就是,债券发行者、债券发行地点和债券面值所使用的货币可以分别属于三个不同的国家,因此又被称为无国籍债券。比如,英国某公司发行以美元为面值的债券,这种债券不是在美国发行而是在美国以外的其他国家和地区发行,可以在一个国家或地区发行,也可以同时在几个国家或地区发行,通常可以由法国、荷兰、卢森堡等国的金融机构以及美国金融机构的海外分支机构组成的国际辛迪加进行承销,这就是欧洲债券。

欧洲债券有如下特点:

1. 没有官方机构管制,发行债券的手续简便,不需要在证券委员会登记注册,除欧洲日元债券外,一般也不需要获得资信评级。发行者不需要提供大量数据资料,指定主办银行后,即可公布发行事宜。

2. 票面使用的货币一般是可自由兑换货币,主要是美元,其次还有欧元、英镑、日元等,也可使用复合货币单位,比如特别提款权。

3. 发行时机、发行条件(价格、利率、手续费等)可随行就市,由当事各方自由决定。

4. 债券的期限一般3～5年,最长可达20年。

5. 发行债券由跨国的银团、包销团和销售团组成。面向世界范围内的广大地区销售,可以自由选定债券经纪人。

6. 债券为不记名的实物债券,有利于发行者和投资者保密。

7. 投资者购买债券先缴纳利息所得税,可以促进债券的流通。

显然,欧洲债券才是真正意义上的国际债券。

二、国际债券市场的含义与种类

国际债券市场是指居民与非居民之间或非居民与非居民之间,按照市场机制,发行、交易和清算国际债券的市场。与国际债券分为外国债券和欧洲债券相适应,国际债券市场也可以分为外国债券市场和欧洲债券市场。目前美国、瑞士、德国和日本是世界上最主要的外国债券市场。

由于欧洲债券具有许多独特的优点，使得欧洲债券市场发展迅速，并具有市场容量大、自由灵活、安全性高、可选择性强、免缴税款和不记名、流动性强等特点。同时，欧洲债券市场以创新品种众多著称。在计息方式上，有传统的固定利率债券、种类繁多的浮动利率债券、零息债券、延付息票债券、累进利率债券和在一定条件下将浮动利率转换为固定利率的债券等；在附带选择权上，有双货币债券、可转换债券、附权证债券等。其中，双货币债券是指以一种货币支付息票利息，以另一种货币支付本金的债券。

此外还有很多债券市场，比如亚洲债券市场。亚洲债券市场的发展源于人们对1997年东南亚金融危机的反思，它是亚洲债券发行、交易和流通的市场，是以亚洲地区为主的区域性债券市场。在该市场进行交易的亚洲债券，是用亚洲国家货币定价，并在亚洲地区发行和交易的债券。

三、国际债券的一级市场

与一般债券市场一样，国际债券市场也分为一级市场即国际债券的发行市场，和二级市场即国际债券的交易市场，也是连接国际筹资者和国际投资者的桥梁和纽带。

（一）国际债券一级市场的参与者

国际债券一级市场的参与者主要包括以下三类：

1. 发行人。就是国际债券的发行主体。各国金融监管当局对外国债券，尤其是对公募债券发行人的资格要进行严格审查。欧洲债券的发行同样要经过权威机构的信用评级。因此，在国际债券市场上的发行人主要是各国政府、国际机构和大的跨国公司等信用级别比较高的主体。

2. 中介机构。就是发行人和投资人的中介，包括承销集团、受托人和主要支付代理（或财务代理）等。在发行公募债券时，发行人一般都选择主承销人，由主承销人再选择其他金融机构组成承销集团，共同出资，目的是为了分散风险，增强承销实力，便利分销。发行人在发行债券时，要为投资者选择受托人。受托人一般由证券公司或投资银行担任，代表投资者的利益，与发行人进行交涉并订立合同。支付代理负责从发行人处收取债券本息并偿付给最终投资者。财务代理代表发行人的利益，负责监督债券发行机制的真实性，同时充当付款代理。如果在新欧洲债券发行中出现受托人，则会另外有一个支付代理代表发行人的利益。

3. 投资者。就是购买国际债券的主体，主要是机构投资者、较少的个人投资者和各国政府。

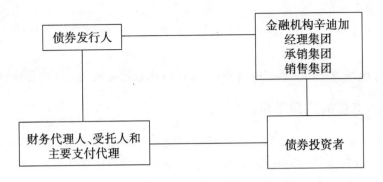

图 15-1 欧洲债券一级市场参与者的关系链条

（二）国际债券的发行条件

国际债券在发行市场上市前,应该确定好以下发行条件：

1. 发行额。债券发行额应该适当,可根据发行者的资金需要、发行市场的具体情况、发行者的信誉程度以及债券种类等因素来确定。

2. 偿还年限。债券的偿还年限则要依据发行者使用资金的实际需求、传统做法、当时的法令规定、利率等因素确定。

3. 利率。发行者应与承购公司协商,在不影响销售的情况下争取尽可能低的利率,因为利率越低对发行者越有利,而投资者则正好相反,希望利率越高越好。

4. 发行价格。债券的发行价格是以其出售价格与票面金额的百分比来表示的,它应与当时的市场利率保持同步,即利率制定偏高时,可提高发行价格；反之,则应降低发行价格。

（三）国际债券的发行程序

国际债券市场主要是发行外国债券和发行欧洲债券的国际债券市场。

1. 外国债券的发行程序。外国政府到东道国证券市场发行外国债券,应按以下程序进行：

（1）去东道国债券交易委员会注册,按照规定填写注册登记表。

（2）进行外国债券的评级。由专门的评级机构对发行者的偿还能力做出充分估价,对债券的信誉评级,可作为投资者购买债券的参考。

（3）准备有关文件,比如注册登记表、财务代理人协议、包销人协议、销售集团协议及债券所附的契约条款等。

2. 欧洲债券的发行程序。欧洲债券市场是一个批发性的市场,凡能进入该市场筹款的筹款者,必须有很高的资信。欧洲债券的发行者在取得了发行该种债券的资格和做好了相应准备后,就应进行以下程序：

（1）选定牵头的银行。这个牵头者应该是由资金雄厚、经验丰富、信誉卓著的大银行来担任。

（2）组织经理银行集团。每个经理银行都须负有认购并推销一部分债券的责任。

（3）签订债券发行合同。由牵头的经理银行作代表与债券发行人签订债券包销和认购总合同,层层下包。

(4) 进行必要的广告宣传。利用广告的轰动效应吸引投资者,尽快地完成债券的发行工作。

欧洲债券市场由于不受政府的管制,一般可以比较容易地在3周内募集到资金。

四、国际债券的二级市场

国际债券正式发行后当天即进入二级市场交易。国际债券的二级市场交易需要区分交易(Trading)和清算(Clearing)。交易是指根据协商价格买卖债券。清算是指债券交易后在有关各方之间转移债券所有权的过程。

(一) 债券交易

在国际债券市场上,各种外国债券都是在市场所在地进行交易和清算的。欧洲债券市场的交易中心主要是伦敦的场外市场,其他地方诸如法兰克福、阿姆斯特丹和苏黎世也很重要。

债券买卖的订单通过市场参与者传递。市场参与者分为经纪人和造价者。经纪人接受买卖债券的订单,并负责找到债券交易的另一方。经纪人的收费一般是交易额的 0.0625%。欧洲债券市场的经纪人也可以为自己买卖。但是经纪人一般不会同时提出买入和卖出两种价格,也不会直接与零售顾客打交道,而主要是作为造价者之间的中介人发挥作用。相比较来看,造价者则向零售顾客标出买入和卖出两种价格,并可以从事其中任何一种类型的交易。造价者也可以使用自有资本购买债券。

除了委托经纪人交易的情况外,在二级市场参与者之间进行的交易都无需支付任何佣金。造价者在买卖债券中的获利来自于买入和卖出价之间的差幅(Spread)。固定利率债券的买卖价差幅一般是 0.5%,但实际上差幅取决于市场条件,因而有不同的层次。在一笔新债券发行后的头几天,买卖量最大,差幅可能只会有 0.125% 左右,交易量不大的时候差幅则可能达到 1.5%。浮动利率债券的流动性更强,因此差幅也就更小。

债券的交易一旦实际进行,交易价格也就确定了。但是,实际付款和得到债券要直到起息日(Value Date)才能进行。所谓起息日是指金融交易的结算日。在欧洲债券交易中,实际交易发生后的一个星期(即包括假日在内的连续7个日历日)中的任何一天都可以作为起息日。

(二) 债券清算

债券清算的主要目的是减少因债券交易而发生的成本。也就是说,实际债券的换手应越少越好。因此,国际市场上的债券交易采取了类似外汇交易或欧洲货币存款交易的方法,即有关金融机构在发生一笔外汇交易或欧洲货币存款交易后,只需改变账户上所有者的名字和金额,并且以电传告诉有关方面即可。

大多数欧洲债券的清算是通过两个主要的清算系统——欧洲清算系统(Euroclear)和塞德尔(Cedel)进行的。两个清算系统的业务都发展很快。自1971年起,这两个清算系统就建立了相互之间的业务联系渠道,并且自1981年起发展成为一个完整的电子计算机联系网络。

专栏 15-3

欧洲清算系统和塞德尔简介

欧洲清算系统于1968年创立,1972年从创始人摩根保证信托公司收回所有权,并将总部设于布鲁塞尔。其主要业务有:为世界各国从事国际债券发行、买卖的银行,证券公司、金融机构等提供集中的结算场所;从事债券实体保管、债券出租和借用,与债券交易有关的清算和调拨等服务。该系统在纽约、伦敦、巴黎、卢森堡、多伦多、巴塞尔、苏黎世、法兰克福、东京、香港、新加坡等处设有相应的分支机构。目前,欧洲清算系统的股东包括2 000多家国际知名的金融机构和公司。

卢森堡证券市场不仅存在发行欧洲债券的一级市场,还有欧洲债券的二级市场,并于1970年1月由25个国家的71家银行出资,设立了塞德尔股份公司,专事承办欧洲债券买卖的结算工作。塞德尔公司还负责为卢森堡债券市场保管债券现货。塞德尔的104家股东代表了近2 000家著名国际商业实体的利益。

清算系统的运转大大减少了实际债券交易的换手。据统计,清算系统入账的债券交易额中只有不到5%的比例需要实际换手。清算系统通过与世界上各主要银行的联系建立起了一个提供受托保管服务的全球网络,即以清算系统为中心,以遍布世界各金融中心的大银行为受托人的国际网络。一旦顾客把购得的债券提交给某个受托人(大银行)保管,那么他在以后的债券交易中就无须实际转移有关债券了。

欧洲债券的发行人还可以利用欧洲清算系统和塞得尔向承销辛迪加成员和最终投资者分置新债券;清算系统也可被借款人用来向债券持有人支付债息。除此以外,近几年来,清算系统的又一重要功能是从事有关证券的借贷。证券借贷活动是由国际金融市场上日益复杂的证券组合管理需要引起的。债券借入者的目的是借此调节自己的债券头寸组合,贷出者则借此赚取收益。在这样的借贷活动中,清算系统的作用就变得十分突出,实际上,借贷者均以清算系统为中介,而相互间并不再需要见面。借取债券的期限一般不超过6个月。同时,清算系统控制不会让债券借出的比例超过其流通总额的10%。

清算系统的运转使参与者可以避免交割风险(Delivery Risk)。所谓交割风险,是指在一方得到债券前已出现了可以得到收益的机会,或在付出债券后却不能马上得到相应收入。于是,在债券交割和款项支付之间的时差,就是这笔应付或应得的款项面临市场汇价变动的风险。而清算系统则可以消除这种风险,因为清算系统要求在得到债券的收据和支付款项两者都具备时才可以实际交割。

目前,在清算系统交易的有将近30种货币标价的8 000多种不同的证券,包括各种类型的欧洲债券、政府债券、欧洲中期票据、各国商业票据、欧洲商业票据、银行家承兑票据以及各种类型的国际股票。通过现代电讯和财务管理网络处理遍及世界各地的如此众多的证券交易,清算系统体现出其独有的效率、廉价和安全性三大优势。使用清算系统的客户只需把自己办公室的终端机与清算系统的电脑并网,就可在终端机上发出买卖指令,并可通过终端机了解清算系统的交易情况,甚至是最新的交易情况。

由于清算系统的巨大功能和效益,国际债券交易商协会(AIBD)已于1988年末筹建了两个功能相关的新的清算系统——ACE 和 TRAX。AIBD 的会员中的大多数都自动成为新的清算系统的成员。现在清算系统的业务以每年50%的比例增长。随着债券交易的扩大和国际证券市场的波动加剧,在清算系统的组织基础上,在欧洲债券市场上出现了一个专门的债券交易所已经是可以预见的事了。

五、欧洲债券的价值决定与交易战略

欧洲债券是金融市场资产的一种代表,它的价值也因此取决于金融市场上短期利率和债券债息率之间的关系。市场上各种即期利率与市场参与者对未来利率的预期结合起来,会影响人们所采用的不同的交易战略,这些交易战略的实行又会影响到债券价格。

(一) 利率和债息率

债息率的确定可以参考向零息债券这样的折扣债券的净折扣率做出。

设本年度为时间 t,而某债券 $D(t,T)$ 在时间 $t+1,t+2,\cdots,t+T$,需要用美元作数额为 $C(t,1),C(t,2),\cdots,C(t,T)$ 的债息额支付,如果每个年度需支付的债息额都相同,则对所有的 n 来说,有 $C(t,n)=C(n=1,2,\cdots,T)$。例如,对一张面值为 1 000 美元,债息率为10%的债券来说,$C(t,n)=\$100$。该债券又需在时间 $t+T$ 偿还本金 $p(t,T)$,也就是1 000美元本金。

在此基础上,假设把息票从该债券上撕下来,并且每张息票和本金偿还都独立兑现。由于一张息票 $C(t,n)$ 在时间 $t+n$ 之前不涉及现金流动,因此该息票的现行价值即为 $B(t,n)C(t,n)$,其中 $B(t,n)$ 是一份折扣债券的现行价格[折扣债券在时间 $(t+n)$ 需支付一美元或一单位其他货币]。由于该债券的每张息票将得到 $C(t,n)$ 美元的偿付,所以它的价值相当于折扣债券的现行价格与偿付额的乘积,即 $B(t,n)C(t,n)$。

因此,债券 $D(t,T)$ 的全部息票价值为:

$$D(t,T)=B(t,1)C(t,1)+B(t,2)C(t,2)+\cdots+B(t,T)C(t,T)+B(t,T)P(t,T) \quad (6)$$

(6)式把债券的息票价值 $D(t,T)$ 与期限相当或缩短的折扣债券即 $B(t,1),\cdots,B(t,T)$ 联系了起来。如果所有的息票支付 $C(t,n)$ 具有相同的价值,即对所有 n 来说 $C(t,n)=C$,则上式可以简化为:

$$D(t,T)=C[B(t,1)+B(t,2)+\cdots+B(t,T)]+B(t,T)P(t,T)$$

其中:C 是息票收益,$P(t,T)$ 是在时间 $(t+T)$ 期间的本金偿付额。

另一种收益确定方式是现行收益(Current Yield),即息票占现行债券价格的比例:

$$现行收益=C/D(t,T)$$

其中:$D(t,T)$ 是在时间 $(t+T)$ 期间的债券市价。例如,如果一张面值为 $\$1\,000$,息

票率为10%的债券在市场上的售价为$975,则现行收益为$100/$975≈10.26%。

最后还有一种方式是到期收益(Yield to Maturity),它对债券的剩余期限运用统一的贴现率来计算收益,其计算方法略为复杂。设B为任意的债券价格,其在有效期内按乘方$1,2,\cdots,T$变化,则:

$$D(t,T)=C[B+B^2+\cdots+B^T]+B^T P(t,T)$$

则到期收益可以定义为:

$$到期收益=(1/B)-1$$

例如,如果有一张面值$1\,000$,年息率10%的债券,距到期日还有5年,其到期收益率为11.11%(即设$B=1/1.111≈0.9$),则该债券的现行价格$D(t,s)$为:

$$\begin{aligned}D(t,s)&=\$100\times(0.9+0.9^2+0.9^3+0.9^4+0.9^5)+0.9^5\times\$1\,000\\&≈\$100\times3.685\,6)+0.59\times\$1\,000\\&=\$368.56+\$590\\&=\$958.56\end{aligned}$$

所以,该债券的到期收益11.11%高于现行收益(现行收益为$100/$958.56≈10.43%)。

上述的任何一种收益率的经济意义都只适用于一定的范围和情况。例如,债息率(息票率)只表示债息支付的数量。当然,在债券以面值初次发行时,债息率也表示在当时的债券评级的基础上这一债券的市场利率水平;但在债券进入二级市场交易后,债息率就只代表债息支付的规模大小了。现行收益则代表了以现行市价购入债券,并在一年后以同样的价格卖出(期间获得了一次债息支付)情况下的债券收益。到期收益可被人们用来以统一的贴息率计算债券剩余期限的收益。运用这种方法,那些到期收益比较高的债券显然是比到期收益低的债券更有吸引力的投资对象。

在了解了上述几种收益率计算方法和经济含义的基础上,可以看出,(6)式是表明有息债券和零息债券(有贴现率)之间关系的最确切公式,它实际描述了这两者之间的套利(Arbitrage)关系。

(二) 国际债券的交易战略

如前面所述,市场上各种现行利率的水平和市场参与者对未来利率的预期结合起来,会影响到人们在债券交易中采用不同的战略。目前,国际债券市场上常用的交易战略有以下几种:

1. 套利。因为当债券期限确定后,短期借贷的成本和债券买卖的盈利性均为可知;所以只要有借贷机会和债券买卖机会,短期利率和债券买卖利润率之间的差异就会引起套利活动(如果债券是以另一种外币计算的,则必须先有一笔外汇交易以使整个套利交易都以同种货币进行)。套利活动本身又会导致套利机会的消失。当不存在套利机会时,亦说明债券价格与短期利率之间的关系处于均衡状态。

2. 利差(Riding the Yield Curve)战略。即当利率的收益曲线向上倾斜时,也就是当短期利率低于长期利率时,可以采用短期借款来购买债券的策略。在这种情况下,如果一笔债券的债息支付率高出借款的利息支付率的部分足以抵补其他的交易费用,则运用利差战略可保证盈利。这样做的风险是,短期利率很可能上升并超过长期利率,从而使借款购买债券的成本超过收益;同时,随着短期利率的上升,债券价格也将下跌,从而使损失更大。但是,如果有欧洲债券期货市场的机制可以利用,则可以避免这种风险。

大多数欧洲债券交易商都通过从欧洲清算系统和塞得尔系统借钱来购买债券。清算系统可以提供交易商存放在该系统内的债券价值的90%的资金作为贷款。所以交易商真正用自己的钱购买债券进行营利活动是很少的。

3. 对资本损益进行投机的战略。如上所述,债券价格与短期利率作反方向变化,于是,债券投资者计算未来的债息时机要参考现在的短期利率,也要考虑将来的短期利率。然而,现行短期利率的变动又常会导致对未来利率预期的变化,从而使债券的价值和市场价格发生变化。在这种情况下投机者的战略是当预期利率要上升时,就卖出债券;当预期利率要下降时,就买入债券。近年来国际债券市场上的机构创新使人们更容易使用这种战略,因为两大清算系统都设置了债券借贷设施以利于这类操作。

【能力训练】

一、判断分析题

1. 一般居民不能直接参与国际信贷市场和国际债券市场。
2. 在辛迪加贷款中,如果银团组织失败,则该笔贷款自动取消。
3. 外国债券和欧洲债券都是以发行地所在国的货币为面值发行的债券。
4. 欧洲债券的发行和交易受到欧洲当地政府和法律的管辖。

二、简答题

5. 为什么说欧洲货币市场构成了国际信贷市场的基础?
6. 理解和分析辛迪加贷款的程序。
7. 比较外国债券与欧洲债券的异同。
8. 国际债券市场的参与者有哪些,他们之间的关系链条是怎样的?

三、思考与应用分析题

9. 有学者认为欧洲信贷市场由于不受存款准备金的约束,于是在存款准备金率趋于零的情况下,具有无限膨胀信用的能力。请说明你的观点及其理由。
10. 举例说明国际信贷市场的风险有哪些,如何对这些风险进行管理。

能力训练部分参考答案

第四章

6. $500(1+r)^2 = 562; r \approx 0.06;$

   $1\,000(1+0.06)^5 - 1\,000 \approx 338.23$

7. $\dfrac{1\,200}{1+4\%} + \dfrac{1\,200}{(1+4\%)^2} + \dfrac{1\,200}{(1+4\%)^3} \approx 3\,330.11$

第五章

1. 错 2. 正确 3. 错

4. ABCD 5. ABCDE

第六章

1. A 2. C 3. D 4. ABC

9. 该公司应收人民币 3 613 980 元

第七章

1. C 2. D 3. A 4. C

7. 即期交易的交割日为 2013 年 4 月 25 日

8. 人民币升值了 40.4 点

第八章

1. D 2. B 3. A 4. A 5. D 6. C 7. B

8. ABCE 9. ABCDE 10. ABC 11. BC

12. 解：贴现价格为 $10\,000 \times (1 - 6\% \times 2/12) = 9\,900$ 美元

    买入美元，付出人民币：$9\,900 \times 6.275\,7 = 62\,129.43$ 人民币

13. 解：若 3 个月后成交，则在 6 月 5 日；若 4 个月后成交，则在 7 月 5 日；6 月 5 日至 7 月 5 日间隔 30 天。

    在这 30 天中，美元升水 $317 - 125 = 192$ 点

    从 6 月 5 日到 6 月 20 日升水 $192 \div 30 \times 15 = 96$ 点

    6 月 20 日交割远期

    $USD1 = HKD(7.812\,5 + 0.012\,5 + 0.009\,6) = HKD\,7.834\,6$

    6 月 20 日美元对港币汇率是 7.834 6

第九章

3. 该银行可以做"6 个月对 12 个月"的远期对远期掉期交易。

    按 $GBP/USD = 1.673\,0$ 的远期汇率水平购买 6 个月远期美元 500 万，需要

2 988 643.2 英镑。

按 GBP/USD＝1.676 0 的远期汇率水平卖出 12 个月远期美元 500 万,可得 2 983 293.6 英镑

整个交易使银行损失 2 988 643.2－2 983 293.6＝5 349.6 英镑

当第 6 个月到期时,假定市场汇率果然因利率变化发生变动,此时

外汇市场行情变为:即期汇率 GBP/USD＝1.670 0/10

6 个月掉期率　　　　100/200

按 GBP/USD＝1.671 0 的远期汇率将第一次交易时卖出的英镑在即期市场上买回,为此需要 4 994 022.8 美元

按 GBP/USD＝1.680 0 的远期汇率将买回的英镑按 6 个月远期售出,可得到 5 020 920.5 美元(注意,在第一次交易时曾买入一笔为期 12 个月的远期英镑,此时正好相抵)

这样一买一卖获利 5 020 920.5－4 994 022.8＝25 998.7 美元,按当时的即期汇率折合为 15 567.485 英镑,如果除去第一次掉期交易时损失的 5 349.6 英镑,可以获利 15 567.485－5 349.6＝10 217.885 英镑

第十章

1. AC　2. ABCD　3. ACD

第十二章

1. B　2. C　3. AC　4. C

5. B　说明:95.45＜95.40,表明买进期货合约后下跌,因此交易亏损。95.40－95.45)×100×25×10＝－1 250。[注意:短期利率期货是省略百分号进行报价的,因此计算时要乘以 100;美国的 3 个月期货国库券期货和 3 个月欧元利率期货合约的变动价值都是百分之一点代表 25 美元(10 000 000/100/100/4＝25),第一个 100 指省略的百分号,第二个 100 指指数的百分之一点,指将年利率转换为 3 个月的利率]。S&P500 指数期货合约的交易单位是每指数点 250 美元。

第十三章

1. 解答:

1) 不行使期权。

期权卖方从期权价格上实现的利润是 25 便士/股,共 GBP500;

买方支付期权费损失的也是这个金额。

2) 行使期权。

期权持有人获得 16 便士/股(476－460)的收益,但不能全部抵补期权费的支出成本 25 便士/股,最终亏损 9 便士/股;

期权卖方的利润为 9 便士/股,共 GBP180(2000×9)

3) 行使期权。

期权持有人获得 40 便士/股(500－460)的收益,扣除 25 便士/股期权费的支出成本,净收益为 15 便士/股,共 GBP300;

期权卖方损失的金额为 GBP300。

网络资源与阅读书目

1. 网络资源

中国货币网：http://www.chinamoney.com.cn
中国票据网：http://www.chinacp.com.cn
国际清算银行：http://www.bis.org
美国联邦储备委员会：http://www.federalreserve.gov
美国证券交易委员会：http://www.sec.gov
纽约证券交易所：http://www.nyse.com
伦敦证券交易所：http://www.londonstockexchange.com/home/homepage.htm
芝加哥期货交易所：http://www.cmegroup.com
国际货币基金组织：http://www.imf.org/external/index.htm
国际互换交易商协会：http://www.isda.org
世界银行：http://www.worldbank.org
欧洲中央银行：http://www.ecb.int/home/html/index.en.html
中国人民银行：http://www.pbc.gov.cn
中国银行业监督管理委员会：http://www.cbrc.gov.cn
中国证券监督管理委员会：http://www.csrc.gov.cn
中国银行业协会：http://www.china-cba.net
中国证券业协会：http://www.sac.net.cn
上海证券交易所：http://www.sse.com.cn
深圳证券交易所：http://www.szse.cn

2. 阅读书目

何孝星. 证券投资理论与实务. 北京：清华大学出版社,2004.
中国证券业协会. 证券市场基础知识. 北京：中国财政经济出版社,2008.
陈彪如,陈琦伟,等. 当代国际资本市场. 上海：华东师范大学出版社,1992.
朱淑珍. 国际金融：理论应用创新. 上海：东华大学出版社,2002.
中国人民银行. 关于开展人民币利率互换业务有关事宜的通知(银发〔2008〕18 号).
［加］John Hull. 期权、期货和其他衍生品. 5 版. 北京：清华大学出版社,2006.
中国银行监督管理委员会. 银团贷款业务指引(银监会〔2007〕68 号).
中国证券业协会. 证券市场基础知识. 北京：中国财政经济出版社,2008.

［美］赫尔,著.期货与期权市场导论.周春生,等,译.北京：北京大学出版社,2007.

李一智,罗孝玲,杨艳军.期货与期权教程.4版.北京：清华大学出版社,2010.

［美］Maureen Burton,Reynold Nesiba,Ray Lombra.金融市场与金融机构导论.惠超,刘丹,李晓蕾,译.北京：清华大学出版社,2004.

郭田勇,褚蓬瑜.我国金融体制改革与市场发展30年//邹东涛,欧阳日辉.发展和改革蓝皮书.北京：社会科学文献出版社.2008.